Feuerwehrfahrzeuge Magirus Deutz siehe hintere Doppelvorsatztafel

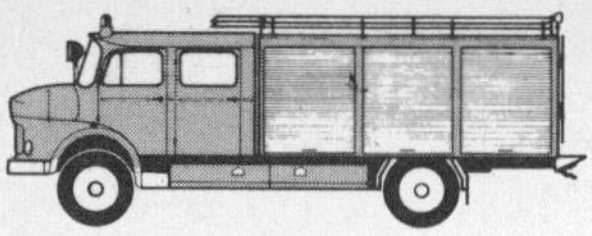

Rüstwagen RW 3

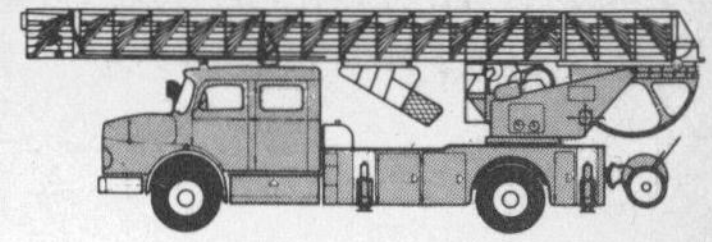

Drehleiter (52m) DL 52

Geräte- und Schlauchwagen SW 1000

Drehleiter (60m) DL 60

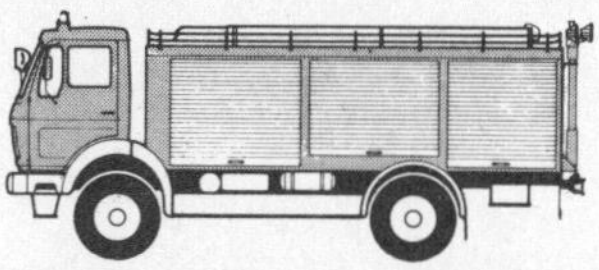

Geräte- und Schlauchwagen SW 2000

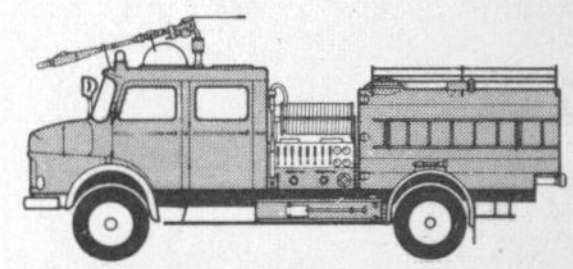

Flugplatz-Raffinerie- und Sonderlöschfahrzeug SLF 25 C (Schaum)

Drehleiter (18m) DL 18

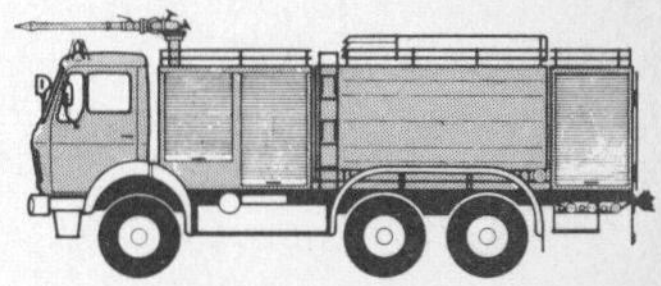

Flugplatz-Raffinerie- und Sonderlöschfahrzeug TLF 8000 (Schaum)

Drehleiter (30m) DL 30

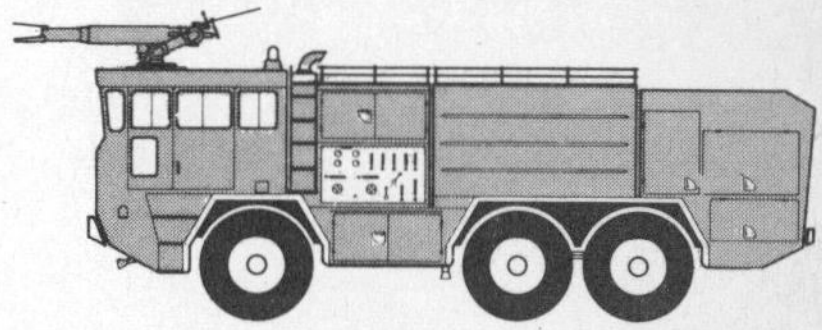

Flugplatz-Raffinerie und Sonderlöschfahrzeug FLF 10000 (Schaum)

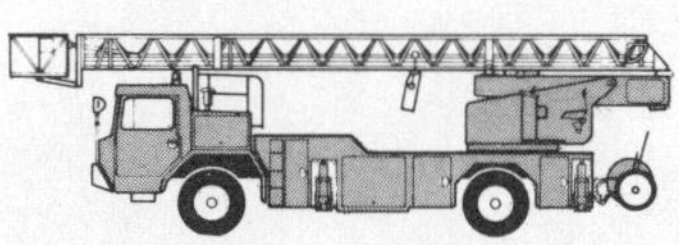

Drehleiter (30m) DL 30 S

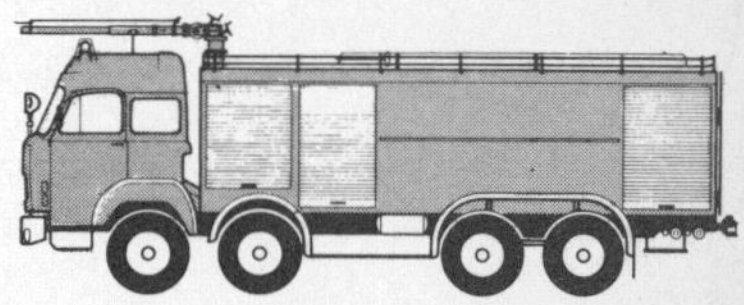

Flugplatz-Raffinerie- und Sonderlöschfahrzeug SLF 12000 (Schaum)

Drehleiter (44m) DL 44

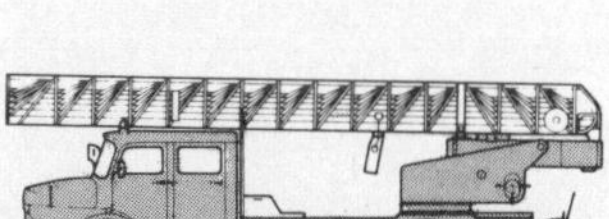

Flugplatz-Raffinerie- und Sonderlöschfahrzeug FLF 20000 (Schaum)

(Vollständige Wiedergabe des Gesamtangebots — auch der Aufbau-Spezialfirmen Bachert, Lameier, Rosenbauer und Ziegler — räumlich unmöglich)

H. G. PRAGER

FLORIAN 14: ACHTER ALARM

Hans Georg Prager

florian 14: achter alarm!

Das Buch der Feuerwehr

Überarbeitete 10. Auflage

VERLAG E. S. MITTLER & SOHN GMBH · HERFORD

BILDNACHWEIS:

Schwarzweißfotos:
Archiv für Kunst und Geschichte, Berlin (1)
The British Petroleum Co. Ltd, London (1)
Gunnar Brumshagen, HAMBURGER ABENDBLATT (1)
Dipl.-Ing. Hans Brunswig, Hamburg (4)
Deutscher Feuerwehrverband (2), Bonn-Bad Godesberg (Bildautoren Hanns Apfel, Lörrach und J. Kirchmeyer, Mulhouse)
dpa, Frankfurt/M. (3)
Feuerwehramt Hamburg/Bildstelle (5)
Egon Gaissl, Hamburg (1)
Dr. Jürgen Gebhardt, BILD-ZEITUNG (1)
Dipl.-Ing. Manfred Gihl, Hamburg (3)
Klaus Gottschick, Wolfsburg (1)
Historia-Photo, Bad Sachsa (5)
Interfoto Friedrich Rauch, München (1)
Lutz Jaffe, Hamburg (1)
Helmut Kaminsky, BILD-ZEITUNG
Heinrich Klaffs, Hamburg (1)
Landesfeuerwehrverband Niedersachsen (7)
Jochen Mellin, Burgdorf (1)
Metropolitan Fire Board Tokyo (1)
Museum für Hamburgische Geschichte (1)
Uwe Niss, HAMBURGER ABENDBLATT (3)
Manfred Rakebrand, BILD-ZEITUNG (1)
Bernard Rudolph, BILD-ZEITUNG (12)
Hans Zillmann, Hamburg (1)

Farbfotos:
Feuerwehramt Hamburg/Bildstelle (6)
Flughafenbetriebsdirektion Frankfurt/M. (1)
Dipl.-Ing. Manfred Gihl, Hamburg (2)
Hauptstelle für das Grubenrettungswesen (1)
Hongkong Fire Brigade (1)
Hans Georg Prager, Hamburg (2)
Werkfotos Blohm + Voss AG (6), Daimler-Benz AG (3), Carl Metz GmbH (4), Siemens AG (1), VFW Fokker (1)

Acht Farblithos wurden vom efb-Verlag Hanau aus dem Archiv des Magazins für den Feuerwehrmann — »Eins-eins-zwo« freundlicherweise zur Verfügung gestellt.

Umschlagvorderseiten- und Einbandentwurf S. Kortemeier
unter Verwendung eines Fotos aus dem Süddeutschen Verlag

Prager, Hans Georg:
Florian 14 [vierzehn]: achter Alarm! : Das Buch d. Feuerwehr / Hans Georg Prager. - 10., überarb. Aufl. - Herford : Mittler, 1987.
ISBN 3-8132-0275-5

ISBN 3 8132 0275-5; Warengruppe Nr. 20

Gesamtherstellung: Hans Kock Buch- und Offsetdruck GmbH, Bielefeld

Printed in Germany

INHALT

VORWORT

Der unvergessene französische Flieger-Dichter Antoine Saint-Exupéry schrieb in »Wind, Sand und Sterne«:
»Zu unserer Befreiung genügt es, daß man uns dazu verhilft, ein Ziel zu erkennen, das uns mit anderen Menschen verbindet. Da können wir ebenso gut ein Ziel suchen, das uns alle vereint. Die Losung lautet: Sturmleitern an die Nacht legen! Nur die kennen diesen Kampfeseifer nicht, die ihre Weisheit aus der Gleichgültigkeit ziehen, die sie für lebensklug und förderlich halten. Aber alles gibt ihnen unrecht. Ihr, meine Kameraden, bezeugt es mir: in welchen Stunden haben wir uns glücklich gefühlt?«
In meinem Festvortrag anläßlich des 3. Deutschen Jugendfeuerwehrtages in Marbach hatte ich versucht, eine Antwort auf diese Frage des Franzosen zu geben: »Glücklich, unvergeßlich glücklich, haben wir uns alle Mann gefühlt, wenn uns bei einem Feuerwehreinsatz wieder eine Rettung gelang. Wenn wir nachts, abgekämpft, verschwitzt und mit schwarzem Gesicht — oder aber mit blutbeschmiertem Schutzanzug — zu unserer Feuerwache zurückfuhren, dabei aber im Einklang mit uns selbst waren, weil wir wieder einmal einige zehn Sekunden schneller gewesen sind als der Tod — weil eine Frau lebend geborgen, ein Kind mit künstlicher Beatmung wiedererweckt oder ein hoffnungslos Eingeklemmter mit Brennschneidgerät und Trennschleifern herausgeholt werden konnten.«
In unserem Lande verdanken jährlich über 20000 Menschen ihre Lebensrettung der Einsatzbereitschaft von Männern, für die Gemeinsinn und Nächstenliebe keine Phrasen sind. Außerdem werden pro Jahr Sachwerte von weit über zwei Milliarden Mark durch die Feuerwehren erhalten, die in der absoluten Mehrheit ihren Dienst für die Allgemeinheit — aus echtem Bürgersinn heraus — freiwillig leisten. Aber auch die in Ballungsgebieten, an den Brennpunkten des Geschehens, eingesetzten Berufs- und hauptamtlichen Werkfeuerwehrmänner haben sich freiwillig für ein Leben voller Entbehrungen und Gefahren entschieden.
Gemessen an dem, was die Feuerwehren tagtäglich leisten, ist das unser allgemeines Nichtwissen davon beschämend. Das Gros unserer Mitmenschen hat eine gänzlich überholte, grundfalsche Vorstellung von der heutigen Feuerwehr.
Die weitaus größte Organisation unseres Landes wird als faszinierende Wirklichkeit nicht begriffen. Längst zur Universalwehr geworden, stellen sich zu jeder Minute irgendwo Männer mit dem Feuerwehrhelm den Herausforderungen unserer Zeit, der tagtäglichen »Materialschlacht« schwerer und

schwerster Verkehrsunfälle, den überall gegenwärtigen Schadstoffgefahren und allen anderen Nöten unserer technisierten, überbevölkerten Umwelt. Brände und Explosionen sind nur ein Teil davon. – In den beiden letzten Jahrzehnten hat die ausgeuferte technische Entwicklung auch die Einsatz- und Fernmeldemittel der Feuerwehren stürmischer denn je modernisiert, weil lange gültig Gewesenes plötzlich durch neue Erfordernisse überholt war. Beispielsweise gibt es inzwischen in dem Riesenareal der Freien und Hansestadt Hamburg längst keine einzige Feuerwache mehr, deren Großunfall-Rüstanhänger noch mit dem Wuchtbaum ausgestattet sein müssen, damit bei Straßenbahn-Unfällen technische Hilfe geleistet werden kann. Längst hat die letzte Hamburger Straßenbahnlinie ihren Betrieb eingestellt. Das ist freilich nicht in allen Großstädten so, so daß einige der geschilderten Szenen anderswo noch immer denkbar sind.

Längst wurde bei der Hamburger Berufsfeuerwehr der altvertraute 24-Stunden-Dienst durch das Dreischichten-System ersetzt. Aber diese Regelung gilt keineswegs schon überall. Im großen und ganzen aber sind die Einsatzkriterien und die technischen Hilfsmittel der Feuerwehren überall gleich. Dasselbe gilt für die rapide ansteigenden Einsatzziffern. Mit Brillanz werden die Feuerwehrmänner mit diesen Herausforderungen fertig.

Der Verfasser dieses Buches, der selbst einen Kameraden seines Grundausbildungslehrgangs im Einsatz verloren hat, verneigt sich in stummer Hochachtung vor allen tödlich verunglückten Feuerwehrmännern. Allein die Freiwilligen Feuerwehren der Bundesrepublik Deutschland haben jedes Jahr durchschnittlich fünfzehn Einsatz-Tote zu beklagen. Aber Einsatz des eigenen Lebens für das Gemeinwohl gilt unter Feuerwehrmännern unverändert als selbstverständliche Pflicht.

Dem ungeschriebenen Gesetz der Kameradschaft zuliebe sind alle in diesem Buch genannten Namen handelnder Personen im Zusammenhang mit Einsatzleistungen fingiert. Keiner von den Männern soll vor anderen hervorgehoben werden. Nur die Namen von Verstorbenen, von geschichtlichen Persönlichkeiten, technischen Neuerern bis in die Gegenwart sowie die Namen von fachliterarischen Verfassern entsprechen jeweils der Wirklichkeit.

Herzlich dankt der Autor an dieser Stelle all jenen Männern im In- und Ausland, die ihm bei der Beschaffung von schwer zugänglichem Material zur Hand gegangen sind.

Ein besonderer Dank und Gruß gilt dem Deutschen Feuerwehrverband, der alle drei Sparten Feuerwehr — Berufsfeuerwehren, Freiwillige Feuerwehren, Werkfeuerwehren — zu einer großen Florians-Familie vereint, gilt der Hamburger Feuerwehr samt ihrem jetzigen und vorigen Amtsleiter sowie dem Landesfeuerwehrverband Niedersachsen.

Hamburg, Juni 1987 Hans Georg Prager

Verdächtiger Rauch

Mit dem ersten Schlag der Alarmglocke springt grell die Schlafsaalbeleuchtung an. Hochrappeln, Hosenbundschließen, Hemdenzerren. Hier und da Wortfetzen. Hastiger Griff nach Mütze und Uniformrock. Und während die Alarmglocke noch immer ihr rhythmisches Ting-Ting-Ting hämmert, ist die wilde Jagd längst draußen auf dem Korridor. Im Laufen haben wir uns fertig angezogen, den Rock zugeknöpft. Mit dumpfem Knall klappen die Federtüren der Rutschenschächte auf.

Sprung an die Messingstangen. Sausende Abwärtsfahrt in die Remise. Unten, auf der Ringmatte, Beiseitespringen vor den Stiefelabsätzen der nachfolgenden Männer.

»Achtung, Achtung, Hentzestraße 32 verdächtiger Rauch!« dröhnt jetzt die Stimme des Telegrafisten durch die Wachlautsprecher. In wohlgeordnetem Durcheinander trappeln und schlittern wir zu unseren Fahrzeugen. Die Türen werden aufgerissen. Jeder erklimmt seinen vorgeschriebenen Sitzplatz.

Schutzhelme auf. Der erste Diesel wummert los. Vor der Ausfahrt werden noch rasch die Depeschenblätter an die drei Fahrer verteilt. Inzwischen sind alle Motoren angesprungen. Ein Mann drückt den Knopf der Patent-Falttür-Automatik. Federnd schnellen ihre Flügel auseinander. Mit lautem Bullern und blitzendem Blaulicht verschwinden unsere drei Zehntonner im Nieselregen der Nacht. Tanklöschfahrzeug, Löschfahrzeug und Drehleiter – der komplette Löschzug. Der Löschzug Admiralitätsstraße.

Beim Ausrücken flüchtiger Blick auf die Uhr: vom ersten Glockenschlag bis zum vollzähligen Ausrücken sind genau zweiundvierzig Sekunden vergangen. Und jetzt – drei Minuten Ohnehaltfahrt.

Unser Konvoi nagelt auch bei Rot über die Kreuzungen. Warnend ertönt bisweilen das Tüü-taa unserer Alarm-Fanfaren auch während der Nacht. In den Mannschaftsräumen aller Fahrzeuge herrscht Geschäftigkeit. Während der Fahrt ziehen wir unsere Schutzjacken über, schnallen Hakengurt samt Beil und Kupplungsschlüssel um. Zuletzt bewaffnen wir uns mit Arbeitshandschuhen, Fangleine, Beleuchtungsgerät.

Festhalten, Kurve! Laut trommeln die Kompressoren der Luftdruckbremse. Hartes, wirbelndes Einschlagen aller Lenkräder. Ein rotes Sperrschild mit weißem Querbalken geistert heran: Einbahnstraße, falsche Seite! Aber auch das ist jetzt gleichgültig. Eine Feuerwehr in Alarmfahrt hat Sonderrecht. Also hinein: Tüü-taa-tüü-taa ...!

Eigenartig bleich und zuckend werden die Häuserfronten von den blauen Lichtblitzen unserer Kennleuchten überspielt. So, diese Querstraße ist es! Der Bremskompressor trommelt. Nochmals scharfes Herumwirbeln der Lenkräder. Die Begrenzungsstangen unseres Fahrzeugs fegen zentimeterdicht an einem allzu nahe an der Ecke parkenden Pkw vorbei. Der Handscheinwerfer des Zugführers leuchtet einige Hausnummern an. Der Wassertruppführer klappt das Hydrantenverzeichnis zu. Er weiß jetzt, an welcher Stelle des Straßenpflasters er den ovalen Eisendeckel des nächstgelegenen Unterflurhydranten finden wird.

Da, dieses Haus! Ein paar späte Passanten sind zusammengelaufen und rekken die Hälse empor. Trotz Dunkelheit ist oben eine dicke Qualmwolke sichtbar. Der Löschzug stoppt. »Absitzen!«

Wir zwei vom Angriffstrupp rennen zu den Fächern in der Fahrzeug-Außenwand, reißen unsere Geräte aus den Halterungen: Kübelspritze, Brechstange, Axt, Rollschlauch, Strahlrohr. Schon stürmen wir mit Zugführer und Melder treppauf. Immer dickerer Rauch benimmt uns den Atem.

Runter mit der Nase. Ganz unten ist die Luft noch am erträglichsten. »Auf dem Bauche sollst du gehen dein Leben lang.« Weiterkriechen wie die Schlange seit ihrer Vertreibung aus dem Paradies. Stärker und stärker wird die Hitze im Treppenhaus dieses menschenleeren Bürogebäudes. Es prasselt, braust und knackt. Unverkennbare Brandgeräusche.

Unser Melder saust zurück nach unten zum UKW-Gerät. Funkspruch an die Feuerwehrzentrale: »Hier Florian Hamburg drei! Brennt Dachstuhl. Zweiter Alarm!« Sofort alarmiert die Hauptfernmeldestelle auch den Löschzug unseres Nachbarreviers. Gleich wird er im Sechzigkilometertempo zu Hilfe eilen.

Wir drei haben uns mittlerweile weiter vorgearbeitet. Es läßt sich kaum noch aushalten bei dieser Verqualmung. Da kommt unser Melder angekeucht. Er bringt die Preßluftatmer mit. Wir reißen unsere Schutzhelme ab und machen im Knien das Atemschutzgerät klar: schnell, aber überlegt. Jeder Handgriff muß sitzen!

Ran mit den Atemschläuchen an die Maske, Ventile der Luftflaschen voll öffnen, dann halben Gang zurückdrehen. Kontrollblick auf das Leuchtzifferblatt des Druckmessers.

Beim Umhängen der Preßluftatmer-Tragegestelle helfen wir uns tastend und tappend gegenseitig. Es geht alles blitzschnell. So, Maske aufsetzen, Dichtigkeitsprobe. Und jetzt nach drei tiefen Atemzügen aus den hell angestrichenen Luftflaschen auf unserem Rücken die Gummifaltenschläuche fest zusammendrücken: Ausatmen. Brabbelnd entweicht die Luft am Dichtrahmen der Vollblickmaske. Nochmals einen Blick auf den Druckmesser. Alles klar. Wir atmen jetzt unabhängig von der Außenluft. Feuerwehrhelme wieder auf, die Feuertaucher können weiterkriechen.

Unten auf der Straße wird fieberhaft gearbeitet. Beim Absitzen hatten die zwei Männer des Wassertrupps sofort die Schlauchhaspel abgeprotzt, den gußeisernen Deckel vom Hydrantenloch abgehoben, das große Leichtmetall-Standrohr eingesetzt und rasch den Hydranten durchgespült. Dann trabten sie mit der zweirädrigen Schlauchhaspel los und verlegten die großkalibrigen B-Schläuche* vom Standrohr zum Fahrzeug und von der Fahrzeugpumpe zum Verteilungsstück unten vorm Hausflur. Schon nach zwei Minuten hatte der Maschinist Hydrantenwasser an der Feuerlösch-Kreiselpumpe seines Tanklöschfahrzeuges, während im Hausflur unsere Fangleine durch den Treppenschacht nach unten sauste. Der Schlauchtrupp knotete das Ende einer aufgehaspelten, dünneren Schlauchleitung vom Kaliber C dran. Hastig hieven wir jetzt zu zweit dieses Ende zu uns empor, binden es mit einem Schlauchhalter am Treppengeländer fest. So, jetzt noch unseren Rollschlauch auswerfen und davorkuppeln, das Strahlrohr draufgesetzt. Und weiter, weiterkriechen.

Für die unten Stehenden gerade noch vernehmbar, tönt jetzt das trillernde Pfeifsignal des Zugführers durch den Flammenlärm: Lang-kurz-lang, erstes Rohr – Wasser marsch! Jetzt hat auch der Zugführer sein Atemschutzgerät angelegt. Tastend robbt er vor uns her ins Ungewisse. Wir haben das noch abgestellte Strahlrohr schußbereit bei uns. Von unserem Alten fühlen wir nur hin und wieder die Stiefelabsätze. Wir sind praktisch blind. Keine Handlampe durchdringt einen derartigen Mulm.

Verdammte Kiste! Die stählerne Bodentür – sie ist glühend heiß und natürlich verschlossen. Aber gelernt ist gelernt: ein paar hebelnde Brechstangenbewegungen, ein wohlgezielter Schlag mit der Axt, und das Schloß ist gesprengt. Volle Deckung! Mit dumpfem Knall, mit Jaulen und Fauchen schießt die erwartete Stichflamme aus der aufgebrochenen Tür heraus. Wie der feurige Odem eines Drachen sengt ihre Lohe über unsere Nackenleder hinweg. Wir liegen solange regungslos, fest an den Betonfußboden gepreßt. Ganz schön dicker Hund, das Feuerchen, alle Achtung!

Mit Handschlägen auf unsere Schutzhelme macht uns der Zugführer auf seine gerade noch sichtbaren Handzeichen aufmerksam. Er weist uns in unsere Angriffsposition ein. Wir zeigen verstanden. Dann, nach kurzer, persönlicher

* B-Schläuche haben einheitlich 75 mm, C-Schläuche hingegen 52 mm lichte Weite.

Erkundung, arbeitet er sich zurück, um ein zweites Rohr nach vorn zu kommandieren und mit Umsicht den Gesamtangriff einzuleiten.
Seit dem ersten Alarm sind jetzt sechs Minuten verstrichen. Uns erscheint die ereignisreiche Spanne wie eine Ewigkeit. Glühende Holzteile und Funkenkaskaden prasseln auf uns herunter. Die Hitze wird unerträglich. Hals und Ohren empfinden stechende Schmerzen. Unsere Atemluft wird durch die Einwirkung der Außenhitze immer heißer. Dolce vita ist das hier oben ganz bestimmt nicht!
Schräg über uns sehen wir jetzt eine wabernde Röte. In dieser schwärenden, prasselnden Qualmfinsternis wirkt der Rote Hahn undeutlich, fast nur als Widerschein. Aber jetzt knäckert und zischt ihm mit etlichen Atmosphären Druck das Löschwasser aus dem Mundstück unseres Strahlrohres entgegen. Wir pinseln es einigermaßen sauber ins Ziel.
Gegenseitige Faustschläge: Mann, Kopf weg! Jeder von uns hat sofort reagiert. Irgend etwas ist dort oben als Feuerball auseinandergeplatzt. Wird wohl eine Bodenlampe gewesen sein. Jetzt segeln wie Brandspeere der Antike ein paar brennende Dachsparren auf uns herunter. Mit lautem Gepolter folgt irgendein schwerer Gegenstand hinterdrein. Es scheint sich um die Schornsteinfegerplattform unter der Dachluke zu handeln. Mit der Axt schlagen wir ihre hell auflodernden Trümmer beiseite und halten einmal kurz mit dem Löschwasserstrahl darauf. Damit hätten wir auf diesem Nebenkriegsschauplatz Ruhe.
Noch näher ran ans Feuer, dem Entstehungsherd möglichst dicht auf den Pelz gerückt, Nahkampf bringt die besten Löscherfolge. Noch irgend etwas bricht jetzt aus dem brennenden Dachstuhl herunter. Mein Macker – auf Hochdeutsch mein Nebenmann – verspürt einen metallischen Schlag auf seinen Schutzhelm. Aber unverdrossen pinseln wir mit unserem Strahlrohr weiter nach oben.
Mit Erleichterung werden wir gewahr, daß sich auch der Wassertrupp mit einem zweiten Strahlrohr herangearbeitet hat. Aus einem anderen Winkel des brennenden Dachbodens leistet er tatkräftig Schützenhilfe. Endlich wird die Sicht für uns vier merklich besser. Erstmalig können wir die Umrisse unserer näheren Umgebung erkennen. Bis jetzt war das alles unbekanntes Territorium.
Ja, die Verqualmung läßt merklich nach, denn Axtschläge haben von außen her die Dachhaut zertrümmert. Dumpf poltern und bröckeln Ziegelscherben herunter. Der Schlauchtrupp ist über die voll ausgefahrene Dreißigmeter-Drehleiter zum Außenangriff aufs Dach gekommen. Er belegt den Brandherd sofort von oben her aus einem dritten Rohr mit Wasser.
Noch wissen wir nichts davon, daß sich inzwischen alle geschilderten Vor-

Oben: »Dicker Hund« — Großfeuer laut Depesche: »Brennt viergeschossiges Wohngebäude in ganzer Ausdehnung, sieben Tote. Mehrere Personen über Dreh-, Schiebe- und Steckleitern gerettet.«
Unten: Großfeuer in einem Restaurant. Vorgehen der Löschtrupps nur unter Schwerem Atemschutz möglich.

In allen zivilisierten Ländern der Welt schützen heute gutorganisierte Feuerwehren Leben und Eigentum der Bevölkerung.

gänge mit gleicher Präzision und Windeseile bei unserem Nachbarlöschzug Nummer vier wiederholt haben. Diese Kameraden sind vor Minuten eingetroffen. Zug vier bringt jetzt drei weitere Rohre in Stellung. Zwei davon dienen vor allem dem Schutze des angrenzenden Gebäudes.

Vorsichtshalber mal wieder ein Blick aufs Leuchtzifferblatt des Preßluft-Druckmessers. Junge, Junge, da habe ich ja ganz schön gelutscht! Kein Wunder, bei diesem schweren Atmen war der Verbrauch ungewöhnlich hoch. Und schließlich ist das die Quittung dafür, daß ich vorhin mal genascht habe; einmal glaubte ich nämlich, ersticken zu müssen. Ich erlag dem allzeit lauernden inneren Schweinehund und drückte auf den Angstknopf, der eigentlich tabu sein sollte. Dadurch öffnete sich das Handzusatzventil, und zischend strömte eine zusätzliche Luftmenge in meine Maske. Im Normalfall ermöglicht das Atemschutzgerät eine gute Stunde Atmung unabhängig von der Außenluft.

Wir von unserem Zug sind allmählich am Ende unserer Kraft. Uns tanzen giftgrüne Kreise vor Augen trotz der immer noch roten Illumination über uns. Jeder Atemzug schmerzt wie ein Messerstich. In den Schläfen ist ein Hämmern. Uns steht gehörig viel Schweißwasser in der Maske. Und die Ohrmuscheln brennen scheußlich.

Mein Macker stößt mich an und zeigt nach oben. Ja, jetzt sehe ich es auch: derart eingekreist, schickt sich der Rote Hahn an zu kapitulieren. Von dem Großfeuer bleibt schließlich nur noch ein hundertfältiges Nachglimmen übrig, das gespenstisch durch die wallenden Rauchschwaden irrlichtert.

Wir stellen unsere Strahlrohre ab. Das Nachlöschen der letzten Brandnester soll mit einem ganz dünnen Vorlegeschlauch besorgt werden, Kaliber D. Der Wasserschaden im unter uns liegenden Obergeschoß des Bürohauses muß möglichst gering gehalten werden.

Bald kommt der ersehnte Augenblick der Erlösung: wir können uns die Gasmasken von den verschwitzten, schwarzverschmierten Gesichtern reißen. Der erste Gedanke: Wasser, bloß Wasser her! Gierig fahren unsere Hände in den dünnen Nachlösch-Wasserstrahl und spritzen Kühle in die brennenden Gesichter. Ein Königreich für dieses bißchen Linderung! Uff, und nun noch einen gehörigen Schwapp davon übers Haar.

Hustend, mit tränenden Augen, laufen wir zum Treppenhaus. Nach kurzer Erholungspause an der frischen Luft werden wir mit Geräten für die Aufräumungsarbeiten hierher zurückkehren. Wir sind naß wie gebadete Katzen und schwarz wie Sottjes. So nennt man in Hamburg die Schornsteinfeger.

Aber in uns ist die Hochstimmung eines Siegers! Diesen Dachstuhl haben wir mal wieder geschafft. Wir sind die Stärkeren geblieben im Kampf gegen die rote Naturgewalt. Zwei Verbündete kämpften dabei auf unserer Seite: eine hochentwickelte Feuerwehrtechnik und die moderne Löschangriffslehre. Jeder von uns wurde von vornherein zielbewußt und taktisch richtig zum Angriff angesetzt. Dabei wagten wir uns richtigerweise direkt in die Höhle des Löwen. Wir gingen unmittelbar an den Kern des Brandes heran. Das entspricht besten europäischen Feuerwehrtraditionen.

Funk-Stichwort: Abspannen!

Vor fünf Minuten rief unser Melder über Funk die Feuerwehreinsatzzentrale an: »Hier Florian Hamburg drei . . . Von beiden Zügen: Dachstuhlbrand in der Gewalt . . . Sechs Rohre . . . Abspannen!«
Abspannen lautete der Funkbefehl.
Dieses Stichwort stammt noch aus der Zeit der pferdebespannten Löschzüge. Die vorsorglich ausrückbereit angeschirrten Pferde aller Nachbarwachen konnten nun wieder von ihren Fahrzeugen abgespannt werden. Sie brauchten nicht mehr einzugreifen. Bis zu diesem Stichwort standen sie in ihrem Geschirr, das an Drähten von der Remisendecke herunterhing. Das Geschirr war so angeordnet, daß die Pferde bei Alarm nur vor die Deichseln zu treten brauchten. Jedes Tier kannte genau seinen Platz. Wenn die Wachbesatzung an den Rutschstangen in die Remise heruntergesaust kam, standen bereits vor jedem Feuerwehrfahrzeug zwei Pferde.
Schon damals wurden beim Ausrücken die Portale der Feuerwachen durch einen Seilzug wie von Geisterhand aufgerissen, und eine wilde Fahrt begann. Im Galopp ging es durch die Straßen, daß die Funken von den Hufen stoben. Der Brandmeister läutete mit der Glocke lärmend die Straße frei. Brennende Fackeln tauchten alle Fahrzeuge, Besatzungen und Pferde in magisches, flackerndes Rot. Aus dem Schornstein der Dampfspritze stoben Funken und wirbelnder, dicker Qualm. Der Heizer hatte sofort bei Alarm ein Sturmstreichholz in die Feuerung hineingeworfen und damit einen kunstvoll aufgerichteten Scheiterhaufen aus Holzwolle, Holz und Kohle angezündet, der unter dem Kessel der Dampfspritze alarmbereit aufgeschichtet war. Der Fahrtwind des im Galopp anrückenden Zuges entfachte das Scheiterhaufen-Feuer in der Dampfspritze sofort lichterloh.
Die Mähnen der Vollblutpferde wehten mit den obligatorischen Vollbärten der Feuerwehrmänner um die Wette. Einen Vollbart hatte damals jeder, weil es noch keine Gasmasken gab. Immerhin soll ein rasch mit Löschwasser getränkter und vor den Mund gehaltener Bart als provisorischer Rauchfilter besser als gar nichts gewesen sein! Später kamen dann zunächst Mundschwämme auf.

In der Blütezeit der Pferdelöschzüge gehörten zu jeder Hamburger Feuerwache vier Fahrzeuge: Mannschaftswagen, Dampfspritze, Leiterfahrzeug, Gasspritze. Die Gasspritzen waren Vorgänger unserer heutigen Tanklöschfahrzeuge. Auch sie konnten sofort den Schnellangriff beginnen, bevor noch irgendeine Hydranten-Wasserzufuhr sichergestellt war. Die mitgeführten vierhundert Liter Löschwasser wurden durch Kohlensäure-Gasdruck sofort zum Spritzen gebracht. Minutenlang konnte man den dünnen Wasserstrahl bis zu fünf Stockwerken hoch schleudern. Diese Frist genügte vollauf zum Verlegen aller Hydrantenleitungen. Spätestens nach Ablauf dieser Zeit hatte auch die Dampfspritze genug Druck auf dem Kessel, der dann für alle weiteren Löschangriffe zur Verfügung stand.
In der Chronik unserer Feuerwache heißt es in bildhafter Sprache: »Die rassigen Vollblutpferde waren gepflegt wie Geliebte orientalischer Fürsten. Das Fell war so glatt, daß sich die Feuerwehrleute darin spiegeln konnten. Die Pferde hatten Hotelverpflegung und wußte' mit ihrem Kraftüberschuß kaum fertig zu werden. Sie waren mit derselben Passion bei ihrem Beruf wie die Männer. Sie erzielten Wunder an Schnelligkeit.«
Tatsächlich waren die Anfahrtszeiten der Berufsfeuerwehren zur Brandstelle vor einem halben, ja vor einem dreiviertel Jahrhundert kaum eine Minute länger als heute im Zeitalter der vollmotorisierten Feuerwehren! Damals hatten die Löschzüge bei Ertönen ihrer Glocken überall freie Fahrt. Heute aber quälen sich unsere Zehntonner oft genug durch ein heilloses Gewimmel von Autos und Straßenbahnen hindurch. Verstopfte Straßen bringen es mit sich, daß sich die Perfektion der Technik – in Gestalt von immer schnelleren und vollkommeneren Feuerwehrfahrzeugen – bis zu einem gewissen Grade ad absurdum führt.
Durch eine letzte Paradefahrt wurde der Hamburger Bevölkerung im Dezember 1925 Gelegenheit gegeben, sich von ihren vierbeinigen Feuerwehrlieblingen für immer zu verabschieden. Die vollständige Umstellung auf motorisierte Löschzüge vollzog sich in den zwanziger Jahren überall in Europa. Die Technisierung war unaufhaltsam. Die Gäule wurden verkauft und verdienten sich dann irgendwo ihr Gnadenbrot. Aber sie waren im Grunde ihrer Natur Feuerwehrpferde geblieben. Das hat der Besitzer eines solchen Tieres, ein Milchmann, eines Tages höchst unangenehm zu spüren bekommen.
Tagtäglich trödelte er mit seinem einspännigen Lieferwagen von Milchladen zu Milchladen, verhielt, lud seine Kannen ab und ahnte nichts Böses. Plötzlich aber drang der Lärm von Feuerglocken durch die Straßen. Der Gaul spitzte die Ohren, blies wiehernd durch die Nüstern, sprang an und galoppierte blitzenden Auges davon. Wie in alten Zeiten. Da half kein Rufen, kein Kommandieren, kein Festhalteversuch.

Der Feuerwehrveteran ging im gelernten Alarmtempo durch und kam erst an der Brandstelle wieder zum Stehen. Als der Milchmann mit hängender Zunge endlich auch dort eintraf, fand er seinen Wagen schrottreif wieder. Die Milchkannen lagen irgendwo verbeult auf der Straße. Die kostbare Milch floß in die Gosse.

Ja, die Pferde waren ebenso passioniert bei der Sache wie ihre Feuerwehrmänner, und ohne Passion funktioniert keine Feuerwehr.

Als unser Löschzug im Jahre 1909 sein jetziges Gebäude an der Admiralitätsstraße bezog, hielt dort mit ihm ein neues Zeitalter Einzug. Zwar hatte man noch vorsorglich Pferdekrippen und Halfterringe installiert, aber sie wurden nie benutzt. Die neue Feuerwache Admiralitätsstraße wurde als erste Wache Hamburgs vollständig mit elektrischen Automobilen ausgerüstet.

Das im Laufe vieler Jahrzehnte allmählich schwarz gewordene Backsteingebäude unserer Feuerwache wirkt übrigens noch heute recht stattlich. Es hat ein Säulenportal und liebevoll verzierte Fenstersimse aus Natur-Sandstein. Wer die Gebäudefront aufmerksam betrachtet, der entdeckt in ihrem Mauerwerk zwei eindrucksvolle Bildhauerarbeiten. Das eine Sandsteinrelief stellt das Feuer als wohltätige Himmelsmacht, das andere als verderblichen Dämon des Menschen dar. Diese Gegensätzlichkeit im Wesen des Elements Feuer ist so alt wie die Geschichte der menschlichen Zivilisation.

Feuer – Dämon und Gott

Prometheus hatte einst in einer hohlen Staude den Göttern das Feuer vom Herde des himmlischen Olymp gestohlen, damit es auch den Menschen als Herdfeuer dienstbar gemacht werden könne. Die Götter gerieten darüber außer sich vor Zorn! Es wurde beschlossen, daß der hinkende Hephaist, Sohn der Hera und Gott des vulkanischen Feuers, den Delinquenten höchstpersönlich an die Felsen des Kaukasus schmieden solle. Dort hatte Prometheus Höllenqualen zu erleiden. Tag für Tag stieß ein Geier auf den Gefesselten herab und fraß ihm die über Nacht nachgewachsene Leber erneut aus dem Körper, bis schließlich die Gnade der Götter seinem Leiden ein Ende setzte.

Welche Symbolik liegt in dieser Erzählung von Aufstieg, Sturz und Erlösung eines Menschen! Die bedeutsamste Erfindung in der Entwicklung des Menschen wurde mit dieser Sage mythisch umrankt: die künstliche Erzeugung des Feuers. Sie hat tatsächlich Wohltat wie Unheil zur Folge gehabt. Jeder Feuerwehrmann weiß ein Lied davon zu singen.

Der Mensch ist das einzige Lebewesen, das vom Feuer Gebrauch zu machen versteht. Seit grauer Vorzeit unterscheidet er sich vor allem dadurch vom

Tier, daß er seine Speisen und Geräte auf diese Weise verwandelt. Ausgrabungen haben einwandfrei ermittelt, daß schon vor einer halben Million Jahre in den Höhlen der Neandertaler hinter dem Eingangstunnel ein großes Schutz- oder Lichtfeuer gebrannt hat. Die Schutzfeuer am Höhleneingang und die Lagerfeuer im Freien hatten ursprünglich den Hauptzweck, gefährliche Raubtiere abzuschrecken, die damals, vor den Eiszeiten, in unseren Breiten gelebt haben. Wie aber wurden solche Feuer entzündet, solange der Feuerbohrer noch nicht erfunden war?

Man weiß, daß vor etwa 130 000 Jahren die Jäger glimmendes Feuer als unersetzliche Kostbarkeit in Hirschhäuten oder Schweinekadavern mit sich herumgetragen haben. Irgendwo hatten sie mal die Stätte eines durch Blitzschlag oder Selbstentzündung entstandenen Wald- oder Steppenbrandes gefunden. In verkohlten Baumresten war noch Glut, die in die Tierhaut-Feuersäcke eingesammelt wurde. Diese Feuertransporte dürften recht umständlich gewesen sein. Immer wieder mußten unterwegs die Säcke zum Nachlegen und Neuanblasen der Glut abgesetzt werden. Die Schutz- und Lagerfeuer waren unersetzlich. Sie durften keinesfalls ausgehen. Ihre Wartung oblag Frauen, den Feuerweibern.

Erst etwa in der Jungsteinzeit dürfte der Mensch gelernt haben, sich die Schlagfunken zweier Feuersteine nutzbar zu machen. Mit ihrer Hilfe wurde aufgehäufter Zunder in Glut versetzt. Kräftiges Pusten und Wedeln brachte diese Glut schließlich zum Aufbrennen. Dieses Feuerschlagen ist älter als die Methode des Feuerbohrens. Auf jeden Fall dürfte die künstliche Schaffung von Feuer die bedeutungsvollste – und zugleich unheilvollste – Erfindung der Menschheitsgeschichte gewesen sein.

Zen-Avesta, die Heilige Schrift der Zarathustra-Anhänger, wie auch die Veden der indischen Brahmanen machten ihren Gläubigen den Feuerdienst, die Feueranbetung, zur Pflicht. Noch im 4. Jahrhundert nach Christus hatte der römische Geschichtsschreiber Ammianus Marcellinus nach einer Orientreise berichtet, daß die Magier, die Priester der persischen Feueranbeter, »ein Feuer bewahren, welches auf immer brennenden Herden vom Himmel gefallen sei«. Sie glaubten, das himmlische Urfeuer brenne lebenbringend auch in jeder menschlichen Seele, ja in allen lebenden Geschöpfen.

Nicht nur den Zarathustra-Anhängern galt Feuer als Heiligtum. Im antiken Griechenland brannte zu Ehren der Herdfeuer-Göttin Hestia im Prytaneion jeder Stadt ein öffentliches Herdfeuer. Es war religiöser Mittelpunkt der Stadt. Bei den Römern war Vesta die Göttin des Herdfeuers. Ihr wurden Tempel geweiht, in denen eine ewige Flamme brannte.

Ewige Feuer brannten nicht nur bei den Persern, Ägyptern, Griechen und Römern, sondern auch im alten Mexiko, in Peru, in Gallien, bei den Slawen.

Und in Gestalt der Ewigen Lampe brennen sie bis zum heutigen Tage in allen katholischen Kirchen der Welt.

Die eingangs erwähnte Zarathustra-Lehre hat heute noch Anhänger. Es sind die in Ostindien, im Raum Bombay, vereinzelt auch noch im Iran lebenden Parsen. Für sie sind die alten Gebote der Avesta gültig geblieben. Ihnen, den Feueranbetern, ist es noch immer ausdrücklich verboten, jemals Wasser in ein Feuer zu schütten. Jede Flamme gilt als heilig. Jeder ausbrechende Brand ist darum für sie Offenbarung des leibhaftigen Gottes. Darum scheidet bei den Parsen jeder Feuerwehrgedanke vollkommen aus.

Tatsächlich besteht die Berufsfeuerwehr von Bombay ausschließlich aus Angehörigen anderer Religionen. Sie wurde seinerzeit von einer britischen Versicherungsgesellschaft gegründet und ist weitgehend nach europäischem Muster organisiert. So manches Mal erlebten früher die Feuerwehrleute von Bombay an einer Brandstelle, daß Parsen sie beschworen, die Löschangriffe einzustellen oder das sie sogar drohende Haltung einnahmen.

Feuerwehr-Dienstverweigerer aus Gewissensgründen hat es auch in anderer Form schon gegeben. So entstand 1314 in Konstanz eine große Feuersbrunst, weil ein strenggläubiger Jude, bei dem Feuer ausgekommen war, am Sabbath um keinen Preis der Welt löschen wollte. Auch aus der englischen Feuerwehrgeschichte sind Fälle bekannt, in denen am geheiligten Weekend Feuerwehrleute in schwere Gewissenskonflikte gerieten.

Dagegen konnte man noch vor einiger Zeit bei den Dorfschmieden im Zillertal einen sonderbaren Brauch beobachten: Jedesmal nach getaner Arbeit schlugen sie dreimal laut und kräftig auf ihren Amboß. Wenn man sie fragte, was das denn bedeuten solle, bekam man zur Antwort: »Woaßt, dös is fei weagn dem Luzifer!«

Die Männer wollten mit den drei Schlägen symbolisch das Lockerwerden jener Kette verhindern, mit der Luzifer bis ans Ende aller Erdentage gefesselt liegen soll. Käme dieser Geist des Bösen jemals aus seinen Fesseln frei, dann würde die Welt ebenso mit Pech und Schwefel überschüttet und im Feuer untergehen, ins Verderben gestürzt werden wie einst Sodom und Gomorrha. In diesen drei Schlägen liegt eine großartige Vorstellung verborgen: Die Aufgabe des Menschen besteht darin, die dämonische, zerstörende Macht des Feuers immer wieder in ihre Schranken zu verweisen, sie mit ihrem Herrn Luzifer gefesselt und gebannt zu halten.

Ganz folgerichtig gehörten die wackeren Zillertaler Dorfschmiede auch allesamt einer Freiwilligen Feuerwehr an. Sie wollten halt auch in der Praxis der Brandbekämpfung immer wieder Herr über den Luzifer bleiben!

Schach dem Dämon

Seit Jahrtausenden steht der Mensch wieder und wieder im Kampf gegen den feindlichen Dämon Feuer. Auch heute noch, im Zeitalter technischer Perfektion, kann sich jedermann plötzlich einem ausbrechenden Brande gegenübersehen. Nur wird uns diese erschreckende Begegnung mit dem Dämon leichter gemacht als unseren Vorfahren:
Scheibe einschlagen, Feuermelder betätigen, Ankunft des Löschzuges abwarten. Oder den nächstbesten Telefonhörer nehmen: Notruf Eins-Eins-Zwo. In welcher Stadt, in welcher Landgemeinde wir auch sind: Eins-Eins-Zwo!
In Minutenschnelle kommen Männer angebraust, die ohne Zögern für uns, unsere Kinder, unser Haus die eigene Haut zu Markte tragen. Für sie ist das eine Selbstverständlichkeit. Auch heute, allem Materialismus und Egoismus zum Trotz. Die Feuerwehren beweisen, daß Nächstenliebe keine Phrase zu sein braucht. Bei ihnen wird sie jeden Tag zur rettenden Tat.
Die Männer, hier und dort auch die Frauen mit dem hellen Leuchtfarbe-Feuerwehrhelm, gehören der größten Organisation an, die Deutschland in Friedenszeiten je hervorgebracht hat. Sie ist doppelt so groß wie die Bundeswehr, übertrifft auch Bundesbahn und Bundespost bei weitem: Die im Deutschen Feuerwehrverband zusammengefaßten Angehörigen der Freiwilligen Feuerwehr, Berufsfeuerwehr und Werkfeuerwehr ergeben zusammen — die Deutsche Jugendfeuerwehr eingeschlossen — ein Potential von weit über 900000 Mann. In anderen technisch zivilisierten Ländern sieht es ähnlich aus. Die Feuerwehren bilden die größten und perfektesten Hilfsorganisationen der Welt.
Ohne Feuerwehr geht es weder in Addis Abeba, Conakry, Tunis noch in Stavanger, Reykjavik, Thorshavn, in Lima, Montevideo, Fairbanks, Los Angeles. Weder in Taipeh oder Jokohama noch in Sofia, Bialystok, Magnitogorsk. Auf eine Feuerwehr kann niemand verzichten, auch nicht in Oberammergau, in Leonberg, Butzbach, Wietze, Westrhauderfehn oder auf Helgoland. Unseren Wohnblocks und Ansiedlungen wird in Friedenszeiten nie mehr widerfahren, was in allen früheren Jahrhunderten mit furchtbarer

Regelmäßigkeit, damals fast unabwendbar, geschehen ist. Städteverzehrende Feuersbrünste gehören der Vergangenheit an. Unsere Vorfahren haben Dinge erdulden müssen, die heute kaum noch vorstellbar sind. Immer wieder sanken ihre Städte in Schutt und Asche. Mit fatalistischem Gleichmut oder gar in gläubiger Bußfertigkeit nahmen sie das alles hin.

Das Land ist wüst ...

Im Alten Testament stehen die bezeichnenden Worte: »Das Land ist wüst ... eure Städte sind mit Feuer verbrannt.« (Jesaja 1, 7) Als der britische Archäologe Professor Garstang in Jericho, einer der ältesten uns bekannten Städte, seine Ausgrabungen beendet hatte, notierte er in seinem Expeditionsbericht: »Man sieht deutliche Spuren eines gewaltigen Brandes, geschwärzte kompakte Ziegelmassen, geborstene Steine, verkohltes Holzwerk und Asche. Die Häuser sind längs der Mauer bis auf die Fundamente ausgebrannt, die Dächer über dem Hausgerät eingestürzt.«
Siebentausend Jahre vor Christi Geburt hatte Jericho schon existiert. Und im 13. Jahrhundert vor Christus widerfuhr ihr das, was der Prophet Josua mit den Worten schilderte: »Aber die Stadt verbrannten sie mit Feuer und alles was darin war.«
1953 wurden unweit Jerusalem die Ruinen der uralten Königsstadt Hazor ausgegraben. An ihren verschiedenen Trümmerschichten ließen sich einundzwanzig Entwicklungsphasen unterscheiden. Nicht weniger als einundzwanzigmal hatte man demnach ein neues Hazor auf den Trümmern eines alten erbaut! Fast alle früheren Städte namens Hazor waren durch Feuer zerstört worden, in Krieg oder Frieden. Eine Brandschicht kündet von einer besonders schweren Feuersbrunst im 13. Jahrhundert vor Christus. Hazor war derzeit denselben kriegerischen Verwüstungen zum Opfer gefallen wie Jericho.
Als Schliemann und Dörpfeld die sagenumwobene kleinasiatische Hauptstadt Troja ausgruben, fanden sie immerhin neun verschiedene Trümmerschichten einstiger Städte dieses Namens »wie die Häute einer Zwiebel übereinander« vor. Immer wieder war Troja niedergebrannt oder gebrandschatzt worden, zuletzt im Mittelalter durch die Türken. Danach blieb es für immer Ruine.
Tatsächlich ist die Geschichte der Menschheit aus dem Ge-Schichte von Brandschutt wie aus einem Buche abzulesen. Die Historie erzählt von einer unabsehbaren Kette von Feuersbrünsten und gewaltsamen Einäscherungen. Wer sie kennt, der kann den Zorn der Götter über den Diebstahl des himmlischen Feuers durch Prometheus ermessen. Der mit Feuer getriebene Mißbrauch war in allen Jahrtausenden allzu groß. Dummheit, Nachlässigkeit, Eigensucht,

Machtrausch, Eitelkeit und Kriminalität sind dem Menschengeschlecht gleichermaßen eigen wie Fleiß, Klugheit, Wissen, Zielstrebigkeit, Organisationstalent, Edelmut und Liebe.
Als Urbild des Feuerfrevlers und Brandstifters steht uns Herostrat aus Milet vor Augen, der im Jahre 356 vor Christus den Dianatempel von Ephesus angezündet hat. Dieser Wahnsinnige vernichtete eines von den Sieben Weltwundern der Antike, nur damit sein Name für alle Zeiten genannt werden würde. Die damaligen Machthaber verboten bei Todesstrafe, den Namen dieses Scheusals jemals auszusprechen, aufzuschreiben und zu überliefern. Aber Gedächtnis und Zunge der Menschen lassen sich nicht reglementieren. Herostrat wurde tatsächlich der berühmteste Brandstifter der Weltgeschichte. Sein Name hat die Jahrtausende überdauert.
Wie viele Tyrannen, Eroberer und Revolutionäre, wie viele geltungssüchtige verkrachte Existenzen haben es dem Herostrat seit jenen Tagen gleichgetan! Aber das Niederbrennen eroberter Städte war nicht nur im Altertum an der Tagesordnung.
Als im 5. Jahrhundert nach Christus die Hunnen in Europa einfielen, gingen allein in Venetien rund fünfzig Städte in Flammen auf. Der gesamte weitere Weg dieser asiatischen Eroberer war durch eine breite Aschenspur gezeichnet. Später erschienen die Magyaren plündernd und sengend in Mitteleuropa. Sie verbrannten die meisten Städte an Donau und Rhein, schließlich im Jahre 913 Bremen und zwei Jahre darauf auch Hamburg.
Als die Mongolen im 13. Jahrhundert bis nach Deutschland vorstießen, gab es in Europa ebenso viele verbrannte Städte – einschließlich Breslau, Glogau Liegnitz – wie Anfang des 15. Jahrhunderts, als die Mongolen unter Timur oder Tamerlan über den Nahen Osten herfielen.
Dieser barbarische Brauch der Feuergeißel hat erst in den letzten zweihundert Jahren allmählich aufgehört. Allerdings wissen wir aus Lessings ›Minna von Barnhelm‹, daß noch zur Zeit der preußischen Kriege ohne weiteres Brandschatzung angedroht wurde, falls das besetzte Land zum Beispiel mit seinen Kriegskontributionen im Rückstand blieb.
Seit Menschengedenken gilt Feuer als höchst wirksame Kriegswaffe. Brandschleuder, Brandspeer, Brandpfeil waren Frühformen der Brandgeschosse. Später kam, in Gestalt der Böotischen Maschine, ein antiker Flammenwerfer auf. Er funktionierte mit Hilfe eines Blasebalges.
Im Jahre 678 nach Christus hat schließlich der Baumeister Kallinikos aus Heliopolis das gefürchtete Griechische Feuer erfunden. Das war eine Mischung von leichtentzündlichem Öl und pulverförmigem, gebranntem Kalk. Mit einer Feuerspritze sprühte man diese verheerende Essenz dem Feinde entgegen.

Bald nach der Wiedererfindung des Schießpulvers, angeblich durch den Kapuzinermönch Berthold Schwarz (14. Jahrhundert), kamen Kanonen und schließlich eiserne Kanonenkugeln auf. Dann verfiel man auf die Idee, die Eisenkugeln vor dem Abfeuern glühend zu machen. Von dieser Vorläuferin der Brandgranate führte die Entwicklung der Feuer-Kriegsmittel über die Thermit- und Phosphorbrandbombe bis zur Napalmbombe unserer Tage.
Wann aber hat sich der Mensch eigentlich erstmals gegen das Feuer zur Wehr gesetzt? Denn wenn er schon frühzeitig perfekt im Umgang mit dem Feuer, ja sogar bei der Anwendung von Feuer-Techniken als Kriegsmittel gewesen ist, sollte der Mensch sich nicht auch schon frühzeitig auf das Löschen von Feuer verstanden haben?

Feuerschutz in der Antike

Die Anfänge des Feuerwehrwesens liegen im dunkeln. Es wird lediglich davon gesprochen, daß es im alten Ägypten, anfangs auch in Rom private Sklavenfeuerwehren gegeben haben soll. Anhaltspunkte dafür gibt es bislang nicht.
Der erste Beweis für ein Feuerschutzdenken dürfte aus der Regierungszeit des ersten gesamtbabylonischen Königs, Hammurabi, stammen, der von 1728–1686 vor Christus regiert hat. Vor mehr als sechzig Jahren wurde in der Stadt Susa von einer Expedition ein Diorit-Steinpfeiler ausgegraben, der heute im Louvre von Paris steht. Er enthält den Codex Hammurabi, eine komplette Gesetzessammlung aus dreihundert Paragraphen, darunter einen Baucode, der klipp und klar die Bauweise der Häuser, ihre Abstände voneinander, ihre Mauerstärken vorschreibt. Nach Auffassung amerikanischer Historiker haben wir es hier mit der ältesten aller bekannten Feuerpolizeiverordnungen zu tun. Zum mindesten der vorbeugende Brandschutz dürfte also seinen Ahnherrn am Euphrat zu suchen haben.
Die älteste aufgefundene Darstellung von einem regelrechten Feuerlöschvorgang ist jüngeren Datums als der Baucode des Königs Hammurabi. Diese Darstellung stammt von den Assyrern. Sie schildert einen Sturmangriff auf die palästinensische Festungsstadt Lachis im Jahre 701 vor Christi Geburt. Die Assyrer berannten die dicken Mauern von Lachis mit Belagerungsmaschinen. Durch den Rammstoß dieser Panzer des Altertums wurde das Mauerwerk nach und nach sturmreif gebrochen. Die Verteidiger schleuderten darum verzweifelt Brandfackeln auf die hölzernen Kampfwagen herab. Das assyrische Relief zeigt deutlich, wie ein Mann der Wagenbesatzung mit einer Art Schöpfkelle Löschwasser auf ein Feuer gießt, das durch eine Brandfackel entstanden sein dürfte.

Später, bei der Einnahme und Brandschatzung Jerusalems durch die Römer (im Jahre 70 vor Christus), ist mehrfach von Feuerlöschversuchen die Rede. Dr. Werner Keller schildert die Vorgänge nach Berichten aus jener Zeit wie folgt: »Kaiser Titus läßt, um Zugang zu erzwingen, Feuer an die hölzernen Tempeltore legen. Kaum sind sie aufgebrannt, gibt er Weisung, zu löschen und den Sturmweg für die Legionäre zu schaffen. Titus' Tagesbefehl für den Angriff lautet: Schonung des Heiligtums. Doch hat sich in der Nacht der Brand bis zur Säulenhalle weitergefressen, und die Römer haben alle Hände voll zu tun, um das Feuer auszuschlagen...« Die Belagerten nützen diese Löschversuche aus und unternehmen einen Ausfall. Metzelnd schlagen die Legionäre die Juden zurück und verfolgen sie. Es gibt Tumult. Ohne Befehl, völlig von Sinnen, ergreift ein römischer Soldat wieder eine Brandfackel und schleudert sie in das Goldene Fenster neben dem Allerheiligsten. Sofort fangen die alten Hölzer, die leicht brennbaren Stoffe und die Krüge mit Öl Feuer. »Da gab der Cäsar (Titus) den Befehl, das Feuer zu löschen, indem er den Soldaten, die im Kampfe waren, mit lauter Stimme zurief und ihnen ein Signal gab mit seiner rechten Hand... Da die Flammen die inneren Räume noch nicht erreicht hatten, sondern noch die Räume um das heilige Haus verzehrten, und Titus (richtigerweise) annahm, daß das Haus selbst noch gerettet werden könnte, eilte er und mühte sich, die Soldaten zum Löschen zu überreden, und er gab Leberalius, dem Centurio (Hauptmann), den Befehl, die Soldaten, die sich widersetzten, mit Stöcken zu schlagen und in ihre Schranken zu verweisen.«

Leider hat der Anblick der Goldschätze im Tempel die römischen Legionäre derart von Sinnen gebracht, daß die sonst so berühmte soldatische Disziplin der Römer zerfiel. In dem Durcheinander von Habgier und Befehlsverweigerung brannten der Tempel und schließlich die ganze Niederstadt von Jerusalem ab.

Welche Löschmittel haben die Legionäre überhaupt zur Verfügung gehabt? Wirklich nur Decken und Mäntel? Sehr wahrscheinlich hatten sie zum mindesten ›siphones‹ dabei, Löschgeräte, mit denen man eine Flamme ausspritzen konnte. Man fand sie später in Rom als eine Art Handfeuerlöscher in den Wohnhäusern. Ferner dürfte der ›uter‹ (Wasserschlauch) schon in Babylonien bekannt gewesen sein. Noch heute bekämpfen die arabischen Beduinen ausbrechende Zeltbrände mit der ›gerba‹, einem schlauchähnlichen Wassersack aus Ziegenfell. Er dient eigentlich zum Transport des Trinkwassers.

Rom, die Ewige Stadt am Tiber, war ursprünglich eine ebenso armselige, hutzelige und völlig verbaute Ansiedlung wie jede unserer deutschen Großstädte anfangs auch. Dementsprechend brannte Rom des öfteren vollständig ab. Nach jedem Brande fing man völlig überhastet mit dem Wiederaufbau an, nur um die Obdachlosen baldmöglichst von der Straße zu bringen. Die Folgen waren klar: es brannte beim nächsten Male um so munterer. Erst später wurde man vorsichtig. Man entdeckte ähnliche Zusammenhänge wie wohl seinerzeit Hammurabi, als er seinen Baucode verfaßte.

Erste konkrete Nachrichten haben wir vom Gallischen Brand des Jahres 390 vor der Zeitenwende. Nur das Kapitol blieb erhalten. Alles andere verbrannte, obwohl achtzig Greise als Selbstopfer in den Häusern zurückgeblieben waren, »um die Götter zu versöhnen«.

Die Häuser Roms bestanden dazumal aus Lehm und Holz und waren noch mit Stroh gedeckt. Dieser schlimme Fehler wiederholte sich später getreulich in unseren mittelalterlichen Städten. Immerhin deckte man nach dem Gallischen Brand die Dächer wenigstens mit Schindeln. Sonst aber wurde noch nichts Durchgreifendes unternommen. Die Brandgefahr blieb weiterhin furchtbar. Alle Häuser waren durch offene Fackeln oder Öllampen beleuchtet. Eine Unzahl hölzerner Verkaufsbuden machten fast alle Straßen bei Feuerausbruch zu einer kilometerlangen Lunte. Auch dieser Fehler war im Mittelalter wieder an der Tagesordnung.

Die Römer hatten einigen Grund, sich mit aller Schärfe des Gesetzes vor Brandstiftung zu schützen. Sie bereiteten ertappten Feuerlegern eine ausgesprochen zunftgerechte Todesstrafe: Man zog ihnen die ›tunica molesta‹ über, einen Mantel aus Flachs oder Werg, mit Pech, Teer oder Wachs getränkt. Darin wurden sie lebendig verbrannt. Die Bestrafungsart des Lebendig-Schmäuchens von Brandstiftern blieb übrigens auch in Deutschland bis ins vergangene Jahrhundert hinein üblich.

In der Kaiserzeit schoß Rom empor wie eine Goldgräberstadt. Die Baukonjunktur war überhitzt. Die Häuser waren nicht nur längst mehrstöckig aufgeführt, sondern es gab schon regelrechte Hochhäuser. Das müssen scheußliche, liederlich zusammengeschusterte Mietskasernen gewesen sein. Mehr als eine von ihnen brach mit Donnergetöse zusammen. Kaiser Augustus begrenzte schließlich ihre Höhe auf zwanzig Meter. Das war für die Antike noch immer eine beträchtliche Höhe. Jeder Feuerlöschversuch war bei diesen Mietskasernen natürlich aussichtslos. Von Seneca ist das bezeichnende Wort überliefert: »Ein Teil unserer Furcht sind unsere Häuser.«

Vor der Zeit des Kaisers Augustus sollen in Rom Gemeindesklaven für die Löschhilfe zuständig gewesen sein. Es war genau eingeteilt, wer zu den ›siphonarii‹ oder Spritzmannschaften gehörte und wer zu den Wasserträgern. An den Brandstellen führten ›censores‹ die Aufsicht. Das waren Leute, die das Bauwesen staatlich beaufsichtigten und im Laufe der Jahrhunderte immer klarer bestimmten, was und wie gebaut werden durfte. Sie stellten gewissermaßen die Baurechtsabteilung und schließlich die Feuerpolizei dar.

In den Jahren 31 vor bis 14 nach Christus regierte Kaiser Augustus. Er schuf einen grundlegenden Wandel. Er löste die bisherige, unzulängliche Bürger-Pflichtfeuerwehr durch eine kombinierte Berufs-Wach- und Feuerwehrtruppe ab. Er stellte die ›cohortes vigilum‹, die Kohorten der Wächter, auf. Rom, immerhin schon eine Millionenstadt, wurde in vierzehn Wächter-Regionen unterteilt, deren jede von einem ›curator‹ geleitet wurde.
Jede Region war in Straßenquartiere unterteilt, die etwa einem heutigen Feuerwachrevier entsprochen haben dürften. Ein solches Quartier wurde von einem ›vicomagister‹ befehligt. Übersetzen wir das Wort sinngemäß mit Wachvorsteher oder Wachkommandant. Der ›vicomagister‹ befehligte seine Truppe, war aber gleichzeitig auch für die Brandschau zuständig. Für je zwei der vierzehn ›regiones‹ oder Feuerwehr-Gebiete gab es eine gemeinsame Kaserne. Jede der sieben Wachkasernen wurde von einem Unterpräfekten befehligt. Die ganze Wächtertruppe unterstand einem besonderen Präfekten. Dieser antike Oberbranddirektor hatte den Rang eines Generals.
In jeder der sieben Kohorten waren tausend Mann zusammengefaßt. Jede Kohorte hatte wiederum sieben Zenturien oder Kompanien. Jede Kompanie hatte einen ›siphonarius‹ oder Spritzenmeister, einen Hornisten und einen Trupp Wasserträger. Auch über die Ausrüstung dieser antiken Berufsfeuerwehr sind wir heute hinreichend informiert. In den Schriften des römischen Rechtsgelehrten Domitius Ulpianus und anderer werden die Löschgeräte der ›cohortes‹-Kasernen aufgeführt. Decken, Schwämme, Löschbesen zum Wassersprühen, Stangen, Einreißhaken, Leitern, Körbe, Eimer und Wassersack-Siphones waren dort vorhanden. Bei größeren Bränden war es außerdem üblich, daß man Branddecken, Brandplanen oder Brandsegel über die vom Funkenflug bedrohten Nachbarhäuser zog und mit Wasser besprühte. In Rom soll es eine regelrechte Industrie gegeben haben, die solche Planen aus alten Stoffresten anfertigte.

Druckspritzen und Heronsball

Im Jahre 1795 grub man unweit der italienischen Stadt Civitavecchia ein ehemaliges Römerlager aus. Dabei fand man einen recht verblüffenden Gegenstand: eine bronzene Kolbenpumpe! 1907 wurde bei Ausgrabungen in der Nähe von Metz ein weiteres Exemplar einer römischen Kolbenpumpe gefunden. Sie hatte gutgefettete Bleizylinder und darüber dichtschließende Holzfassungen. Ganz eindeutig hatte man in der Antike den Schritt ins Maschinenzeitalter bereits getan. Die Erfindungen waren nur vergessen worden. Durch die ›Zehn Bücher über Architektur‹ des Vitruvius wissen wir heute Ge-

naueres über den Erfinder der zweizylindrigen Druckpumpe. Er hieß Ktesibios, war vermutlich Physiker und lebte um 250 vor Christus in Alexandria. Dieser Ingenieur hatte später einen gelehrigen, berühmten Schüler, den Mechanicus und Mathematiker Hero, der in Alexandrien sozusagen TH-Dozent war. Dieser Hero machte sich um 120 nach Christus daran, die Pumpe seines Vorgängers Ktesibios auf eine geniale Weise zu verbessern: er erfand den Heronsball. Das war eine Vorrichtung zum Hochtreiben einer Wassersäule durch Verdichtung der oberhalb des Wasserspiegels eingeschlossenen Luft.
Die Konstruktionszeichnung der gesamten Bronzepumpe samt Heronsball ist erhalten. Es gibt überhaupt keinen Zweifel: Die Pumpe besaß exakt sitzende, klappenförmige Saug- und Druckventile, massive, sauber abgedrehte Kolben, und der »pnigeos« wurde zeitweilig schon als Windkessel angesehen. Diese These war aber doch irrig. Hätte sie gestimmt, wäre diese Pumpe bereits imstande gewesen, einen ununterbrochenen Wasserstrahl zu fördern. Was hätte man in unserem Mittelalter darum gegeben, hätte man dieses Prinzip, ja hätte man die Feuerlösch-Druckpumpe gekannt!
Aus der Konstruktionszeichnung der Herons-Pumpe geht aber noch etwas anderes hervor: die Maschine hatte ein Steigerohr. Es dürfte sich also um eine antike Feuerspritze gehandelt haben. In welchem Umfange sie bei den Kohorten der Wächter tatsächlich verwendet wurde, ist bis heute nicht bekannt. Die Meinungen gehen noch immer auseinander. Wahrscheinlich haben die ›siphonarii‹ in der Zeit nach Kaiser Augustus die Wendestrahlrohre solcher Maschinen geführt.
Immerhin konnten später in Rom einige Feuersbrünste unter Kontrolle gebracht werden, so im Jahre 188 nach Christus ein gefährlicher Brand des Kapitols und im Jahre 245 ein Großfeuer, dem das Pompejus-Theater sowie das Centrum Columbi zum Opfer fielen. Beide Male gab es also keine Katastrophe für die ganze Stadt, während unter Kaiser Commodus eine Feuersbrunst nach dem Brande des Friedenstempels offensichtlich erst nach Einäscherung großer Stadtteile und durch künstliches Niederreißen von Straßenzeilen zum Stehen gebracht werden konnte.
Die Chronik der Brände Roms nach Kaiser Augustus beweist, daß eine Gegenwehr vorhanden war. Das Löschwesen hatte durchaus Erfolge zu verzeichnen. Noch heute tragen die Pompieri, die Berufsfeuerwehrleute, der Vatikanstadt den goldenen Römerhelm ihrer antiken Vorbilder. Die einheitlich ausgerüsteten und zentral geleiteten staatlichen Feuerwehren Italiens nennen sich nicht ohne Stolz ›Corpo Nazionale dei Vigili del Fuoco‹. Auch sie wahren die Tradition der ›Cohortes vigilum‹. In jeder italienischen Provinz gibt es eine Kompanie von dieser Staatsfeuerwehr. Auch in den Großstädten hat das Corps die Nachfolge der früheren ›Civici Pompieri‹ an-

getreten. Rom, Neapel, Genua, Mailand, Florenz, Turin, Triest und Venedig haben seit 1939 staatliche Feuerwehren anstelle der früheren städtischen. Jeder Feuerwehrmann Italiens hat zum mindesten den Grundausbildungslehrgang der ›Scuole Centrali Antincendi‹ durchlaufen. Dieses bei Rom gelegene Ausbildungszentrum gilt als größte Feuerwehrschule der Welt.
Das alte Rom ging eines Tages trotz seiner Cohortes zugrunde, weil kriegerische Ereignisse stärker waren. 410 äscherte der Gotenkönig Alarich die Stadt fast vollständig ein, und 545 besorgten die Goten dasselbe noch einmal so gründlich, daß nunmehr auch das Kapitol zum Schutthaufen wurde. Wahrscheinlich standen die braven ›vigiles‹ diesen Ereignissen genauso machtlos gegenüber wie im Jahre 1945 die gut ausgerüstete deutsche Feuerschutzpolizei jenen Feuerstürmen, in denen Dresden verbrannte.
Die Feuerspritzen des Hero von Alexandrien waren aber noch immer nicht in Vergessenheit geraten. Denn mit diesen Maschinen wurde ja im 7. Jahrhundert das Griechische Feuer verspritzt! Erst später sind sie verschollen.

Der heilige Florian

Schon Julius Cäsar hatte vom oberösterreichischen Erzberg und den dortigen Eisenschmelzöfen bis an die Mündung der Enns eine ›Eisenstraße‹ erbauen lassen, an deren Ende der befestigte römische Platz Lauriacum lag. Heute heißt dieser Platz Lorch an der Enns.
In der Römerfeste Cetium versah der Legionärführer Florianus seinen Dienst. Er war schließlich als Veteran aus dem aktiven Dienst ausgeschieden und wurde Vorstand in der Kanzlei des römischen Statthalters Aquilinus.
Florianus sympathisierte heimlich mit dem Christentum. Als eines Tages Kaiser Diokletian die letzte große Christenverfolgung anordnete, geriet der Legionärführer und Kanzleivorstand von Cetium in schweren Gewissenskonflikt. Vor ihm lag der an sämtliche Statthalter, Offiziere und Beamten der römischen Provinzen ergangene Sonderbefehl, gegen die »unzuverlässigen Elemente« mit aller Schärfe vorzugehen. Die Anhänger des neuen christlichen Glaubens sollten dingfest gemacht werden. Speziell an den Offizier Florianus erging die Weisung, sofort vierzig christlich gesinnte Legionäre zu verhaften – seine eigenen Glaubensbrüder! Florianus brachte das nicht übers Herz. Er warnte statt dessen die betreffenden Soldaten und kam ihnen in jeder Weise zu Hilfe.
Florianus wußte natürlich, was das bedeutete. Er war Offizier. Er hatte einen kaiserlichen Befehl mißachtet, ja sabotiert! So etwas konnte im Römerreich nur mit dem Tode bestraft werden. Statthalter Aquilinus ließ darum im Jahre 304 seinem einstigen Adjutanten und Legionsführer einen Mühlstein

um den Hals binden. Florianus wurde von der Enns-Brücke bei Lauriacum ins Wasser gestoßen.

Später wurde Florianus als christlicher Märtyrer heiliggesprochen. Unweit seiner Todesstelle erhebt sich heute das Chorherrenstift St. Florian, unter dessen Orgel der Komponist Anton Bruckner seine Ruhestätte fand. Die katholische Kirche hat den ehemaligen Offizier zum Schutzpatron in Feuers- und Wassersnöten und zum Schirmherrn aller Feuerwehren erkoren. In vielen Kirchen und auf vielen Stadtplätzen Süddeutschlands sieht man deshalb Floriansfiguren. Fast immer ist der Märtyrer mit einem Eimer Löschwasser dargestellt, den er gerade über einem brennenden Hause ausgießt.

In katholischen Landesteilen wird am 4. Mai eines jeden Jahres der Florianitag gefeiert, der früher bei den Donauschwaben mit einem Opfergang verbunden war. Vielfach finden an diesem Tage Feuerwehrumzüge oder Kreisfeuerwehrtage statt. In manchen Orten durfte am Florianitag nirgendwo ein Herdfeuer oder ein anderes offenes Feuer in den Häusern brennen bleiben. Das Mittagessen für die Bevölkerung wurde lieber irgendwo gemeinsam gekocht. Man wollte unter allen Umständen vermeiden, daß ausgerechnet am Namenstag des Feuerwehrheiligen irgendwo durch Unachtsamkeit ein Brand ausbrach.

Auch allerlei Volksaberglauben rankt sich um diesen Tag. Manche schworen darauf, daß es in dem folgenden Zeitraum eines Jahres wenig Brände in der Umgebung geben werde, wenn es an Floriani geregnet hatte. Andere waren davon überzeugt, daß ihr Haus vor Brandschaden bewahrt werden könne, wenn man es am Florianitag mit Wasser bespritzte. Mancher hat sich auch ein Floriansbild oder eine Floriansfigur unterm Dach angebracht, damit sie Haus und Hof beschütze. Ein Spaßvogel in Engen bei Singen am Hohentwiel hat sogar den menschenfreundlichen Spruch anbringen lassen: »Lieber Heil'ger Florian, beschütz mein Haus, zünd' andre an!«

Längst ist aber St. Florian zum weltlichen Symbol aller Feuerwehrleute geworden. Er wird auch in den evangelischen Gegenden als Schirmherr akzeptiert. Ganz bestimmt ist Florian der meistgenannte Heilige auf den Ultrakurzwellen-Sprechfunkfrequenzen unserer heutigen Feuerwehren. Es dürfte im deutschen Sprachbereich wohl keinen Feuerwehrsender geben, der sich nicht ›Sender Florian‹ nennt. Jedes Funkfahrzeug einer Feuerwehr meldet sich mit seiner dazugehörigen Funkrufnummer entsprechend als ›Florian Hamburg 23‹, ›Florian München 11‹, ›Florian Karlsruhe 8‹ oder ›Florian Lauterecken‹. Das allerdings hätte sich der in der Enns ertränkte römische Legionärführer ganz bestimmt nicht träumen lassen.

Oben: Erste bekannte Darstellung eines Feuerlöschvorganges (Assyrisches Relief um 700 v. Chr.)
Unten: »Eyn ungewöhnlich und sonderbare Machina«, die Feuerspritze des Mathematikprofessors Besson (1578)

C
B
A

A
B
C
D

Unhaltbare Zustände

Das Imperium der Römer ging in den Stürmen der Völkerwanderung (4.–6. Jahrhundert) zugrunde. Rom sank zu einer bedeutungslosen Provinzstadt herab. Alle Kastelle, Lager und Städte in den ausländischen Provinzen wurden entweder geräumt oder – zumeist von germanischen Völkern – dem Erdboden gleichgemacht. Auch das linksrheinische Trier und mit ihm fünfzig andere Römerplätze wurden damals von Germanen verbrannt.
Dann aber geschah etwas Merkwürdiges: diese Städte wurden nicht wieder aufgebaut. Sie blieben jahrhundertelang als Schutthaufen liegen, ja, sie wurden als kostenlose Steinbrüche benutzt. Wer bauen wollte, holte sich irgendwo die fertig behauenen Römerquader! Sogar Karl der Große soll für seine Aachener Bauten noch Steine aus dem römischen Trier verwendet haben.
Die einstigen Römerprovinzen Deutschlands gehörten jetzt den Alemannen und Franken. Das waren Bauernvölker ohne Interesse an städtischer Wohnkultur. Erst seit der Zeit Karls des Großen (764–814 nach Christus) gab es wieder richtige Städte, die auch durch Stadtmauern befestigt waren. Zumeist waren Klöster oder Bischofssitze Kristallisationspunkte für eine Stadtgründung geworden; manchmal war auch die besondere Bedeutung eines Platzes als Bollwerk, Grenzmark-Festung oder Verkehrsknotenpunkt der Anlaß zur Gründung einer Stadt. Viele deutsche Städte wurden schließlich auf dem Schutt ihrer einstigen römischen Vorgängerinnen erbaut.
In den Städten des Mittelalters herrschten zunächst unvorstellbar primitive Zustände. Jeder heutige Brandinspektor hätte wohl auf der Stelle einen Schlaganfall erlitten, wenn er auch nur durch eine der damaligen städtischen Straßen hätte gehen müssen. Die Häuser bestanden anfangs aus Holz, und sie waren, wie zuerst auch im vorchristlichen Rom, mit Stroh gedeckt. Jedermann hatte planlos drauflosgebaut, oft in »drangvoll fürchterlicher Enge«. Man braucht nicht viel Phantasie, um sich die Folgen jedes unvorsichtigen Hantierens mit offenem Feuer auszumalen. Mit geradezu rührender Naivität wurde in den Backstuben, Siedereien, Brennereien damit umgegangen. Aber das Schlimmste: es gab noch keine Schornsteine.
Als Feuerstätte diente eine einfache Grube inmitten des Hauses. Über diesem Feuerloch befand sich in dem Strohdach (!) eine Öffnung für den Rauchabzug. Beim Verlassen des Hauses oder beim Zubettgehen wurde eine Klappe aus Holz, später aus Eisen, über das Feuerloch gelegt. Erst allmählich setzte sich die Vorschrift durch, daß die Herdfeuer überall beim Abendläuten der Kirchenglocken gelöscht und abgedeckt sein mußten.
Es ist überliefert, daß der englische König Alfred der Große diese Maßnahme um 900 erstmals den Einwohnern von Oxford empfohlen hat. Im

Oben: Die Löschmaschine des Meisters Hans Hautsch hatte bereits eine Wurfhöhe von 20 Metern (1650)
Unten: Mit solchen Blättern warb van der Heyde für die neuen Schlangenspritzen (1699)

Jahre 1068, zwei Jahre nach seiner Landung in England, hat dann der normannische Eroberer, König Wilhelm I., ausdrücklich jedem strenge Strafe angedroht, der beim Abendläuten nicht »kalten und geschlossenen Herd« hatte.
Auch im Fränkischen Reich war im 9. Jahrhundert ein ›couvre-feu‹-Gesetz erlassen worden, eine Vorschrift fürs Herdfeuerabdecken. Und in der altchinesischen Provinz Scho, unter der Statthalterschaft von Schi-li, wurde derjenige mit hundert Peitschenhieben bestraft, der nach Einbruch der Dunkelheit noch irgendeine Feuerflamme unterhielt.
Die Geschichtsschreiber bezeichnen die Zeit des 12.–14. Jahrhunderts als die Periode der großen Brände. Wohl jede deutsche Stadt verschwand damals mindestens einmal vollständig von der Erdoberfläche. So brannte Hamburg im Jahre 1284 so ratzekahl ab, daß nur ein einziges Haus übrigblieb. Spaßigerweise hatte es ausgerechnet den Namen ›Haus der Hölle‹. Das war zwar schon Hamburgs vierte Total-Einäscherung, aber die erste zu Friedenszeiten und überdies die erste der nunmehrigen Stadt Hamburg.
Das aus strohgedeckten Holzhäusern bestehende Lübeck brannte 1138 und ebenso 1157 nieder. Schon bald nach der ersten Katastrophe, wurde lakonisch berichtet: »do kam Bischof Vicelinus, de anvell Hertoghe Hinrick den Lauwe und Grave Adolff to Holsten und buweden eyne nige Stadt.« Die neue Stadt brannte jedoch bereits 1176 zum dritten Male ab. Erst danach verboten die Stadtväter endlich die Strohdächer in dieser engen Stadt. Dieses Verbot dürfte zu den allerersten feuerpolizeilichen Gesetzen Deutschlands gehören. Mit dem Strohdach-Gesetz war Lübeck keineswegs etwa »ut de Füersnoth erlöset«. Denn im Juni 1251, am Tage des heiligen Barnabas, stand wiederum mehr als die Hälfte der Stadt in Flammen. 1276 wütete die bekannteste und umfangreichste Feuersbrunst, bei der Lübeck nochmals großenteils vernichtet wurde. Die Chronik erzählt kurz und bündig: »Dar was de groteste brant, de dar gischudt. Sedder wart de Stat von Stene gebowet.« Einheitlich wurden nun Ziegelsteine als Baumaterial verwendet.

Feuer als Strafgericht

So fortschrittlich wie in dem aus Schaden klug gewordenen Lübeck war man längst noch nicht überall.
Die Freie Reichsstadt Nordhausen, am Südhange des Harzes, gehört zu jenen Städten, denen besonders übel mitgespielt wurde. Die Historie vermeldet, daß die Stadt zwar nach der Brandschatzung anno 1181 durch Heinrich den Löwen, gemeinsam erlitten mit Erfurt und Mühlhausen/Thüringen, von gro-

ßem Brandschaden »gnaediglich an die 43 johr verschonet« blieb. Aber 1234 »hatte Nordhausen Ursach, unter vielem Ach und Weh die Haende zu ringen, da es so manche treffliche Palatia und schoene haeuser durch eynen entsötzlichen brant ruinieret sehen mußte«. Und lesen wir weiter:

1524 wurde ein großes Feuer »durch vagirende mordbrenner geleget«.

1540 wurde »abermalig Nordhausen durch groß feurio erschrecket«.

1541 wiederum schweres Feuer in Nordhausen. Brandstiftung, das Subjekt war für 10 Gulden gedungen!

1612 brach Gottes Zorn über Nordhausen »gantz herein«, und zwar »durch Verwahrlosung (d. h. Unachtsamkeit) des Gesindes so Äpfel gewelcket«. Das Feuer wütete so heftig, »daß über die Geschwindigkeit der Flamme sich niemand sattsam wundern konnte«.

1686 aber »drang das Brandt Elend zu Nordhausens Thoren wieder ein... durch unachtsame Drescher, welche, wie man davor hält, es mit dem toback verwahrloset hatten«.

1710 verbrannten die Städte Langensalza, Heringen und »hinwiederumb« Nordhausen. Es heißt in der Chronik: »in dem Hause, wo es aufkam, lagerten mehr als 100 Centner Öl und auch andere Feuer machende Materialien«.

Pastor Kindervater wußte, warum nun gerade diese Stadt – die übrigens auch im Zweiten Weltkriege zu fünfundfünfzig Prozent zerstört wurde – noch öfter als andere von den Feuersbrünsten heimgesucht wurde. Er bezeichnete anno 1712 den Total-Stadtbrand des Jahres 1710 von der Kanzel herab als »wohlverdienet«, denn Sabbath-Schändung, Ungerechtigkeit, Falschheit, Unbarmherzigkeit, Eigennutz, unordentliches Wesen der Anwohner seien die eigentliche Ursache gewesen. Nordhausen sei deshalb abgebrannt, weil es seine, Kindervaters, Predigt nicht genügend befolgt habe. Die darob vom Himmel gekommene Feuerrute sei schließlich ganz genau und für jeden sichtbar schon in Jeremia, Kapitel 17, Vers 27, angedroht. Pastor Kindervater erklärte, daß Beten das rechte Löschwasser sei. Frauen, Alte und Kinder gingen darum während des großen Brandes von 1710 in die Kindervatersche Kirche. »Sie erweichten dem zornigen Vater das Herz, denn das Kirchgebäude blieb verschonet.«

Die Einstellung der Menschen gegenüber der Brandkatastrophe hatte sich also hier gegenüber dem Mittelalter kaum verändert. Eiferer hatten früher von der Kanzel herab sogar davor gewarnt, in die Strafgerichte Gottes einzugreifen. Wie könne und dürfe der Mensch sich vermessen, mit Maschinen und Geräten etwas gegen Macht und Willen übermenschlicher Wesen ausrichten zu wollen? Das sei Frevel!

Fast immer war bei mittelalterlichen Feuersbrünsten von Gottes Zorn oder sogar von Gottes Rache die Rede. Nach einem Brande in Löbau/Sachsen will man angeblich das Hohngelächter des Satans aus den Ruinen gehört haben. Man sah im Feuer so sehr das Walten übersinnlicher Mächte, daß man es allenfalls durch religiöse Beschwörung zu beschwichtigen suchte. So hat im Jahre 1182 ein Klosterbruder bei einer Feuersbrunst in der Stadt Deutz bei Köln ein Altartuch auf eine Stange gesteckt und dem Feuer entgegengehalten. Als aber das Tuch dem Feuer partout keinen Abbruch tat, drückte er es auf der Stange ganz fest in die Glut hinein. Leider gelang auch dieser Löschversuch nicht. Nur das Altartuch sei nachher wunderbarerweise unversehrt aus den Flammen zurückgekehrt!

Noch im 17. Jahrhundert ließ der Sonnenkönig Ludwig XIV. bei einem Brande des Louvre von Paris rasch das nächstgelegene Allerheiligste auf die Brandstelle bringen, um dadurch dem Feuer Einhalt zu gebieten. In England wurden früher bestimmte Kirchenglocken innen und außen mit Weihwasser besprengt und mit Spezereien gesalbt. Sie sollten fortan durch ihr bloßes Läuten die Ausbreitung des Feuers verhindern. Monstranz und Weihwasser wurden jahrhundertelang und werden sogar heute noch als Abwehrmittel gegen Brände betrachtet, ebenso wie das besagte Florian-Bildnis unterm Dach.

Schließlich wurden früher auf den Jahrmärkten sozusagen garantiert sichere ›Feuersegen‹ feilgeboten, die mit religiösem Glauben nichts mehr zu tun hatten. Auf diesen industriell hergestellten Ausgeburten des Aberglaubens stand wörtlich zu lesen: »Wer diese Worte bei sich im Haus hat, drein wird leitlich ein Hagelwetter nit einschlagen noch Schaden tun, auch sonst kein Feuer ins Haus kommen.«

Im Mittelalter gab es Leute, die das Feuer als ein lebendiges, mit der Zunge leckendes Tier betrachteten, das vor Wasser nicht zurückweiche, wohl aber vor Drohungen und Stockschlägen! Wenn diese Prügel aber ganz und gar nicht fruchten wollten, dann könne man das Feuer auch mit alten, abgetragenen Kleidungsstücken oder mit schon begangener Erde verscheuchen. Immerhin war die Verwendung von Erde zum Feuerlöschen gar nicht so dumm. Sie dürfte, bei genügender Menge, um einiges nützlicher gewesen sein als das Verprügeln des Feuers!

Andere Leute behaupteten steif und fest, daß Feuer durch schwere Bedrohung sogleich verlösche. Daß ein festgenageltes Hufeisen an der Stalltür oder das Umreiten des eigenen Gehöftes mit einem schwelenden Feuerbrand allen Besitz vor Bränden schützen konnte, war weitverbreiteter Aberglaube.

Kaum zu fassen ist jedoch, daß Herzog Ernst-August von Sachsen-Weimar am 24. Dezember 1743 tatsächlich folgendes Dekret erlassen und damit zum Staatsgesetz gemacht hat: »Wir in Gnade befehlen, daß in jeder Stadt und in jedem Dorf verschiedene hölzerne Teller, worauf schon gegessen und mit dem Figur und Buchstaben, wie der beigesetzte Abriß gesaget, des Freitags bei abnehmendem Monde zwischen elf und zwölf mit frischer Tinte und neuer Feder beschrieben, vorrätig sei, sodann aber, wenn ein Feuersbrunst (wofür doch der große Gott hiesige Landen in Gnaden bewahren wollte) entstehen sollt, ein solcher ausbemalter massen beschriebener Teller mit jenen Worten im Namen Gottes ins Feuer geworfen, und wofern das Feuer dennoch weiter um sich greifen sollte, dreimal solches wiederholt werden soll, dadurch dann der Glut ohnfehlbar gedämpft wird ...«

Gleichzeitig verfügte der Herzog, »daß auch Schultheißen und Schöphen eine Anzahl solcher Teller auf Vorrat behalten und bei entstehender Not, da Gott vor sei, beschriebenermaßen zu gebrauchen«. In Sachsen-Weimar wurden also Beschwörungsteller zeitweilig auf allerhöchsten Befehl als Kleinlöschgeräte verwendet! Allerdings hat sich der Herzog mit diesem Dekret im Auslande außerordentlich lächerlich gemacht.

Die Feuerteller waren mit drei Kreuzen und dem Ausspruch ›contumatum est‹ versehen. Davon versprach man sich ähnliche Erfolge wie von der einstigen Zauberformel, die schon auf einem Papyrus-Amulett der ägyptischen Kopten aus dem 4. Jahrhundert aufgetaucht ist. Dieses Amulett wurde in einem Berliner Museum aufbewahrt. Seine Formel ergibt ein Palindrom, ein Umkehr-Wortspiel. Sie läßt sich also beliebig von vorn oder hinten lesen:

S A T O R
A R E P O
T E N E T
O P E R A
R O T A S

Wenn wir genau hinsehen, dann ist das Ganze sogar ein Magisches Quadrat. Man kann es auch in beiden Vertikal-Richtungen lesen!

Der Brandschutz-Historiker Hans Roden, der auf diese SATOR-AREPO-Formel hinweist, fügt hinzu, daß dieser ziemlich universelle Erfolge zugesprochen wurden. In erster Linie diente sie als Feuerschutzzauber.

Zum Schluß sei noch ein besonderes Kuriosum der Feuerwehrgeschichte und des Feuer-Aberglaubens mitgeteilt: Am 21. November 1879 (!) berichtete die siebenbürgische ›Hermannstädter Zeitung‹ über eine Feuersbrunst in der damals noch ungarischen, heute tschechoslowakischen Stadt Ipolyság: »Um dieselbe (die Feuersbrunst) zu beschwören, wurde von dem Volke eine Anzahl Mädchen splitternackt um den Brandplatz gruppiert. Die Wut des Elementes konnte leider auch durch dieses heroische Mittel nicht gebändigt werden.«

Allen jenseitsgerichteten, mystischen Auffassungen des Mittelalters zum Trotz, wurden in der Epoche der großen Stadtbrände (12.–14. Jahrhundert) nach und nach doch Gesetze erlassen, die wenigstens eine grundlegende Vorsorge trafen.
Die älteste erhaltene Feuerordnung stammt aus der Stadt Meran in Südtirol. Dort wurden schon im Jahre 1086 die Handwerkszünfte zur Löschhilfe bei Bränden verpflichtet.
Die zweitälteste Feuerordnung dürfte die der Stadt London sein, sie wurde anno 1189 erlassen. Sie schreibt unter Zwang vor, daß jeder Hausbesitzer im Sommer vor seiner Haustür ein Faß Wasser bereitzuhalten habe. Jeder noch so kleine Brand müsse sofort allgemein zur Kenntnis gebracht werden. Ferner befahl die Londoner Feuerordnung, daß Schürhaken, Ketten, Stricke zur Hand sein sollten, und der Büttel müsse außerdem ein gutes Horn haben.
London hat übrigens im Jahre 1268 die ständige Feuerpatrouille durch Nachtwächter eingeführt, die nach Erlaß eines Gesetzes schon 1285 in allen Städten Englands nachgeahmt wurde.
Die vermutlich älteste Feuerordnung Deutschlands stammt aus dem Jahre 1276. Sie regelt die »Hilfspflicht bei Feuersbrünsten« und ist im Stadtbuche von Augsburg niedergelegt. Es heißt darin: »Wo und wann es brennet, so sollen, als bald die Sturmglocke erhillt, alle Bader und ihre Ehhalten (Gesinde) mit ihren Badschaffeln zum Feuer rennen, und die Weineimerer (Weinträger) mit ihren Zubern und die Zimmerleute, Maurer, Salzlader und Aufleger mit ihren Äxten und was sie sonst haben und sollen retten und arbeiten, was sie können. So aber einer der Vorgenannten nicht zum Feuer kömmt, dem ist die Stadt verboten für ein ganzes Jahr.«
In Kempten/Allgäu war schon im Jahre 1358 die ›Feuerbeschau‹ eingeführt worden, eine regelmäßige Kontrolle aller Feuerstätten. Sie wurde jeweils »uff Johannis un de Michaelis« angesetzt, also im Frühjahr und Herbst. Das entsprechende Gesetz besagte: »Wir setzen och, das ain ieglich Rat sol zwiro im iar umbgahn und das fiur und die fürstetten sol besehen.« Zuwiderhandelnde sollen sie »uff 1 Pfund Pfennige als Buße nehmen«.
Anfang des 14. Jahrhunderts hatte die Stadt Eßlingen/Neckar in einer Zunftordnung Feuersnot-Maßnahmen herausgegeben. 1348 wurde in Zwikkau/Sachsen eine recht berühmt gewordene ›Fewersnothordnung‹ erlassen, die neben einer Regelung der Löschwasserfrage vor allem die wichtigste Feuerwehrmaßnahme der damaligen Zeit anordnete: das Weiterlaufen der Feuersbrunst sollte durch Niederreißen von Häusern, mit Hilfe eigens dafür

bereitgestellter Einreißhaken, unterbunden werden. Dennoch wurde die Stadt Zwickau im Jahre 1403 vollständig eingeäschert. Mit eigenen Feuerordnungen folgten schließlich die Städte Erfurt (1351), München (1370), Köln (1403), Bremen (1433), Frankfurt/Main (1439 und 1458), Nürnberg (1449), Lübeck (1461) sowie Bludenz/Österreich und Stuttgart (1492) verhältnismäßig früh nach.

In den meisten Städten wurden Leitern und Haken verteilt und alarmbereit gehalten. An allen Brunnen wurden Schöpftröge, schließlich ganz allgemein lederne oder aus Segeltuch gefertigte Löscheimer deponiert. An allen entlegenen Stellen wurden gefüllte Wasserbottiche aufgestellt. Von den Nürnbergern wissen wir, daß sie 1449 in ihrer Stadt sechs ›Schaffhütten‹ für Ledereimer und ›Feuerschaffen‹ (Wassertransportbottiche) besaßen.

Auch in der Schweiz zeichneten sich bald die ersten Feuerschutzmaßnahmen ab. Schon im Jahre 1478 war die Stadt Zürich in sieben ›Wachten‹ eingeteilt, für die sieben ›Pannerherren‹ mit Sturm- oder Feuerpannern bestimmt waren. Wir wissen nicht, ob das Wort ›Panner‹ mit Banner, Fahne, oder mit der französischen Bedeutung des Wortes, ›Feuerpatsche‹, identisch ist. Immerhin war schon 1478 in Zürich genau geregelt, daß sich bei Ausbruch eines Feuers in einer der sieben Wachten die zum Löschen verordneten Leute bei ihrem Pannerherrn zu versammeln hatten. Die Geistlichen und die Frauen mußten das Löschwasser in Eimern herbeibringen.

Die ersten Feuerwächter auf Kirchtürmen tauchen in Deutschland um 1300 auf. Sie sind schließlich aus keiner Stadt mehr wegzudenken, ebensowenig wie die Feuerpatrouille der Nachtwächter.

1529 erließ die Hansestadt Hamburg einen ›Receß‹, der nichts anderes als eine Feuerordnung war. Viele Städte folgten im 16. Jahrhundert nach. Unter ihnen ist Kiel mit seiner ›Ordeninge, füers noth durch Gottes hulpe vorthokamen und affthoschaffen‹.

Auch Breslau präsentiert 1551 eine Feuerordnung, die bestimmte: »Von den Zünften mußte eine bestimmte Anzahl Gesellen bei aufgehender Feuersbrunst ... (sich) zu ihren Obereltesten verfügen.« Unter der Führung ihrer Meister gehen sie »bey das Rathaus allwo sie mit Löschzeug versehen werden, und an den Orth, wo die Gefahr vorhanden«. Und zwar wurden »abgeschickt die Zimmerleute, Mäurer und Rauchfangkehrer«. Sie wurden nach Zwickauer Muster zum Einschlagen und Einreißen bestellt.

Die Feuerordnungen wurden in der Folgezeit immer wieder revidiert und erweitert und wuchsen so im Laufe der Jahrhunderte zu dicken Wälzern, durch die man sich zuletzt nur noch mit Mühe hindurchzufinden vermochte.

Gustav Freytag hat in seinem Buche ›Bilder aus der deutschen Vergangenheit‹ ein lebendiges Bild vom Leben innerhalb der Stadtmauern entworfen. An den Straßen gab es überall Ziehbrunnen mit Rolle, Kette und Doppeleimer. Schließlich wurden ganze Bäche in die Städte abgeleitet... zum Betrieb der Schmiedehämmer und Wassermühlen, für die Arbeit der Gerber, Weber, Färber, Wollspinner. Nach und nach (14. Jahrhundert) wurde auch die Schwemmkanalisation üblich. Die Fäkalien flossen nunmehr ab, allerdings in offenen Gräben, quer durch die Stadt. Damit waren aber zugleich ›Feuerbäche‹ geschaffen worden, die fast überall eine ausreichende Löschwasser-Entnahme ermöglichten.

Bei Ausbruch eines Brandes oder bei Kriegsgefahr mußte jeder Einwohner eine Fackel oder ein Blech mit brennendem Kienholz vor sein Haus hängen, weil es ja noch keine Straßenbeleuchtung gab.

Eines aber erwähnt Gustav Freytag nicht: Laut Vorschrift hingen vielerorten vom 14. Jahrhundert an in den meisten Häusern lederne oder hölzerne Feuerlöscheimer. Viele Stadtväter beschlossen, künftig keinen Bürger mehr aufzunehmen, der nicht mindestens einen ledernen Löscheimer besitze. Freilich wurde diese Vorschrift nicht überall mit der nötigen Strenge durchgedrückt. So beschloß nach dem großen Brand von Einsiedeln anno 1577 auch der dortige Magistrat, jeder Bürger müsse einen Feuereimer haben und jeder, der zum Bürger angenommen werden wolle, müsse vorher seinen Harnisch und Feuereimer präsentieren. Aber der Chronist fügt wohlweislich hinzu: »Ward davon grett, aber nit gründlich beschlossen.«

Schließlich setzten sich allgemein die ersten ›Handfeuerlöscher‹ in den Städten durch, über die es in alten Aufzeichnungen heißt: »Wo auf gut Brandordnung gehalten wurde, mußte jedes Haus eine Fewr-Sprütze haben.« Das waren billige Hand- oder Stockspritzen mit Kolben, vom Drechsler aus Holz hergestellt. Sie hatten zumeist anderthalb Liter Inhalt. Immerhin ermöglichten sie einen gezielten Druckwasserstrahl auf brennende Gegenstände.

Wer etwas besser bei Kasse war, kaufte sich eine vornehmere Spritzensorte, die vom Rotschmieddrechsler angefertigt war. In der Stadt Nürnberg blühte bald eine richtige Feuerspritzen-Industrie, denn die klugen Nürnberger hatten inzwischen die mit Wasserkraft betriebene Metalldrehbank erfunden. (Sie bewahrten dieses Zunftgeheimnis bis zum Jahre 1755 für sich!) Im Ständebuch von Jost Amman, dessen Text Hans Sachs verfaßt hat, finden wir eine Werkstatt, in der ein »Rotschmidt die messignen Sprützen verfertigt«. Diese Messing-Feuerspritzen wurden in alle Teile Deutschlands ver-

kauft und sogar exportiert. Trotz ihrer geringen Wandstärke von einem Millimeter waren sie auf den damaligen Wasserrad-Drehbänken mit der Genauigkeit von einem fünfhundertstel Millimeter abgedreht worden!
Auf einem französischen Kupferstich ist überliefert, daß man dem Brande der Kathedrale von Troyes (im Jahre 1618) nicht, wie sonst üblich, mit Löscheimerketten und Einreißhaken, sondern mit Handspritzen zu Leibe rückte. Der Löscherfolg dürfte kläglich gewesen sein, denn die Kathedrale brannte längst lichterloh.
Noch fehlte die eigentliche Waffe für den Löschangriff: die Pumpspritze! Niemand kannte mehr jene Maschinen von Ktesibius und Hero. Die technischen Errungenschaften der Antike waren in Vergessenheit geraten.
Erst im Jahre 1518 wird zu Augsburg die erste Feuerlösch-Pumpspritze erwähnt. Ein Augsburger Goldschmied namens Anton Platner soll diese Löschmaschine gebaut haben. Sie scheint ziemlich groß gewesen zu sein, wie man aus der vorhandenen Rechnung eines Stellmachers für die dazugehörigen Räder schließen kann. Auch drei andere Augsburger Bürger werden später als Feuerspritzen-Konstrukteure genannt. Die Sache lag damals plötzlich in der Luft. Niemand weiß bis heute, ob Platner und seine Nachfolger etwa durch die sehr regen Außenhandelsbeziehungen der damaligen Weltstadt Augsburg Kenntnis von den antiken Feuerspritzen erhalten hatten oder ob sie allein auf diese technische Idee zurückgekommen sind.
Aber der eigentliche große Wurf glückte erst um 1650 dem Zirkelschmied und Mechanikus Hans Hautsch, »Bürger der Alten Ledergasse zu Nürnberg«. Hautsch baute eine von drei Pferden gezogene, auf Kufen stehende und von achtundzwanzig Mann mit Zugstangen bediente Feuerspritze, die damals wie ein Mirakel angestaunt wurde. Sie warf einen starken, ununterbrochenen Löschwasserstrahl aus ihrem Wendestrahlrohr, hatte also Windkessel. Die Wurfhöhe betrug achtzig Schuh, was immerhin zwanzig Metern entspricht.
Die neue Handdruckspritze von Hans Hautsch wurde bald ins In- und Ausland verkauft. Auf zeitgenössischen Darstellungen sehen wir, daß damals das Löschwasser mit einspännigen Bottich-Schlitten (Feuerschaffen) zur Brandstelle transportiert wurde. In Norddeutschland nannte man sie ›Feuer-Copen‹, während sie in Berlin ›Wassertiene‹ hießen. Noch gab es ja keine Hydranten, auch die Notpfosten oder Feuerzapfstellen der hölzernen Stadtwasserleitungen waren noch nicht üblich, und die Feuerbäche erreichten leider nicht jeden Winkel der Stadt.
Noch etwas anderes verraten uns die zeitgenössischen Darstellungen der Hautsch-Spritze: Es gab zu diesem Zeitpunkt auch schon kleinere Einmann-Pumpspritzen, die wohl ungleich leichter transportiert werden konnten als die schweren Geschütze. Diese Faßspritzen sind sozusagen die Vorgänger

der Kübelspritzen unserer Zeit, mit denen die Angriffstrupps aller deutschen Feuerwehren ausgerüstet sind.
Am Ende des 16. Jahrhunderts zeichnete sich ein neues Zeitalter ab. Zwar erkannte man noch immer gläubigen Herzens die Ordnung Gottes an, aber man schenkte doch den Erkenntnissen der Naturwissenschaften Gehör. Die jenseitig orientierte Lebensanschauung machte allmählich einer Beobachtung der Vorgänge im Diesseits Platz. Treffend hat diesen Sinneswandel 1720 ein Feuerspritzenliterat namens Johannes Theodorus Boetius ausgedrückt. Er schrieb in seinem Traktat ›Neue Nachrichten von Feuer-Rohr- und Schlangenspritzen‹: »Daß Feuerschaden mit unter die Strafgerichte des Allerhöchsten gehöre, ist eine selbst durch das Wort desselben bestätigte Wahrheit. Daß aber vernünftige Menschen (!) sich sowohl wider dieses Strafgericht des Himmels durch zulängliche Mittel und Anstalten zu praecaviren erlaubet ist, wird niemand in Abrede stellen, der aus eigener Erfahrung empfunden, daß der Schöpfer selbst einem jeden Menschen einen Trieb zur Beförderung seines Nutzens und zur Abwendung seines Schadens eingeprägt hat!«
Eines hatten allerdings zunächst alle Handdruckspritzen gemeinsam: Ihre Wasserbehälter mußten unentwegt durch Wassereimer-Ketten nachgefüllt werden, und sie beschossen die brennenden Häuser auch nur von außen her. Dem Brandherd selbst konnten sie noch immer nicht zuleibe rücken. Der Grund dafür ist seltsam genug: der Feuerlöschschlauch war noch nicht erfunden worden. Er sollte freilich bald eine der bedeutsamsten feuerwehrtechnischen Neuerungen werden.
Aber zuvor fand eine besonders schwere Brandkatastrophe statt, die ihrem Verlauf nach typisch war für einen Stadtbrand in der Zeit zwischen Mittelalter und beginnender Aufklärung.
Im Jahre 1666 wurden zwei Drittel der damaligen Halbmillionenstadt London eingeäschert. Siebenundachtzig Kirchen und dreizehntausendzweihundert Häuser verbrannten bis zur Unkenntlichkeit. Welche Ironie des Schicksals, daß ausgerechnet diejenige Stadt derart heimgesucht wurde, die ja als eine der ersten in Europa (1189) eine Feuerordnung erlassen hatte und die außerdem (1268) als erste die ständige Feuerpatrouille durch städtische Nachtwächter eingeführt hatte!
An den überlieferten Schilderungen fällt auf, daß aktive Löschanstrengungen nur spärlich erwähnt werden. Die beim großen Londoner Brand zur Verfügung stehenden Mittel waren unzulänglich.
Zwar besaß London im Jahre 1666 schon eine Anzahl Handdruckspritzen. Aber diese ungefügen hölzernen Maschinen hatten weder Windkessel noch Schläuche. Es war ihren Mannschaften nicht gelungen, damit rechtzeitig einen konzentrierten Löschangriff vorzubringen.

Sieben Jahre nach der Londoner Katastrophe, inspiriert durch sie, kam in Amsterdam ein heller Kopf namens van der Heyde auf eine glänzende Idee. Er nähte aus Segeltuch Löschschläuche zusammen. Das Ergebnis war freilich noch nicht zufriedenstellend. Aber wenn sich ein niederländischer Mijnheer etwas in den Kopf setzt, dann läßt er sich auch nicht durch Rückschläge und Enttäuschungen vom Ziel abbringen.
Van der Heyde tüftelte und experimentierte weiter. Bald ging er zu einem anderen Werkstoff über. Er verwendete jetzt das besonders kräftige und gleichmäßige Leder aus dem Rückenteil von Rinderhäuten. Und diese ledernen Schläuche waren recht stabil und durchaus brauchbar. Van der Heyde nannte sie Lederschlangen. In Verbindung mit ihnen entstand die ›Schlangenspritze‹. Mit solchen Spritzen konnten fortan Innenangriffe gegen den eigentlichen Brandherd vorgetragen werden. Mit dieser technischen Revolution war die heutige Feuerwehrtaktik Europas geboren. Allerdings mußten die Heydeschen Schlangenspritzen zunächst noch durch Eimerketten oder durch Büttenträger fortlaufend nachgefüllt werden. Dieses recht umständliche Verfahren brachte Vater und Sohn van der Heyde nach und nach auf eine zweite gute Idee.
Mittlerweile hatte der Magdeburger Physiker und Bürgermeister Otto von Guericke 1640 die Luftpumpe und das Prinzip des Barometers erfunden. Seit Otto von Guerickes berühmtem Magdeburger Versuch mit den zwei luftleer gepumpten und darum vom atmosphärischen Luftdruck mit großer Gewalt aneinandergepreßten Halbkugeln kannte man in Europa den Begriff des Vakuums. Jede Luftpumpe arbeitet mit dem Vakuum-Effekt. Aber was bei einer Luftpumpe physikalisch möglich war, das mußte doch beim Wasserpumpen ebenfalls angewendet werden können?
Die beiden van der Heydes brachten eines Tages am Saugventil der Pumpe einen Saugrüssel an, durch den nun das Löschwasser direkt aus einem Kanal, Fluß oder See entnommen werden konnte. 1735 ging v. d. Heyde der Jüngere sogar zu einer weiteren Neuerung über: Er ersetzte den Saugrüssel durch biegsame Saugschläuche, die erst durch eingenähte Kupferstreifen, schließlich durch Metallringe gegen das Zusammenfallen beim Ansaugen gesichert waren.
Noch heute sind Saugschlauch und Druckschlauch die wesentlichen Bestandteile jeder Feuerlöschleitung bei einer Entnahme aus offenen Gewässern. Vater und Sohn van der Heyde sind sozusagen die geistigen Urheber unserer heutigen Tragkraftspritzen!
Van der Heyde junior rückte bald zum Generalbrandmeister von Amsterdam

auf. Er und sein Vater ernteten Ruhm, Ehren und klingende Münze. Dieser Erfolg ist Erfindern und Konstrukteuren nur selten vergönnt. Aber die Schlangenspritzen waren ein höchst begehrter Exportartikel. Die Heydeschen Auftragsbücher schwollen derart an, daß die Besteller jahrelange Wartezeiten in Kauf nehmen mußten. Inzwischen wurden alle Schlangenspritzen mit Windkessel geliefert. Sie warfen einen kontinuierlichen Löschwasserstrahl.
Vater van der Heyde war ein begabter Maler und Kupferstecher. Bald hatte sein illustriertes ›Slangbrandspruitenboek‹ (Schlangenspritzenbuch, erschienen 1690) die Runde durch Europa gemacht. Es enthält viele künstlerisch wertvolle und feuerwehrhistorisch aufschlußreiche Kupferstiche. Das Buch zeigt, daß bereits damals Schiffsspritzen, Feuerlöschboote, in Amsterdam stationiert waren. Sie löschten mit Erfolg den Großbrand eines hölzernen Segelschiffes. Auch wird jene berühmte Turmprobe im Bilde gezeigt, die Generalbrandmeister van der Heyde junior an der Liebfrauenkirche zu Antwerpen vorgenommen hat. Heyde konnte nachweisen, daß eine Schlangenspritze das Löschwasser bis hinauf zum Turmhelm befördern konnte. Man mußte nur auf halber Turmhöhe eine Verstärkerpumpe installieren.
Die Turmprobe zu Antwerpen galt dazumal als feuerwehrtechnische Sensation. Vielerorten wurden daraufhin Verstärkerpumpen in die Kirchtürme eingebaut, und so mancher Dom verdankt seine Erhaltung dieser vorbeugenden Maßnahme. Die Turmfeuer hatten ihren Schrecken verloren. Man war ihnen nicht mehr so hilflos ausgeliefert wie vorher.
Letzten Endes war der Umgang mit den ledernen Amsterdamer Schlangen aber doch eine fürchterliche Plackerei. So mancher Brandmeisterfluch mag damals aus den Spritzenhäusern ertönt sein, denn immer wieder mußten die Schläuche mit großen Mengen Fett getränkt und von Hand durchgewalkt werden. Sie durften nicht brüchig werden. Steif und ungefügig waren sie ohnehin. Es war nicht möglich, sie etwa aufzurollen. Zwar konnte man entstandene Lecks mit ›Lederplätzlein‹ flicken. Aber beim Löschen sogen die Poren des Leders viel Wasser auf. Die Schlangen wurden immer schwerer. Sie richtig auszutrocknen, war kaum möglich. Deshalb neigten sie zur Schimmelbildung, und brüchig wurden sie trotz aller Pflege schließlich doch. Auch leckten die Nähte immerfort.
Im Jahre 1809 ist darum der Hofkupferschmied Pflug in Jena dazu übergegangen, die Lederschläuche mit Kupferbolzen zu nieten. Bei mancher deutschen Feuerwehr war noch bis zum Ersten Weltkriege die eine oder die andere genietete Lederschlange in Betrieb!
Die Nachteile des Leders als Schlauchmaterial lagen aber so sehr auf der Hand, daß bereits um 1700 der Leipziger Posamentierer Johannes Beck mit dem Weben von Schläuchen aus Hanf begann. Die Nähte versuchte er durch

Öltränkung abzudichten. Aber dabei quollen die Hanffasern auf und brachen. Nach langem Herumtüfteln verfiel darum Beck 1719 auf die bessere Idee, nahtlose Schläuche zu weben. Er dürfte diese Methode erfunden haben, obwohl 1740 der Dresdner Hofspritzeninspektor (!) Sebalon und 1775 der Weimarer Leinewebmeister Erke ebenfalls nahtlose Schläuche zu weben verstanden. Sebalon hat sie sogar aus Zwirn angefertigt.
Als Erfinder des Rundwebstuhls zur Herstellung der heute allgemein üblichen Feuerwehrschläuche gelten die Brüder Burrbach. 1822 gelang ihnen die Herstellung völlig kantenloser Schläuche. Wir haben Schläuche dieser Art durchweg heute noch. Nach jedem Gebrauch können sie anders zusammengelegt und aufgerollt werden. Sie haben deshalb eine große Lebensdauer.
Ein weiterer Pionier der Schlauchtechnik sei nicht vergessen: 1836 stellte Benzinger in Hannover den ersten gummierten Feuerwehrschlauch her. Heute besteht in Europa der Feuerwehrschlauch kaum noch aus einer strapazierfähigen Kombination von Hanf, Flachs, Ramie und Gummi, sondern mittlerweile aus Polyester- und Polyamid-Fasern. Gerade auf diesem Gebiet drangen die pflegeleichten Kunstfasern stürmisch vor.

Wien und Paris

Zu Lebzeiten der beiden van der Heydes gab es in allen Städten nur Löschgilden, Brandgilden oder Löschkorps. Diese Pflichtfeuerwehren bestanden fast ausschließlich aus Angehörigen der Handwerkerzünfte. Sie wurden bei Ausbruch eines Brandes gemäß der jeweiligen Feuerordnung zusammengetrommelt. Ständige Feuerwachen waren zu dieser Zeit noch nicht üblich. Nur Wien und Paris eilten ihrer Zeit voraus. Sie gründeten praktisch schon damals Berufsfeuerwehren.
In Wien war 1454 die erste richtige Feuerordnung erlassen worden. Sie beorderte die Handwerker und Gewerbsleute »mit hackchen und zeug« zum Löschen und löste das drollige Gesetz aus dem Jahre 1221 ab, das durch Herzog Albrecht II. noch 1340 ausdrücklich erneuert worden war: »Aus welich purgers hous ein feur oder ein prunst sich erhebt also, daz man den rauch und die flammen auzzerhalb des daches siecht, der geb dem richter zween und sibenzig phenning.« Von Geldbuße blieb nur frei, wem das Haus ganz abbrannte, denn dann war er ja bestraft genug!
Die Feuerordnung des Jahres 1534 erwähnt erstmalig den Türmer von St. Stephan. 1685 wurden für die im Unterkammeramt eingestellten »Feuerspritzen, Schläuchen, Messingnen Wandt-Röhren« vier festbesoldete Feuerknechte eingestellt. Sie bekamen einen Wochenlohn von zwei Goldgulden

und mußten sich »sowohl bey Tag, als bey Nacht bey denen Feuers-Brunsten gebrauchen lassen«. Diese ersten zivilen Berufsfeuerwehrleute der Welt trugen einen langen, weißen »zwilchenen Rock« und einen schwarzen Filzzylinder mit dem Wiener Stadtwappen. Sie bildeten die geschulte Stammbesatzung des mit ständiger Bespannung versehenen fahrbaren Gerätes, wurden aber im Brandfalle auch weiterhin durch Maurer und Rauchfangkehrer ergänzt. Dieser neue Feuerlöschdienst bewährte sich schon vier Jahre später ganz besonders, als die Türken Wien belagerten. Kara Mustaphas Truppen schossen immer wieder glühend gemachte Kanonenkugeln in die Stadt. Die erhoffte Katastrophe blieb aber aus.

Unter Maria Theresia wurden den vier Feuerknechten noch dreizehn Feuertagelöhner und drei Kutscher als ständige Mannschaft hinzugestellt. Wiens altehrwürdige Berufsfeuerwehr wurde bald wesentlich erweitert. Sie hat immer wieder Pionierarbeit geleistet. Mit der Melzelschen Erstickungswehr schuf sie schon 1817 das erste Feuerwehr-Atemschutzgerät der Welt. Später erfand sie den Pölzapparat zum Abstützen einsturzbedrohter Decken und stellte besondere Pölzholzwagen in Dienst. 1919 experimentierte die Wiener Feuerwehr bereits mit der Radiotelegrafie, und 1937 führte sie offiziell, als erste Feuerwehr der Welt, den drahtlosen Sprechverkehr zwischen den ortsfesten UKW-Stationen St. Stephan und Feuerwache Steinhof sowie acht fahrbaren Sende- und Empfangsstationen ein. In den dreißiger Jahren rückte die Wiener Feuerwehr mit geländegängigen Dreiachs- und sogar Gleiskettenfahrzeugen aus, wenn es im bergigen Wienerwald brannte. Lange Zeit hindurch unterhielt sie sogar einen Fernlöschzug, und zu der großen Zahl ihrer Sonderfahrzeuge gehörten Rauchfangkehrer-, Tauchpumpen-, Ventilator-, Tierrettungs- und Waldbrandwagen.

Heute ist die »Magistratsabteilung 68 — Feuerwehr und Katastropheneinsatz« eine recht schneidige und moderne Truppe von rund 1300 Mann, die schon früh mit einem Referat ,,Atomtechnik und Strahlenschutz" aufwarten konnte. Ihr »Wasserdienst« samt angegliedertem Schweren und Leichten Taucherdienst ist international berühmt. Nach seiner Grundausbildung muß jeder Wiener Feuerwehrmann einen besonderen Wasserdienstkursus absolvieren, der später mehrfach wiederholt wird. Er erlernt nicht nur die Handhabung aller Rettungs- und Bergungsgeräte, sondern ausgesprochen seemännische Fahr- und Pionierkünste mit den charakteristischen, kajakförmigen Rettungszillen, die von allradgeländegängigen Einsatzwagen zu jedem Punkt von Donau und Kanal gebracht werden können.

Die bergige Stadt, mit Höhenunterschieden bis zu vierhundert Metern, macht eine Organisationsform der Feuerwehr notwendig, die in Europa ohne Parallele ist. Im eigentlichen Stadtgebiet sind eine Zentral- und sechs

Hauptfeuerwehrwachen (Löschbereitschaften) mit stärkeren Kräften und Drehleitern vorhanden, während bis zu den Stadträndern weitere sechzehn Nebenwachen verteilt sind. Dort sind allenfalls zwei Fahrzeuge stationiert — ein Löschzug, der nur aus Tanklösch- und Pumpenwagen besteht. Ein solcher Zug löscht Kleinbrände allein und trägt bei Großfeuern den ersten Löschangriff vor. Zum Hauptangriff rückt dann der Verstärkte Bereitschaftszug, die Löschbereitschaft der nächstliegenden Hauptfeuerwache, zu Hilfe. Diese wird von einem Offizier geführt und besteht aus Kommandowagen, zwei Tanklösch- und einem Pumpenwagen sowie einer Drehleiter.
Bemerkenswert sind die von der Wiener Feuerwehr zusammen mit der Fahrzeugindustrie entwickelten drei Groß-Tanklöschfahrzeuge auf Dreiachs-Fahrgestell. Diese 22 t schweren Universallöschfahrzeuge haben eine Förderleistung von 6000 l/min. Außerdem hat die Wiener Feuerwehr einen Löschpanzer durch Umbau eines Bundeswehr-Schützenpanzers für Spezialeinsätze zur Verfügung und ein großes gepanzertes Löschfahrzeug in der Planung. Wechselladerfahrzeugen widmet man gebührliche Aufmerksamkeit. Sie lassen sich wahlweise mit Schlauchcontainern (3 km Schlauchlänge), Öleinsatzcontainer oder Pölzcontainer (Rüstwagen) beladen.
In Paris war es unter dem absolutistischen Sonnenkönig Ludwig XIV. zu mehreren unnötigen Großbränden gekommen. So war eines Tages auch die berühmte Universität Sorbonne in Flammen aufgegangen. Aber die französische Metropole hatte noch immer keine einzige Feuerspritze und keine Pflichtfeuerwehr, obwohl sie schon früh ein Wasserwerk besaß.
Als die Lage beim Brand der Sorbonne kritisch wurde, rückte eine Truppe an, mit der kaum jemand gerechnet hatte: Mönchsorden kamen zum Löschen! Mit Leitern bestiegen die Klosterbrüder die Dächer. Ihre Kapuzen hatten sie zum Schutz gegen den beißenden Rauch tief in das Gesicht gezogen.
Für die französische Hauptstadt war es beschämend, daß ihre Rettung tatsächlich nur den herbeigeeilten Mönchen zu verdanken war. Immer würde das gewiß nicht so glimpflich ablaufen! Darum ließ man 1699 aus Straßburg die erste Feuerspritze kommen. Sie mußte noch wie eine Rokoko-Sänfte getragen werden. Aber es folgten ihr bald andere Handdruckspritzen nach.
Die Königlichen Spritzenwächter wurden im Jahre 1701 zu einem festbesoldeten Löschkorps zusammengefaßt. Nach einem schweren Brande der österreichischen Botschaft zu Paris hat Napoleon Bonaparte das Korps 1812 zum Militärbataillon erklärt. Kaiser Napoleon hat diese Truppe später, im Jahre 1867, zur Brigade erhoben und ihr den Titel »Corps des Sapeurs-Pompiers« verliehen. Und noch heute ist die aus sechstausenddreihundert Mann bestehende Berufsfeuerwehr von Groß-Paris — als zweitälteste Berufs-

feuerwehr Europas — eine Elite-Brigade der französischen Pioniergruppe. Für die Offiziere der Armee gilt es als besondere Ehre, zeitweilig bei den Pompiers gedient zu haben. Nur dort kann ein Mann in Friedenszeiten höchste Tapferkeit beweisen. Und nur bei einer Feuerwehr steht man im sinnvollsten Kampf, den es gibt: im Einsatz für Leben und Gut des Nächsten. Im Kampf gegen die Not.

Die Pompier-Brigade von Groß-Paris ist hervorragend organisiert. Ihre dreiundzwanzig Kompanien sind auf siebenundsiebzig ,,Centres de Secours" (Feuerwachen zu Lande), zwei Löschbootstationen und ein Hubschrauberkommando verteilt. Das Durchschnittsalter der Pompier-Soldaten liegt bei etwa vierundzwanzig Jahren. Damit ist die Mannschaft auf einem besonders hohen körperlichen Leistungsstand. Überalterung gibt es nicht, denn die Männer werden immer wieder durch neu eintretende Rekruten ersetzt. Andererseits gehen mit jedem vom Wehrdienst entlassenen Pompier-Soldaten Feuerwehr-Reservisten mit praktischer Brandstellen-Erfahrung ins Zivilleben zurück. Diese Männer tragen die Tradition und den Geist der Pariser Feuerwehr in alle Winkel von Frankreich. Sie stellen überall in der Provinz und in den Industriebetrieben die Führungskräfte der dortigen Feuerwehren.

Die besonderen Gefahren, denen ein Feuerwehrmann ausgesetzt ist, werden dadurch berücksichtigt, daß jeder Angehörige des Pompierkorps das Gehalt des nächsthöheren Dienstgrades bekommt. Pensionäre erhalten weiterhin die gleichen Bezüge wie im aktiven Dienst! Die Pariser Feuerwehr-Brigade besitzt ein eigenes Lazarett mit eigenen Ärzten und Zahnärzten. Außerdem hat jede Kompanie Einsatzärzte, die mit zur Brand- oder Unfallstelle ausrücken.

Für Sprengungen und komplizierte technische Hilfeleistungen steht eine eigene Feuerwehr-Pionierkompanie zur Verfügung. Das Musikkorps der Brigade ist in ganz Frankreich populär. Überhaupt ist jeder Franzose stolz auf die Feuerwehr-Brigade Paris sowie die Feuerwehr-Regimenter von Lyon und Marseille. Aber nur die beiden erstgenannten Einheiten gehören zum Heer, während die Feuerwehr von Marseille — nach dem Vorbild der Militärfeuerwehr des Kriegshafens Toulon — zur Marine gehört.

Die Wittkittel ziehen auf

Wien hatte also bereits im Jahre 1689 und Paris im Jahre 1701 eine Berufsfeuerwehr. Wie aber war sonst im 18. Jahrhundert der Brandschutz organisiert, welche technischen Mittel standen zur Verfügung?

Im Museum der so oft abgebrannten Stadt Nordhausen am Harz befindet sich eine Handschrift, die anschaulich von einer Feuerspritzenprobe der Stadt Magdeburg erzählt. Ihr zufolge stand im Jahre 1760 vor der städtischen

1750 geriet der Hamburger »Michel« nach Blitzschlag in Brand.

Oben: Noch 1880 begab sich die Feuerwehr New York noch auf diese Weise zur Brandstelle. Unten: Der Brand der Dresdner Oper gehört zur langen Reihe katastrophaler Theaterbrände. (1869)

Wasserkunst folgende Streitmacht angetreten: Zwölf große Spritzen mit ungeheuren Kasten und niedrigen Rädern, mit Deichselstangen für den Pferdezug. Ferner sechs Schlauchspritzen, welche kupferne Kessel und ganz niedrige Räder hatten. Sie konnten wahlweise von Pferden oder Menschen gezogen werden. Die engen Schläuche seien »wie eine Knackwurst gewest, welche von Sohlleder gemacht«. »Die bei der Schlauchspritze hatten ein jeder einen Kittel oder Oberrock von braunem Barchent, und alle waren mit einem Bleche von der Profession versehen, als ein Stiefel, Hufeisen und so fort.« »Die Bürger führen das Directorium und das Wenderohr, die Handwerksburschen aber die Arbeit bei den Pumpen. Auch waren da zehn Tragspritzen (!) mit Wenderohren, sehr kompendiös gemacht, an keiner ein Schlauch, konnten von zwei Mann getragen werden. Die Öffnung des Rohres war ganz enge und zart, auch wurde gesagt, daß ein jede Gilde solch kleine Tragspritze haben müßte. Desgleichen sah ich einige kleine Tragesturmfasse, welche etwas hoch und mit Griffen waren, worein Stangen gesteckt wurden, so daß sie von zwei, auch vier Personen getragen werden konnten. Die Probierung geschieht alle Jahre nur ein, höchstens zwei Male, und zwar auf Ordre des Herrn Commandanten.«

In den Jahren zwischen 1700 und 1775 hatten auch die letzten Städte Deutschlands eine Feuerlöschordnung bekommen. Die ›Preußische Feuerordnung‹ von 1719 war für den gesamten preußischen Staat bindend geworden. Sie war die am weitesten verbreitete Feuerordnung ihrer Zeit. Schon im Jahre 1660 hatte ein ›Churbrandenburgisches Edict‹ dafür gesorgt, »daß mit dem Feuer nicht ruchlos umgegangen, sondern dasselbe wohl in Acht genommen werden soll«. Und bereits 1659 hatte der Große Kurfürst nach einem Großfeuer die Beschaffung von Löschgeräten befohlen. Zwölf Jahre nach dem Edikt von 1672 wurde auch die ›Berlinische Feuerordnung‹ erlassen.

1717 wurde in Saarlouis eine ›Compagnie pour le Service d'incendie‹ gegründet. Es hat sich um eine Pflichtfeuerwehr gehandelt, die allerdings militärisch organisiert und uniformiert war. Die Offiziere trugen Degen und Epauletten, die Mannschaften waren sogar mit Musketen bewaffnet.

1748 wurde in der Stadt Barmen eine Löschgilde gegründet, die ihrem ganzen Charakter nach als frühe Freiwillige Feuerwehr angesprochen werden darf. Bis zu dieser Zeit ist das Prinzip der Freiwilligkeit in Deutschland völlig unbekannt gewesen. Diese Barmer Gilde blieb damit auch fast hundert Jahre lang ein Einzelfall.

Die Freie und Hansestadt Hamburg bildete vom Jahre 1750 an als erste Stadt Deutschlands ständige Feuerwachen. Sie teilte in regelmäßigem Turnus uniformierte und ausgebildete ›Wittkittel‹, Männer ihres Löschkorps, zur Feuerpatrouille ein, so daß ein Kader dieser Truppe nachts ständig im

Dienst war. Andernorts blieb man weiterhin dabei, die Löschgilden erst bei Feuerlärm zusammenzutrommeln. Aber dann war es oft genug zu spät.

In Hamburg übernahmen jede Nacht zwei Aufseher und fünfundzwanzig Sprützen-Leute den Wachdienst. Die Aufseher wechselten unter sich, sie waren jede zweite Nacht dran. Von den Sprützenmänner aber kamen jede Nacht zwei andere an die Reihe, bis schließlich die gesamte Mannschaft durch war. Pro Nacht erhielten die Aufseher vierundzwanzig Schillinge, die Männer acht bis zehn Schillinge als Sold.

Wer zur Wache eingeteilt war, fand sich abends mit Feuerhut, weißem Leinenkittel – im Winter mit »freesenen Überröcken« – und ledernem Löscheimer beim Hause des wachhabenden Spritzenmeisters ein. Dort nahm jeder vier kupferne Brand-Wachpfennige, das heißt Kontrollmarken in Empfang. Dann mußten die Männer »je zweene und zweene« ihre genau vorgeschriebene Wachtour gehen: »Fleißig, langsam und beständig, zuweilen stille stehend und um sich herum sehend und auf alles möglichstermaßen Acht gebend«.

Um Mitternacht, morgens um drei, ferner zwischen fünf und sechs Uhr mußten die Männer auf der zuständigen Revierwache des ›Corps du Garde‹ je eine Kontrollmarke abgeben, die letzte morgens nach Dienstende beim Sprützenmeister persönlich.

Den Feuerwächtern war ganz klar vorgeschrieben, was sie zu tun hatten, falls ein verdächtiger Rauch oder gar Feuer bemerkt wurde: »Sie hatten die Einwohner des betreffenden Hauses mit Bescheidenheit, und ohne Angst zu machen, zu warnen und von denselben zu verlangen, daß sie nebst ihnen nachforschten, woher der verspürte (Brand-) Geruch, Dampf etc. entstanden, ob dabey Gefahr sey, oder nicht.« Die Bewohner wurden »ohne Lärm und Ungestüm herausgeklopft«. Recht streng wurde in der Wachordnung hinzugefügt: »Wie ihnen denn auch, bey Strafe der Cassation, und nach Befindung bey härteren Ahndungen, verboten wird, während der Brandwache, nach ihren eigenen oder anderen Wohnungen, unter welchem Vorwande es sey, zu sehen.«

Entdeckten die Weißkittelmänner irgendwo ein Feuer, so wurden »denen beyden« Entdeckern im Falle des Löscherfolges zwei, im anderen Falle ein Reichstaler Belohnung gezahlt. Überhaupt hat man in Hamburg durch kleine Geldprämien eine Art sportlichen Wettbewerbs entfacht: Wer die erste Bütte mit Wasser an eine Brandstelle herangefahren hat, erhielt einen, wer die erste Handsprütze zur Stelle gebracht hat, vier Gulden. Auf dreißig Kronen brachte es immerhin noch derjenige, »welcher die erste Feuer-Leuter herbey getragen« hatte. Dieses Ansporn-System wurde von vielen anderen Städten übernommen.

Allerdings hat man wohlweislich auch von vornherein Geldstrafen festgelegt: Wer bei Feueralarm zuletzt auf dem ihm zugewiesenen Posten erschien, wurde zu zwanzig Kronen verdonnert. Ein Wasserträger, der etwa überhaupt nicht erschien, mußte zwei Gulden berappen. »Wer aus der Reihe tritt und sich ohne Urlaub von dem Brande wegschleicht«, der wurde mit einem Gulden Strafe belegt. Wer sich aber gegen seine Vorgesetzten »widerspenstig erzeiget«, sollte »nach Befinden mit noch härterer Strafe an Leib und Guth« belangt werden.
Hamburg besaß seinerzeit fünfundzwanzig Feuerspritzen zu Lande, fünfundzwanzig Zubringerpumpen und sechs Schiffsspritzen. Bei jedem ›Glokkenfeuer‹, das heißt bei jedem offiziell durch die Sturmglocken der Kirchtürme verkündeten größeren Brande, rückten nach genau festgelegter Ausrückeordnung die dem Brandherd nächstgelegenen sechs Landspritzen aus, nach Möglichkeit von zwei Schiffsspritzen von der Wasserseite her unterstützt. Sechs weitere Löschmaschinen stellte man vorsichtshalber in einem Abstand von zwölf bis fünfzehn Häusern vor der Brandstelle bereit.
Einige Jahre nach der Aufnahme des ständigen Feuerwachdienstes wurde die Ausrückeordnung geändert. Nunmehr rückten gleich zwölf Spritzen zu jedem Feuer aus, sechs weitere gingen in Bereitschaft.
Zur Wasserversorgung standen damals sechzehn städtische Feuer-Copen bereit. Sie wurden durch Fuhrleute an die Brandstelle geschafft. Aber diese unförmigen Schlittenfahrzeuge versperrten leider allzuoft den Zugangsweg für weitere Spritzen. Zur »desto mehreren Aufmunterung« wurden die Copen-Fuhrleute schließlich mit sechs Mark Sonderprämie für jede zuerst transportierte Cope belohnt.
Jede Feuerspritze hatte zwanzig Mann Besatzung: »Zwei vereidigte Sprützen-Commandeurs (deren jeder einen Spritzenhausschlüssel besaß), zwei Rohrführer und sechzehn Spritzendrücker.« Von diesen Männern durfte niemand ohne Erlaubnis nachts aus der Stadt sein. Die Commandeurs trugen zu Weißkittel und Feuerhut einen langen roten Stab mit dem Hamburg-Wappen und der jeweiligen Spritzennummer. Bei Feueralarm sammelten sie sofort am Spritzenhause die Brand-Pfennige ihrer Leute ein. Diese Steckuhr-Kontrolle wurde in einem besonderen Register vermerkt. Wurde später das Signal zum Abspannen gegeben, bekam jeder Spritzenmann seinen Brandpfennig, seine Kontrollmarke, wieder zurück.
Nach jedem Brande mußten sämtliche Spritzen-Commandeure sowohl den Ältesten Cämmerey-Bürgern bei der Feuer-Cassa, den Ältesten Artiglerie-Bürgern (siehe umseitig) als auch dem Ältesten Brandschauer des betreffenden für die Brandstelle zuständigen Kirchspiels und überdies auch dem Stadtsprützenmeister »innerhalb von zween« Tagen einen schriftlichen

Rapport erstatten – samt Verzeichnis der beim Löschen eingesetzten Männer. Zweimal im Jahr wurde auf den Kirchhöfen Exerciren angesetzt. Je zwei große Feuerwehrleitern wie auch »zweene große und zweene kleine Feuer-Hacken« (Einreißhaken) wurden dabei in Stellung gebracht. Das war das zusätzliche Inventar eines jeden Spritzenhauses. Außerdem waren zahlreiche kleine Leitern zur Hand. Man sieht, daß die ganze Sache mit hanseatischer Gründlichkeit recht gut durchorganisiert war. Allerdings blickte die Weißkittel-Organisation bei Beginn der ständigen Feuerwachen im Jahr 1750 schon auf eine hundertfünfundzwanzigjährige Tradition zurück. Man hatte längst wertvolle Erfahrungen sammeln können.

Bereits im Jahre 1625 war eine Feuer- und Wachordnung erlassen worden, nach der jeder Bürger Hamburgs verpflichtet war, »alle Feinde zu bekämpfen, die der Stadt gemeinsames Bestes zu schädigen drohten«. Man hatte bereits zu diesem Zeitpunkt die Hansestadt in fünf Kirchspiele abgegrenzt, deren Bürger jeweils ein Regiment bildeten, das von einem ›Colonell-Obersten‹ befehligt wurde und seinerseits in zehn einzelne ›Fähnlein‹ eingeteilt war. Somit gehörten auch die Spritzen-Mannschaften zur hamburgischen ›Bürger-Artiglerie‹. Darum mußten die ›Commandeurs‹ auch später noch nach jedem Brand dem Ältesten Artiglerie-Bürger Rapport erstatten.

Auf den fünf Kirchtürmen der fünf Kirchspiele waren seit 1625 ständig je zwei ›Thürmers und Tüters‹ postiert. Die Tüters mußten nachts alle Viertelstunde an allen vier Turmseiten einmal ins Horn stoßen, damit jedermann sich von ihrem Wachsein überzeugen konnte. Ein ausbrechender Brand wurde entweder von den Brandwachen in den Straßen entdeckt und »durch Geschrey, starkes Gerücht und Hornsignal gemeldet«, oder aber der Türmer entdeckte seinerseits die Lohe eines ausbrechenden Brandes aus der Höhe. In beiden Fällen mußten die Tüters »ungesäumt Lärm blasen«. Die Feuersbrünste wurden zur Haupt- und Staatsaktion gestempelt. Müßige Schlachtenbummler sollten mit Androhung der »Entbehrung ihrer obersten Kleider und Bezahlung mit Schlägen« von der Brandstelle ferngehalten werden, um dort nicht im Wege zu stehen.

Feurio, Feurio!

Wir schreiben das Jahr 1775. Eben erst hat der wachhabende Tüter von St. Jacobi die Viertelstunde geblasen. Die Nachtwächter unten hatten ihm vielfältig geantwortet. Damit taten sie allesamt ihr Wachsein kund. Aber das Echo klang bei diesem Wind nur dünn und bruchstückhaft herauf. Zeitweilig wurden sogar ein paar Fetzen vom Singsang eines Nachtwächters heraufgeweht, ehe das Heulen im Mauerwerk des Turmes wieder alles andere übertönte. Doch, es ist alles ruhig in der Stadt. Irgendwo sind jetzt dort unten die Weißkittelmänner unterwegs. Auch die Nachtwächter von der Stadtwache, die Uhlen mit ihrer Hellebarde, haben ihren genau eingeteilten Törn zu gehen. Feuerwehr und Polizei ergänzen sich sozusagen.

Türmer Behrens bohrt die Augen in das Dunkel. Zwischen Dammtor und dem Hafen-Baumwall, zwischen dem Millerntor und dem Berliner Tor sieht man kaum etwas anderes als einen gähnenden schwarzen Fleck. Um diese Zeit funkelt fast nie eine Laterne dort unten – es sei denn, daß sie zu einem der Stadtwächter gehört. In der Schwärze sieht man allenfalls die Wasserflächen von Hafen, Norderelbe und Alster wie graue Eisenplatten schimmern. Wenn man die Augen besonders anstrengt, dann erkennt man sogar einige Schiffsleiber, die wie schwarze Wale über einer dieser Eisenplatten buckeln. Ist das wieder eine langweilige Nacht!

Hinnerk Behrens kippt nochmals die Sanduhr für das letzte Quartal um. Na, nur noch eine ganze Stunde! Dann wird Hein Bartel erscheinen, der die Morgenwache übernehmen muß. Auch Emmerich, der Tüter, ist heilfroh, daß er dann endlich abgelöst werden und in die warmen Federn seines Ehebettes kriechen kann. Man friert um diese Nachtzeit wie ein Schneider. Weiß der Kuckuck, woher das immer kommt. Und man kann wirklich rammdösig werden bei diesen winterlichen Wachen über den Dächern einer Stadt, die man in dieser Finsternis noch nicht mal sehen kann!

Freilich, am Tage betrachtet man das Leben und Treiben dort unten ganz gern aus der Vogelschau. Es gibt so viel zu sehen, daß die vier Stunden herumgehen, ehe man's so recht gewahr wird. Aber so eine Winternacht will überhaupt kein Ende nehmen. Auch der Morgenwächter ist noch schlecht dran, denn es wird zu dieser Jahreszeit erst gegen halb neun hell!

Man könnte trübsinnig werden in dieser öden Turmstube, zumal bei diesem ewigen Nordwest. Dieses Heulen im Mauerwerk! Aber selbst das wäre nur halb so schlimm ohne diese neuen Senatsvorschriften. Früher mag ja auch eine Winternacht hier im Turm noch ganz gemütlich gewesen sein. Wenn der olle Vadder Brinkmann seine Döntjes von damals erzählt... Bei denen ist der Grogkessel anscheinend nie kalt geworden. Aber mit diesen Späßen ist es leider vorbei. Der Senat hat das Grogsieden beim Wachdienst bei Strafe verboten. Es gibt nur noch Kaffee oder allenfalls Tee! Ich sag's ja, das letzte Stück Gemütlichkeit machen einem diese Rathaus-Advokaten noch kaputt! So etwas stelle sich mal ein gesund denkender Mensch vor: nicht mal das Toback-Schmauchen ist jetzt mehr ohne weiteres gestattet. Wenn unsereiner sich schon mal sein sauer und ehrlich verdientes Pfeifchen in Brand stecken will, dann muß er jetzt extra einen feuersicheren ›Dopf‹ auf seinen Pfeifenkopf stülpen. Einen Dopf aus Blech – daß ich nicht lache! Und trotz diesem Monstrum dürfen wir beim Schmauchen keinen Schritt mehr aus unserer Wächterstube gehen.

Man müßte diese Federfuchser, diese Advokaten allesamt ... Aber, na ja, man kann's auch wieder verstehen, daß die jetzt nicht mehr mit sich spaßen lassen. Voriges Jahr hat es nämlich in der Türmerstube zu St. Jacobi gebrannt. Die Wächter haben das Feuer nur mit großer Mühe gelöscht ... Die haben drüben wirklich mit dem Toback nicht aufgepaßt. Ehrlich gesagt: Vielleicht war ja doch der Grog schuldiger Teil bei dieser Sache ...

Na, gottlob, die Sanduhr ist schon wieder halb leer. Dann werden ja der Georg und der Jan bald erscheinen.

»Du, Kuddel!« schreit da der Türmer seinen Tüter an, »Emmes, Feurio!«

Kuddel Emmerich ist mit einem Sprung am Fenster. Mein Gott, ein aufzüngelnder Feuerschein! Und das gerade jetzt! Die Gedanken des Türmers überstürzen sich. Richtung etwa West-Süd-West. Ist das vielleicht wieder am Cremon ... Nein, das Feuer ist weiter nördlich ... Na klar – jetzt sieht man ja die rote Feuerlaterne von St. Nicolai. Man sieht sie südlich von der Brandstelle. Auch auf dem ›Michel‹ sind sie gerade dabei, das Feuer anzuzeigen.

Inzwischen hat sich der Türmer von St. Jacobi längst mit aller Kraft ans Seil der Sturmglocke gehängt. Der Unterküster kommt bald aus seiner Wohnung hochgetrappelt und löst ihn ab. Emmes bläst längst draußen auf der Plattform Feuerlärm. Fürchterlich, widerwärtig, dieser quäkende, heisere Ton! Und wie die Feuerglocke dröhnt! Das Gemperlein, wie die Leute anderswo zu sagen pflegen.

Der Türmer öffnet das Fenster und hängt seine inzwischen angezündete Feuerlaterne draußen ans Mauerwerk: Sie zeigt zur Brandstelle hin. Da sehen die unten gleich, wohin sie laufen müssen. Wir hier zeigen gen Westen, St. Nicolai genau nach Norden, der ›Michel‹ hingegen nach Osten. Aber jetzt ist der Feuerschein ja sowieso längst auch von unten zu sehen. Bei Tage ist die Sache manchmal schon schwieriger. Da leisten die roten Feuerfahnen der Türme wertvolle Wegweiserdienste.

Der Türmer lauscht aus dem offenen Fenster. Obwohl noch immer die Sturmglocke dröhnt und Kuddel Emmerich weiterhin aus vollen Lungen Lärm bläst, tost jetzt ein Mordskrach zu dem Türmer empor. Überall plattern Gewehrschüsse. Alle Militär-Wachtposten feuern dreimal in die Luft. Alle Nachtwächter und Weißkittel-Streifen fallen mit ihren Tutehörnern ein. Und jetzt bumst auch noch der Böller am Baumwall los, an der zur Nachtzeit mit Sperrbäumen abgeriegelten Hafeneinfahrt. Die Tambourmajore der Garnison hasten auf die Straße und rühren das Spiel. Bald fallen auch die Stadtmusici mit ein. Es ist, als habe jemand mit einem Stock in einen Ameisenhau-

fen gestochert. Überall flackern Brandlichter – zur Beleuchtung der Fahrwege – an den Straßenecken auf. Männer mit Laternen eilen dort unten hin und her. In den Gassen wird gellendes Gebimmel hörbar. Die erste Feuerspritze wird aus ihrem Schuppen gerollt, von Fackelschein beleuchtet. Auch die erste Feuercope macht sich mit Peitschengeknall auf den Weg.
Die gesamte Garnison ist alarmiert und besetzt sofort kriegsmäßig alle Wälle und Tore. Eine altbewährte Maßnahme, denn der Brand könnte absichtlich von Feinden gelegt worden sein, die gleich darauf einen Einfall versuchen. Oder irgendwelche Banden benutzen den Feuertumult zu einem Handstreich.
Da, jetzt kommt auch die zweite, die dritte, die vierte Spritze angebimmelt. Mit aufreizender Gemütsruhe karren sie die selbstbewußten Wittkittelmänner herbei. Und vor der Mühlenbrücke legt schwerfällig eine Schiffsspritze ab. Die Männer staken sie mit Peekhaken vorwärts. Man kann es im Fackelschein deutlich erkennen.
In den Straßen hallt Pferdegetrappel. Im Galopp werden Gäule zum Rathaus gebracht, für die Herren vom Rat. Alle Bürgermeister und Ratsleute samt ›Secretarien‹ begeben sich jetzt ebenfalls dahin, um sich in der ›Schreiberey‹ zu versammeln. Auch der Stadtmajor, der Ratsschenk, die Bediensteten sind dorthin unterwegs. Die Colonell-Herren von der Artiglerie aber streben dem Börsensaale zu.
Immer noch Trommelwirbel, Sturmglockenläuten, Spritzengebimmel. Hier oben im Turm hat inzwischen der Tüter den herbeigeeilten Unterküster bei der schweren Arbeit des Glockenläutens abgelöst. Unten ist der Stadtsprützenmeister zu Pferde an die Brandstelle geprescht. Sie liegt im Großen Burstah. Die dortige Kerzengießerei steht in Flammen. Der Stadtsprützenmeister führt jetzt die ›Direction‹ an der Brandstelle, solange noch niemand von der Bürgerschaft eingetroffen ist. Die Born- und Kunstmeister sind inzwischen am Großen Burstah aufgetaucht und schließen die nächstgelegenen Notpfosten auf. Und jetzt rücken von ihrem ›Lärmplatze‹ schon die fünf Zimmergesellen, die beiden Schornsteinfeger und die vier Maurer samt ihren Meistern heran, die dieses Kirchspiel bei jedem ›Glockenfeuer‹ an die Brandstelle entsenden muß. Sie haben ihre Fangleinen und Werkzeuge dabei. Bald dürften auch die Kornmesser und Kornträger mit ihren Schaufeln ankommen. Der Kranmeister wird sicher inzwischen drüben am Rathaus den Kran aufgeschlossen haben. Wer weiß, ob man bei diesem Feuer nicht Schaufeltrupp und Kran ganz gut gebrauchen kann!
So, jetzt sind auch alle zwölf laut neuer Ausrückeordnung zuständigen Spritzen in Stellung gegangen. Die Wasserstrahlen ihrer ›Schlangen‹ sprühen in die Glut. Mit Peitschenknallen und unter Brüllen der Fuhrleute schlittern noch zwei Wassercopen herbei.

Und jetzt ertönt trappelnder Laufschritt – dieser rhythmische Takt? – aha, die Soldaten kommen! »Zween Ober- und zween Unter-Officiers mit hundert Gemeinden« riegeln hermetisch den Großen Burstah ab. Kein Unbefugter darf mehr durch, um vielleicht zu plündern oder zu stehlen oder den Sprützenmännern im Wege zu stehen. Inzwischen ist auch die gesamte wachfreie ›Soldatesque‹ auf den beiden Hauptlärmplätzen, das heißt Alarm-Stellplätzen zusammengeströmt. Sie wartet dort auf Order, ob sie beim Feuer oder auf den Stadtwällen benötigt wird. Auch die Zubringerpumpen sind in Stellung gegangen. Das Löschwasser kann direkt aus dem Börsenfleet entnommen werden. Die erste Cope verläßt leer die Brandstelle. Weitere Copen werden vorerst nicht mehr benötigt.

Die Soldaten haben jetzt eine Kette gebildet und mannen Mobiliar aus den beiden benachbarten Häusern. Weinend irrt die Frau des Kerzengießers umher und sucht ihren Mann. Er ist noch einmal ins Haus gerannt. Mit angesengten Haaren taumelt er jetzt aus dem Qualm hervor, eine schwere Truhe hinter sich nachziehend. Die Nachbarn stehen verwirrt und wie im Traum daneben und starren in die Flammen. Sie sehen die vielen Klumpen von Weißkittelmännern, die jetzt wechselseitig im Takt ihre Rücken beugen und die Pumpenschwengel der Schlangenspritzen und Zubringer bedienen.

Endlich kommt Ordnung in das Durcheinander der aufgescheuchten Leute. In allen funkenbedrohten Nachbarhäusern werden nun auf Anordnung der Sprützenaufseher alle Öffnungen und Fenster zugesperrt. Soldaten helfen. Jetzt besetzen andere Soldaten mit den Bewohnern zusammen die Dächer, um die hölzernen Dachrinnen mit haarenen Decken zu schützen und mit Löscheimern naßzugießen. Zum Schutz gegen den Funkenflug.

Zu den zwölf Spritzen werden vorsichtshalber auch noch die sechs bereitstehenden Reservespritzen herangezogen. Und sogar die schwerfällige Schiffsspritze hat sich durchs Börsenfleet herangequält. Ein paar Handwerker laufen hin, um sie das letzte Stück zu trecken und dann anzubinden. Sie soll den Brand von hinten angreifen.

Der Hohe Rat ist an der Brandstelle erschienen.

In all dem Gewimmel fast unbemerkt, hat die Stadtwache eben mit gefällter Hellebarde einen jungen Burschen arretiert. Es ist ein Fremder, der sich entgegen den Anordnungen auf der Straße aufhält. Bei Feuerlärm haben alle Fremden unbedingt in ihren Quartieren zu bleiben. Immer wieder ist das – sogar von den Kanzeln herab – verkündet worden. Es treibt sich bei Feuerlärm allzu gern Gesindel herum, wenn man nicht Obacht gibt. Die Neugierde habe ihn hergetrieben, führt der junge Mann an. Aber das rettet ihn nicht; er muß mit auf die Stadtwache. Man wird ja sehen, ob irgend jemand für ihn gutsagen kann.

Aber die Menge der Schaulustigen – durch das Absperrkommando des Militärs von der Brandstelle weit genug ferngehalten – nimmt wenig Notiz von dem Zwischenfall. Das Schauspiel der Flammen ist interessanter. Da läßt ein dumpfer Knall die Menschen auseinanderfahren. Zischend schlägt eine hellgelbe Lohe empor. Ein Wachskessel ist in der Glut zerborsten. Die Rohrführer an den ledernen ›Schlangen‹ ducken sich weg. Mit brennendem Wachs ist Vorsicht geboten! Den Älteren steckt es noch von damals in den Knochen, als 1746 diese Kerzengießerei schon einmal lichterloh brannte. Einer der Wittkittel war dabei in den dicken Rauchschwaden erstickt.
Bald fällt die hellgelbe Wachslohe in sich zusammen. Aber die Lage bleibt sehr kritisch. Auf und ab, auf und ab bewegen sich die Rücken der Männer an den Pumpenschwengeln der Schlangenspritzen, stundenlang. Der Wasserdruck darf nicht nachlassen. Ständig züngeln Flammen zu den Nachbarhäusern hinüber, und der Wind treibt Funken auf die umliegenden Dächer. Die dort postierten Leute arbeiten fieberhaft mit ihren Feuerpatschen, Decken und Eimern. Der Stadtsprützenmeister blickt geblendet in den sternenlosen Nachthimmel empor. Er hat stumm die Hände gefaltet. Mit seiner Macht ist er jetzt bald am Ende. Wenn doch endlich dieser Wind aufhören wollte!
Und es ist, als habe der Herrgott die stille Bitte erhört. Um halb sechs läßt tatsächlich der Nordwest nach und damit das gefährliche Flugfeuer, der Funkenflug. Eine Stunde später wird klar, daß die Wittkittel der Bürger-Artiglerie endgültig Herr der Lage sind. Der Brand griff nicht auf die Nachbarhäuser über, auf denen noch immer Soldaten und Bewohner als Löschtrupps beschäftigt sind. Sie werden aber gleich ›Foftein‹ machen können, Feierabend. Die brennenden Trümmer der Kerzengießerei sind inzwischen abgelöscht.
Die Institution der Weißkittel-Pflichtfeuerwehr und ihrer ständigen Nachtwachen hat sich im großen und ganzen bewährt. Bald war der Ausbruch eines Brandes kein Anlaß mehr, gleich allgemeinen ›Feuerlärm‹ zu schlagen. Wo es möglich war, versuchten die patrouillierenden Feuerwächter, unter Assistenz der betroffenen Hausbewohner, Entstehungsbrände sofort selbst zu löschen. Allenfalls zog man die nächstzuständigen vier Spritzenmannschaften heran. Längst gab es ja eine genau aufgeschlüsselte ›Ausrückeordnung‹. Die Ausrücke-Reihenfolge der Feuerspritzen war für jede Straße festgelegt. Und solche örtlichen Alarme nannte man ›Feueraufläufe‹.
Nur wenn der Rote Hahn gleich weithin sichtbar auf einem Dache stand oder wenn den Wittkitteln ein Feuer durchging, dann wurde auch weiterhin Feuerlärm geblasen, die Sturmglocke gezogen und nach bewährtem Muster die Garnison alarmiert. Man unterschied damals also offiziell zwischen ›Feueraufläufen‹ und ›Glockenfeuern‹.

Die Weißkittel hatten allerhand zu tun. So wurden zum Beispiel im Jahre 1830 nicht weniger als hundertzwanzig Feueraufläufe registriert. Es brannte also durchschnittlich alle drei Tage. In anderen Städten dürfte es seinerzeit ähnlich gewesen sein.

Sturmglocken am Himmelfahrtstag

Mit dem 19. Jahrhundert war schon das Zeitalter der Technik angebrochen. Dampfmaschine, Eisenbahn und Telegraf wurden bald zu Selbstverständlichkeiten. Auch die Feuerlösch-Dampfspritze war schon frühzeitig erfunden worden, nämlich im Jahre 1829. Aber niemand machte zunächst von diesen neumodischen Wasserkochern Gebrauch. Diese Säumigkeit sollte sich bald furchtbar rächen.

In der Mitte des so fortschrittsfreudigen 19. Jahrhunderts konnte es noch geschehen, daß die Hansestadt Hamburg ebenso zu zwei Dritteln in Schutt und Asche sank wie fast zweihundert Jahre zuvor die Stadt London! Überhaupt trat eine Duplizität der Fälle ein. Beide Brände wüteten jeweils dreieinhalb Tage lang. Sogar die besagte Ironie des Schicksals wiederholte sich nach Londoner Muster: Die letzte große Friedens-Stadtbrandkatastrophe Europas widerfuhr ausgerechnet derjenigen Stadt, die das größe Feuerlöschkorps Deutschlands besaß und die als erste von allen Städten die ständigen Feuerwachen eingeführt hatte!

Hamburg hatte soeben seine erste Eisenbahn erbaut. Diese Bahnlinie nach Bergedorf, Teilstück der späteren Strecke Hamburg–Berlin, sollte am Himmelfahrtstage des Jahres 1842 festlich eingeweiht werden. Aber es kam ganz, ganz anders. Anstelle froher Ehrengäste transportierte die Bahn rauchgeschwärzte, verhärmte Flüchtlinge aus Hamburg heraus. Der in der Stadt ausgebrochene Riesenbrand fraß sich jeden Tag fünfhundert Meter weiter. Er machte insgesamt zwanzigtausend Menschen obdachlos.

Der Hamburger Bürgermeister Dr. Edmund Siemers schreibt in seinen zeitgenössischen ›Erinnerungsblättern an den Brand von Hamburg‹: »Als am Himmelfahrtstage, am Donnerstag, den 5. Mai, morgens etwa um ein Uhr dreißig, die Sturmglocke und übrigen Alarmzeichen uns weckten, überließen wir, die wir nicht zunächst bei dem Feuer in der Deichstraße beteiligt waren, uns einer Ruhe und Unbefangenheit, die nur durch die Gewohnheit und das Sicherheitsgefühl zu entschuldigen ist, mit der jeder Hamburger seit des alten (Obersprützenmeister) Repsolds Zeiten jede Feuersbrunst betrachtete. Man weiß, daß es brennt und daß die Löschanstalten trefflich sind, man geht zu seinen nächst wohnenden Freunden, oder bleibt zu Hause, wenn man nicht

durch Neugierde (!) veranlaßt wird, einmal ein schönes Feuer zu sehen. Man weiß, daß man später eine mäßige Steuer zu bezahlen hat, und mancher berechnet allenfalls, welchen Einfluß die verbrannten Waren auf den Gewinn oder Verlust des einzelnen haben können. Etwaige ärmere Abgebrannte werden durch Sammlungen leicht entschädigt, und die Sache ist bald vergessen.
So erwartet man den Festtagsmorgen in der Hoffnung, daß das Feuer bald gelöscht sein werde, und überließ sich der Festfeier oder seinen gewohnten Geschäften. Allein als die Schläge der Sturmglocke ... sich aufs neue vermehrten, als die Kunde von wenigstens zehn Verletzten und Getöteten sich verbreitete, als der Rauch, statt die durch reichliches Wasser hervorgebrachte dunklere Färbung anzunehmen, stets wieder neue Flammen durchblicken ließ und sich weiter in das Innere der Stadt fortwälzte ... als man am Rauchen des Katharinenturmes ersah, daß auch dieser in Gefahr sei, und der Nicolaiturm gegen zwei Uhr nachmittags zu brennen anfing, da ergriff alle ein Gefühl des Schreckens und der Wehmut, und manche Träne floß, wie ein verworrenes Geläut den Grabgesang des Glockenspiels auf dem Turm der Nicolaikirche andeutete.
Eine böse Ahnung durchzuckte mit dem Fall des Turmes um fünf Uhr alle Gemüter. Es muß etwas versehen sein! Das Feuer ist nicht mehr in der Macht der Löschanstalten! Rette sich, wer kann! Das war, leider, die Losung, welche man schon jetzt hörte. Nur wenige vertrauten noch der menschlichen Macht oder betrachteten das Ganze als ein fremdes, neues, sie nicht berührendes Schauspiel. Der vorsichtige Hausvater in demjenigen Stadtteile, welcher in der Richtung des Südwestwindes lag, entfernte seine Familie, fing an, wertvolle Effekten einzupacken, und erwartete mit Sorgen die Nacht und den kommenden Morgen. Oder er eilte zur Brandstelle, um selbst zu sehen oder seinen Freunden zu helfen.
Welch ein Abend, welch eine Nacht, welch ein kommender Morgen!«
Erstmalig offenbarten sich Symptome, die für die heutige Zeit geradezu typisch sind: Die Hamburger waren bereits durch städtische Perfektion verwöhnt. Sie wiegten sich in völliger Sicherheit, weil sie ihrem bewährten Löschkorps dasselbe unerschütterliche Vertrauen entgegenbrachten wie wir heutzutage unseren Feuerwehren. Und es ist ein Wesenszug aller Großstädter, daß sie das Hereinbrechen von Naturgewalten nicht mehr einkalkulieren.
Wer offenen Auges durch die Deichstraße von Hamburg geht, der bemerkt dort heute eine Gastwirtschaft mit dem Namen ›Zum Brandanfang‹. An anderer Stelle der Hamburger City gibt es eine Straße, die noch heute den Namen ›Brandsende‹ trägt. Diese beiden Namen gehen auf die Katastrophe von 1842 zurück.

Der Hamburger Brand hatte in einem Speicher der Deichstraße seinen Anfang genommen. Dort lagerten Tabak, Zigarren, Eisenteile und Lumpen. Ein Nachbar bemerkte nachts Brandgeruch und suchte mit einem Nachtwächter zusammen den Brandherd, ohne ihn zunächst zu finden. Erst gegen ein Uhr nachts bemerkte man eine Rauchwolke und rötlichen Feuerschein. Die erste herbeigeeilte Spritzenmannschaft versuchte sofort einen Innenangriff in dem brennenden Speicher, mußte jedoch sehr bald ihr kühnes Unterfangen aufgeben. Es wurde jetzt Sturm geläutet. Der übliche allgemeine Feuerlärm erscholl. Zwölf Land- und sieben Schiffsspritzen wurden daraufhin zum Schutze der umliegenden Gebäude eingesetzt. Aber das Feuer griff dennoch so rasant auf die Nachbarspeicher über, daß vierzehn dort auf dem obersten Boden eingesetzte Weißkittelmänner sich aus dem Fenster retten mußten. Hitzestrahlung und Funkenflug setzten schließlich sogar jenseits des Fleetes die Wohnungen der Steintwiete in Brand.

Der Augenzeuge Carl Reinhardt schrieb in seinem zeitgenössischen Roman ›Der fünfte Mai‹: »Die trocknen Bretterlagen im Stuckenbergischen Speicher verbreiteten eine furchtbare Glut und zündeten ringsum. Die brennenden Stöße wankten und schossen fächerartig in das Fleet und gegen die Nachbarspeicher des Rödingsmarktes hinab, wo sie Verwirrung und Schrecken bereiteten. Das Korn im Bostelmannschen Speicher flog, knatternd und Millionen Funken sprühend, in riesigen Feuergarben in die Luft, während der Zucker brennend schmolz und wie Blei niederlief. Einige Explosionen zeigten das Zerspringen der Spiritusfässer an, der sich mit dem Zucker vermengte und die Glut vermehrte.

Die Löschmannschaften an den Schiffsspritzen im Fleet arbeiteten unter Feuerregen und niederstürzenden Trümmern fort, als wären sie Salamander, denen die Hitze nichts anhaben könne. Es drang sich ihnen die Überzeugung auf, daß die höchste Zeit zur Bändigung des Feuers gekommen sei. Es mußte nach ihrer Ansicht jetzt nieder.

Da klangen aus dem Speicher von Roß donnernde Schläge wie Kanonenschüsse, dazwischen prasselndes klirrendes Geräusch. Eine intensive Flamme bricht aus allen Luken hervor, während ein blauer Feuerstrom in Kaskaden durch Türen und Ritzen in das Wasser strömt und sich auf diesem ein blaues Flammenmeer ausbreitet, das die Schiffsspritzen und ihre Mannschaft zur wilden Flucht zwingt. Der brennende Arrak und Spiritus schwimmt auf dem Wasser und zündet die Pfähle und Fahrzeuge an. Der Schellack fliegt prasselnd umher und zündet gleichfalls, während der Kampfer wie eine riesige Kerze strahlt.

Die tapferen Spritzenleute müssen sich mit verbranntem Haar und Augenbrauen zurückziehen. Sie erliegen der Anstrengung und bekommen eine Idee ihrer Ohnmacht. Aber das Feuer muß nieder. Sie stürzen sich wieder dagegen, indes man ihnen frische Mannschaft und Spritzen zuführt.«

Wenn so etwas heutzutage passieren würde, dann könnte ein einziges Feuerlöschboot die brennende Wasserfläche binnen kurzem mit seinen Monitoren abschäumen. Diese großen kombinierten Wasser- und Schaumwerfer von eintausendsechshundert Liter Schaumdurchsatz pro Minute würden in kurzer Zeit das Fleet abdecken. Auch die Tanklösch- und Löschfahrzeuge der Feuerwehr wären von der Landseite her durchaus imstande, einen abstickenden Schaumteppich aufs Wasser zu legen. Damals aber gab es noch keine Schaumlöschverfahren und noch keine Feuerlöschkreiselpumpen. Man stand den blauen Spiritusflammen völlig ohnmächtig gegenüber. Aller Todesmut der Wittkittel nützte nichts.

Aber nicht nur das Feuer war stärker als das damalige Löschkorps. Noch etwas anderes brach in diesem Augenblick der Panik und Weltuntergangsstimmung wie eine Furie über die Hansestadt herein: die Anarchie. Der Pöbel hielt seine Stunde für gekommen. Die Weinlager am Großen Fleet werden gierig geplündert. Reinhardt schreibt:

»Wie Feuereimer gehen die Flaschen von Hand zu Hand. Die erschöpften Spritzenleute schlagen ihnen die Hälse ab und trinken in langen Zügen Dry-Madeira und Portwein. Die Hanseaten folgen ihrem Beispiel. Herbeikommendes Gesindel greift zu, und inmitten des Flammenscheines der brennenden Straße wird ein großes Saufgelage gehalten, bei dem der edle Madeira auf den Boden fließt, während in den Schuten im Großen Fleet die Köpfe der Champagnerflaschen abgeschlagen werden und die Mannschaften von edlem Schaumwein triefen. Die Kunde von der unentgeltlich fließenden Weinquelle verbreitete sich bald in der Runde und lockte noch mehr neugieriges und genußsüchtiges Volk herbei...

Die Flammen wälzten sich indessen wie Brandungswellen über die Dächer fort und fraßen gierig das alte, ausgedörrte Holzwerk und die Schätze des Kaufmanns, die man weit über das Meer herbeigeführt hatte. Es war, als ob sich die Elemente gegen die Stadt verschwören wollten, denn der Wind, durch das Feuer am Anfang selbst erzeugt, begann stetig aus Südwest zu wehen. Die Flammen fraßen Haus um Haus, Speicher um Speicher. Immer gieriger drangen sie heulend und prasselnd nach dem Rödingsmarkt und über die Steintwiete gegen den Hopfenmarkt vor... während betrunkene Menschen zwischen brennenden Häusern fortzechten, mit der Flasche in der Hand von herabstürzenden Schornsteinen und Hohlziegeln erschlagen oder, total betrunken in den Kellern liegend, von den einstürzenden Gebäuden begraben wurden.

Überall Geschrei, Krachen und Donnern einstürzender Balken und Giebel, dazwischen das taktmäßige Auf- und Niederdrücken der Spritzenschwengel, das Knattern der Flammen. Dann wieder lautes Krachen. Jammergeschrei und Hineinstürzen in den dicken Qualm, aus dem man zwei erschlagene Rohrführer trägt, die ein fallender Giebel traf...

Der Tag bricht an, und mit ihm wächst der Wind und die Verwirrung der Menschen. Das Vertrauen auf die unfehlbaren Spritzenleute beginnt zu schwinden. Man fängt an, in sinnlosem Schreck alles auf die Straße zu schleppen und aus den Fenstern zu stürzen, wodurch die schmalen Gassen in der Nähe des Feuers verstopft und die Rettungsanstalten gehindert werden.«

Wo blieb die Wirksamkeit der Absperrketten, was nützten jetzt die aufgebotenen Kompanien der Garnison? Sollte denn wirklich in dieser einen Nacht alles ins Nichts zerrinnen, was fast zweihundert Jahre lang bei jedem Glokkenfeuer dieser Stadt so mustergültig geklappt hatte? Als der Nicolai-Kirchturm brennend zusammenstürzte, brachen vollends Kopflosigkeit, Panik und wilde Gerüchte aus. Sie sind bei jeder Katastrophe zunächst schneller als die ordnende Vernunft.

Das allgemeine Chaos war durch entsprungene Sträflinge noch schlimmer geworden. Bald zogen Banden roher, mit Äxten bewaffneter Kerls umher. Sie gaben sich als Zimmerleute aus und behaupteten, auf Einreiß-Befehl zu handeln, wenn sie in Häuser eindrangen, dort nach Herzenslust herumwüteten und Wohnungen, Schränke, Truhen erbrachen. Schließlich tauchten sogar Brandstifter auf, die sich eine Freude daraus machten, ihrerseits den Roten Hahn an ganz entfernten Stellen zu entfachen. Denn nun war ja – wie sie meinten – doch alles dahin!

»Diese Zerstörungswut und die mehrfach constatirten Versuche, Feuer anzulegen oder zu verbreiten, die sich bacchantisch unter dem Pöbel verbreiteten, würden unerklärlich sein, wenn sie nicht psychologisch begründet und vielfach in der Geschichte großer Feuersbrünste vorgekommen wären«, schreibt Dr. Siemers in seinen Erinnerungsblättern. »Wenngleich das ganze Bild der Feuersbrunst ein schreckliches, düsteres ist, welches nur hier und da durch Züge reiner Menschlichkeit und aufopfernder Liebe oder Berufstreue erhellt wird, so darf dieses Bild dennoch nicht des düstersten Tones entbehren, eben weil er der Wahrheit gemäß ist und ebenfalls seine analog-geschichtliche und psychologische Bedeutung hat.«

Die weithin sichtbare Brandfackel, die nunmehr Tag und Nacht geöffneten Stadttore lockten inzwischen Scharen von Vagabunden, ganze Rotten von Gesindel auch von auswärts in die Hansestadt. In dieser schrecklichen Not aber schied sich die Spreu vom Weizen. Beherzte Bürger bildeten fortan freiwillige Wachen und Patrouillen. Binnen kurzem hatte sich aus anständigen Hamburgern eine wirksame Hilfspolizei gebildet.

Auch bei den Spritzenleuten sind Trunkenheit, Untätigkeit und Insubordination vorgekommen, als sich alle Bande der Ordnung aufzulösen begannen. Vom Gros aber heißt es: »Die Hamburger Spritzenleute taten das Übermenschliche und wichen dem Feuer nur zollweise. Sie ließen ihre Familien und Wohnungen im Stich, um auf ihren Posten zu bleiben. Aber es war umsonst...«
Schon am Morgen des ersten Brandtages, als der Wind noch heftiger geworden und nach Südwesten umgesprungen war, erkannten die Spritzenmeister Bieber und Repsold junior die ungeheure Gefahr für die gesamte Stadt. Alle erreichbaren Spritzen waren mittlerweile an einer Stelle konzentriert, aber das Feuer lief dennoch weiter. Den Fachleuten war nun klar, daß nur eine Radikalkur die Stadt noch retten konnte: eine Häuserreihe mußte niedergerissen werden, um die Brandausweitung zu verhindern.
Aber der Polizeichef sagte nein. Das Eigentum der Bürger sei unantastbar. Wie bitte? Auch in dieser Situation? Ja, auch in dieser Situation. Das Recht stehe höher als alles andere in der Welt. Aber die Stadt, Herr Präsident! Es geht um das Schicksal der ganzen Stadt! Achselzucken.
Nochmals wurde alles versucht, um durch eine Massierung der Spritzen den Feuerdrachen aufzuhalten. Es war aussichtslos. Um elf Uhr mußten die Spritzenmeister offen bekennen, daß sie mit ihrem Latein am Ende waren. Leider konnte sich der Polizeigewaltige von Hamburg noch immer nicht entschließen. Er versagte vor der allzu schweren Verantwortung. Er verbot die für unbedingt notwendig erklärte Einreiß-Maßnahme erneut. Als er später dann doch den Befehl zum Sprengen erteilte und sogar das ehrwürdige Hamburger Rathaus in die Luft jagen ließ, war es zu spät, obwohl nunmehr siebzig Häuser daran glauben mußten. Bei rechtzeitigem Entschluß hätte die Sprengung von nur zehn Häusern Erfolg versprochen.
Am zweiten Brandtage hatte die große Prozession auswärtiger Spritzen und Mannschaften nach Hamburg eingesetzt. Nachdem schon vorher die erste Hamburger Eisenbahn sämtliche Bergedorfer Feuerspritzen in die Hansestadt geschafft hatte, kamen nun auch pferdebespannte Spritzen samt Mannschaft auf den Landstraßen angezuckelt – aus Lüneburg, Stade, Buxtehude, Glückstadt, Lauenburg, Lübeck und Kiel. Sie legten Entfernungen bis zu hundert Kilometer zurück, und zuletzt standen nicht weniger als achtzig Handdruckspritzen an der Front. Auch sie waren praktisch machtlos. Die in Windrichtung liegenden Straßenzüge waren zum Tode verurteilt.
Nur an den Flanken der Feuerwalze konnte die Stellung einigermaßen gehalten werden. Halb erstickt, total erschöpft arbeiteten die Löschmannschaften unverdrossen weiter. Die Feuersbrunst erlosch erst nach dreieinhalb Tagen am Grünstreifen des Stadtwalles von selbst.

Immerhin konnte zuletzt durch entschlossene Gegenwehr und organisierten Einwohner-Selbstschutz gegen den Funkenflug – mit den schon im alten Rom bewährten nassen Branddecken und Feuerpatschen auf allen bedrohten Dächern – der Stadtteil St. Georg vor dem Abbrennen bewahrt werden. Auch das berühmte Johanneum, die Hamburger Gelehrtenschule, wurde durch solche Maßnahmen, durch Vermauern ihrer zum Feuer hin liegenden Fenster und durch eine hundert Meter lange Eimerkette, tatsächlich gerettet.
Den verblüffendsten Erfolg aber erzielte ein kleiner Trupp von zehn Bürgern, die in der Hamburger Börse vom Feuer ringsum eingeschlossen waren. Sie hatten den Rückzugsbefehl überhört. Nun verkauften sie ihr Leben so teuer wie möglich. Durch beherztes Herausreißen aller brennenden Möbel und Vorhänge und durch sparsamste Verwendung der noch vorhandenen zwanzig bis fünfundzwanzig Eimer Löschwasser konnten die Männer die Börse halten, bis die Häuser ringsum niedergebrannt waren und die höllische Glut nachließ. Als endlich die Entsatzmannschaften des Löschkorps zu ihnen durchstoßen konnten, waren die tapferen Männer und die Börse gerettet.
Aber was wogen diese Teilerfolge schon: Hamburg war zu zwei Dritteln vernichtet, mitten im Frieden, im Zeitalter von Dampfmaschine, Eisenbahn und Telegraf! Viertausend massive Gebäude waren verbrannt. Man beklagte siebenundfünfzig Tote, hundertzwanzig Verletzte und einen Sachschaden von damals astronomisch anmutender Summe. Noch wochenlang mußten vierzig bis fünfzig Spritzen zu Nachlöscharbeiten eingesetzt werden. Die letzten kleinen Tragspritzen konnten erst Mitte Oktober – fast ein halbes Jahr später! – vom Ablöschen letzter Brandnester zurückgezogen werden!
Der Stadtkern von Hamburg war praktisch ausgetilgt.
Die Schreckensnachrichten aus Hamburg elektrisierten ganz Deutschland. Sie riefen in aller Welt Bestürzung und Anteilnahme hervor. Wie konnte ein solches Unglück nur geschehen, besaß doch Hamburg das größte, allerorten für vorbildlich gehaltene Löschkorps von eintausendeinhundertvierundneunzig Weißkittelmännern! Die Stadt konnte immerhin vierunddreißig Land-, elf Schiffsspritzen, einundzwanzig Wassercopen, achtundachtzig Notpfosten und fünfundvierzig öffentliche Pumpen aufbieten. Außerdem lag sie direkt am Wasser. Sie war von ständig als natürliches Löschwasser-Reservoir benutzbaren Fleeten ähnlich durchzogen wie Amsterdam von seinen Grachten und Venedig von seinen Kanälen.
Wenn so eine Stadt einfach weitgehend niederbrannte, dann konnte es nicht mit rechten Dingen zugegangen sein. Einen Schuldigen mußte es ja geben!
Die Vorwürfe trafen ausgerechnet die beiden Männer, die beim Brande an vorderster Front Übermenschliches leisteten und deren rechtzeitige, vernünftige Warnung man in den Wind geschlagen hatte – die beiden Spritzenmeister

Repsold und Bieber. Sie hatten angeblich Hamburg auf dem Gewissen! In den Buchhandlungen erschien immer neue Anschuldigungsliteratur.
Es dauerte Jahre, ehe der nunmehrige Obersprützenmeister Repsold mit seinem Erfahrungsbericht endlich zu Worte kommen durfte. Sein Fazit aus der Katastrophe von 1842 war alarmierend: das Hamburger Löschkorps war technisch veraltet. Es ging eben nicht mehr ohne Dampfspritzen.
Der Brand von Hamburg hat einen heilsamen Schock ausgelöst. Jahre später (1863) hatte Egestorf in Hannover die erste Dampfspritze deutscher Konstruktion vollendet, der rund drei Monate später die von Moltrecht und Repsold in Hamburg gebaute zweite folgte, die dann wenig später noch vier Nachfolger bekam. Auch das preußische Altona erwarb eine solche Maschine. Binnen kurzem waren auch Bremen, Kopenhagen und Utrecht mit Dampfspritzen ausgerüstet, allerdings nach dem handlicheren englischen System Shand, Mason & Co. Auch der Chef der Warschauer Feuerwehr hatte inzwischen die Dampfspritze für alle Städte mit Hydrantensystem als »Löschapparat von kolossaler Bedeutung« erkannt. Der Magistrat von St. Petersburg sprach sich zur gleichen Zeit ähnlich aus. Und die Stadt London hatte im Jahre 1852 die erste Schiffs-Dampfspritze aufzuweisen.

Eine zündende Idee: Freiwillige Feuerwehren

Der Schock von Hamburg brachte zugleich eine Lawine von anderen Ereignissen ins Rollen.
Bis zum Hamburger Brand hatte es überall nur Pflichtfeuerwehren gegeben. Die einzige, fast unbekannt gebliebene Ausnahme – neben der schon 1748 gegründeten Löschgilde der Stadt Barmen – war das ›Freiwillige Lösch- und Rettungskorps‹, das 1841 in der sächsischen Stadt Meißen gegründet worden ist. Seine Mannschaft war mit Helm, Beil und Leine ausgerüstet. Der zum Hauptmann gewählte Seifensiedemeister Kentzsch und sein Adjutant trugen einen weißen Roßhaarbusch am Helm. Das Korps hielt regelmäßig Übungen ab, um sich dabei gleichermaßen auf das Feuerlöschen wie auf die Rettung von Menschen vorzubereiten. Hätte der Meißner Bürgermeister Tzschokke sein ›Freiwilliges Lösch- und Rettungskorps‹ nach dem Hamburger Brand gegründet, dann hätte ganz Deutschland aufgehorcht.
So aber blieb es einem anderen Manne vorbehalten, eine spontane Feuerwehrbewegung auszulösen: Carl Metz. Nach dessen Plänen hat der Stadtbaumeister Christoph Hengst in Durlach bei Karlsruhe unter dem Eindruck des Hamburger Unglücks 1846 aus Turnern ein freiwilliges Pompierkorps von 50 Mann gegründet. Dieses freiwillige Korps machte sogleich überall Schule.

Es liegt auf der Hand, wie gut sich klettergewandte, schwindelfreie und durchtrainierte Turner für den Dienst in einer ›Steiger-Kompanie‹, einer Feuerwehrabteilung, eigneten. Schon bald nach seiner Gründung konnte das Turner-Pompierkorps von Durlach seine Leistungen unter Beweis stellen.

1847 ging das Karlsruher Schloßtheater in Flammen auf. Das Feuer hatte bereits achtundsechzig Todesopfer gefordert. Es bestand höchste Gefahr für die gesamte Stadt. Die überraschend schnell herangerückten Durlacher konnten die Orangerie und die Stadtkasse von Karlsruhe halten und das weitere Ausgreifen des Brandes verhindern. Die Zeitungen waren des Lobes voll. Hengsts neue Truppe begegnete überall unverhohlenem Respekt.
Noch im gleichen Jahre 1846 taten es darum Rastatt, Hechingen, Großenhain/Sachsen und Leipzig den Durlachern mit der Gründung freiwilliger Pompierkorps nach. Im Jahre 1847 folgen auch Eppingen, Tübingen, Heilbronn, Karlsruhe und Ulm.
Mit den Gründungen der freiwilligen Wehren von Karlsruhe und Ulm rücken zwei bedeutende Pioniere des Feuerlöschwesens in unseren Gesichtskreis: Carl Metz und Conrad Magirus.
Carl Metz war mit dem Metier der Brandbekämpfung längst wohlvertraut. Er hatte 1842, im Jahr des Hamburger Brandes, eine Spezialfabrik zur Herstellung von Lösch- und Rettungsgeräten gegründet. Und er war es auch, der 1846 den Baumeister Hengst zur Gründung seines Durlacher Korps angeregt hatte. Auch die nun erfolgte Gründung der Karlsruher Wehr war sein Werk. Sie war ein besonderes Ereignis, denn mit ihr hat Carl Metz erstmalig das Wort Feuerwehr geprägt. Diese Bezeichnung hatte es bis dahin überhaupt nicht gegeben. Die Idee der Freiwilligen Feuerwehr, als Ausdruck edelsten Bürgersinnes, erwies sich sogleich als zündender Funke. Carl Metz richtete übrigens bald nach Gründung seiner ›Spezialfabrik zur Herstellung von Lösch- und Rettungsgerätschaften‹ in Heidelberg eine werkeigene Freiwillige Feuerwehr ein, der auch Nicht-Werkangehörige beitreten durften. Diese recht gute Metz-Feuerwehr rückte auch zu Hilfeleistungen in die Stadt Heidelberg und ihre Umgebung aus, sobald dort Not am Manne war. Carl Metz ist damit auch einer der Väter des Werkfeuerwehrgedankens geworden. Auch die 1852 gegründete Freiwillige Feuerwehr von Heidelberg wurde durch Carl Metz tatkräftig gefördert. Er war inzwischen längst über die Landesgrenzen hinaus berühmt geworden.
In Ulm aber wurde der Fabrikant und spätere Kommerzienrat Conrad Dietrich Magirus Organisator und Kommandant der Freiwilligen Feuerwehr. Zwar hatte man in Ulm schon im Jahre 1806 eine ›Feuer-Rettungsanstalt‹ aufgebaut, die aus sechs Offizieren und fünfundsiebzig Mann

bestand. Aber wie alle anderen früher gegründeten Retterkorps, Rettungskompanien und Rettungsvereine befaßte sich auch die Ulmer Anstalt hauptsächlich mit der Bergung von Personen und Wertsachen beim Ausbruch von Bränden. Zum Teil leisteten ihre Männer auch Samariterdienst.

Im Jahre 1847 gründete Conrad Dietrich Magirus aus Turnern eine ›Steiger-Kompanie‹ und damit die Freiwillige Feuerwehr der Stadt Ulm. Schon sechs Jahre später wurde die bereits bestehende ›Feuer-Rettungsanstalt‹ sinnvollerweise mit ihr verschmolzen. Magirus kam auch auf den Gedanken, die Freiwilligen Feuerwehren regelmäßig zum Erfahrungsaustausch zusammenzubringen und in größeren Zusammenschlüssen zu vereinigen. Er war geistiger Urheber der Feuerwehrtage und der Landesfeuerwehrverbände, die heute sämtlich im Deutschen Feuerwehrverband zusammengeschlossen sind.

Magirus verfaßte ein richtungweisendes Buch, das bald überall zum Standardwerk der Wehren werden sollte: ›Das Feuerlöschwesen in allen seinen Teilen.‹ Dieser Mann machte sich um die Feuerwehrausbildung, die Erfindung von Sprungtuch und Rettungsschlauch ebenso verdient wie um die Konstruktion von neuartigen Feuerwehrleitern, -fahrzeugen und -spritzen. Darunter befand sich als Kuriosum sogar eine Feuerspritze, die an der Brandstelle durch das Weitertreten ihrer Zugpferde auf ein schrägliegendes Gliederband betätigt wurde!

Carl Metz und Conrad Magirus wurden die bekanntesten deutschen Hersteller von Fahrzeugen und Geräten der Feuerwehr. Die heute noch in Ulm und Karlsruhe bestehenden Feuerlöschgerätefabriken Magirus und Metz haben Weltruf erlangt. Sie exportieren ihre Erzeugnisse in alle fünf Kontinente. Deutsche Löschfahrzeuge und Drehleitern finden wir in Afghanistan, Saudi-Arabien und China ebenso wie zum Beispiel in der Mongolei, in Indien oder Südamerika.

Wahrhaftig, der Schock von Hamburg und der Funke aus Durlach hatten ein Lauffeuer entfacht. Im Jahre 1848 gründeten auch Mühlburg/Baden, Oehringen/Württemberg, Winnenden, Waldsee und Speyer eine Freiwillige Feuerwehr. Waghäusel, Bieberich, Leutkirch, Augsburg und Kirchheim unter Teck folgten binnen Jahresfrist nach. 1850/51 kamen noch Gengenbach/Baden, Freiburg/Breisgau und Mannheim hinzu.

Auf dem Ersten Deutschen Feuerwehrtag in Plochingen am Neckar (1853) waren die Abordnungen von zehn Feuerwehren versammelt. Sieben Jahre später, beim Mainzer Feuerwehrtag, zählte man bereits die Abordnungen von fünfundvierzig Wehren. Auf dem Dritten Deutschen Feuerwehrtag in Augsburg (1862) waren bereits die Männer von einhunderteinundvierzig (!) Freiwilligen Feuerwehren erschienen.

»Gott zur Ehr – dem Nächsten zur Wehr«, so lautete der Wahlspruch von

Carl Metz. Er wurde ebenso zum allgemeinen Feuerwehrmotto wie das Wort »Einer für alle – alle für einen«.
Frisch, Fromm, Fröhlich, Frei – diese vier F der vom Turnvater Jahn propagierten Turnertugenden waren schwungvoll in die überall entstehenden Turnerfeuerwehren hineingetragen und um vier neue Begriffe erweitert worden: Einsatzfreude, Pflichtbewußtsein, Nächstenliebe, Disziplin. 1865 bestanden in Deutschland bereits dreihundertvierunddreißig Turnerfeuerwehren mit rund neunundzwanzigtausend Mitgliedern.
Welch ein Ethos war nun geboren! Es galt als Ehrensache, zum Besten der Stadt oder des Dorfes ein ganzes Leben lang freiwillig zu dienen. Vor der Feuerwehridee gab es keine Standesunterschiede. Da teilten sich vielleicht ein Professor der Lehrerbildungsanstalt sowie ein Handschuhmacher und Bandagist in die Leitung der städtischen Freiwilligen Feuerwehr. Da wurden Buchhändler, Ärzte, Architekten, Schmiedemeister zu Stadtbrandmeistern, wurden Lehrer, Stadtschreiber, Gärtner, Buchdrucker, Fuhrunternehmer, Redakteure zu Schlauchtruppmännern, Meldern, Wassertruppführern. Und so ist es heute noch.
Da hat sich eines Tages ein mitteldeutscher Fabrikant und Kommerzienrat bitter beim Branddirektor beklagt, weil man ihn aus falscher Rücksichtnahme auf seinen Titel und seine soziale Stellung nicht mehr wie früher zur Nachtbesetzung der ständigen Feuerwache heranzog. Das empfände er als Zurücksetzung. Schließlich habe er dasselbe Recht, seine Pflicht zu erfüllen, wie seine Mitbürger!
Wie leistungsfähig schon im vorigen Jahrhundert Freiwillige Feuerwehren gewesen sind, geht eindrucksvoll aus dem Bericht der Freiwilligen Feuerwehr Ulm hervor. Sie bekämpfte in den Jahren 1847–1879 nicht weniger als hundertdreiundfünfzig Brände mit solchem Erfolg, daß niemals mehr als ein Haus niederbrannte. Bei den engstehenden Giebelbauten der alten Reichsstadt Ulm war das ein beachtliches Ergebnis!
Heute gibt es in Westdeutschland dreiundzwanzigtausendvierhundertvierzehn Freiwillige Feuerwehren. Ihnen obliegt in allen Dörfern und in fast allen Städten bis zur Hunderttausend-Einwohner-Grenze der gesamte Feuerschutz, der Vorbeugende Brandschutz sowie der Rettungs-, Bergungs- und großenteils sogar der Unfallhilfsdienst.
In Stadt und Land ist das von Carl Metz geprägte Wort ›Feuerwehr‹ allerdings kaum noch zeitgemäß. Längst ist eine Universalwehr, ein Mädchen für alles, aus dieser fast überall gut ausgebildeten Truppe geworden. Tauchausrüstung, Ölschadenanhänger, Schneidbrenner, Seilwinde, Motorsäge, Flutlichtscheinwerfer, Sanitätskasten und Sauerstoffbehandlungsgerät sind ebenso wichtig geworden wie Feuerlöschkreiselpumpe, Schläuche und Strahlrohr.

Kein noch so kleines Dorf ist heute vor dem Absturz eines Düsenflugzeuges sicher oder vor dem Zerschellen eines benzinbeladenen Tanklastzuges, vor einem in der Nähe erfolgenden Bus- oder Eisenbahnunglück. Jede Sekunde kann ein Pkw samt Insassen in die Isar fallen, in die Schlei, die Lahn, die Fulda, in den Bodensee, Ammersee, Rhein oder in ein Hafenbecken von Bremen, Eckernförde, Glückstadt.
Die Gefahren des technischen Zeitalters lauern überall. Mehr denn je ist jeder einzelne Feuerwehrmann aufgerufen, ihnen gewachsen zu sein. Und noch heute ist es zumeist so, daß ein gesunder, geradegewachsener Bursche sich einfach schämen würde, der Freiwilligen Feuerwehr seines Ortes nicht anzugehören. Dieser Wehrgedanke hat keinerlei Schmälerung erfahren. Er dient unmittelbar, zweifelsfrei und für jedermann sichtbar dem Schutz der eigenen Heimat.

Stehendes Heer der Humanitas

Der große Brand von Hamburg war nicht nur der Anlaß für die Gründung von Freiwilligen Feuerwehren. Er hat noch eine zweite, wenn auch erst später sichtbare Wirkung gehabt: Nach neun Jahre langem Tauziehen mit widerstrebenden Behörden gründete der Geheime Regierungs- und Baurat Scabell 1851 in Berlin die erste deutsche Berufsfeuerwehr.
Die bis zu diesem Zeitpunkt allein eingesetzten Berliner Pflichtfeuerwehren sind zuletzt eine vielbelachte Institution gewesen. Ihre Ausrüstung stammte noch immer aus den Tagen Friedrichs des Großen. Gängelei und Bürokratismus hatten die Bürger-Pflichtfeuerwehr immer weiter lahmgelegt und schließlich lustlos gemacht.
Der umsichtige und organisatorisch begabte erste Berliner Branddirektor Scabell ging bald mit Tatkraft an die Umrüstung auf Dampfspritzen heran. 1874 gab es in Berlin vier, 1882 bereits sieben von diesen recht eindrucksvollen Löschmaschinen. Sie haben sich sehr bald bezahlt gemacht, als 1883 die Hygieneausstellung am Lehrter Bahnhof ausbrannte. Auch das furchtbare Großfeuer der Borsigmühlen an der Grenze zwischen Berlin und Charlottenburg (1896) hielt die Feuerwehren beider Städte tagelang in Atem. Endgültig gemeistert haben nur die Berliner Dampfspritzen die bedrohliche Situation.
Deutschlands Berufsfeuerwehr Nr. 1 war dazumal ebenso wie die Schutzpolizei militärisch organisiert. Die Königlichen Brandmeister trugen die Leutnantsuniform der Polizei und die Oberfeuerwehrleute den Berliner Schutzmannshelm, den so berühmt gewordenen Tschako. Alle Feuerwehrleute Berlins waren schon 1851 mit Hakengurt, Beil und Mauerhaken ausgerüstet.

Der Königliche Oberspritzenkommissarius Scabell wurde schließlich zum Branddirektor der Berliner Kgl. Berufsfeuerwehr ernannt. Scabells Nachfolger, der vormalige Major Witte, wurde nach der Jahrhundertwende sogar zum Kaiserlichen Rat erhoben. Deutschlands erste Berufsfeuerwehr war damit hoffähig geworden.
Die Berliner Berufsfeuerwehr war sofort in ganz Deutschland bekannt. Bald machte ihr gutes Vorbild auch anderswo Schule. In den Jahren 1854–1872 gründeten die deutschen Städte Memel, Königsberg, Danzig, Breslau, Stettin, Bremen und Hamburg ebenfalls eine solche Institution. Im gleichen Zeitraum taten auch die Städte Prag, Pilsen, Brünn, Lemberg, Krakau, Pola und schließlich Budapest diesen Schritt.
Der Dienst bei den deutschen Berufsfeuerwehren war anfangs unvorstellbar hart. Die Männer hatten zweiundsiebzig Stunden lang ununterbrochen Wache und Ausbildungsdienst, bei gleichzeitiger Alarmbereitschaft. Anschließend hatten sie nur vierundzwanzig Stunden frei. Schlug endlich die Stunde der Ablösung, so zogen die Wehrmänner Paradeuniform an. Sie schulterten ihre blitzblanke Paradeaxt, nahmen den Mantelsack über und gingen – nicht etwa gleich nach Hause, sondern zunächst einmal auf Theatersicherheitswache!
Übrigens stand früher vor jeder deutschen Feuerwache Tag und Nacht ein Posten mit geschulterter Paradeaxt. Erst mit der Revolte von 1918 hörte dieses militärische Postenstehen allgemein auf.

Kismet und Tulumbadschi

Ende des vorigen Jahrhunderts war in Europa und Nordamerika endgültig das Feuerwehrzeitalter angebrochen. Überall wurde das System der Freiwilligen Feuerwehren weiter ausgebaut. Und in den Großstädten waren gut funktionierende Berufsfeuerwehren zur gewohnten, jederzeit zuverlässigen Einrichtung geworden. Jede Alarmierung und jedes Ausrücken klappten wie am Schnürchen. Wie aber sah es in anderen Erdteilen aus?
Im Jahre 1890 erlebte der Deutsche Georg Künzel, Türkei-Korrespondent der ›Münchner Neuesten Nachrichten‹, einen der damals so häufigen Stadtbrände von Konstantinopel als Augenzeuge mit. Künzel schrieb darüber in seinem Blatt:
»Gegen sechs Uhr wurde auf der ungeschlachten Steinmasse des Galata-Turmes die blutrote Feuerflagge gehißt. Es brennt also? Na, laßt's brennen, dachten die schläfrigen Peroten. Als aber aus der Gegend der Alten Brücke über dem Goldenen Horn eine mächtige Rauchwolke aufstieg, als weitere Mannschaften der regulären und der irregulären Feuerwehr aufgeboten wur-

den, da wurde es den Peroten trotz Hitze und sonstiger Erschlaffung klar, daß irgend etwas los sein müsse. Manche stiegen auf die Dachplattformen, manche sogar begaben sich in die unmittelbare Nähe der Feuersbrunst, unten an den flimmernden Fluten, am schiffewimmelnden Hafen der leuchtend farbenschimmernden Stadt.

Durch die abschüssigen Straßen rasselten Abteilungen der schneidigen Szechényischen regulären Feuerwehr, rannten die ungeschlachten Tulumbadschi, die wilden Horden der irregulären Feuerwehr, gefürchtet wegen ihrer Roheit und Raubgier. Hier und da stürzte ein Kerl aufs Pflaster. Die anderen rasten über ihn hinweg, der Pöbel johlte. Der Ungeschickte raffte sich auf und stolperte, halbnackt wie die andern, mit geschundenem Fell, der Rotte Korah nach. Ordonnanzen jagten in voller Karriere bergauf zum Sukkurs, ihre Pferde schnaubten, schaumbedeckt.

Erst dicht vor der Alten Brücke ermöglicht eine Biegung der Straße den Ausblick auf die Brandstätte: ausgedehnte Holzhöfe am jenseitigen Ufer, deren mächtige, von der Hitze der letzten Wochen ausgedörrte Vorräte in hellen Flammen stehen.

Ein Kaikdschi rudert uns, geschickt zwischen zahlreichen Dampfern und Seglern hindurchgleitend, hinaus auf die im Sonnenglanze und im Widerschein der grellen Lohe funkelnde Wasserfläche.

Sengender Brodem schlägt uns entgegen. Ein gewaltiger Feuerwall steigt turmhoch in die Lüfte. In den quirlenden Rauchmassen am Abendhimmel flattern abgerissene kolossale Flammenfetzen. Und durch die Lohe und durch den Rauchwirbel gewahren wir hoch oben am Himmel neue Flammengarben. Das vernichtende Element hat, wie wir erfahren, durch Explosion von Petroleum und Öl weite Entfernungen, Kilometer, überbrückt und das Werk der Zerstörung über die ragenden byzantinischen Hafenmauern nach sechs verschiedenen Richtungen weitergetragen – hinein in die türkischen Viertel, deren Holzhäuser, deren enge, steil aufsteigende Gassen wie Zunder aufflammen.

Hoch oben auf dem Hügel links leuchten die imposanten Kuppeln der Suleimanieh-Dschami, der zweitgrößten Moschee Stambuls, steigen schlank wie Mastbäume ihre vier kannelierten Minaretts zum Abendhimmel hinauf.

Vor vierzig Jahren trug eine Feuersbrunst mit derselben Basis die Flammen bis hinauf zur schwindelnden Höhe, und eins der Minaretts brannte gleich einer riesigen Fackel.

Auch jetzt ist die Gefahr für den herrlichen Tempel wie für den danebenliegenden hölzernen (!) Palast des Scheich-ül-Islam eine dringliche. Wassergarben sausen zischend durch die prasselnden, heulenden Gluten. Trompetensignale schmettern auf beiden Seiten des Goldenen Horns. Brüllend ertönen

die tiefen Stimmen der Nebelhörner von den Dampfern, hilfebegehrend, hilfeverheißend. Alles vereinigt sich zu einem Bild des Schreckens.
Schon breiten sich die Schatten der Nacht über die Stadt, doch bald wird das Zwielicht durch den Widerschein der triumphierenden Gluten besiegt. Auf den Straßen wogt's von Menschen. Spritzen und Leiterwagen rasseln nach allen Richtungen. Türkische Seesoldaten und Infanterie eilen im Laufschritt nach ihren Bestimmungsorten. Griechische, jüdische, armenische Kaufleute rennen durcheinander, sammeln sich in lärmenden, wild gestikulierenden Gruppen.
Ernst und apathisch dagegen schauen die Türken drein, höchstens, daß sie hier und da Lastträgern Weisungen geben. Aber Lärmen und Toben? Das überlassen sie den Giaurs. Das würde zu sehr gegen den Anstand, gegen die Würde des Moslims verstoßen.
Rücksichtslos drängen wir uns durch das Menschengewirr hinein in die engen, krummen türkischen Gassen, deren Holzhäuser oft durch anmutige Rebengirlanden verbunden sind, links in die unmittelbare Nähe der Flammen. Durch dunkle Gassen geht es kreuz und quer bergauf, über schauderhaftes Pflaster, vorbei an Hamals – türkischen Lastträgern – mit gerettetem Hausrat. Stumm schreiten neben ihnen her die Familien der Flüchtlinge. Kein Fluch, kein Seufzer wird gehört.
Da wird es plötzlich hell. Ein dichter Funkenregen prasselt leuchtend nieder. In einem Nu stehen ganze Straßenzeilen in lichten Flammen. Die hölzernen Baracken, aus denen sie bestehen, haben schon wochenlang in der Sonnenglut geschwelt. Jetzt flackern sie auf wie Stroh. Die alten Schuhe, die bei den Moslemins als bewährtes Mittel gegen Feuersgefahr gelten, teilen das Schicksal ihrer Schützlinge. Wir springen in eine dunkle Seitengasse und gelangen durch enges Häusergerümpel, über Stock und Stein, in Sicherheit – hinauf auf die Rampe des Scheich-ül–Islamats.
Die Gefahr, in der wir geschwebt, erkennen wir von der Höhe. Wo wir noch vor zwei Minuten geweilt, wirbeln jetzt dichte Rauch- und Flammenmassen auf, tönen Trompeten- und Hornsignale, prasselt's und kracht's, erschallt das Gebrüll der Tulumbadschi.
Hier oben stoßen wir auf die Feuerbrigade der Admiralität, die von den hohen Wällen aus die Flammen mit Wassergarben überschüttet, die Häuser in der Nähe niederreißt – und der allein die Rettung des hölzernen Palastes des höchsten Islam-Priesters zu danken ist ...«
Künzel spricht in seinem Bericht von regulären und irregulären Feuerwehren. Mit den regulären meint er die von dem berühmten ungarischen Grafen Edmung Szechényi aus einem Regiment von dreitausend Soldaten gebildete Feuerwehrtruppe. Der Graf war 1874 vom Sultan der Hohen Pforte nach

Konstantinopel berufen worden, um dort endlich eine Feuerwehr nach Budapester Muster zu organisieren. Bald gab es nicht nur dort, sondern auch in Adrianopel und Baluk-Kesser solche Feuerwehren. Überdies hatten englische Versicherungsgesellschaften schon 1865 in Smyrna eine ›Insurance Fire Brigade‹ gebildet. Diese hundert Mann starke Privatfeuerwehr besaß von Anfang an eine Dampfspritze.

Aber diese vier Feuerwehren waren doch nur Tropfen auf dem heißen Stein. Das Land blieb noch weitere Jahrzehnte hindurch dem Unwesen der Tulumbadschi-Horden überlassen. Diese Truppe hatte Sultan Kara Mustapha schon im 17. Jahrhundert gegründet, nachdem er sich davon überzeugen konnte, wie erfolgreich die Löschmannschaften des Grafen Starhemberg bei der türkischen Belagerung Wiens gearbeitet hatten.

Aber die unausgebildeten Tulumbadschi waren praktisch wertlos. Diese irreguläre Feuerwehr dürfte ein Anblick für Götter gewesen sein. Die halbnackten oder mit allen möglichen Phantasiekostümen ausgerüsteten Tulumbadschi-Männer trugen ihre primitiven Sandiks, ihre türkischen Handdruckspritzen, auf dem Buckel. Sie waren sonst nur mit Beilen und Picken ausgerüstet. Und wenn ein Brand ausbrach, rannten sie wie schreiende Derwische dorthin.

Ihre Eile hatte einen besonderen Grund. Es ging nämlich darum, daß mit den Besitzern brennender Häuser ein möglichst hohes Trinkgeld für etwa zu unternehmende Löschanstrengungen ausgehandelt wurden. Oft genug wurde um dieses Bakschisch so lange hartnäckig gefeilscht, bis das Anwesen ohnehin niedergebrannt war.

Zahlten die Betroffenen jedoch einen lohnenden Preis, dann wurde wenigstens versucht zu löschen. Aber entweder war an der Brandstelle überhaupt kein Wasser zu finden, oder aber der allzu dünne Wasserstrahl der schlauchlosen Sandik zerstäubte angesichts der Glut brennender, von der Sonne völlig ausgedörrter orientalischer Holzbauten mehr oder weniger wirkungslos. Es gab in der Türkei weder einen Vorbeugenden Brandschutz noch ein Erfassen des Feuerwehrgedankens im europäischen Sinn.

Erst in den zwanziger Jahren führte Kemal Atatürk konkrete Feuerlöschordnungen ein. Das Errichten von Holzbauten wurde feuerpolizeilich verboten. Brandmauern wurden vorgeschrieben. In Ankara, Istanbul und einem Dutzend weiterer Städte entstanden städtische Berufsfeuerwehren mit italienischen Fahrzeugen und Ausrüstungen. Und in der Provinz wurden die Tulumbadschi durch ausgebildete Freiwillige Feuerwehren ersetzt, die mit deutschen und österreichischen Tragkraftspritzen oder italienischen und französischen Anhänger-Kraftspritzen ausgestattet waren.

Zur Zeit Kemal Atatürks löste auch in den Ländern Syrien und Libanon die damalige französische Mandatsverwaltung das rückständige Tulumbadschi-System dieser einst türkischen Gebiete ab. Beirut, Damaskus, Aleppo, Homs und Tripolis bekamen ständige Feuerwachen mit französischen Tanklöschfahrzeugen.

Auch im benachbarten Irak gründeten die Engländer 1925 die erste motorisierte Feuerwehr für die Hauptstadt Bagdad. In Afghanistan gründete gleichzeitig König Amanullah eine kleine Polizeilöschtruppe für seine Hauptstadt Kabul. Englischem Einfluß war es auch zu verdanken, daß Kairo und Alexandria schon seit 1865 Berufsfeuerwehren besaßen. Die Wehr von Alexandria ist übrigens mit mehr als tausend Beamten und hundert Löschfahrzeugen heute die größte Feuerwehr des Schwarzen Erdteils.

Alles in allem aber fand der Orient erst ein halbes Jahrhundert später ins Feuerwehrzeitalter hinein. Zum Teil herrschen dort sogar noch heute abenteuerliche Zustände. Der Fatalismus des Orientalen ist daran schuld, das Kismet. Man glaubt an das von Allah vorherbestimmte Schicksal und kann sich nicht so recht an den Gedanken gewöhnen, handelnd einzugreifen.

Dementsprechend zeugt auch der orientalische Umgang mit Feuer und offenem Licht von ebensoviel Gleichgültigkeit und Leichtsinn wie die feuergefährliche Bauweise der Häuser. Wohlhabende Orientalen legen noch heute ihren Besitz am liebsten in Gold und Edelsteinen an. Diese leicht mitzunehmenden Sachwerte lassen sich bequem retten, und sie ermöglichen einen Neuanfang nach dem Abbrennen.

In Kurdistan ist es noch heute üblich, daß lediglich jeder Einwohner einen Eimer mit Wasser oder zumindest mit Sand bereitstellen muß. Sobald es irgendwo brennt, rennt jeder mit seinem Löscheimer dorthin. Die Einwohner sind sozusagen selbst die Feuerwehr. Feuerlöschpumpen sind unbekannt.

Allerdings gibt es das ungeschriebene Gesetz der bedingungslosen Nachbarschaftshilfe. Jeweils sieben Häuser nach rechts und nach links tragen füreinander die Verantwortung. Sie müssen im Brandfalle einander bei der Bergung von Menschen und Gütern beistehen.

Im Oman, Hadramaut, im Jemen, in weiten Teilen von Pakistan und vom Iran sieht es ähnlich aus. Es dauert seine Zeit, bis sich dort moderne Reformen durchsetzen und die Errichtung von Feuerwehren auf allgemeines Verständnis stößt. Längst gibt es aber in den arabischen Städten El Riad, Dschiddah, Dharan, Medina, Kuweit, auf Bahrein und den benachbarten Emiraten moderne Feuerwehren, längst auch in Fao, Basra, Teheran, Abadan, Isfahan, Schiras, Karatschi.

Vorbilder bei ihrer Beschaffung waren vor allem die hochentwickelten Raffinerie-Feuerwehren, die europäische und amerikanische Ölkonzerne in den Ländern des Persischen Golfes, in Kirkuk, Mossul und an der Mittelmeerküste unterhalten. Ihr Personal besteht weitgehend aus Einheimischen, die großenteils die arabische Kaffiji, das Beduinen-Kopftuch, weiter tragen. Sie bildet einen seltsamen Kontrast zu den modernen Feuerschutz-Kombinationen und Overalls, auch zu Schaumwerfern, Tanklöschfahrzeugen und elektronischen Feuermeldezentralen.

Mit Pauken und Tamtam

Boten schon die nahöstlichen Tulumbadschi auf dem Wege zur Brandstelle einen seltsamen Anblick, so war das Ausrücken der Freiwilligen Feuerwehren in China bis in die jüngste Zeit hinein ein Schauspiel besonderer Art. Die Wehren rückten mit großem Pomp zur Brandstelle, unter dem Klange von Pauken und Tamtams, mit einer Kapelle an der Spitze, fast wie zu einem Fest! Auch die Ankunft des ersten Löschwassers wurde von ohrenbetäubendem Lärm begleitet.

Bei diesem karnevalistisch anmutenden Feuerwehr-Ritus dürfte die Beschwörung des Feuerdämonen eine Rolle gespielt haben. China gilt seit je als besonders dämonengläubig. Feuerwehren hat es in diesem Lande schon im Mittelalter gegeben. So berichtete Marco Polo in seiner großen Abhandlung über die Zivilisation des Orients, daß im 13. Jahrhundert in der Himmelsstadt Hang Chow eine zivile Truppe von Wächtern und Feuerwehrleuten unterhalten sei, die im Alarmfalle ein- bis zweitausend Mann auf die Beine zu bringen vermochte. Diese Organisation war in Kompanien zu je zehn Mann eingeteilt, von denen jeweils fünf die Tages- und fünf die Nachtwache hatten. Da die meisten Häuser aus Holz bestanden, gab es in jeder Straße einen steinernen Turm, in dem die Bewohner ihre Habe in Sicherheit brachten, sobald in der Nähe ein Feuer ausbrach. Auf den größeren Brücken stand Tag und Nacht eine Kaiserliche Brandwache von fünf Mann, die bei Gefahr auf einen großen Gong schlug. Als Löschgerät war wohl nur der Eimer vorhanden. Handdruckspritzen gab es im Reich der Mitte erst, nachdem 1753 ein Japaner in Nagasaki, unabhängig von europäischen Vorbildern, den ›Feuerdrachen‹ erfunden hatte. Das war eine einfache, hölzerne Spritze ohne Windkessel und Schläuche. Sie hatte lediglich ein Wendestrahlrohr und wurde grundsätzlich zur Brandstelle getragen.

Vor dem Ersten Weltkriege erlebte ein deutscher Journalist, Korrespondent der ›Weserzeitung‹, in Kanton eine Feuersbrunst mit. Auch seine Schilderung ist so plastisch und mitreißend, daß sie im Auszug zitiert werden soll:

»Es brennt in der Chinese City ... Diese engen, luftleeren Straßen, die ineinandergepreßten Häuser, welche zum größten Teil mit brennenden Stoffen überladen, muß man gesehen haben, um sich die Gefahr zu gewärtigen, welche ein Brand für die ganze Stadt mit sich bringt. So sind denn auch gestern in wenigen Stunden ca. hundertfünfzig Häuser vom Boden versengt. Ein wahres Glück noch, daß wir Landwind hatten, der die Flamme nach dem Wasser trieb. Im umgekehrten Falle wäre ganz Kanton jetzt nur noch eine Trümmerstätte.

Die Ursache des Brandes ist wohl darin zu suchen, daß an dem gestrigen chinesischen Freudenfeste vor jeder Haustür zahllose Schwärmer mit Kanonenschlägen abgebrannt wurden – eine Sitte, die schon manches Haus in China eingeäschert hat.

Sowie die ersten Flammen gen Himmel schlugen und die ersten Gongs erschallten, bot sich in den höchstens fünf Fuß breiten Gassen der eineinviertel Millionen Einwohner bergenden Stadt Kanton ein ähnlicher Anblick wie in den Gängen einer gestörten Ameisenkolonie. Schreiend und gestikulierend räumten die Langzöpfe alles irgendwie Wertvolle aus ihren Wohnungen. Kisten und Kasten, Ballen und Säcke auf ihren Schultern, rannten sie ins Freie...

Die Mandarine, begleitet von ihren Soldaten, lassen sich von ihren Vorläufern mit kräftigen Stockschlägen den Weg bahnen und laufen in höchster Angst kopflos umher; sind sie doch, falls ein Diebstahl oder andere Verbrechen vorkommen, mit ihrem Kopfe für die Täter haftbar, bis sie den Unbekannten erwischen.

Wieder regnet es Stockschläge auf die nackten Arme und Beine, und eine Spritze wird von den Kulis im vollen Laufen herangeschoben. Im Nu sind alle Kanäle in den Straßen aufgerissen. Das Wasser daraus wird in die Spritze geschüttet. An jeder ihrer Seiten regen sich zwanzig geschäftige Arme, und der Strahl fällt zischend in die verheerende Glut.

Übrigens ist die chinesische Feuerwehr ganz ausgezeichnet organisiert. Und wenn auch nur Handspritzen im Gebrauch sind, so ist die Energie und Umsicht der Führer und Spritzenleute anzuerkennen.

Um zwölf Uhr mittags hatte das Feuer seinen Höhepunkt erreicht; eine mächtige Feuersäule züngelte gen Himmel. Knatternd barsten die Balken, krachend stürzten die Mauern und Dächer zusammen, gewiß manchen Bewohner unter sich begrabend. In unglaublich kurzer Zeit waren sämtliche Gebäude zwischen dem Ausgangspunkte des Brandes und dem Strom vernichtet. Um den bösen Feuergeist gänzlich zu verscheuchen, wurden von neuem Schwärmer angezündet. Wütend schrien die armen Kulis auf die halberstickten Spritzenmänner ein, die aber unverdrossen weiterpumpten und löschten.«

Die Engländer haben in ihrer Kronkolonie Hongkong sowie in ihrer einstigen

Konzession Shanghai ausgezeichnete Internationale Feuerbrigaden gegründet, die von Versicherungsgesellschaften finanziert worden sind. Die Feuerwehr von Hongkong besteht in alter Form noch, während die Shanghaier Brigade heute ebenso in eine rotchinesische Berufsfeuerwehr umgewandelt wurde wie die einstigen gemischten Feuerwehren aus Polizei und Freiwilligen, die von den Franzosen in ihren Konzessionen von Tientsin und ebenfalls von Shanghai aufgezogen wurden.

Heute dringen durch den Bambusvorhang nur wenige Nachrichten über den Stand der Feuerwehrtechnik in China. Fest steht aber, daß vor dem Zweiten Weltkrieg tausend Tragkraftspritzen, vornehmlich aus Deutschland, nach China verschifft worden sind und daß nach dem Zweiten Weltkrieg die Berufsfeuerwehr Shanghai – zum allgemeinen Erstaunen aller Feuerwehrfachleute – in Deutschland die größte jemals gebaute Drehleiter bestellt hat. Sie hat eine Steighöhe von sechzig Metern, und sie wurde tatsächlich nach China verschifft. Freilich wird diese dreiachsige Riesenleiter ebensowenig zu Fuß bestiegen wie die vereinzelt in Deutschland vorhandenen Fünfzig-Meter-Drehleitern. Leitern solcher Größe sind mit einem Fahrkorb ausgerüstet. Sie werden also mit einer Art Lift befahren.

Vielleicht verdient auch festgehalten zu werden, daß es in China mal eine gemischte deutsch-chinesische Freiwillige Feuerwehr gegeben hat, die Wehr des ehemaligen deutschen Schutzgebietes Kiautschou, die Freiwillige Feuerwehr Tsingtau. Sie war mit einer deutschen Dampfspritze aus Jöhstadt im Erzgebirge ausgerüstet.

Mit dem Hammer wird geweckt

Japan darf sich rühmen, bis ins vorige Jahrhundert hinein das kurioseste aller Gesetze des Vorbeugenden Brandschutzes gehabt zu haben. Demzufolge wurde jedem Bürger kurzerhand der Kopf abgeschlagen, in dessen Hause Feuer ausgebrochen war. Diese Methode scheint aber doch nicht genügt zu haben, denn bereits 1643 (!) wurden in der Stadt Edo, von adligen Offizieren geführt, vier militärisch geschulte Feuerwehrbrigaden aufgestellt. Als 1868 der kaiserliche Hof von der alten japanischen Hauptstadt Kyoto nach Edo verlegt wurde, benannte man diese Stadt in Tokyo um, das heißt Hauptstadt des Ostens.

Das heutige Tokio ist mit 11,6 Millionen Einwohnern und über 14600 Seelen pro Quadratkilometer die am dichtesten besiedelte Stadt der Welt. Zusammen mit dem benachbarten Yokohama bildet es einen Ballungsraum von 17 Millionen Menschen. Tokio gilt als »Stadt des Feuers«. Es brennt dort mindestens sechzigmal am Tag. Der unbekümmerte Umgang mit offenem Feuer und die wegen der Erdbebengefahr bevorzugte leichte Holz- oder gar Papierbauweise vieler Privathäuser sind daran Schuld. Nach einem Brande kann es durchaus geschehen, daß der vormalige Hausbesitzer laut lachend vor den verkohlten Resten seiner Habe angetroffen wird. Er findet die Sache zwar keineswegs witzig, aber es gilt nun einmal in Japan als unfein, öffentlich zu weinen oder zu jammern.

Die Berufsfeuerwehr Tokio hat es wirklich nicht leicht. Sie verfügt über ein Personal von über 17000 Mann, über 1347 Feuerwehrfahrzeuge einschließlich 148 Krankenwagen, ein Dutzend Löschboote und fünf Feuerwehrhubschrauber. Es gibt in dieser Stadt 282 Feuerwachen und über neunzig Freiwillige Feuerwehren mit nahezu 35000Mann.

Im Alarmfall wird heute bei allen Berufsfeuerwehren Japans mit dem elektrischen Gong geweckt. Früher hingegen schliefen die japanischen Feuerwehrleute allen Ernstes mit dem Kopf auf einer Bambusstange. Bei Alarm schlug der Wachtposten kurzerhand mit dem Hammer auf das Stangenende. Diese rauhbeinige Weckmethode dürfte ziemlich erfolgreich gewesen sein!

In Japan hat früher die Beschwichtigung des Feuerdämonen durch Lampions und Fähnchen mit entsprechenden Beschwörungsformeln eine große Rolle gespielt. Aus diesem Grunde rückte sogar die Berufsfeuerwehr Tokio noch bis zum Jahre 1925 grundsätzlich nur mit ›Matois‹ aus. Diese standartenähnlichen Feldzeichen sollten zugleich den Kampfgeist der Feuerwehrleute anspornen.

Zu den vielen Traditionen Japans gehört es auch, daß Feuerwehrleuten nach getaner Löscharbeit vom Hausbesitzer ein Gläschen Sake, Reiswein, kredenzt wird. Bei der Vielzahl von Einsätzen ist dieser Brauch vor allem in Tokio problematisch geworden. Nachdem immer wieder Löschzüge im Zickzack zur Wache zurückgefahren oder sogar verunglückt sind, wurde es dem Oberbranddirektor Hikotake Eto zu bunt. Er ordnete 1962 streng an, daß wenigstens die Fahrer nicht mehr mittrinken dürfen. Überhaupt hätten pro Fahrzeug wenigstens zwei Mann nüchtern zu bleiben!

Bis in die jüngste Zeit hat die feuergefährliche Bauweise der Häuser zu schweren Feuersbrünsten geführt. Deshalb sind heute Tanklöschfahrzeuge und Tragkraftspritzen allgemein verbreitet. Ein gutes Nachrichtennetz und ein System weitläufiger Nachbarschaftshilfe ermöglicht binnen kurzem die Konzentration starker Feuerwehrkräfte. Die in allen Großstädten vorhandenen Berufsfeuerwehren arbeiten mit den ›Siebenundvierzig Verbänden‹, den Freiwilligen Feuerwehren des japanischen Inselreiches, höchst erfreulich zusammen.

Feuerwehr-Alltag

Doch kehren wir aus Ostasien ins Deutschland der Gegenwart zurück, zu unserer Feuerwache in der Hamburger Admiralitätsstraße. Sie bringt es ebenso wie die Feuerwache Sedanstraße, nahe dem Dammtorbahnhof, pro Jahr auf rund neuntausend Ausrücker. Damit gehören diese beiden Wachen zu den meistbeschäftigten in Deutschland.

Meiner Feuerwache bleibt der Schutz der eigentlichen Hamburger City anvertraut. Unser Wachbezirk reicht vom Hauptbahnhof bis zum Ende der Reeperbahn. Er umfaßt viele tausend besonders feuergefährdete Altbauten, zugleich aber unzählige große, öffentliche Gebäude, zahlreiche Gewerbebetriebe und einen beträchtlichen Teil des Hamburger Hafens. Zu unserem Löschzug gehört darum auch ein großes Feuerlöschboot, dessen ständig von zwei Fachleuten — Bootssteurer und Maschinist — besetzte Bootsstation sich ganz in der Nähe der Admiralitätsstraße befindet.

Die Verschiedenartigkeit einiger Aufgabenbereiche der Feuerwehr in Nord- und Süddeutschland ist ein politisches Kuriosum. In der ehemaligen britischen Besatzungszone hatte die damalige Besatzungsmacht den Feuerwehren ihre Aufgaben nach englischem Muster zugeteilt, während in der amerikanischen Besatzungszone das USA-Vorbild galt.

In allen Großstädten Norddeutschlands ist der städtische Unfallhilfsdienst einheitlich Sache der Berufsfeuerwehr, in Süddeutschland aber weitgehend Sache des Deutschen Roten Kreuzes. Allerdings haben auch die süddeutschen Feuerwachen einige Rettungswagen, in denen aber lediglich die bei Schneidbrenneinsätzen und technischen Bergungen von der Feuerwehr geretteten Personen sofort ins Krankenhaus gefahren werden.

In Norddeutschland ist die Berufsfeuerwehr sämtlicher Großstädte, verschiedentlich sogar die Freiwillige Feuerwehr der kleineren Städte allein für die Beförderung aller Unfallverletzten zuständig. Außerdem ist den Feuerwehren sogar der gesamte städtische Krankenbeförderungsdienst angegliedert. Auf diese Weise brachte es die Hamburger Feuerwehr im Jahre 1976 zu 141251 Alarmeinsätzen. 5607 Brände wurden bekämpft, in 15485 techni-

sche Hilfe geleistet und im Rettungsdienst 118601 Blaulichteinsätze gefahren, außerdem 34378 Kranke befördert.
Die Zahl der Verkehrsunfälle wird leider immer weiter ansteigen. Damit dürfte die Arbeit der Feuerwehr immer vielfältiger und schwieriger werden.
Über Mangel an Beschäftigung braucht sich heute kein Feuerwehrmann zu beklagen, auch in Süddeutschland nicht. Die unentwegt Skat spielende und wartend herumsitzende Feuerwehr existiert nur in der naiven Vorstellung von Leuten, die noch nie eine Feuerwache von innen gesehen haben.

Ist ein Arzt anwesend?

Das ist jetzt schon Historie, weil kürzlich die letzte Hamburger Straßenbahnlinie ihren Betrieb einstellte. Anderswo bleibt so etwas Feuerwehr-Aufgabe: Der Uhrzeiger im Tagesraum meiner Feuerwache rückt jetzt auf halb acht — sieben Uhr dreißig morgens. Eben habe ich mich fertig angehost. Von nun an bin ich alarmbereit. Mein Wachdienst beginnt. Mein Ablöser von der anderen Wachtour kann jetzt nach Hause gehen. Mit sichtlichem Behagen zieht er seine Knobelbecher aus. Ihn geht die Alarmglocke nichts mehr an, seitdem ich an seiner Stelle sprungbereit bin. Bald aber wird sich das Spiel in umgekehrter Weise wiederholen. Sobald mein Ablöser alarmbereit ist, werde ich für eine bestimmte Zeitspanne zum freien Mann. Keine Sekunde lang darf die Alarmbereitschaft einer Feuerwache unterbrochen werden. Jeder Feuerwehrmann ist für seine individuelle Ablösung verantwortlich.
Immer neue Kollegen von meiner Wachtour treffen ein und gehen an ihre Spinde. Wer fertig angezogen ist und schon abgelöst hat, vertieft sich in die Lektüre der Morgenzeitung oder holt sein Frühstück heraus. »Kinnings, was ich noch sagen wollte, habt ihr eigentlich ...«
Wir fahren hoch, denn im Lautsprecher ertönt ein wohlbekanntes Knacken. Jetzt dröhnt die Stimme des Telegrafisten aus dem Lautsprecher: »Achtung! Verkehrsunfall Glockengießerwall!«
Während nun die Alarmglocke hämmert, werden hastig Zigaretten ausgedrückt, Jacken von den Stuhllehnen gerissen, Spindtüren zugeworfen. Einer kippt aus Versehen seinen vollen Trinkbecher um. Zum Aufwischen ist keine Zeit. Knallend springen auf dem Flur die Rutschenschächte auf. Sprung an die Stangen, Mann hinter Mann. Verdammter Scheibenhonig, mitten im Wachwechsel Alarm! Die noch nicht abgelösten Männer der alten Wachtour fluchen nicht schlecht. Sie müssen ohne Erbarmen wieder mit.
Wimmelnder Betrieb in der Remise. Vier Mann heben mit Hau-Ruck die schwere Schlauchhaspel vom Heck des Löschgruppenfahrzeuges ab. Andere

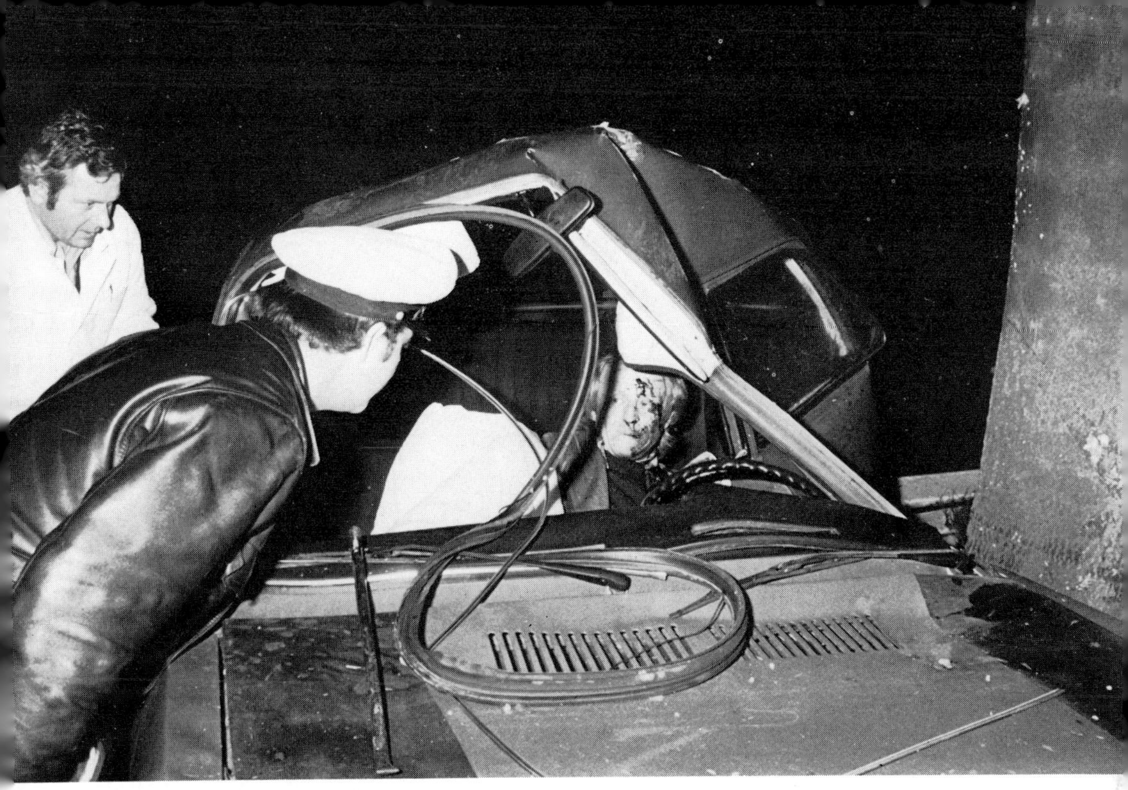

Grausige Alltagspraxis der Feuerwehren in Stadt und Land: Nachts Person nach schwerem PKW-Unfall eingeklemmt. Bergung nur mit Brennschneidgerät und Trennschleifer möglich. Unteres Bild: Nach dreiviertelstündiger sachkundiger Schwerarbeit PKW-Fahrer geborgen und verletzt mit Notarztwagen ins Krankenhaus.

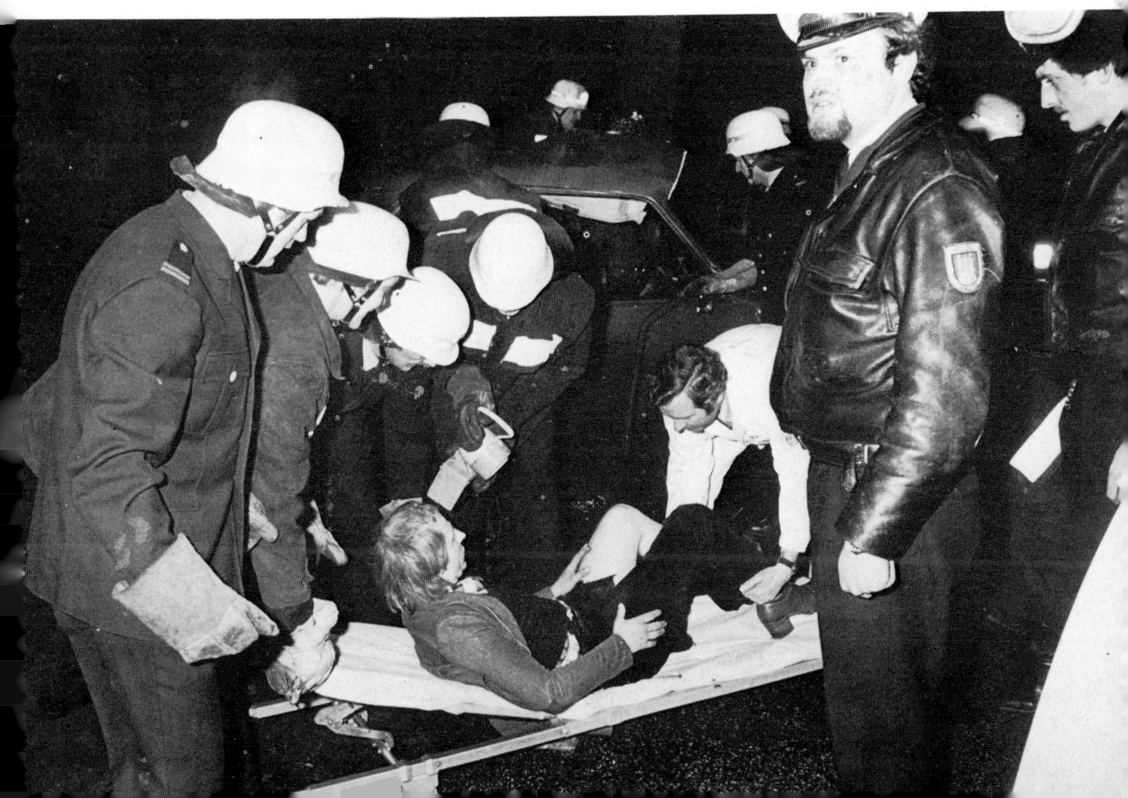

Depesche: »Droht abzustürzen LKW auf Gleiskörper und Oberleitung, Kranwagen anrücken.«
Unteres Bild: Omnibus mit Insassen von Überführung gestürzt und mit dem Dach nach unten auf Gleiskörper gefallen. Hier wird klug durchdachte, behutsame und doch schnelle Bergung der Eingeklemmten mit Schneidwerkzeugen notwendig.

karren geschwind den vierrädrigen Rüstanhänger herbei und kuppeln seine Deichsel ans Fahrzeugheck. Der Bajonettverschluß der Luftdruckbremse wird eingeklinkt. Ventil aufgedreht. Druckprobe. Lichtleitung dran. Fertig.

Motoren donnern los. Trappeln, Schlittern, Türenschlagen, Depeschenverteilung. Mit Knall springen die Remisentüren auf. Tüü-taa! Tüü-taa! Ausrückezeit: vierunddreißig Sekunden.

Die Straßen sind ziemlich stark verstopft. Die Hauptverkehrszeit setzt ein. Immer wieder trompeten unsere Starktonhörner und heischen Platz. Unser Zug ist diesmal mit vier Fahrzeugen ausgerückt, denn der Rettungswagen A ist gleich mitgenommen worden.

Sechzig Sachen Fahrt durch verstopfte Straßen. Eine Marter für jeden von uns, denn jede Sekunde ist kostbar. Am Hauptbahnhof liegt eine Frau unter der Straßenbahn! Tüü-taa! Tüü-taa!

Eine Ampel zeigt Rot. Vorsichtig weiter und durch! Aufpassen: eine Straßenbahn speit gerade ihre Fahrgäste aus. Tüü-taa! Vorbei.

Burururururu... brabbeln die Luftdruckbremsen. Ein Lieferwagen fährt zu spät rechts an die Bordkante. Weiter, weiter! In den Schaufenstern der Mönckebergstraße reflektieren die blitzenden Blaulichter unseres Konvois. Ein Mann rettet sich mit seinem Gemüsekarren von der Fahrbahnmitte. Tüü-taa! Tüü-taa!

Unser Fahrermaschinist bremst jetzt so heftig, daß wir von den Sitzen rutschen. Ein Sportwagen mußte unbedingt noch über die Kreuzung flitzen, obwohl uns der Polizist längst den Weg freigewinkt hat. Das gezückte Notizbuch des Schutzmannes erweckt mit Recht unsere Schadenfreude.

Längst sind wir wieder in Fahrt. Die nächste Ampel zeigt Grün. Gott sei Dank. Die letzte Kreuzung – der Hauptbahnhof! Ein Schwarm Passanten wird von einem Polizisten auf die Verkehrsinsel zurückgedrängt. Fahrt frei für die Feuerwehr.

»Dort vorn!« sagt Brandinspektor Timmel. Eine lange Schlange aufgestauter Straßenbahnen. Den vordersten Motorwagen umlagert eine Traube Menschen. Drei Minuten sind wir jetzt unterwegs. Absitzen.

»Melder, Sanitätskasten! Angriffstrupp zu mir! Der Rest den Rüstanhänger abdecken!« Zu dritt drängeln wir durchs Gewühl, mit Handlampen ausgerüstet. »Bitte Platz, meine Herrschaften!« Wir zwängen uns unter den Straßenbahn-Motorwagen. »Leuchten!« – »Ist ein Arzt anwesend?«

»Hier!« Eine junge, blasse Ärztin drängt sich zu uns durch. Sie kommt gerade vom Nachtdienst im Hafenkrankenhaus. Der Melder hat den Sanitätskasten aus dem Tanklöschfahrzeug herbeigebracht. In fliegender Eile machen wir eine Morphiumkanüle klar.

Polizei ist erschienen. Sie drückt uns endlich die Gaffer etwas vom Leibe. Die Schwerverletzte wimmert und röchelt durchdringend. Zuerst soll sie geschrien haben wie ein Tier.

»Kommen Sie heran, Fräulein Doktor?« – »Danke, es geht wohl einigermaßen!« Zugführer und Ärztin knien auf einem Pallholz inmitten der großen Blutlache. Im Strahl unserer Handscheinwerfer findet die Injektionsnadel ihr Ziel.

Hinter der Polizeiabsperrung sind ein paar Zuschauer ohnmächtig umgekippt. Aber sie mußten ja unbedingt hergucken!

Vierzehn Händepaare haben inzwischen Pallhölzer, Wuchtbaum, Öldruckheber aus dem Rüstanhänger hervorgezerrt.

»Aufpassen, Füße weg!« Der schwere Doppelrahmenträger wird unter dem Wagenkasten durchgeschoben. Jetzt Pallhölzer darunter, Öldruckheber dazwischen. »Hebt an!« Gleichmäßig werden die Pumphebel der hydraulischen Heber hin- und hergewedelt. Zentimeterweise wächst der Träger mitsamt dem achtzehn Tonnen schweren Straßenbahnwagen in die Höhe.

Kunstvoll werden inzwischen stabile Pallholz-Türme unter dem Wagenkasten errichtet. »Feeest!« Ein prüfender Blick des Zugführers. Noch weiter anheben: eins-zwei, eins-zwei. Wieder wedeln sie mit den Pumpenhebeln. Endlich schwebt der Wagenkasten hoch genug. Er kann endgültig auf die Pallen abgesetzt werden.

Jetzt hängt das Drehgestell frei über den Schienen. Wir müssen es ein wenig zur Seite drücken. Den Wuchtbaum her! Gut festhalten da drüben. »Laßt das Ding bloß nicht wegrutschen! Habt ihr's?«

Jetzt sehen wir es alle: die Verunglückte liegt unter dem vorderen rechten Radkranz – grauenhaft zugerichtet. »Winden noch ein Stück ausfahren! Danke. Genügt.«

Die beiden Rettungswagenfahrer sind mit der Trage herangekrochen. Behutsam ziehen wir den verstümmelten Menschen zu viert in den Hohlraum zwischen den Rädern. Wie soll man ihn bloß richtig anfassen? Knappe Handbewegung des Zugführers: noch etwas drücken mit dem Wuchtbaum. Und nun genug.

Die Verunglückte kommt endlich frei. Beide Beine und der linke Unterarm fehlen. Aber die Frau lebt. Gott sei ihr gnädig.

Blitzschnell schiebt sich eine Mauer von Feuerwehrleuten vor die entsetzliche Szenerie. Über die inzwischen bewußtlos gewordene Frau wird ein Gummituch gelegt. Und hinein mit der Trage in den Rettungswagen, der so dicht wie möglich herangeschoren ist. Sofort wird der Motor gestartet. Platz meine Herrschaften! Tüü-taa! Tüü-taa!

»Wolldecken davorhalten!« ordnet der Zugführer mit leiser Stimme an. Auch

das, was wir jetzt unter dem Straßenbahndrehgestell hervorklauben und diskret in Metallmulden beiseite schaffen, taugt für keines Umstehenden Auge. Schlimm genug, daß wir es ertragen müssen. Man gewöhnt sich das Würgen im Hals erst allmählich ab. Ganz abstumpfen wird man nie.
»Alle Teile geborgen?« flüstert der Brandinspektor. Wir nicken stumm. »Vorsichtig absetzen, das Drehgestell. Aufpassen am Wuchtbaum! Und jetzt die Öldruckheber klar zum Absenken! Angriffstrupp: eine Kübelspritze vor zum Straße-Abspülen!«
Mittlerweile sind wir gerade eben sieben Minuten an der Unfallstelle. Die Schwerverletzte wird gleich im Krankenhaus St. Georg eintreffen. Es dauert nicht lange, und wir müssen unser Tanklöschfahrzeug durch die Menschenmenge nach vorn dirigieren. Ich reiße eine Klappe am Fahrzeugheck auf und ziehe den darin aufgerollten, jederzeit schußbereiten Schnellangriffsschlauch ein paar Meter heraus. Wasser marsch!
Der Maschinist zeigt »Verstanden!« und fährt die Kreiselpumpe auf Touren. Zum Abspülen dieser Unfallstelle reichte unsere Zehnliterkübelspritze nicht aus. Immer noch ist das Pflaster rot. Ich brauche viel, viel Wasser.
Noch ahnen wir nicht, daß die Ärzte die Verunglückte durchbringen werden. Wir wissen nicht, ob wir der Frau das überhaupt wünschen sollen. Aber ergründe einer das Schicksal!
Später bekennt diese schwergezeichnete Frau, daß sie erst nach diesem Unfall ihr Leben richtig zu schätzen gelernt habe. Jeder Tag komme ihr seitdem wie ein Geschenk vor. Das Leben sei etwas Wunderbares. Das sagt ein Mensch mit drei Vollprothesen!

Verkehrshindernis

Auf der Rückfahrt zur Wache sind unsere Blaulichter gelöscht. Die Starktonhörner schweigen. Wir sind Verkehrsteilnehmer ohne Sonderrecht, seitdem die Alarmfahrt beendet ist. An jeder Ampel wird gewartet, wie sich das gehört. Und fünfzig Kilometer pro Stunde dürfen nicht überschritten werden.
Plötzlich aber trompeten die Hörner des Tanklöschfahrzeugs, unseres an der Spitze fahrenden Kommandowagens, doch wieder los. Seine Kennleuchten beginnen erneut zu blitzen. Sofort tun es ihnen auch die von Löschfahrzeug und Drehleiter nach. Vorn im Tanklöschfahrzeug, am UKW-Funkgerät, hat soeben der Zugführer eine neue Einsatzmeldung erhalten: »Von Florian Hamburg an Florian drei: Verkehrshindernis – Karl-Muck-Platz!«
Wir sind schnell am Ziel. Unsere Fahrzeuge stoßen auf eine Verkehrsinsel hinauf, und wir springen aus den Türen. Mitten auf der Kreuzung steht ein

völlig zertrümmerter Personenkraftwagen. Sein Fahrersitz ist blutverschmiert. Die schwerverletzten Insassen wurden vor fünf Minuten herausgeholt und von unserem Rettungswagen B ins Hafenkrankenhaus gefahren. Nach kurzer Erkundung sind wir im Bilde. Die Bremsen sind blockiert. Die zerquetschten Kotflügel pressen schraubstockartig gegen die Räder. Zwei der schwergestauchten Reifen sind zerplatzt. Das Lenkgetriebe ist verwrungen. Aber die zertrümmerten Scheinwerfer brennen noch. Das Autowrack läßt sich keinen Zentimeter mehr fortbewegen. Es muß sofort von der Kreuzung verschwinden. In allen vier Fahrtrichtungen haben sich unabsehbare Autoschlangen gebildet. Hupkonzert. Ungeduld. Mürrisch aussteigende Fahrer. Es ist Hauptverkehrszeit. Die Leute sind alle in Eile, unterwegs in ihre Betriebe und Büros.

Aber sie brauchen nicht lange zu warten. Unsere als Dreitonnenkran verwendbare Drehleiter braucht gar nicht erst einzugreifen. Das hier machen wir einfacher: Vier Schaufeln herholen. Rasch die Schaufelblätter unter die blockierten Räder des Autowracks geschoben und alle vier Schaufelstiele nach vorn gedreht. Ab geht die Post! Wir schieben den Kraftwagen spielend leicht weg, er rutscht wie auf Kufen.

Nach zwei Minuten ist die Kreuzung frei. Rasch noch die Glassplitter zusammenfegen. Eine Lage Sägemehl saugt die entstandene Blutlache auf. Aufsitzen! Unser Zug fährt mit gelöschten Blaulichtern endgültig zum heimatlichen Stall zurück.

Tür verschlossen — Freitod!

Auch Freitodfälle mit der dazugehörigen Bergung der Opfer gehören leider immer wieder zum Feuerwehralltag. Die folgende Szene ist Rückblick in die Vergangenheit. Mittlerweile wird das Stadtgasnetz von Hamburg zu 95 % durch ungiftiges Erdgas versorgt. Die restlichen fünf Prozent Steinkohlengas werden künstlich entgiftet. Aber Generationen von Feuerwehrleuten mußten früher auch solche Einsätze verkraften:

Das Frühstück können wir endlich ungestört beenden. Erst nach fünfzig Minuten dröhnt wieder der Lautsprecher: »Achtung – Tür verschlossen, Gasgeruch!«

Wir besetzen das Kleinlöschfahrzeug (Daimler-Benz L 306). Jede Wache hat so ein komplett ausgerüstetes Tragkraftspritzenfahrzeug für kleinere Fälle. Wir besetzen es mit einem Brandmeister und drei Mann. Gewandt schlängeln wir uns durch das Verkehrsgewühl. Mit diesem Renner mogeln

wir uns notfalls sogar durch eine Kaufhauspassage, über Querbahnsteige, Bürgersteige.
Vor der angegebenen Hausnummer parkt schon ein Funkstreifenwagen der Polizei. Wir treffen mit unserem über Funk herbeigerufenen Rettungswagen B gleichzeitig ein. Ansonsten nimmt kaum jemand Notiz von der Tragödie, die sich im dritten Stock dieses Hauses ereignet haben dürfte.
Angriffstrupp: Axt, Brechstange, Türöffner, Werkzeugkasten, explosionsgeschützte Beleuchtungsgeräte. Wir stürmen treppauf. Der Gasgeruch ist unverkennbar. Auf dem dritten Treppenabsatz haben sich ein paar verstörte Hausbewohner versammelt. Wir setzen das erste Werkzeug an. Prüfen, ob die Tür nur ins Schloß gefallen ist oder richtig abgeschlossen wurde. Mit halbem Ohr hören wir, was die Leute sagen: Rentner Kuhlke – Frau im Bombenkrieg verloren – zuletzt zurückgezogen, schwermütig – Kummer mit der einzigen Tocher...
Jetzt müssen wir doch den schweren Türöffner ansetzen. Von unten her liftet er die Wohnungstür an. Er bricht sie, knackend und krachend, mit einer hebelnden Bewegung aus den Schlössern. Es geht schnell.
Eine Wolke von konzentriertem Gas weht uns entgegen. Die Leute weichen entsetzt zurück. Wir tauchen mit angehaltenem Atem in die Wohnung hinein. Hauptsicherung herausdrehen. Und nun suchen. Unsere Handlampen tasten sich über einen langen, ziemlich verbauten und düsteren Korridor. Die letzte der abzweigenden Türen ist verschlossen. Kurzer Prozeß: mit der Brechstange zertrümmern wir die Scheibe. Der Brandmeister greift durch das Fensterchen ins Zimmer und schließt von drinnen auf.
Es ist die Wohnküche. Hier liegt der Mann, in die Sofakissen verkrampft. Aber unser Lichtstrahl zeigt dennoch seltsam friedliche Gesichtszüge. Schnell den Gashahn abgestellt. Das Rollo hoch, die Fenster auf. Es wird auch für uns langsam Zeit. Uns tanzen Funken vor Augen. Die Knie werden seltsam weich. In den Gehörgängen haben wir ein gläsern-hohles Gefühl. Der Gasrausch setzt ein!
Brandmeister Katte befühlt den Puls des Gasvergifteten. Keine Lebenszeichen mehr. Wir leuchten in die Pupillen. Sie sind starr. Leichenflecke – nein, noch keine. Das Schicksal des Gasvergifteten steht auf des Messers Schneide.
Sekunden später liegt Rentner Kuhlke auf der herbeigebrachten Trage des Rettungswagens. Wir erzeugen Durchzug, lüften die Wohnung aus. Danach wiederholen wir dasselbe in allen höheren Stockwerken: Sichern, absuchen, auslüften. Gasnester im Haus bedeuten Gefahr. Zum Glück hatte vorher niemand bei Rentner Kuhlke geklingelt. Ein Klingelfunke hätte eine Explosion des ganzen Hauses auslösen können.
Unser Rettungswagen braust binnen vier Minuten ins Krankenhaus. Aber

der Oberarzt von der Unfallstation im St. Georg stellt wenig später einwandfrei den Tod des Eingelieferten fest. Bei unseren Aufräumungsarbeiten haben wir den Abschiedsbrief Kuhlkes gefunden, in ungelenker Schrift. Wir übergeben ihn der Polizei.

Ein Sonnenstrahl fällt direkt auf den eingerahmten Wandspruch in der ärmlichen Wohnküche: »Licht muß wieder werden / Nach diesen dunklen Tagen / Laßt uns nicht fragen / Ob wir es sehen / Es wird geschehen!« Daneben das Foto, vergilbt und seltsam entrückt: Kuhlkes Frau. Sie ist im Juli 1943 in einem Luftschutzkeller von Hamburg-Rothenburgsort erstickt. Unter dem Küchenschrank liegen Glasscherben. Dazwischen ein weiteres Foto. Es zeigt Kuhlkes einzige Tochter.

Da ist ein Mensch mit drei abgefahrenen Gliedmaßen voller Dankbarkeit, daß er weiterleben darf. Und hier wirft ein anderer sein Leben von sich wie einen unbrauchbaren Gegenstand.

Gleichzeitig aber wird verzweifelt, fieberhaft, stundenlang um ein drittes Leben gekämpft. Noch wissen wir nichts davon, welches Drama sich – während wir die Kuhlkesche Wohnung von ihren Gasschwaden befreien – in Ardestorf bei Buxtehude abspielt.

Drama im Kiessilo

Vor kurzem heulten in besagtem Dorf, an der Peripherie von Hamburg, die Luftschutzsirenen. Die Freiwillige Feuerwehr wurde alarmiert: Arbeiter im Kiessilo verschüttet. Also Feueralarm.

Der Sparkassenleiter, der Tankwart, der Elektriker, der Schmied, der Gärtner, ein paar Landwirte und ein Lehrer warfen ihre Werkzeuge, Akten, Kontobücher beiseite. Sie rannten zum Gerätehaus und schlupften in Hose, Stiefel und Uniformjacke.

Nach drei Minuten brauste das Löschgruppenfahrzeug Ardestorf in den Einsatz. Auch ein Löschzug der Hamburger Berufsfeuerwehr, Wache Hamburg-Harburg, rückte sofort zur Nachbarschaftshilfe aus. Die Depesche war eindeutiger Anlaß: „Ardestorf — Menschenleben in Gefahr!" Rüstwagen und Rettungswagen fuhren gleich mit dem Zuge mit. Auf der Landstraße drehte der Fünfer-Konvoi bis zu neunzig Kilometern pro Stunde auf. Oberbrandrat Dr.-Ing. Bartelsen, der Leiter unserer Branddirektion Hamburg-Süd, bekam die Alarmnachricht über Funk. Er war gerade bei einer feuerpolizeilichen Betriebsabnahme. Sofort begab auch er sich mit seinem Kommando-Pkw zum Unfallort.

Jetzt ist der Löschzug Harburg dort eingetroffen. Brandamtmann Meiser,

der Wachvorsteher, ist ein alter Fuchs. In vierunddreißig Feuerwehr-Dienstjahren hat er das Wundern verlernt. Jetzt aber verschlägt es ihm doch die Sprache.
Der Wehrführer von Ardestorf hat ihn in die Einstiegklappe zum Einlauf des Kiesbunkers gezogen. Und nun sehen die beiden Männer am Boden des Silos einen menschlichen Kopf. Mitten zwischen nassen, steilen Kiesmassen, die ihn ringsum drei Meter hoch umgeben. Jeden Augenblick werden diese Wälle von Kies ins Rutschen kommen. Die leiseste Berührung der Bunkerwände dürfte das Ende des Mannes herbeiführen.
Meiser sieht das schmerzverzerrte Gesicht. Sieht Augen, die in Todesangst weit aufgerissen sind. Was in dieser Situation zu tun ist, steht in keinem Lehrbuch der Welt. Dafür gibt es keine Patentrezepte. Auch nicht beim Brandinspektorenlehrgang. Hier muß ausgetüftelt, improvisiert, vor allem aber sofort gehandelt werden.
Mit einem Blick hat Meiser die Ausmaße des Bunkers richtig abgeschätzt: Etwa sechs Meter hoch. Vier Meter im Durchmesser. Das Einhängen von Leitern, an die Bunkerwände, scheidet von vornherein aus. Man käme an den Verunglückten gar nicht heran. Jemanden abseilen?
Auch das geht nicht. Die Kieswände kämen garantiert in Bewegung. Meisers Gedanken jagen sich. Jetzt zwängt er sich aus der Bunkerklappe wieder heraus: »Sofort eine Länge Feldbahngleis hochbringen! Ganz vorsichtig, nirgendwo anstoßen! Schnell, Leute, ein Feldbahngleis. Dazu die Hakenleiter, Fangleinen, einen Preßluftatmer, eine Atemschutzmaske!«
Zwei erfahrene Oberfeuerwehrleute blicken sich verstohlen an. Das bedeutet soviel wie Achselzucken. Aber was der Amtmann sagt, hat eigentlich immer Hand und Fuß. »Melder!« ruft der Wachvorsteher jetzt. »Funkspruch an Zentrale: Bergung schwierig. Voraussichtlich mehrere Stunden. Sofort zusätzlich die Freiwilligen Feuerwehren von Ovelgönne, Elstorf und Immenbek alarmieren!«
Während in einiger Entfernung die Feuersirenen zu heulen beginnen, haben ein paar Mann mit allergrößter Sorgfalt tatsächlich das schwere Feldbahngleis zur Oberkante des Kiesbunkers bugsiert. Jetzt legen sie es quer über den Mittelpunkt der Bunkeröffnung, ohne ein einziges Mal anzustoßen.
»Die Maske gleich ans Gerät anschließen!« ordnet Meiser an, während er sich den Hakengurt von einem der Feuerwehrmänner selbst umschnallt und sich zur Sicherung anleint. Vorsichtig balanciert der Wachvorsteher nun zur Mitte des freitragend aufgehängten Gleises. Hier läßt er sich die Hakenleiter zureichen und hängt sie so an eine der Feldbahnschwellen, daß sie genau neben dem Kopf des Verschütteten endet.
Meiser läßt sich das Schwere Gasschutzgerät nachbringen und klettert damit

vorsichtig die frei pendelnde Hakenleiter hinunter. An ihrer vorletzten Sprosse pickt er sich mit dem Rettungshaken ein. Nun hat er beide Hände zum Arbeiten frei.
»Nicht bewegen, Meister! Auf gar keinen Fall!« spricht er den Verschütteten an. Aber der wäre dazu wohl gar nicht imstande. Der Druck der Kiesmassen auf diesem Körper muß ungeheuer sein.
Jetzt streift der Amtmann dem Verunglückten behutsam die Maske über. Zischend bläst die Preßluft aus dem schon geöffneten Ventil des Preßluftatmers. Zunächst würgt der Verschüttete, dann bekommt er tatsächlich Luft. »Ganz ruhig durchatmen, Chef. Dir passiert gar nichts!» spricht Meiser dem Verschütteten und sich selbst Mut zu.
In diesem Augenblick wird es oben an der Bunkerklappe lebendig. Die »Branddirektion« ist erschienen. Dr.-Ing. Bartelsen leuchtet in den Kiestrichter hinunter und nickt anerkennend. Er sieht mit einem Blick, wie richtig und ideenreich die Maßnahmen des Amtmannes sind.
Und jetzt schaltet sich der Doktor-Ingenieur in den Gang der Dinge ein. Als der Ranghöhere übernimmt er das Kommando. »Wer ist hier der Silo-Vorarbeiter?« – »Ich!« – »Habt ihr eine Betriebsschlosserei?« Der Vorarbeiter nickt. »Dann los, Leute. Laßt uns sofort ein Schutzrohr für den Verunglückten schweißen!« Die Idee ist brillant.
Meiser bleibt eingehakt auf der untersten Hakenleitersprosse sitzen und besänftigt den Verschütteten weiterhin. Dessen Atemzüge sind gepreßt, aber gleichmäßig unter der Maske hörbar.
Es ist unheimlich still in diesem stählernen Bunker. Man hört jeden Wassertropfen fallen. Hört jeden Atemzug. Ab und zu poltert ein einzelner Kiesel von den steilen Kieswällen herab. Drohend, unheilverkündend.
In der Schlosserei wird mit Windeseile geschuftet. Die Feuerwehrleute runden ein stabiles Blech und verschweißen es zu einer zwei Meter langen und siebzig Zentimeter durchmessenden Röhre. Nach wenigen Minuten erscheinen sie damit im Bunkereinlauf. Aber diese Minuten sind dem Amtmann und dem Verschütteten unendlich lang vorgekommen. Vorsichtig dirigiert jemand das Rohr durch die Klappe. Andere reichen es weiter, stecken es durch die Feldbahnschwellen nach unten. Meiser nimmt es in Empfang. Er dirigiert den schützenden Schnorchel behutsam über den Kopf des Verschütteten. Und bevor er die Röhre ganz auf den Kies absenkt, streift er dem Verschütteten die Atemschutzmaske wieder ab. Sie hat jetzt ihre Schuldigkeit getan. Mag jetzt der Kies auch teilweise nachrutschen — der Kopf des Verunglückten bleibt auf jeden Fall frei.
Jetzt bewaffnen sich vier Freiwillige Feuerwehren Niedersachsens und der Zug Harburg der Hamburger Berufsfeuerwehr mit Forken, Schaufeln, Kipp-

loren. Sie schippen Kies, schippen wie die Teufel. Unermüdlich. Eine Stunde lang, zwei Stunden, zweieinhalb... Zwanzig Kubikmeter Kies müssen aus diesem Silo entfernt werden. Aber das kann nur Schaufel um Schaufel geschehen. Nur dann besteht Hoffnung, daß die Kieswälle nicht doch noch gänzlich ins Rutschen kommen. Der Verschüttete würde von ihnen rettungslos erdrückt werden. Also schaufeln, schaufeln, schaufeln.

Nach drei Stunden kann Oberbrandrat Dr. Bartelsen voller Freude und Genugtuung über Funk nach Hamburg melden: »Von Zug Harburg — Mann lebend geborgen und mit Rettungswagen ins Krankenhaus.«

Oberbrandrat und Brandamtmann geben einander stumm die Hand. Und beide Männer verabschieden sich mit derselben stummen Geste von den Wehrführern der Freiwilligen Feuerwehren. Das bedeutet Glückwunsch, Dank und gegenseitige Anerkennung zugleich.

Feuerwehrleute mit Hochschul-Diplom

Nach besorgtem Blick auf die Uhr bedeutet jetzt Oberbrandrat Dr.-Ing. Bartelsen seinem Fahrer, daß er bei der Rückfahrt doch lieber ein Brikett mehr auflegen soll. Noch befindet sich der feuerrote Einsatzleitwagen außerhalb des Stadtgebietes und des Geltungsbereiches der Geschwindungkeitsbegrenzung. Die Eile des Oberbrandrates ist verständlich, denn in zwanzig Minuten soll das neue Gerätehaus der Freiwilligen Feuerwehr eines Hamburger Vorortes eingeweiht werden. Dabei möchte Dr. Bartelsen auf gar keinen Fall fehlen. Die Wehrmänner rechnen fest mit seinem Kommen. Und sie haben es weidlich verdient.

Dr. Bartelsen arbeitet außerordentlich gern mit den Freiwilligen Wehren zusammen, die mit soviel Eifer und Zuverlässigkeit bei der Sache sind. Er hat ja gerade eben in Ardestorf mal wieder erlebt, wie wertvoll und unentbehrlich der Einsatz dieser örtlichen Wehren in den Landbezirken und in den weitläufigen Bezirken einer Großstadt-Peripherie ist. In Hamburg sind »Profis und Amateure« traditionsgemäß ein Herz und eine Seele. Nur Eingeweihte können die 3100 Wehrmänner der sechsundneunzig Freiwilligen Feuerwehren Hamburgs überhaupt von ihren rund 1850 Berufsfeuerwehrkollegen unterscheiden. Bis auf eine winzige Abweichung in den Abzeichen tragen die Freiwilligen dieselbe Uniform wie die Berufsfeuerwehr. Zwar unterstehen sie ihren eigenen Bereichsführern und Wehrführern, aber ihre Ausrüstung und Ausbildung, der Bau und die Instandhaltung ihrer Gerätehäuser erfolgen einheitlich durch die Berufsfeuerwehr.

Als zuständiger Leiter der Branddirektion Hamburg-Süd ist Oberbrandrat

Dr.-Ing. Bartelsen zuständiger Oberbeamter für sechs Feuerwachen südlich der Elbe. Gleichzeitig sind ihm drei Bereiche der Freiwilligen Feuerwehr mit neunzehn einzelnen Wehren unterstellt. Außerdem übt er — in derselben kollegialen Form und gedeihlichen Zusammenarbeit — das Amt des Aufsichtsführenden über einige Werkfeuerwehren aus. Sie gehören zu den bekannten Großwerften Howaldtswerke-Deutsche Werft A.G. (HDW) und Blohm + Voss AG sowie zur Norddeutschen Affinerie (Edelmetall-Scheideanstalt und Kupferhütte), zu den Mineralölraffinerien der Esso AG, der Deutschen Shell AG und der BP.
Alle zur Erhöhung des Feuerschutzes von Großbetrieben geschaffenen Werkfeuerwehren werden von den Industriefirmen unterhalten und von erfahrenen Feuerwehrfachleuten, teilweise sogar von Feuerwehringenieuren, selbständig geführt. Aber die Festlegung ihrer Sollstärken, ihre Gliederung in Löscheinheiten, die Festsetzung der Führer- und Unterführerstellungen, teilweise auch die Ausbildung ihrer Führungskräfte erfolgen durch die Berufsfeuerwehr. Nur so ist die sinnvolle Einordnung dieser schlagkräftigen und modern ausgerüsteten Werkfeuerwehren in das große Ganze möglich. Bei Industrie-Großbränden arbeiten Werkfeuerwehr und Berufsfeuerwehr eng zusammen. Die Einsatzleitung übernimmt je nach Sachlage der ranghöchste anwesende Oberbeamte der Berufsfeuerwehr oder aber der mit den besonderen Gefahren und Schwierigkeiten bestimmter Produktionsanlagen am besten vertraute Sicherheitsingenieur und Werkfeuerwehrleiter.
Das Gebiet Süd, für das Dr. Bartelsen die Verantwortung trägt, hat zahlreiche besondere Gefahrenpunkte. Es ist denkbar unterschiedlich gegliedert, denn es umfaßt den Großteil des Hamburger Hafens mit Kaischuppen, Speichern, Getreidesilos, Ölmühlen, sämtliche Mineralölraffinerien und den Großteil der übrigen Industriebetriebe, ferner den abseits von anderen Häfen angelegten Petroleumhafen mit zahlreichen Tanklagern und Ölleitungen.
Oberbrandrat Dr.-Ing. Bartelsen kommt aus dem Maschinenbau. In jahrzehntelanger Feuerwehrpraxis wurde er zu einem anerkannten Fachmann für die Bekämpfung von Mineralöl-, Schiffs- und Industriebränden. Ohne Frage sind Feuerwehringenieure die universellsten Techniker unserer Zeit. Sie müssen zwangsläufig mit Geigerzähler und Strahlungsdosimeter ebenso umzugehen wissen wie mit hochaggressiven Säuren und brennenden Chemikalien, mit dem Ölschalter einer Hochspannungsanlage, den Seeventilen und Schnellschlußventilen eines Schiffes, den Gerätschaften eines Eisenbahnhilfszuges oder den Kraftstoffleitungen eines Verkehrsflugzeuges. Sie kennen sich in einer Azetylenfabrik ebenso gut aus wie in einem Gaswerk, einer Gummiwaren- oder einer Fischmehlfabrik.
Längst sind die gemütlichen Zeiten vorbei, wo einfach aufs Geratewohl

Wasser in ein Feuer gespritzt werden konnte. Heute sind Taschenrechner Wasserförderungstabelle, eine Skala von Spziallöschmitteln, Spezialgeräten und eine wissenschaftlich begründete Löschangriffslehre zur Lösung der verzwickten technisch-physikalischen Probleme eines Industrie-Großbrandes oder Schiffsbrandes notwendig. Darum müssen alle Oberbeamten der Feuerwehr in den Rängen ab Brandrat in der Regel technische oder naturwissenschaftliche Vollakademiker sein.

Für den höheren Feuerwehrdienst können sich normalerweise nur Absolventen einer Technischen Hochschule bewerben. Verlangt wird das Diplom der Fachrichtungen Hoch- und Tiefbau, Stark- und Schwachstromtechnik, Maschinenwesen, Chemie und Physik, unter Umständen auch von Bergbau und Schiffbau. Nach Abschluß seines Studiums muß jeder Bewerber eine zweieinvierteljährige Volontärzeit als Brandreferendar durchlaufen. Dabei muß er den regulären Grundausbildungslehrgang sowie den Brandmeister- oder Brandinspektorenlehrgang absolvieren. Außerdem wird er für jeweils ein halbes Jahr zu vier verschiedenen Berufsfeuerwehren Deutschlands versetzt, damit er ein vielseitiges Bild vom Feuerwehrwesen bekommt. Diese Stationen werden Ausbildungsabschnitte genannt.

Schirmherr für die Ausbildung der künftigen Feuerwehr-Oberbeamten ist der Deutsche Städtetag, der einheitliche Ausbildungsrichtlinien geschaffen hat. Nach dem Referendarexamen folgen zwei Jahre als Brandassessor. Danach wird die Ernennung zum Brandrat ausgesprochen. Damit gehört man endgültig zum Korps der Feuerwehringenieure, die nicht nur die Führer der Berufsfeuerwehren stellen. Auch die Direktoren der Landesfeuerwehrschulen, die Landesbranddirektoren und die leitenden Brandschutzreferenten in den Ministerien, verschiedentlich sogar die Leiter von großen Werkfeuerwehren sind Feuerwehringenieure.

Aus dem Alltag einer Werksfeuerwehr

Eine von den Werkfeuerwehren hatte 1982 ihr 75jähriges Jubiläum gefeiert. Der Verfasser dieses Buches widmete ihr als interner Kenner der dortigen Verhältnisse in der Blohm + Voß-Werkzeitung »Auf unserer Werft« folgenden Artikel:

,,Was den wenigsten Belegschaftsmitgliedern wirklich bewußt ist: Es gibt eine Gruppe von Männern auf der Werft, die rund um die Uhr präsent sein müssen, für die es also den allgemeinen Feierabend nicht gibt und geben kann. Ein Teil von ihnen ist jederzeit im Dienst und — hinter den Kulissen — blitzschnell sprungbereit. Das gilt auch an Sonn- und Feiertagen.

Obwohl jeden Tag praktisch die gesamte Belegschaft von Blohm + Voß „unter ihnen durchläuft" — denn ihr Wachgebäude überspannt das Haupttor wie eine Brücke —, bleiben diese Männer weitgehend unsichtbar, obwohl sie an jeder Schweiß- oder Schneidbrennstelle, auf jedem Reparaturschiff und sogar auf jedem zur Probefahrt in See gehenden Neubau anwesend sind.
Das Gros der Arbeiter und Angestellten begegnet diesen Männern immer nur vereinzelt. Ein Teil von ihnen ist jedoch jedem Firmenangehörigen wohlvertraut. Diese Kollegen stehen als ebenso freundliche wie aufmerksame, bisweilen auch mißtrauische Torwächter und Türhüter bei der Eingangskontrolle. Sie üben damit eine hochgradig wichtige Werkschutzfunktion aus. Ihre rote Biese an der Mütze und die roten Dienstgradabzeichen auf den Schulterklappen verraten die Männer als Gefolgsleute des Heiligen St. Florian. Genauer gesagt: Sie sind Angehörige der Werkfeuerwehr. Wer der Feuerwache und der Feuerwehreinsatzzentrale von Blohm + Voß einen Besuch abstattet, gerät wohl doch in Verwunderung. Er wähnt sich technisch und personell in eine moderne Großstadtfeuerwehr versetzt. Städte wie Flensburg oder Neumünster haben sogar weniger Berufsfeuerwehrleute als die Werft. Sie hat 105 hauptamtliche Feuerwehrleute im Dienst, von denen freilich rund ein Drittel als Sicherheitsleute im Werkschutz eingesetzt sind, dessen Aufgaben breit gefächert sind. Die Verhinderung von Materialdiebstählen durch eindringende Fremde gehört ebenso dazu wie der Schutz gegen Sabotage oder Werkspionage.
Rund 70 von den Männern der Werkfeuerwehr sind voll feuerwehrdiensttauglich und deshalb auch unter Atemschutzgeräten bei schwersten Strapazen belastbar. Ihr Durchschnittsalter beträgt 38,6 Jahre. Ihnen ist der abwehrende sowie vorbeugende Brandschutz für immerhin 650000 qm Werkgelände anvertraut.
Laut Hamburger Feuerwehrgesetz haben der Leiter der Werkfeuerwehr und sein Vertreter die Brandinspektorenprüfung der Berufsfeuerwehr Hamburg absolviert. Auch das Gros ihrer Mitarbeiter kommt — von Beruf Handwerker und Facharbeiter — vorwiegend aus den Reihen der Freiwilligen Feuerwehren. Nach ihrer Einstellung werden die Anwärter zunächst theoretisch geschult und vier bis fünf Wochen lang als Brandwachgänger eingesetzt. Nach insgesamt halbjähriger Ausbildung und Wachverwendung im Schichtdienst lernen sie einen Schiffsneubau von der Pike auf kennen. Sie gehen zunächst als „Dritter Mann" in diese Praxis, um alle auftretenden Gefahrenquellen und Krisensituationen kennenzulernen. Als besondere Belohnung winkt ihnen dann Seefahrt in Gestalt von Teilnahme an der Werftprobefahrt.

Die Männer wachsen systematisch in die Feuerwehrpraxis hinein, zumal sie im Schichtdienst Tag und Nacht Kontakt mit ihren Vorgesetzten haben. 28 Mann von ihnen sind jeweils auf einer Schicht, zwölf Stunden lang. 11-12 von ihnen sind als Brandwachen übers Werftgelände verteilt. Bei den streng vorgeschriebenen Tankerbrandwachen befindet sich in jedem einzelnen Raum ein Mann!
Mit dem Feuerwehrgeräte-Container haben sie alles für den ersten Löschangriff Notwendige mit an Bord bekommen: Handfeuerlöscher, Sprühköpfe und einen vollständig schußbereit „vorgenommenen" B-Schlauch, samt Verteiler und drei „angeschlagenen" C-Schläuchen. Auf der Feuerwache selbst stehen ständig ein Wachführer und fünf Mann zum Besetzen der Löschfahrzeuge bereit.
Drei Schichten Personal lösen einander ständig ab. Es gibt keine Sekunde ohne abwehrenden Feuerschutz und Werkschutz.
In der „Remise" der Werkfeuerwehr sind ein großes Löschfahrzeug vom Typ LF 8, ein Schaum-Tanklöschfahrzeug SchTLF 16 samt drei Pulverlöschanhängern P 250, ein Kleinlöschfahrzeug (KLF-Pritschenwagen) und zwei Rettungswagen stationiert. Außerdem stehen in der Feuerwache ein Rüstwagenanhänger (RWA) mit Drei-Tonnen-Greifzug, zwei Hebekissen, Ölbindemitteln, Öldruckhebern und einem Satz Werkzeug, alarmbereit. Die Ausrüstung wird durch ein Rettungsschlauchboot, vier Tragkraftspritzen TS 8/8 und TS 30/3 und zwölf Preßluftatmern vervollständigt.
Außerdem sind im Werkgelände Millionensachwerte für den vorbeugenden Brandschutz investiert: 2000 Feuerlöscher des Typs P 6, 70 Wandhydranten samt Rollschläuchen, 168 Hydranten und Kaianschlüsse.
Jeder Bereich und jede Anlage des gesamten Werftgeländes wird einmal im Jahr sicherheitsmäßig von Werkfeuerwehr, Bereichsleiter, Werkarzt und Amt für Arbeitsschutz inspiziert. Die Werkfeuerwehr ist weisungsbefugt. Sie kann jederzeit für notwendig erachtete Sicherheitsauflagen erteilen. Auch werden ihr gemäß Hamburger Bauordnung alle Bauanträge zur feuerpolizeilichen Begutachtung übergeben.
Zum Vorbeugenden Brandschutz zählt auch, daß die Werkfeuerwehr pro Jahr 700-900 Werkangehörige im Umgang mit Feuerlöschern praktisch schult, allen Lehrlingen Brandschutzunterricht erteilt und außerdem regelmäßige Tankerbelehrungen von Werftarbeitern durchführt. Alle Feuerwehrleute und TQ-Leute erhalten Strahlenschutzbelehrung mit dem Strahlungsmeßgerät, alle Sicherheitsbeauftragten einen Erste-Hilfe-Kursus.
Auch die beste Vorbeugung kann Unfälle und Brände nicht vollständig verhindern. Ein Industriebetrieb dieser Größenordnung macht immer wieder auch abwehrenden Brandschutz erforderlich. Im Jahr 1976 mußten beispiels-

weise mit dem LF 8-Löschfahrzeug nicht weniger als 147 Einsätze gefahren werden: Brennt Unrat im Container, Schute gekentert, Azethylen-Gasleitung in Brand, Brand durch Funkenflug, Gasexplosion im Versorgungskanal, Schaltkasten in Brand, Feuer im Umkleideraum. Natürlich sind auch „dicke Hunde", d.h. größere Einsätze wie Schiffsbrände, beim besten Willen nicht auszuschließen — bei einer Werft, die allein in den Jahren 1965-1976 insgesamt 6685 Schiffe mit 54,5 Mil. BRT repariert oder umgebaut und 85 Schiffe gebaut hat. In solchen Fällen rücken grundsätzlich neben dem eigenen Löschzug zwei Züge der Hamburger Feuerwehr aus. So kämpfen Werk- und Berufsfeuerwehr bei großen Einsätzen Schulter an Schulter. Am spektakulärsten war — im Jahre 1929 — die sieben Stunden lange erfolgreiche Verteidigung des D-Decks auf dem brennenden Schnelldampfer »Europa« (s. S. 177), wo die Feuerwehrmänner der Werft durch ihren taktisch richtigen Einsatz den Übertritt der Flammen auf den Vorplatz beim Haupteingang hinter dem Speisesaal zu verhindern vermochten. Glänzend auch war die wenige Jahre später schnelle Reaktion beim Großfeuer auf dem Turbo-Elektroschiff »Potsdam«. Der Werftfeuerwehr gelang allein die Rettung aller vom Feuer bedrohten Probefahrtgäste und zugleich das Niederkämpfen des Brandes.
Ihre Einsätze waren beim tragischsten Betriebsunfall in der Werftgeschichte, bei der Verpuffung im Kesselraum der »Anders Maersk« (1976), ebenso blitzschnell und vorbildlich wie beim Kentern zweier Teile des zerlegbar gebauten Kranschiffs »Aserbaidshan« im Jahre 1977.
In der Feuerwehrzentrale von Blohm + Voß befinden sich ein Pegelschreiber sowie ein Windmesser mit Schreibanzeige. Was auch im Kampf gegen Hochwassernöte geleistet wurde, vor allem bei den Flutkatastrophen vom 16. Februar 1962 und vom 3. Januar 1976, wäre allein einen Artikel wert. Nicht zuletzt das Lenzen der »abgesoffenen Keller« und die Rettung des Inventars haben tagelange Großeinsätze ohne Pause erforderlich gemacht.

Ahnherr der heutigen Werftfeuerwehr war in den ersten Jahren des 1877 gegründeten Unternehmens ein Nachtwächter, der nach Einbruch der Dunkelheit seine Feuerronde ging. Er hatte Bütten mit Löschwasser in den Betriebsräumen zur Verfügung. Auch eine tragbare Handdruckspritze soll schon vorhanden gewesen sein.
Nach der ersten Erweiterung der Schiffswerft und Maschinenfabrik bekam der einsame Nachtwächter Kollegen. Das Werkgelände wurde in drei Wächterkreise mit je sechs Stationen für die Rondensteckschlüssel aufgeteilt. Die Wächteruhren sorgten schon damals für die Registrierung aller Rondenzeiten. In diese Periode — es war in den neunziger Jahren — fiel die

Ernennung des ersten „Werftpolizisten", von dem es heißt, „daß er durchaus nicht bange war." Dieser Werkschutzmann erhielt bei der Hamburger Feuerwehr eine vollständige Grundausbildung und übernahm im Oktober 1902 eine Sicherheitswache von acht Mann, die abwechselnd im Tages- oder Nachtdienst standen. Im August 1907 wurde aus diesem Sicherheitsdienst mit Werftpolizeibefugnis die eigentliche Werkfeuerwehr gegründet. Sie bestand aus ihrem Leiter — nunmehr im Range eines Oberfeuerwehrmannes — und 14 Mann, die sämtlich auf der Feuerwache Steinwerder der Berufsfeuerwehr ausgebildet wurden. Die Männer erhielten, wie es in alten Protokollen hieß, eine „kleidsame Uniform", zu der natürlich auch die Pickelhaube gehörte. Und mit Schmunzeln liest man heute die Begründung, die dazu notiert wurde: „Diese Umgestaltung geschah in erster Linie, um eine wohlausgebildete und zuverlässige Feuerwehr stets auf der Werft zu haben, denn aus dem weiteren Grunde, weil solche durch Uniformen kenntlichen Leute mehr Achtung und Gehorsam(!) bei den Arbeitern finden als wenn sie im gewöhnlichen Rock umherlaufen. Endlich lehrt die Erfahrung, daß sie selber dann auch mehr auf sich halten."
Die Feuerschutzaufgaben wuchsen immer weiter, zumal 1913 eine eigene Gasanstalt mit Wassergas-, Sauerstoff- und Azetylen-, schließlich auch Wasserstoffherstellung in Betrieb genommen wurde und das Schneidbrennen allgemein üblich geworden war.

Es ist überliefert, daß die Werft im August 1917 (sie hatte damals 12345 Beschäftigte!) eine Feuerwehr in Stärke von einem Hauptmann, einem Wachtmeister, vier Oberfeuerwehrmännern und 55 Feuerwehrmännern besaß. 1922 wurde eine neue Feuerwache auf dem Werftgelände bezogen, in der erstmals die Büros der Leitung, die Wach- sowie die Waschräume der Mannschaften, die Fernmeldezentrale samt Akkumulatorenraum mit Fahrzeughalle, Materialverwaltung, Schlauchwäscherei, Schlauchtrockenturm und Gasschutzlager zusammengefaßt wurden. Es war bereits eine eigene Motorspritze vorhanden und ein eigenes Krankenauto.

Was die Werkfeuerwehrleute in den Feuerstürmen des Zweiten Weltkrieges geleistet haben, während allein das Gelände dieses Unternehmens von insgesamt 1200 Sprengbomben und unzähligen Brandbomben sowie Phosphorkanistern heimgesucht wurde, harrt noch einer späteren objektiven Schilderung. Diese Männer konnten keinen Luftschutzbunker aufsuchen, sie waren noch während der Luftangriffe unermüdlich im Lösch- und Bergungseinsatz. Und in 78 Metern Höhe, auf dem Aussichtsturm des damaligen großen Hellinggerüstes, blieb mitten im Bombenhagel der Einschlagbeobachter der Werkfeuerwehr auf seinem einsamen Posten.

So wie bei Blohm + Voß dürfte sich in allen Großbetrieben die Werftfeuerwehr entwickelt haben. Insgesamt gibt es in der Bundesrepublik Deutschland 1204 anerkannte Werkfeuerwehren mit 8616 hauptamtlichen und über 30000 nebenberuflichen Kräften. Die älteste Werkfeuerwehr Deutschlands ist übrigens die der heutigen Rheinstahl Hanomag AG, Hannover. Sie wurde schon 1869 gegründet.

In welcher Branche die jeweiligen Betriebe auch tätig sind — die Personalunion von Werkschutz und Werkfeuerschutz ist der Normalfall. Und wie notwendig der Dienst der Werkfeuerwehren ist, erhellt eine Aufzeichnung des Brandinspektors Erland Tödter von Blohm + Voß:

„Rrrrr!!!" — „Feuer auf Motorschiff »Constantinos«, Liegeplatz 22. Ihr werdet eingewiesen. Uhrzeit 22.42 Uhr."

Die Männer springen auf und eilen zum Fahrzeug. Mit ein paar raschen Handgriffen ist die persönliche Ausrüstung angelegt, der Fahrer hat das Fahrzeug angelassen, man sitzt auf — und los geht es!

„LF 8 aus nach Liegeplatz 22, MS »Constantinos«.

Der Telegrafist notiert die Uhrzeit: 22.43 Uhr.

In zwei Minuten Fahrzeit kommt das LF 8 am Liegeplatz 22 an. Dunkler Rauch quillt aus der Vorpiek (des Schiffes). Die Männer sitzen ab, und schon kommt der erste Einsatzbefehl: „Angriffstrupp unter Schwerem Atemschutz mit 1. C-Rohr in die Vorpiek vor!"

Die Türen des LF 8 werden aufgerissen, in fliegender Eile werden die Preßluftatmer angelegt. Trotz der Eile sitzt jeder Handgriff, in vielen Übungen eingedrillt.

Die Männer wissen genau, bei Schiffsbrandbekämpfung ist Schnelligkeit oberstes Gebot, denn nur, wenn man schnell den Brandherd erreicht, hat man gute Erfolgsaussichten.

Der Einsatzleiter ist schon an Bord geeilt. Vor der Vorpiek stehen einige Leute der Besatzung und diskutieren.

„Sind noch Menschen dort drinnen?" fragt er die Umstehenden. Man sieht ihn verständnislos an. Au, verflixt, das sind ja Griechen, die verstehen kein Deutsch.

„Are people in the rooms?" ist seine nächste Frage.

„No, no, no people!" ist die allgemeine Antwort.

Er ist schon etwas erleichtert. Der Angriffstrupp ist inzwischen angetreten. Die Preßluftatmer zischen, starke Lichtstrahlen der Handscheinwerfer dringen durch die Rauchschwaden, als die Männer in den Raum der Vorpiek eindringen.

Es vergehen ein bis zwei Minuten, der Einsatzleiter schaut nervös auf die Uhr, da ertönt es aus dem Handsprechgerät: „Von Angriffstrupp an Einsatzleiter — Brandherd erkannt. Es handelt sich um einige Farbeimer und ein paar Persennige. Wir löschen mit C-Rohr ab!"

Tanklastzug hat nach Not-Ausweichmanöver Gastwirtschaft gerammt und ist mitsamt Anhänger umgestürzt. 20000 Liter Dieselöl beginnen auszulaufen!

Oben: Der schwere Tanklastzugunfall macht sofort einen Ölschaden-Einsatz großen Stils erforderlich: Abdämmen, Absaugen, Abfüllen. Und höllisch aufpassen, daß kein Tropfen Dieselöl ins Grundwasser gelangen kann!
Unten: Auch das ist leider zu einer Art Alltag geworden: Schwerer Autobahn-Unfall. »Brennt Lastkraftwagen!« hieß es in der Rückmeldung. Nach dem Löschen des Großfeuers Freiräumen und Säubern der Autobahn sowie Bergung des verunglückten Fahrzeugs.

„Verstanden!"
Der Reservetrupp hat zwar ebenfalls die Preßluftatmer angelegt, braucht aber nicht einzusteigen, die Kameraden haben die Sache im Griff.
Nach etwa zehn Minuten ist der Rauch so weit abgezogen, daß man ohne Schweren Atemschutz die Vorpiek betreten kann.
Die Männer bringen in Zusammenarbeit mit den Besatzungsangehörigen die angebrannten Farbeimer und Persennige an Deck. Es wird noch einmal gründlich kontrolliert, alles klar. Da ertönt das Kommando: „Abbauen!"
Das Löschgerät wird auf dem Fahrzeug verstaut, und es geht zurück zur Wache. Die Männer grinsen sich an: „Das hat wieder einmal hingehauen!"
„LF 8 zurück an Wache!" ertönt es aus dem Funksprechgerät beim Telegrafisten. Er schaut auf die Uhr: 23.28 Uhr!
Es war eine Routinesache, und die Männer sind auch Routiniers.
Der Rest der Nacht verläuft ruhig. Ein paar Kontrollgänge, dann am Morgen die Eingangskontrolle, und dann ist die Ablösung da. Eine 12-Stunden-Schicht ist vorüber, eine von vielen. Die Männer gehen nach Hause und schlafen.
Der Wachhabende Brandmeister übergibt seinem Kollegen die Wache: „Keine besonderen Vorkommnisse, gute Wache!"
So weit Erland Tödters Bericht.
Insgesamt gibt es in der Bundesrepublik Deutschland 1 177 Werkfeuerwehren. Davon sind 236 hauptberufliche Werkfeuerwehren registriert. Allein die Deutsche Bundesbahn unterhält im gesamten Bundesgebiet rund 50 motorisierte Feuerwehr-Einheiten, für die das Dezernat 95 des Bundesbahn-Zentralamtes München zuständig ist. Die motorisierten Wehren der Ausbesserungswerke sind beispielsweise sämtlich mit TLF 16 und LF 16 LP ausgerüstet. Auch die Bahnbetriebswerke haben jeweils ein eigenes Löschfahrzeug. Auf dem Großrangierbahnhof Maschen bei Hamburg gibt es sogar eine Spezialfeuerwehr mit kesselwagengespeisten Wasserwerfern und Schienen und Weitwurfgeräten zwischen den Gleisen.

Kleine Fische

An unserer Feuerwache residieren zwei Feuerwehringenieure, ein Oberbrandrat und Brandrat, denn wir sind Direktionswache. Im zweiten Stockwerk befindet sich die Branddirektion Hamburg-West. Aber von deren täglicher Kleinarbeit wissen wir in der eigentlichen Feuerwache wenig. Unser recht harter Schichtdienst-Alltag hat einen völlig anderen Rhythmus. Zwischen den Einsätzen läuft an allen Feuerwachen eine genau festgelegte Dienstroutine ab: Brandstellenübungen, Unterricht, Gerätewartung, Fahrzeugpflege, Dienstsport. Für jede Woche gibt es einen Dienstplan.

Bis siebzehn Uhr ist an den Wochentagen straffer Dienstbetrieb. Danach beginnt die Freizeit, sofern die Einsätze Zeit dafür lassen. Freizeit auf einer Feuerwache bedeutet aber eine Art Klosterdasein. Niemand darf das Wachgrundstück verlassen. Selbst in Schlauchkammer, Werkstätten, Kellerräumen, Toiletten hängen diese vertrackten, allgegenwärtigen Alarmglocken. Bei welcher Verrichtung man auch gerade sein mag – immer gilt die Überlegung: wo hängt meine Jacke, wo die Mütze? Wie komme ich am schnellsten zu meinem Fahrzeug? Ja, es muß blitzschnell gehen, sobald das erste Ting der Glocke ertönt. Tag und Nacht blitzschnell.

Wache haben bedeutet: Für die Dauer der Wachschicht Sprungbereitschaft und striktes Alkoholverbot.

Nein, keine Ausnahmen. In Norddeutschland nicht einmal ein Glas Bier. Das gilt für alle, Oberbranddirektor, Amtmann oder Anwärter. Bei der Feuerwehr müssen ausgewachsene Männer Brauselimonade trinken. Mit Alkohol im Blut kann man nicht unter Schwerem Gasschutzgerät ins Großfeuer rennen, und mit einer Alkoholfahne kann man auch nicht gut Schwerverletzte und Tote bergen. Das versteht sich von selbst. Darum bedeutet jede Wachschicht immer wieder: Klausur, Abstinenz und Zölibat.

Nun, der heutige Tag verlief bisher ziemlich milde. Nach bitterem Freitodeinsatz hatten wir nur noch unter Mittag ein Feuer. Aber das war nicht der Rede wert. Irgendwo brannte vergessenes Essen im Topf. Mit einem kurzen Pulverstoß aus der Löschpistole des P-12-Pulverlöschers war die Sache behoben. Die von uns aufgebrochene Wohnung — die Hausfrau war ahnungslos einkaufen gefahren — wurde bald der Obhut eines Polizeibeamten anvertraut.

Unser Zug konnte den Dienst nach Plan nachmittags ungestört beginnen. Nur unsere beiden Rettungswagen waren, wie immer, fast pausenlos unterwegs. Jetzt sind wir auf dem Hof: Dienstsport. Faustballspiel. Tanklöschfahrzeug- und Drehleiter-Besatzung spielen gegen die Männer des Löschgruppenfahrzeugs. Es steht bis jetzt 5:2.

Aber da platzt die Alarmglocke dazwischen. »Achtung, Achtung! Simon-von-Utrecht-Straße – verdächtiger Rauch!« Mensch, jetzt bloß nicht schon wieder einen Dachstuhl- oder Kellerbrand. Unser Bedarf ist vorerst reichlich gedeckt! Binnen achtundzwanzig Sekunden sind wir diesmal unterwegs. Gleich in Turnschuhen. Unsere Stiefel ziehen wir im Fahren an.

Tatsächlich, über dem Dach des angegebenen Hauses steht der Rote Hahn, von einer schwarzen Sottwolke begleitet. Aber wir sehen's mit einem Blick: Kleine Fische, nur ein Schornsteinbrand! Das Tanklöschfahrzeug kann sofort wieder entlassen werden. Ein Fahrzeug, das Löschgruppenfahrzeug, genügt voll und ganz.

Der Wassertrupp bezieht mit einer Kübelspritze auf dem Dachboden Posten, um ihn gegen Hitzestrahlung und Funkenflug zu sichern. Der Schlauchtrupp schleppt das im Fahrzeug mitgeführte komplette Schornsteinfegergerät samt Asbesthandschuhen, Kratzer, Abfallmulden herbei. Nun wird vom Keller bis zum Boden der gesamte Schornsteinschacht zerniert. Alle brennbaren Gegenstände müssen aus seinem Bereich verschwinden. Die Wände des Schachtes sind glühend heiß. Solche Rußbrände entwickeln Temperaturen bis zu eintausenddreihundert Grad Celsius!
Und hört bloß mal, wie das in dem Schornstein röhrt! Er zittert in allen Fugen. Würde jetzt jemand dummerweise Löschwasser hineinspritzen, würde der Schornstein mit Donnergetöse zerplatzen. Also ausbrennen lassen.
Alle Abzugsklappen werden geschlossen, alle Feuerstellen ausgeräumt und abgelöscht. Schließlich auch alle Ofentüren zugeschraubt. Im vierten Stock ist ein Rauchrohr in Rotglut geraten. Mit Hilfe von Asbesthandschuhen wird es demontiert und abgelöscht. Zum Schluß stößt der Wassertrupp den verstopften Rauchabzug mit der Kugel des Schornsteinfegergerätes frei. Inzwischen ist der zuständige Schornsteinfeger dieses Kehrbezirks herbeigeholt worden. Das Polizeirevier hatte ihn vorsorglich verständigt. Jetzt können wir dem Sottje die harmlose Brandstelle getrost übergeben. Er wird den Schornstein fachgerecht weiterverarzten.
Schornsteinbrände sind selten geworden. Aber in Altbauten kommen sie doch manchmal vor, trotz regelmäßigen Kehrens. Verwinkelte oder überalterte, schadhaft gewordene Rauchzüge sind daran schuld.

Wechselt – um!

Wenn ich morgens, vor Dienstbeginn, meine Feuerwache betrete, kann ich gleich erkennen, wie es der anderen Wachtour ergangen ist. Riecht die ganze Remise nach kaltem Rauch, liegen rußverschmierte nasse Schläuche zu Dutzenden, einfach aufgerollt, auf dem Fliesenfußboden, um nachher zur Schlauchwäscherei weggefahren zu werden, dann weiß ich Bescheid.
Zumeist stehen neben diesen inzwischen ausgetauschten Schläuchen noch mehrere benutzte Preßluftatmer. Sie werden zur Atemschutzmeisterei transportiert, dort kontrolliert und „nachgeladen." Die Männer von der anderen Wachtour hatten also mal wieder eine schwere Nacht. Aber der Dienst geht weiter. Pünktlich zehn vor acht treten wir vor dem Zimmer des Zugführers an, im Dienstanzug im Feuerwehrhelm, Hakengurt und Beil. Jeder von uns hat einen anderen Handwerksberuf erlernt. Dadurch ergänzt sich ein Löschzug zum kollektiven Universalgenie. Je ein Maurer, Zimmermann, Glaser, Elektriker, Brunnenbauer, Feinmechaniker, Klempner, Müh-

lenbauer, ja Motorenschlosser, Uhrmacher, Schiffbauer, Segelmacher, Takler, Steinmetz, Schornsteinfeger sind auf meiner Wachtour vertreten. Jeder Feuerwehrmann hat mindestens noch ein Jahr als Geselle in seinem Fachberuf gearbeitet, bevor er zum Feuerwehranwärter wurde und im Rahmen der Ausbildung zum mittleren feuerwehrtechnischen Dienst neun Monate Grundausbildung und ein halbes Jahr Praktikum durchlief. Zuletzt folgten drei Monate abschließender Ausbildung. So jedenfalls wird es in Hamburg neuerdings gehandhabt. Dort wurde man universell geschult: Zum Fernmelder, zum Sanitäter ausgebildet. Jeder wurde Rettungsschwimmer und legte den DLRG-Grundschein ab. Jeder lernte schneidbrennen, motorsägen, Schlösser aufbrechen, Straßenbahnen eingleisen, Schlauchboot fahren, Totenangeln ausbringen, Verletzte abseilen. Jeder wurde zum Hochartisten, der sich auf der dreißig Meter hohen Drehleiterspitze ebenso sicher bewegt wie beim Fassadenklettern mit der Hakenleiter. Du lieber Himmel, was muß ein Feuerwehranwärter beim Grundausbildungslehrgang alles lernen und bis zur Perfektion üben: Selbstretten mit der Fangleine, Sprungtuch vornehmen, Einsatz der Starkstromrettungswerkzeuge, Umgang mit Leinen und Hebezeugen, mit Motoren und Pumpen, Fahrzeugen und Geräten. Handhabung von Atemschutzmaske, Wiederbelebungs-Pulmotor, Reanimator, von Preßluftatmer und Sauerstoffbehandlungsgerät. Er muß alle wichtigen Knoten und Stiche beherrschen, alle Führungszeichen durch Handzeichen, Trillerpfeife und Leinenzug, den Umgang mit gefährlichen Stoffen.

Vor allem aber lernt er das Auslegen von Saug- und Druckschlauchleitungen, das Vortragen eines fachgerechten Löschangriffes. Immer und immer wieder sind Brandstellenübungen: Zum Angriff – fertig! Angriffstrupp! Erstes Rohr vor! Wassertrupp! Zweites Rohr vor! Schlauchtrupp! Drittes Rohr vor! Wasser marsch! Wasser halt! Erstes, zweites, drittes Rohr zurück! Zum Abmarsch – fertig! Angriffstrupp mit Schaumrohr vor! Angriffstrupp mit B-Rohr vor! Schnellangriff: Angriffstrupp S-Schlauch vor! Schiebleiter vom Fahrzeug! Leiter – marsch! Leiter – halt! Leiter richtet – auf! Leiter zieht – aus! Leiter – legt an! Leiter richtet – auf! Leiter laßt – ein! Leiter legt – ab! Leiter – hoch! Leiter zum Fahrzeug – marsch! Leiter – halt! Schiebleiter auf das Fahrzeug!

Das ist Drill, höchst sinnvoller Drill. Er erzieht dazu, jeden Handgriff genau in die Handgriffe des anderen einzuordnen. Die Arbeit im Teamwork geht in Fleisch und Blut über. Die Erfahrungen eines Jahrhunderts stecken in dieser weitgehend überall einheitlichen Feuerwehrausbildung.

Bald wird die eine Übung jeweils sinnvoll mit anderen kombiniert: Wassertrupp! Zweites Rohr zum ersten Obergeschoß über Steckleiter vor! Schlauchtrupp! Drittes Rohr zum zweiten Obergeschoß über Drehleiter vor!

Ja, jeden Tag Brandstellenübungen, stundenlang, immer wieder. Hinter dem Fahrzeug antreten! Wechselt – um! Hinter dem Fahrzeug antreten! Wechselt – um! Das klappt wie bei einer Varieté-Nummer: Alle Truppführer im vorderen Glied machen einen Schritt nach rechts, der Maschinist dagegen einen Schritt zurück. Er wird nun Melder. Der bisherige Melder, der Angriffstrupp- und der Wassertruppmann treten dafür einen Schritt nach links. Der Truppmann vom Schlauchtrupp tritt zugleich einen Schritt nach vorn und wird damit Truppführer vom Schlauchtrupp. Eine Schaunummer von uhrwerkartiger Präzision: Wechselt – um!

Nach jeder durchgeführten Übung werden innerhalb der Gruppe die Funktionen getauscht, damit jedermann mit allen Funktionen gleichermaßen vertraut wird. Das ist Erziehung zum Einheitsfeuerwehrmann. Es gibt keinen Trott, keine stumpfsinnige abschleifende Routine, sondern immer neue Einteilung, ständig neues Mitdenken. Jedesmal hat man einen anderen Sitzplatz im Fahrzeug, jeweils andere Ausrüstung, andere Handgriffe. Wechselt – um!

Dabei bleibt es auch später, an der Feuerwache, wenn Prüfungsarbeiten und Abschlußbesichtigung des Grundausbildungslehrgangs längst hinter den Männern liegen. Jeder Feuerwehrmann bleibt innerhalb des Ganzen ein jederzeit austauschbares Getriebeteil. Ausfälle werden dadurch mühelos verkraftet.

Aus diesen Gründen ist jedesmal bei Beginn der Schicht um sieben Uhr fünfzig Diensteinteilung. Wir stehen dabei im Korridor unserer Feuerwache, die noch aus der Kaiserzeit stammt. Dieser Korridor riecht mild nach Stiefelwichse, Leder und Seifenpulver. Der Geruch scheint in den Backsteinmauern dieses Hauses fest eingewachsen zu sein. In dieser spartanischen Umgebung bietet das magisch grün erleuchtete Goldfischbassin, neben den Rutschenschächten, den einzigen Farbtupfen, den anheimelnden Ruhepol in der Hast der Alarme.

»'n Tag, Männer!« — »Mojn!« Brandinspektor Timmel ist erschienen. Er war früher Schiffsoffizier. Er hat das nautische Patent A 5, Seesteuermann auf Großer Fahrt. Solche Vorbildung ist bei einer Hafen-Feuerwache von großem praktischem Wert. Timmel kennt sich auf Schiffen aller Typen unbesehen aus.

Jetzt holt er seine legendäre Schiefertafel hervor. »Ich verlese die heutige Wacheinteilung. Besatzung Tanklöschfahrzeug: Fahrer und Maschinist Oberfeuerwehrmann Guhlke!« – »Hier!« – »Melder: Feuerwehrmann Jessen!« – »Hier!«

Und so ruft Timmel sie alle nacheinander auf: Angriffstrupp – Wassertrupp – Schlauchtrupp — Besatzung Drehleiter — Rettungswagen A — Rettungswagen B. Nach jedem Aufruf ertönt ein doppeltes »Hier!«

Die Aufgerufenen drängeln aus ihrer bisherigen Formation heraus und schlendern in die neue. Sie nehmen entsprechend der taktischen Reihenfolge Aufstellung.

»Sind noch Fragen, meine Herren? ... Na schön, dann habe ich mitzuteilen, daß unsere Feuerwache heute nachmittag um fünfzehn Uhr einen Sicherheitsposten für eine Massenveranstaltung in der Ernst-Merck-Halle und heute abend einen Mann Theatersicherheitswache für das Deutsche Schauspielhaus abstellt. Dafür wären eigentlich mal wieder unsere beiden Kollegen Baumann und Feddersen an der Reihe.«

So beginnt es jeden Morgen. Und dann läuft des Dienstes ewig gleichgestellte Uhr. Sollte etwa kein Alarm kommen, so erfolgt – die Mittagspause ausgenommen – bis siebzehn Uhr Dienst nach Plan. Fahrzeuge abspritzen und warten, Werkstattarbeit, Montagen, Anstrich, Konservierungsarbeiten, Reinigungsdienst, Saug- und Pumpenprobe, Fangleinen- und Leiterprüfung, Geräteüberholung.

Außerdem immer wieder praktische Einsatzübungen und Unterricht. In dieser Woche sieht der Nachmittagsdienstplan folgende Unterrichtsthemen und Übungen vor: Bergung und Transport von Personen aus Kanalschächten und engen Treppenhäusern. Anschlagen von Stückgut an Leinen und Hebezeuge. Wasserversorgung über lange Wegstrecken. Verhaltensweise und Maßnahmen bei Mineralöl- und Tanklagerbränden.

Natürlich bleibt fast jede Unterrichtsstunde ein Torso, weil immer wieder die Alarme dazwischenplatzen. Das Versäumte wird baldmöglichst nachgeholt und vervollständigt. Der Alarme wegen bleiben auch abendliche Freizeiten und Nachtruhe weitgehend Theorie. Wie sollte das bei jährlich mehr als einhundertvierzigtausend Alarmen innerhalb einer Millionenstadt anders sein? Freizeit?

Laut Dienstplan herrscht ab zweiundzwanzig Uhr Nachtruhe. Seit dem Jahre 1911 gilt das Gesetz: »Die Besatzungen der Automobillöschzüge dürfen ohne Hose schlafen.« Seitdem werden die Hosenbeine nachts kunstvoll über die Stiefelschäfte gezogen, so daß jede Hose aufgerichtet neben dem Bett ihres Herrn wartet.

In den Schlafsälen aller Feuerwachen bietet sich nachts dasselbe kuriose Bild: neben jedem der grundsätzlich einstöckigen Betten steht eine sprungbereit aufgerichtete Hose. Bei Alarm springt jeder Feuerwehrmann in Stiefel und Hose zugleich. Dieser Trick mit den aufgestellten Feuerwehrhosen ist heute über die ganze Welt verbreitet.

Als mich der Fire Chief von Boston im nordamerikanischen Staate Massachusetts spätabends durch eine Feuerwache führte, sagte er lächelnd: »That's the German method, isn't it?« Jedes russische ›Pozarny Kommando‹, jedes spanische oder südamerikanische ›Cuerpo de Bomberos‹, jede Abteilung der grie-

chischen ›Pyrosvestiki Iperissia‹, jedes schwedische ›Brandwerps‹ macht es genauso.
Die deutsche Methode hat tatsächlich überall Schule gemacht, weil sie ein paar Sekunden Zeit einspart. Dafür stammen die Rutschstangen und die Patent-Falltüren der Remisen aus Amerika. Nur wer mit jeder Sekunde zu geizen versteht, kann schnell sein wie die Feuerwehr.

Kind eingeklemmt

Ein Unterrichtsstoff, der fast jeden Tag auf dem Dienstplan steht, heißt Straßenkunde. Straßenkunde, immer wieder Straßenkunde, bis zum Überdruß. Es führt kein Weg daran vorbei. Wie ein Fremdsprachenschüler seine Vokabeln, so muß jeder Feuerwehrmann unentwegt Straßennamen büffeln. Er muß sein Wachrevier und schließlich auch seine Nachbarreviere wie die eigene Westentasche kennen.
Bei Alarm ist keine Zeit für ein Herumsuchen auf dem Stadtplan. Und es ist völlig undenkbar, daß sich etwa eine alarmierte Feuerwehr unterwegs verfährt! Darum müssen Feuerwehrleute mit der Lokalgeographie besser vertraut sein als selbst die Taxichauffeure.
Und so haben wir heute mal wieder Große Fragestunde, diese verdammte Straßenkunde. Der Zugführer examiniert seine Schäflein ohne Erbarmen. Wie heißt der kürzeste Verbindungsweg zwischen Wex- und Düsternstraße? Besteht vom Grimm zur Katharinenstraße eine direkte Zufahrtmöglichkeit? Wenn wir von der Dammtorstraße in die Große Theaterstraße einbiegen, wie ist dabei ...
Ting-Ting-Ting.
Gott sei Dank Alarm. Wir sind erlöst von dem verhaßten Unterrichtsfach. Wir springen an die Rutschstangen. Die Depesche lautet diesmal: »Kind eingeklemmt— Lombardsbrücke.«
Wir preschen mit sechzig Kilometern in der Stunde über den Ballindamm. Schon von weitem sehen wir die Bescherung: Zwischen den bauchig geformten Sandsteinsäulen des klassizistischen Brückengeländers steckt ein krebsroter Kinderkopf! Am Unfallort sehen wir einen Jungen heulend und zappelnd auf dem Bürgersteig knien. Er hatte in einem unbedachten Augenblick seinen Kopf zwischen den Sandsteinsäulen hindurchgesteckt, weil er die Schwäne auf der Alster betrachten wollte. Der Kopf paßte zwar millimetergenau zwischen den Sandsteinsäulen hindurch. Aber zurückziehen ließ er sich nicht.
Große Aufregung entstand. Passanten versuchten, dem Jungen zu helfen.

Alles vergeblich. Vor Erregung war der Kopf des Kindes so angeschwollen, daß ein Rückzug ausgeschlossen blieb. Hallo, Polizei!
Die herbeigeeilten Beamten eines Funkstreifenwagens sahen mit einem Blick, daß hier mal wieder nur noch die Feuerwehr zu helfen weiß. Sie wird immer dann geholt, wenn alle anderen mit ihrem Latein am Ende sind.
Unser Zugführer hat sich sofort längelang auf das Sandsteingeländer der Lombardsbrücke gelegt, um den Jungen besser beobachten zu können. Der schreit und tobt jetzt noch schlimmer herum. In seiner Angst beginnt er, sich an einer scharfen Sandsteinkante zu würgen. Zwei Feuerwehrleute springen hinzu, knien sich über den Jungen und halten ihm die Beine fest. Zugleich schieben sie schützend ihre Hände um seinen Hals.
»Brechwerkzeuge und zwei Mulden holen! Melder: Sofort den Rüstwagen anrücken lassen!« kommandiert Brandinspektor Timmel mit ruhiger Stimme.
Wunderbarerweise zaubert unser Oberbrandmeister aus seiner Uniformtasche einen zerdrückten Bonbon hervor. Mit einiger Mühe kann Timmel ihn zu dem Jungen hinunterreichen. Aber der spuckt ihn sofort in die Alster und schreit lauter denn je.
Ein Feuerwehrmann macht sich mit Hammer und Stemmeisen vorsichtig an eine der beiden zum Gefängnis gewordenen Sandsteinsäulen heran. Ein zweiter Mann schützt den Kinderkopf mit einer umgedreht gehaltenen Metallmulde. Dieser Schutzschild ist zwar recht wirksam, aber die Meißelei hat kaum irgendeinen Erfolg. Gerade dort, wo jetzt unbedingt kräftig zugeschlagen werden müßte, liegt entweder die Nachbarsäule oder aber der Junge im Weg. Diese Prunkbrücke aus wilhelminischen Tagen ist über die Maßen solide gebaut. Nee, so wird das nichts. Der Hammer hat einfach zuwenig Spielraum.
Aus seiner Bauchlage ruft darum Timmel: »Los, Jungs, zwei Enden Steckleiter, vier Fangleinen und den Bootsmannsstuhl!« Sofort sind die angeforderten Geräte zur Stelle. Die kurzen Leiterviertel werden – zwecks Meidung der scharfen Sandsteinkanten – als Auflage schräg aufs Brückengeländer gelegt und stramm festgebunden. Über diese Schrägbühne fiert ein Brandmeister den Bootsmannsstuhl abwärts. Dieser Hängesitz wird einen Meter unterhalb des Kinderkopfes festgebunden. Der Brandmeister bindet sich jetzt in eine Sicherheitsleine ein und steigt über das Geländer auf den Bootsmannsstuhl hinunter.
Zuerst erschrickt der Junge über den Mann mit dem hellen Schutzhelm, als dessen Kopf so dicht unter seinem eigenen auftaucht. Aber dann wird der Junge ruhig. Der Brandmeister hat ihm väterlich die Backe gestreichelt und ihm ganz sanft zugeredet. »Gleich ist alles wieder gut«, hat er gesagt.

Hier über der Wasserfläche hat Brandmeister Markert endlich Platz für seinen schweren Hammer. Präzise und schwungvoll trifft er den Kopf des Stemmeisens. Schlag auf Schlag platzen die Sandsteinsplitter ab. Mitten im Hämmern hört Markert das Tüü-taa von Feuerwehr-Starktonhörnern. Nun, das wird wohl der große Rüstwagen sein. Um so besser. »Aufpassen da oben, die Mulde jetzt mehr kanten! Und schiebt jetzt auch den Jungen ein Stück weiter nach vorn! Danke!«
Tatsächlich, der Rüstwagen ist da. Sofort wird sein Kompressor angeworfen und wird ein Preßlufthammer in Stellung gebracht. Nun stackert der von der anderen Seite an der Sandsteinsäule herum. Sein Spitzeisen hat sich das viereckige Fundament vorgenommen, während Meister Markert noch immer den oberen Säulenhals bearbeitet.
»Vorsicht, Säule kommt frei!« schallt es jetzt von unten. »Festhalten, das Biest!« murmelt Inspektor Timmel gepreßt. »Mit Fangleine sichern, sonst bombardieren wir den nächsten Alsterdampfer!«
Tatsächlich rauscht kurz darauf eins von den weißen Motorschiffen der fahrplanmäßigen Alsterschiffahrt unter Markerts Bootsmannsstuhl hindurch.
»So, die Säule hätten wir. Hol durch!« hört man Markert durch das Geländer rufen. Endlich liegt das vertrackte schwere Ding auf dem Gehweg.
Erschöpft, ein wenig zerschunden, wird der befreite Junge samt seiner fassungslos herbeigeeilten Mutter zur ärztlichen Untersuchung gefahren.
»Melder! Funkspruch an Zentrale: Kind gerettet — mit Rettungswagen ins Krankenhaus!«

Im Strome der Zeit

Es gibt in Deutschlands Städten funkelnagelneue, höchst komfortable Feuerwachen. Manche von ihnen ähneln beinahe einem Grandhotel.
Diesen lichten Glaspalästen gegenüber nimmt sich unsere Backsteinwache aus dem Jahre 1909 recht unvorteilhaft aus. Unser Tagesraum hat leider etwas von der Atmosphäre eines Bahnhofs-Wartesaales an sich. Das liegt vor allem an der hohen Decke. Und doch ist mir gerade die Feuerwache Admiralitätsstraße besonders ans Herz gewachsen. Liegt es an ihrem vielseitigen, interessanten Revier oder etwa daran, daß dieses Wachgebäude ein Hort von aber tausend Erinnerungen ist?
Drei Generationen Feuerwehrleute sind bei Alarm über diese Korridore gestürmt. Die erste von ihnen trat noch mit der Pickelhaube zum Morgenappell an. Und vor der Remise patrouillierte früher, wie gesagt, ein Posten mit geschulterter Paradeaxt. Lang, lang ist's her!

Damals fuhren noch die großen Windjammer, die Salpeter-Klipper, auf der Heimreise vom Kap Hoorn an unserem roten Backsteingebäude vorbei. Heute dröhnen hier unentwegt die Bässe großer Turbinenschiffe, die Typhone ein- und auslaufender Motorschiffe durch die Räume. Tag und Nacht ist der Rhythmus des nahen Welthafens spürbar.

Unsere Wache liegt unmittelbar neben der Einmündung der Alster in die Elbe — und damit an jener Stelle, wo sich schon vor nahezu achthundert Jahren ein Hamburger Hafen befand. Eines Tages hatte der erste „Atomfrachter" der Welt in unserem Wachbezirk festgemacht, an der Überseebrücke. Unser Feuerlöschboot schoß mit seinen Wendestrahlrohren und Strahlrohren den Ehrensalut. Es sprühte, zusammen mit einem zweiten Löschboot, einen glitzernden Wasserdom gen Himmel.

So hatte die Feuerwehr ein neues Zeitalter im Hamburger Hafen auf ihre Weise begrüßt. Vom frachttragenden Rahsegler zum Nuklearschiff und zum Container Liner — welch ein Wandel seit 1909! Welch Wandel aber auch von der pferdebespannten Kohlensäure-Teleskopleiter zur ölhydraulischen Kraftfahrdrehleiter und zu den Strahlenschutz-Meßgeräten der Feuerwehr! Aber eins blieb in all den Jahrzehnten immer gleich: jeden Morgen um sieben Uhr fünfzig war Diensteinteilung.

Draußen mögen Revolte, Spartakistenunruhe, Straßenkampf ums Hamburger Rathaus, Kapp-Putsch, Generalstreik gewesen sein. In unserer Feuerwache gab es keine Sekunde Unterbrechung der Alarmbereitschaft. Hier wurde nicht gestreikt. Der Feuerdämon schläft nie, und Menschen geraten auch zur Unzeit in Not.

Inflation, Rentenmarkreform, Schwarzer Freitag an der New Yorker Börse, Weltwirtschaftskrise, Brüningsche Notverordnung, gekürzte Beamtengehälter: Pünktlich jeden Morgen um sieben Uhr fünfzig war Diensteinteilung.

Parteien kamen und gingen. Tauziehen um die politische Macht. In dem Backsteingebäude unserer Feuerwache aber gab es immer nur ein Zweiparteiensystem, dieselbe, niemals endende Polarität: Erste Wachtour. Zweite Wachtour.

1933. Drittes Reich. Gebt mir vier Jahre Zeit! Deutschland erwache! Einer für alle – alle für einen. Nanu, das war ja eine fast hundert Jahre alte Devise der Feuerwehr? – Gemeinnutz geht vor Eigennutz? Das galt hier seit je! Volksgemeinschaft? Die Weltanschauung der Feuerwehr hieß immer schon ganz schlicht: Dienst am Nächsten – Retten, Löschen, Helfen.

Eines Tages gab es schmale Militärkoppel und Faschinenmesser als Seitenwaffe, ja sogar Schleppsäbel für die Dienstgrade. Außerdem Wehrkampfsport-Meisterschaften, wie überall. Und dann kam plötzlich Einkleidung in die polizeigrüne Uniform mit schwarzen Manschetten und roter Biese: Die

Berufsfeuerwehr wurde Feuerschutzpolizei. Die Zugführer trugen nunmehr silberne Leutnants-Schulterstücke. Die Wachvorsteher wurden zu Oberleutnanten und Hauptleuten, die Bauräte zu Majoren, der Oberbranddirektor sogar zum Generalmajor.

Aber das Uhrwerk lief unverändert mit altgewohnter Präzision weiter. Vierundzwanzig Stunden Wache. Vierundzwanzig Stunden frei. Und bei Alarm betrug die Ausrückezeit allerhöchstens sechzig Sekunden.

Zweiter Weltkrieg. Die Apokalyptischen Reiter über unseren Städten. Bombenteppiche, Flaksplitterhagel, Feuersturm. Welch übermenschliche Anstrengung in diesen Jahren des Luftkrieges gerade von der Feuerwehr und ihren Kriegsdiensthelfern verlangt und geleistet wurden, davon wird an anderer Stelle zu berichten sein.

Dann kam der Mai 1945. Vierteilung des Deutschen Reiches. Das ganze Land von den Siegermächten besetzt, das Unterste zuoberst gekehrt. Und dennoch: Erste Wachtour. Zweite Wachtour. Auch während des Einmarsches der Besatzungstruppen lief der Alarmdienst weiter – genauso wie er 1940 beim Pariser Feuerwehrregiment weitergelaufen war, als die Deutschen kamen. Jede Besatzungsmacht muß als erstes die Feuerwehr respektieren, ob sie will oder nicht. Entbehren kann man sie nirgends.

Das rote Backsteingebäude unserer Feuerwache — im Bombenhagel wie durch ein Wunder vom Schlimmsten verschont geblieben – stand nun wie ein Fels in der Brandung einer wirren Zeit: Schwarzmarktjahre. Ein zusätzliches Stück Butter verschlingt ein Monatsgehalt. Eine Zigarette kostet fünf bis sechs Mark. Ehrliche Arbeit ist nur noch für Dumme da. Drei geschlagene Jahre lang geht es wie im Tollhaus zu. Unser Land erlebt sozusagen seine Walpurgisnacht.

Und doch: Wenn jemand um Hilfe ruft, kommt auch jetzt die Feuerwehr – schnell, zuverlässig, hilfsgewohnt wie eh und je. Zwar treten die Männer morgens in umgefärbten Uniformen an, in abgelaufenem Schuhzeug, mit knurrendem Magen oder gar mit Hungerödemen. Es gibt keine Ersatzteile, keine Schläuche, keine Reifen. Die meisten Feuerwachen sind ausgebombt oder vom Sieger beschlagnahmt. Viele Löschzüge müssen jahrelang ins Exil. Ihre Besatzungen hausen in ungeheizten Schulen, Baracken und Kneipen. Wenn sie in ihre eiskalten Unterkünfte zurückkehren, besteht nicht einmal eine Trocknungsmöglichkeit für die durchnäßten Uniformen.

Dazu gehört ein Idealismus, der schon eher Trotz zu nennen ist; aber das große Räderwerk bleibt überall störungsfrei in Gang. Bei den Freiwilligen Feuerwehren. Bei den Berufsfeuerwehren. Das Ethos ist ungebrochen. Für Opportunisten taugt der Feuerwehrdienst ohnehin nicht. Hier wird das Herz immer von neuem gewogen.

Unsere Feuerwache empfanden wir früher als ein zweites Zuhause. Jeder Feuerwehrmann führte ein Doppelleben. Vierundzwanzig Stunden auf dem Sprung, jede Sekunde des Einsatzes gewärtig, der das Letzte fordern konnte. Dann wieder vierundzwanzig Stunden ziviler Bürger, Familienvater, Ehemann. Dieser Rhythmus verschob sich durch das neue Schichtsystem. Für die Feuerwehrleute gibt es noch besondere Jahrbücher und Kalender. Sie unterscheiden sich von allen anderen dadurch, daß jedes zweite Datum rot gedruckt ist. Rot bedeutet Erste Wachtour, schwarz bedeutet Zweite Wachtour. Eine andere Jahreseinteilung gibt es nicht. Auch in der kürzer gewordenen Wachschicht des neuen Systems kennen Feuerwehrleute keine Sonntage und Feiertage im bürgerlichen Sinne. Entweder haben sie frei, oder sie sind im Dienst. Im Dienst — auch Heiligabend, in der Silvesternacht, Ostern, Pfingsten.

Während der Wachschicht oder Wachtour bildet die Besatzung der Feuerwache eine Art Familie. Mit den Kollegen ist man mehr verbunden, als man es mit irgendwelchen Arbeitskollegen sein könnte. Sie sind Kameraden. Für das leibliche Wohl muß die Wachtour-Familie natürlich selber sorgen. Wer sich dazu berufen fühlt, der fungiert als Koch. Die Kartoffeln fürs Mittagessen schält jedesmal bei Wachantritt die ganze Besatzung gemeinsam. Eines Morgens bedeutet man mir, ich solle beim Kartoffelschälen um Himmels willen die Jacke nicht erst ausziehen. Es komme gleich Alarm.

Ting-Ting-Ting! Na, bitte!

Der Einsatz ist nicht sonderlich aufregend: Zimmerbrand. Ein C-Rohr und mehrere Kleinlöschgeräte werden schnell damit fertig. Wir kehren in unsere Wache zurück, tauschen die nassen, verschmierten Schläuche gegen trockne, saubere aus dem Vorrat der Schlauchkammer aus und bestücken damit das Löschfahrzeug neu.

Dann machen wir uns wieder an unsere Kartoffeln heran. »Sagt mal, woher wußtet ihr eigentlich, daß Alarm kommt?« – »Das war von vornherein klar, weil heute Oberbrandmeister Dörner Wachhabender ist. Sobald der stellvertretend als Zugführer fungiert, können wir uns grundsätzlich auf etwas gefaßt machen. Dörner ist unsere Feuerhexe, er zieht Alarme magnetisch an.«

Ich lasse mein Schälmesser sinken und blicke die Kameraden prüfend an. Aber niemand lacht. »Also bei allem Wohlwollen, wir leben schließlich im Atomzeitalter. Ihr könnt mir doch nicht erzählen, daß ...«

Ting-Ting-Ting!

»Siehste!« ruft mir einer noch triumphierend zu, bevor wir in den Rutschenschacht springen.

Auch dieser Einsatz ist harmlos. Es brennt nur ein Moped. Das Tanklöschfahrzeug allein hätte vollauf genügt. Aber wer sollte das vorher wissen, es war ja ein Straßen-Feuermelder eingeschlagen! Nach kurzer Zeit sind wir wieder zurück.

Erneuter Versuch, nun endlich mit dem Kartoffelschälen fertig zu werden.

»Also nochmals Thema Oberbrandmeister Dörner. Ich lasse insofern mit mir reden, als es ja tatsächlich erklärbare Verkettungen gibt. Bei bestimmten Barometerständen häufen sich die Verkehrsunfälle in erschreckendem Maße. Eine Tiefdruckfront kann unseren Organismus erheblich beeinflussen: Wir fühlen uns plötzlich körperlich schlechter, werden unaufmerksam, überreizt, zerschlagen. Unser Reaktionsvermögen ändert sich. Aber ihr könnt mir, beim besten Willen, nicht weismachen, daß ein Mensch Alarme an sich heranziehen soll. Das würde ja ...«

Ting-Ting-Ting! Verdammt und zugenäht. Das ist rätselhaft.

Wir brausen los. Aus einer verschlossenen Wohnung dringt dicker Qualm. Kein Mensch zu Hause. Uns bleibt nichts anderes übrig, wir müssen mal wieder eine Tür aufbrechen. Erst dann sehen wir: es brennt gar nicht! Aus einer Schornsteinklappe ist Rauch in die Wohnung durchgeschlagen.

Bis zur Reparatur der aufgebrochenen Wohnung übernimmt die Polizei deren Bewachung. Wir rücken wieder ab. Unsere Aufgabe ist erledigt.

Das kann ja heute noch lustig werden!

Und es wird lustig. Wir bringen es noch während der Dienstzeit auf elf Feuer-Ausrücker.

Obermeister Dörner ist eine Seele von Mensch, aber ein notorischer Pechvogel. Sobald irgendwo etwas an einer Brandstelle explodiert, kriegt Dörner es garantiert ins Gesicht. Es erwischt ihn nie schlimm, aber die Dämonen haben es auf den Guten irgendwie abgesehen. Als wir letztes Jahr ausgerechnet am Heiligen Abend einen abgesoffenen Keller leerpumpen mußten – wer tritt im Dunkeln auf verschüttete Haselnüsse, rutscht aus und stürzt kopfüber in das eiskalte Wasser? Natürlich Dörner.

Vor einiger Zeit hatten wir ein haariges Großfeuer in der Steintwiete. Unsere Drehleiter mußte fünf Personen aus Lebensgefahr retten. Ein Lagerraum stand blitzschnell in hellen Flammen und schnitt den Leuten den Weg ins Freie ab. Es wurde Zweiter Alarm gegeben, Alarmstufe zwei. In der folgenden Nacht übernahm Kuddel Dörner freiwillig eine mehrstündige Brandwache. Eigentlich hätte er das als Oberbrandmeister gar nicht nötig, aber er ist ein Pfundskamerad.

Daraufhin geschah, was wohl unter Millionen Fällen seinesgleichen sucht: gegen Morgen brach in demselben Hause, an ganz anderer Stelle, ein zweites Großfeuer aus. Ein Handelslaboratorium brannte auf!

Die Brandermittlungskommission der Kripo konnte eindeutig feststellen, daß beide Male keine Brandstiftung vorgelegen hatte. Auch standen beide Brandstellen in keinerlei Zusammenhang miteinander. Den wahren Grund hat natürlich auch die Kripo nicht herausgefunden: Kuddel Dörner hatte die Brandwache!

Nicht minder mystisch ist der Fall unseres Feuerwehranwärters Fietje Stein. Dieser Junge kann machen, was er will – er hat in zwei Dienstjahren noch nie ein Großfeuer miterlebt. Er bekommt allmählich Minderwertigkeitskomplexe! Es brennt immer dann in ganzer Ausdehnung, sobald er sich auf Theatersicherheitswache, Ausstellungswache oder vielleicht, als Mitglied der Feuerwehrkapelle, zur Beisetzung eines verstorbenen Kameraden abgemeldet hat. Oder aber er war gerade als Rettungswagenfahrer eingeteilt. Wegen seiner feuerhemmenden Wirkung hat Fietje bereits den Spitznamen Alaun bekommen.

Die Sache fing an, uns ›wissenschaftlich‹ zu interessieren. Wir haben aufgepaßt, wenn Fietje mal seinen zusätzlichen freien Tag hatte. Der Erfolg war jedesmal umwerfend. Garantiert gab es einen Dachstuhl- oder einen Dampferbrand, irgendeinen ganz dicken Hund.

Sollte es tatsächlich Füerhexen und Alaune unter Feuerwehrleuten geben? Offen gestanden, allmählich bin ich auch bereit, diesem Aberglauben zu verfallen.

Irgend etwas geht bei der Feuerwehr nicht mit rechten Dingen zu.

Technik hilft retten

Einsturzgefahr

Vor vier Minuten sind wir mit der Alarmdepesche ausgerückt: »Droht zu fallen Baugerüst!«
Jetzt, an der Einsatzstelle, durchschneiden zwei Scheinwerferstrahlen den rauschenden Gewitterregen: Ein sechs Stockwerke hohes Gerüst ist einseitig von der Hausmauer abgeklappt und pendelt jappend hin und her. Die Gewitterböen haben das Gerüst oben aus allen Verankerungen herausgerissen.
Sofort geht unsere hydraulische Dreißig-Meter-Drehleiter in Stellung. Im Handumdrehen stemmen sich ihre Stützspindeln aufs Straßenpflaster. Sie entlasten die Fahrzeugreifen von dem großen Übergewicht der ausschwenkenden Leiter und stützen zugleich das Drehleiterfahrzeug spreizbeinig nach allen Seiten ab. Der Leitermaschinist greift zum Schalthebel mit der Bezeichnung: Aufrichten und Neigen. Eine Öldruckpumpe fährt daraufhin die Teleskopstempel aus, die das Aufrichten des noch zusammengelegten, vierteiligen Leiterparks besorgen.
Dann greift er zum nächsten Hebel des Schaltblocks: Ausziehen. Stufenlos und feinfühlig steuert dieser Hebel die Ölmotore, die das Ausziehen oder Hochfahren der Leiter besorgen. Dabei liegt die Linke des Maschinisten ständig am Toter-Mann-Knopf. Sollte ein herabstürzender Trümmerteil den Maschinisten treffen, glitte also je die Hand von diesem Knopfe, so würden sofort alle Leiterbewegungen unterbrochen. Dieser große, silbrig schimmernde Roboter ist folgsam auf den Mann dressiert.
Mit blinkenden Signallichtern, gespenstisch schnell und zielstrebig, fahren die vier Leiterteile jetzt auseinander. Immer höher stoßen sie himmelwärts, in die Regenflagen hinein. Binnen fünfundzwanzig Sekunden könnte diese Drehleiter in voller Länge ausgefahren sein. Aber Menschenleben stehen jetzt nicht auf dem Spiel. Deshalb wird vorsichtiger gefahren, zumal Böen an der Leiter rütteln.
Unablässig behält der Maschinist seine Kontrollinstrumente im Auge: Gradmesser der Neigungsskala, Leiterlängenanzeiger, beim Besteigen schließlich auch Benutzungsfeldanzeiger und Belastungsmesser.

Jetzt ist die Leiter auf vierundzwanzig Meter Länge ausgefahren. Das genügt in diesem Falle. Kurzer Griff des Maschinisten zu einem dritten Schalthebel: Drehen. Ein Öldruckstempel korrigiert die Stellung durch kurzes seitliches Schwenken der ausgefahrenen Leiter.
Ein Teil des Baugerüstes ist inzwischen verwrungen. Nochmaliger Griff an den Schalthebel: Aufrichten und Neigen. Nun wird die Leiterspitze an einem Sims abgelegt. Der Maschinist schaltet den Fahrzeugmotor ab, der bisher alle Antriebsenergien lieferte. Die Signallichter zeigen Grün. Die Leiter kann jetzt bestiegen werden.
Katzengewandt steigt der Zugführer nach oben, gefolgt von seiner ganzen Wachtour außer Melder und Leitermaschinist. In angelegtem Zustand kann eine solche Leiter bis zu fünfzehn Feuerwehrleute tragen.
Während es noch immer wie aus Kannen vom Himmel schüttet, beginnt jetzt – kurz vor Mitternacht – eine Schwerarbeit am Hochtrapez. Die von unten heraufblendenden Scheinwerfer verwischen zwar gnädig unser Gefühl für die schwindelnde Höhe. Aber das Herumturnen auf dem schleudernden Baugerüst ist doch nicht ganz einfach. Wir schlagen neue Mauerhaken und Bauklammern ein und sichern das Gerüst mit stählernen Stropps und Abschleppseilen.
Hin und wieder brüllt unser Alter eine Anforderung nach unten. Dann entert der Melder mit den gewünschten Werkzeugen und Gegenständen zu uns empor. Wir sind längst naß wie die gebadeten Katzen, aber wir schwitzen bei dieser Schufterei. Erst nach vierzig Minuten ist jede Gefahr beseitigt. Das Baugerüst kann nicht mehr abstürzen, darauf geben wir Brief und Siegel.
Nacheinander treten wir den Rückweg an. Und ebenso schnell, wie sie vorher in den Nachthimmel emporstieß, gleitet schließlich die große silbrige Leiter wieder nach unten. Elegant und weich schiebt sie sich wie ein Rechenschieber zusammen. Zuletzt wird sie in die Fahrzeugmitte zurückgeschwenkt und dort abgelegt.

Rettungswege aus Stahl

Drehleitern sind technische Wunderwerke. Sie sind mit einer Vielzahl von Stand- und Bewegungssicherungen versehen. Wie die Reifen durch die Stützspindeln, so werden auch die Federn des Leiterfahrzeugs durch eine besondere Vorrichtung entlastet. Auch das Fahrzeuggetriebe wird blockiert. Zum Ausgleich von Gelände-Unebenheiten ist außerdem der Fahrzeugaufbau mit einer präzise arbeitenden Terrainregulierung versehen. Eine eingebaute Waage sichert die ausgefahrene Leiter weitmöglich gegen ein Überkippen.

Oft genug ist die Drehleiter der letzte Fluchtweg für die von Rauch und Feuer Eingeschlossenen

HOTEL

Oben: Schweres Großfeuer in einem Industriewerk. Achter Alarm! Von allen Seiten werden Wasserwerfer in Stellung gebracht, wird versucht, die »Wasserzange zu schließen«. Unten: Wieder hat es einen Feuerwehrmann im Einsatz »erwischt«. Man hat ihn rauchvergiftet und verletzt aus der Flammenhölle geholt. Er wird sofort ins Krankenhaus gebracht.

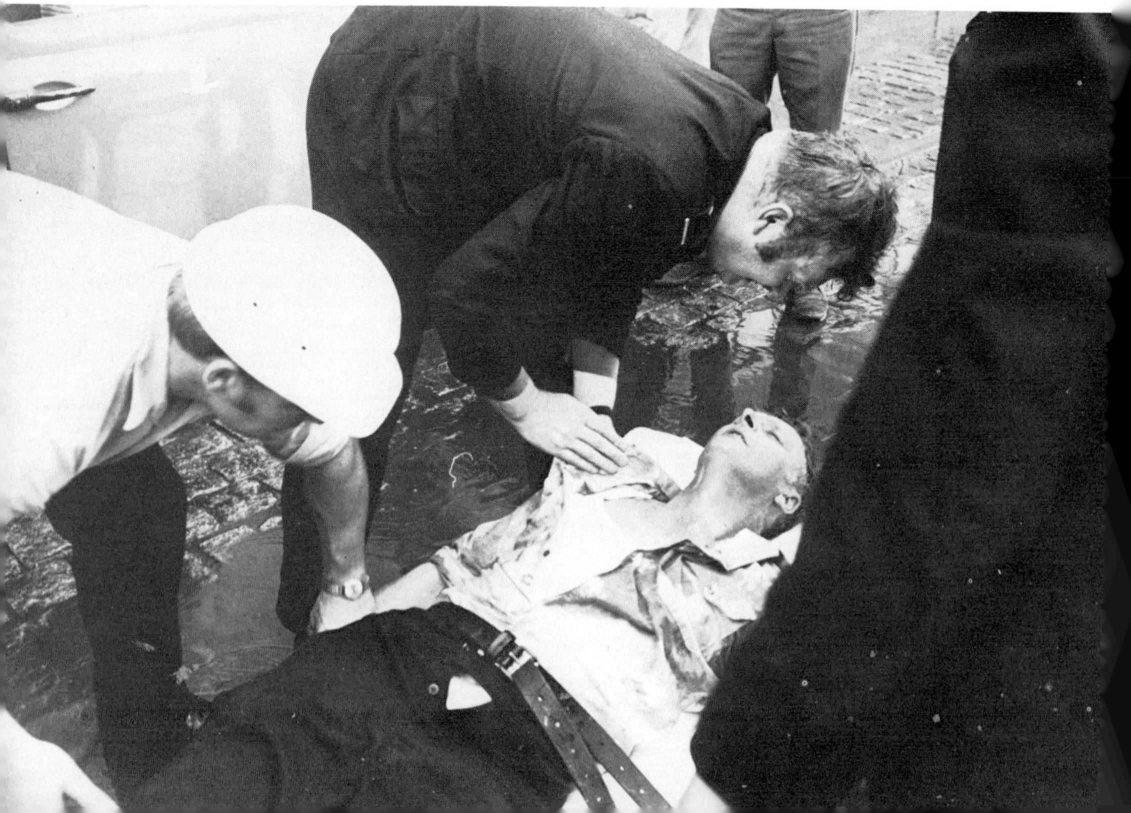

Für das Aufrichten, Neigen, Ausziehen, Einlassen und Drehen von Drehleitern sind besondere Sicherungen gegen Anstoßen und Festgeraten eingebaut. Wie die Nerven im lebenden Organismus reagieren sie auf jede äußere Einwirkung und Unregelmäßigkeit. Sämtliche Leiterbewegungen sind sogar dreifach abgesichert: hydraulisch, mechanisch und elektrisch. Außerdem ist für den Fall, daß alle anderen Möglichkeiten ausfallen, je ein zusätzlicher Handantrieb eingebaut.

Drehleitern sind folgsam, aber sie haben durchaus ihre Tücken. Einmal sind drei Beamte der Kieler Berufsfeuerwehr durch Überkippen einer solchen Leiter verunglückt, weil sie die Sicherheitsvorschriften nicht genügend beachtet hatten. Ein Mann fand dabei den Tod, zwei wurden verletzt.

Steht die Leiter frei, mit einer Neigung von siebzig bis fünfundsiebzig Grad, so darf sich auf jedem der vier Leiterteile nur jeweils ein Mann aufhalten. Keiner darf seinen Leiterteil verlassen. Werden Geräte nach oben gemannt, so geschieht das in der Stafettenkletterei.

Wird aber eine Schlauchleitung zur Leiterspitze hinauf verlegt – ihre Wassersäule hat ein beträchtliches Gewicht – so dürfen nur noch zwei Mann auf der Leiter verbleiben. Und auch ohne Schlauchleitung ist die freistehende Leiter nur für zwei Mann zugelassen, sobald sie unter fünfundsechzig Grad geneigt wird.

Überlastungen werden sofort durch das Läutewerk des Belastungsmessers und durch Aufblinken einer Warnlampe registriert. Solange sich jemand auf der Leiter befindet, darf der Fahrzeugmotor nicht wieder eingeschaltet werden. Jedes Manövrieren und Fahren, jede Veränderung der Leiterstellung hat zu unterbleiben.

Bei Sturm und böigem Wind wird die Spitze der freistehenden Leiter durch Halteleinen abgesichert. Wird ein Löschangriff über die freistehende Leiter nach oben vorgetragen, so darf der Strahlrohrführer keine heftigen Bewegungen ausführen. Er darf nicht über zehn Grad hinaus seitwärts spritzen, wenn er nicht Gefahr laufen will, daß die ganze Leiter regelrecht abgedreht wird.

Drehleitern sind in erster Linie Rettungswege. Sie werden an der Brandstelle selten benötigt – aber wenn, dann unbedingt und höchst eilig. Gewiß hängen dann schreiende Menschen in den Fenstern, denen vermeintlich oder tatsächlich der Rückzug vom Feuer abgeschnitten worden ist. Präzise fingert die Drehleiter von Fenster zu Fenster und bietet einen schnellen, sicheren Rückzugsweg zur Erde herab. Der rechtzeitige Drehleitereinsatz macht fast immer die Verwendung des Sprungtuches überflüssig, das als wohl meistzitiertes Gerät der Feuerwehr freilich noch immer hartnäckig sein Dasein in den Witzblättern und Humor-Ecken der Zeitungen behauptet.

Drehleitern können auch als Angriffswege benutzt werden, zum Vortragen von Löschangriffen auf Dachstühle und brennende Obergeschosse. Sie lassen sich sogar als unbemannte Wassertürme oder Löschmasten verwenden. Mit wenigen Handgriffen kann auf der Leiterspitze ein Wendestrahlrohr montiert werden, das durch Seilzug vom Erdboden aus ferngesteuert wird.
Die modernen ölhydraulischen Drehleitern haben aber noch einen weiteren, immer wichtiger werdenden Verwendungszweck – als vollmaschineller Dreitonnen-Kran! Der eingefahrene Leiterpark dient dann als stabiler Kranausleger. Bei Verkehrsunfällen und Verkehrshindernissen rücken darum die Drehleitern neuerdings mit aus. Sie machen das Nachrücken eines großen Feuerwehr-Rüstkranwagens in der Mehrzahl der Fälle überflüssig.
Generationen von Erfindern und Konstrukteuren haben herumtüfteln müssen, um solche Leichtstahl-Wunderwerke von heute – hydraulische Dreißig-Meter- und Fünfzig-Meter-Leitern – möglich zu machen. Viele Feuerwehrnationen haben Anteil an der technischen Entwicklung der Drehleiter gehabt, vor allem aber Deutschland, England und die Vereinigten Staaten.
Die Leiter als solche war bereits im alten Babylon bekannt. Aus ihr hat sich im 15. Jahrhundert die Steckleiter entwickelt, wahrscheinlich ein Ergebnis der Kriegstechnik zum Erstürmen von Stadtmauern. Wollte man jedoch in größere Höhen sicher emporsteigen, so ergab sich jedesmal ein Zeitverlust beim Zusammenstecken der einzelnen Leiterteile.
Die Feuerwehr brauchte daher ein anderes Gerät. So wurde eines Tages das Prinzip der aufeinandergleitenden Holme erfunden. Niemand weiß, wem diese Erfindung zu verdanken ist. Bekannt ist lediglich, daß schon 1761 der Münchner Stellmacher Bürner eine solche Leiter gebaut hat. Generationen von Feuerwehrfachleuten und Konstrukteuren tüftelten nun an der Vervollkommnung dieses Leiterprinzips. Sie ersetzten den primitiven Seilzug durch eine Seilwinde, sie gaben der Leiter Räder und konstruierten eine Vorrichtung, durch die der Leiterpark auf seinem Fahrgestell drehbar wurde. Ein bedeutender Pionier der Leitertechnik war Conrad Dietrich Magirus. Er baute die erste Drehleiter, bei der kleine Gas- oder Dampfkolbenmaschinen das Ausziehen der Drehleiter besorgten.
1916 gelang es seiner Firma, das erste Leiterfahrzeug mit Otto-Motor und mit maschinellem Antrieb aller Leiterbewegungen durch den Fahrzeugmotor zu entwickeln.
1931 wurden schließlich von Magirus die erste Ganzstahl- und von Metz die erste Leichtmetall-Drehleiter der Welt gebaut. Ende der fünfziger Jahre schließlich löste das ölhydraulische Prinzip allgemein das mechanische ab.
Die Amerikaner haben ihre Drehleitertechnik in anderer Richtung weiterentwickelt. Kurioserweise stammt dieses System aus Süddeutschland: In den

USA sind die meisten Drehleitern auf Sattelschlepper montiert. Die ebenfalls drehbar angeordnete Hinterachse des langen Auflegerfahrzeugs wird von einem zweiten Fahrer, dem Tillerman, gesteuert. Beide Fahrer stehen bisweilen sogar über eine Wechselsprechanlage miteinander in Verbindung. Verblüffend ist auf jeden Fall die Kurvengängigkeit und die gute Rückwärts-Manövriereigenschaft solcher Sattelschlepper-Leitern. Freilich haben die ›Aerial Ladders‹ in der Neuen Welt längst Konkurrenten bekommen – die fahrbaren Hubtürme oder ›snorkel‹. Diese an einem hydraulisch gesteuerten Arm hoch- und ausschwenkbaren Plattformen werden auch zur Menschenrettung, vor allem aber als Wassertürme für Außenangriffe eingesetzt. Auch in Deutschland stehen solche Hubrettungsfahrzeuge als »Gelenkbühne« (GB) im Feuerwehr-Einsatz.

Die in Deutschland üblichen Drehleiterfahrzeuge, die populärsten aller Feuerwehrautos, sind ihrem universellen Zweck zuliebe ebenso vollständig ausgerüstet wie ein Löschfahrzeug. Auch sie haben Schläuche, Standrohr, Strahlrohre, Werkzeug- und Sanitätskasten, Kleinlöschgeräte, Krankentrage, Beleuchtungsgeräte, Elektrowerkzeugkasten, Sauerstoffbehandlungsgerät, Pulmotor an Bord. Die Drehleitern rücken unter Umständen auch allein in den Einsatz. Allerdings haben sie keine Feuerlöschpumpe an Bord. Ihre Besatzung kann also nur Löschleitungen vornehmen, die mit normalem Hydrantendruck arbeiten. Normalerweise aber rückt die Drehleiter im Dreierverband eines Löschzuges aus. Und Tanklösch- sowie Löschfahrzeuge haben beide eine Feuerlöschkreiselpumpe derselben Bauart und Leistung an Bord.

Wie sieht bei rechtzeitiger Alarmierung der Feuerwehr und bei taktisch richtigem Einsatz eine Menschenrettung großen Stils mit Drehleiterhilfe aus? Der Hamburger Oberbranddirektor i.R. Dipl.-Ing. Hans Brunswig, hat darüber in der VDI-Zeitschrift so lebendig berichtet, daß ihm für diese Reportage der Max-Eyth-Preis zuerkannt wurde. Sie schildert einen dramatischen Einsatz, der ebenfalls im Revier meiner Feuerwache stattgefunden hat:

Menschenleben in Gefahr!

»Bei uns brennt es, wir können nicht mehr raus, kommen Sie schnell!« In höchster Erregung war dieser Hilferuf in das Telefon geschrien worden, als Brandmeister T. in der Hauptfernmeldestelle bei Aufleuchten der Notruflampe 112 den Hörer abnahm und sich mit »Feuerwehr Hamburg« meldete. Er konnte gerade noch schnell die Fangtaste drücken, um die Gesprächsverbindung zu blockieren – da hatte der Anrufer schon aufgelegt, ohne in seiner Angst und Not zu sagen, wo denn die Hilfe der Feuerwehr notwendig sei. Die Überwachungsstelle des Fernsprechamtes brauchte aber nicht einzugreifen, denn in Sekundenschnelle leuchteten fast zugleich die Signallampen aller

Notrufleitungen und der zehn freien Amtsleitungen auf. Von überall die gleiche Meldung: »Neuer Wall 59 – Großfeuer! Menschenleben in Gefahr!« Dreizehn Uhr sechsundzwanzig rasselten die Fernschreiber an alle Hamburger Feuerwachen zugleich diese Meldung durch. Kaum dreißig Sekunden später flogen die Tore der Feuerwachen drei und vier auf – die Löschzüge wanden sich heulend und klingelnd durch den Weihnachtsverkehr der Großstadt. Aus der Einfahrt der Hauptfeuerwache schoß unser kleiner Volkswagen und bog mit pfeifenden Reifen in die Hauptverkehrsstraße ein. Vier kritische Verkehrsknotenpunkte lagen zwischen uns und der Brandstelle – aber es klappte hervorragend: Die Verkehrspolizisten stoppten mit »Halt für alle Richtungen« den Kreuzungsverkehr – schon waren wir durch! Da, im Lautsprecher des Funksprechgerätes meldete sich Zug drei. Er hatte vier Minuten nach dem Hilferuf die Brandstelle erreicht und gab nur kurz das Stichwort »Dritter Alarm!« Es mußte also wirklich etwas los sein.
Augenblicke später sah ich zum ersten Male von fern die Brandstelle. Ein gewaltiger, tiefschwarzer Rauchpilz quoll über dem Gebäude hoch, aus den Fenstern an der Fleetseite schossen lange Stichflammen. Nur sehr widerwillig machten uns die Menschenmassen Platz, die sich das Sensationsschauspiel eines Großfeuers nicht entgehen lassen wollten.
Dreizehn Uhr einunddreißig: Aus dem Lautsprecher kam die zweite Rückmeldung: »Noch zwei Drehleitern anrücken!«
Dreizehn Uhr dreiunddreißig: Unser Wagen muß fünfzig Meter vor der Brandstelle halten, um den Weg für die nachfolgenden Löschzüge frei zu lassen. Im Vorlaufen sah ich: Aus den meisten Fenstern eines vierstöckigen Geschäftshauses drang dicker Qualm. Auf den Fensterbrüstungen des vierten Stockwerkes standen oder hingen etwa zehn Männer und Frauen, während über ihnen stoßweise der Rauch aus den Oberlichtern herausschoß. Die Drehleiter des Löchzuges drei hatte an einem Fenster des oberen Stockwerks angelegt, hinter dem das Feuer besonders stark entwickelt schien. Acht Personen stiegen gerade dicht aufeinanderfolgend herunter; mit Kleidern, Aktentaschen, Schreib- und Rechenmaschinen unter dem Arm. Die Leiter war dadurch bis an die Grenze des Zulässigen belastet, denn das rote Gefahrensignal am Schaltblock des Drehgetriebes leuchtete flackernd auf, und die Warnglocke schrillte. Dazwischen brüllten Menschen – nicht etwa die vom Feuer bedrohten, sondern ein Publikum, das glaubte, die Feuerwehrmänner mit Ratschlägen ermuntern zu müssen.
Ich rief meinem Fahrer zu: »Rückmeldung Vierter Alarm!« und stellte mit raschem Rundblick fest, daß der wahrscheinlich entscheidende Löschangriff in das Treppenhaus bereits eingeleitet war und Zug vier über die Treppen des Nachbargebäudes vorging; hier war nichts zu veranlassen. Wesentlich

mußte die Bergung der Menschen sein. Sie konnte lediglich nacheinander erfolgen, denn die Drehleiter war nur mit Schwierigkeiten durch die Drahtverspannungen der sonst so stimmungsvollen, jetzt aber verdammt hinderlichen Weihnachtsbeleuchtung und ihre Zuleitungen hindurchmanövriert worden.
Kaum war der letzte Mann von der Leiter herunter, als der Maschinist die Leiterspitze vom Fenster wegdrehen wollte, um an die anderen Fenster zu kommen. Die Leute dort wurden bei rasch zunehmender Rauchentwicklung immer unruhiger und riefen nach einem Sprungtuch. Da sahen wir, daß sich die Leiterspitze in fünfzehn Meter Höhe, wohl durch die Überlastung, unter einem Fenstersims festgeklemmt hatte und deshalb die Bewegungssicherung sofort abschaltete, wenn der Maschinist den Schalthebel auf Drehen legte. Sicherungen sind schön und notwendig, hier mußte es aber gewagt werden, sie mit einem Griff an das Zentralventil abzuschalten. Krachend schwenkte die Leiterspitze heraus, einige Mauerbrocken prasselten herunter, der Leitersatz federte heftig durch, dann arbeitete das Getriebe frei. Jahrelange Übung und Erfahrung ließen den Maschinisten Ruhe bewahren, und Sekunden später schob sich der Rettungsweg aus Stahl an die letzten Fenster! Kaum kam die Leiter zum Stillstand, da drängten sich zuerst Männer – sie waren keine Kavaliere –, dann Frauen und Mädchen herunter, um den drohenden Flammen zu entrinnen. In uns allen löste sich die erregte Spannung, als dieses Manöver gelungen war. Die Uhr zeigte dreizehn Uhr achtundvierzig.
Wichtig war jetzt, zu erfahren, ob sich im oberen Stockwerk nicht doch noch verunglückte Menschen befanden. Keiner von den Herunterkommenden wußte es genau; also schnell hinauf! Gerade meldete sich Zug acht zur Stelle, und zusammen mit seinem Angriffstrupp, unter Mitnahme einer Schlauchleitung, stiegen wir hoch. Der Fensterraum war verqualmt, aber am Boden kriechend, kamen wir bis zur Tür, die an verschiedenen Stellen schon durchbrannte. Ein Schlag mit dem Beil – die Füllung flog heraus, und wir hatten heftiges Feuer vor uns. In Sekundenschnelle schaffte unser Strahlrohr aber hier Wandel; die Flammen waren ausgeschlagen, und wir krochen langsam weiter. Über uns krachte es bedenklich im Dachstuhl, ein Funkenregen kam herunter und einige Brocken hinterher, gleich darauf aber auch eine kräftige Wasserdusche. Sie wurde zwar laut fluchend registriert, aber es war doch beruhigend, zu wissen, daß damit der Angriff vom Dach her zum Zuge gekommen war. Alsbald erhielten wir eine ähnliche nasse Bestätigung von vorn. Der Wasserregen stammte von dem ersten Angriffstrupp, der sich unter Gasschutzgerät über das brennende Treppenhaus hochgearbeitet hatte.
Vierzehn Uhr fünfundzwanzig – fast genau eine Stunde nach dem ersten Hilferuf – ging die Rückmeldung an unsere Hauptfernmeldestelle: »Brannten Geschäfts-, Büro- und Wohnräume in den oberen Stockwerken. Zwölf

Rohre. Zwanzig gefährdete Menschen unverletzt über Drehleitern geborgen. Feuer in der Gewalt.«

Der Wettlauf mit dem Feuer war gewonnen, und die Technik, geleitet von Mut, Können und Erfahrung, hatte das Rennen entschieden. Telefon, Fernschreiber, Funk, Kraftfahrzeuge, mechanische Drehleitern, Feuerlöschpumpen, Schläuche und Strahlrohre wirkten sinnvoll zusammen.

Unsichtbar hinter diesen Dingen stand aber noch mehr. Das Löschwasser strömte nicht von ungefähr schier unerschöpflich aus den Hydranten. In der Schaltwarte des Hauptpumpenwerks Rothenburgsort hatte der Wachingenieur am Druckschreiber einen plötzlichen Abfall festgestellt. Seine Überlegung »Rohrbruch oder Großfeuer?« wurde beendet durch das Schrillen des Telefons. Die Feuerwehr meldete »Großfeuer Neuer Wall, bitte Druck erhöhen!« . . ., und singend fuhren die E-Motoren der Förderpumpen hoch!

Schnellangriff

Unsere nächste Alarmdepesche: »Brennt Lastzug, Amsinckstraße!«

Diese Straße gehört nicht zu unserem, sie gehört zum benachbarten Revier der Hauptfeuerwache. Aber der dort stationierte Löschzug ist zur Zeit anderweitig im Einsatz. Folglich sind wir zuständig und rücken unverzüglich aus. Schon vom Chilehause her sehen wir eine schwarze, kerzengerade Rauchsäule, wenig später auch den üblichen Menschenauflauf. Nicht der Lastzug brennt, sondern der eilends abgekuppelte Anhänger. Er ist mit Stückgut, Kartonagen und Preßfaserplatten beladen. Von der Windseite her stoßen wir mit dem Tanklöschfahrzeug dicht an den brennenden Anhänger heran.

»Schnellangriff! S-Schlauch vor!« kommandiert der Zugführer.

Der Angriffstrupp reißt das Strahlrohr des formfesten Sonderdruckschlauches aus der Schnellangriffsklappe heraus und rennt damit zum Feuer. Der Schlauch ist direkt an die Pumpe angeschlossen. Gleichzeitig hat der Maschinist an der Fahrzeugrückwand die Doppeltür zum Pumpenraum aufgerissen. Mit wenigen Handgriffen kuppelt er die Feuerlöschkreiselpumpe ein und fährt sie auf Touren. Sie ist durch einen Nebenantrieb mit dem weiterlaufenden Fahrzeugmotor verbunden. Ihre Kontrollinstrumente – die Druckmesser und der Betriebsstundenzähler – sind auf der Pumpen-Schalttafel installiert. Schon nach zwölf Sekunden schleudert die turbinenartige Pumpe mit ihren rotierenden Schaufel- oder Kreiselrädern das Löschwasser in den S-Schlauch. Knäckernd und ballernd entfliegt es dem Strahlrohr. Unter hohem Druck fetzt es die Stapel der brennenden Kartonagen und Preßstoffe auseinander, durchwirbelt und überschüttet sie mit Wasserkaskaden.

Bald kann das Strahlrohr von Vollstrahl auf Sprühstrahl umgeschaltet werden. Eine kranzförmige Wasserdusche löscht nun die letzten Brandnester ab. Genau siebenundachtzig Sekunden nach Angriffsbeginn heißt es: »Wasser halt!«

Das Publikum reißt Mund und Nase auf: Das grenzt ja an Zauberei! Eben noch diese gefährlich aussehende Rauchsäule – und nun ist schon alles vorüber? Auch der Lkw-Fahrer kann es nicht fassen. Er ist noch ganz weiß im Gesicht. Ungläubig umstreicht er den Windhund, wie wir unser Schnellangriffs- und Tanklöschfahrzeug nennen. Wo kam bloß das Löschwasser her? Die Feuerwehrleute haben ja die Hydrantenleitung gar nicht ausgelegt!

Des Rätsels Lösung ist einfach: Tanklöschfahrzeuge vom Standardtyp TLF 16 haben zweitausendvierhundert Liter Löschwasser an Bord. Die Zahl 16 bedeutet, daß ihre Kreisel- oder Zentrifugalpumpe pro Minute eintausendsechshundert Liter Wasser zu fördern vermag.

In der Tat, ein erstaunliches Auto! Und welch ein erstaunlicher Weg vom pferdebespannten Wasserwagen und von der Dampfspritze zum Frontlenker-Tanklöschfahrzeug mit Hochdruck-Zentrifugalpumpe, Schnellangriffseinrichtung und Ultrakurzwellenfunk!

Mit Volldampf ins 20. Jahrhundert

Als Erfinder der Dampfspritze darf der Schwede Ericsson gelten. Dieser Schwede lebte Anfang des vorigen Jahrhunderts in London. Er wurde kurze Zeit später naturalisiert und schrieb sich künftig mit c. Zusammen mit dem Engländer John Braithwaite hat Ericson 1828 ein erstes Muster und die erste richtige, durchkonstruierte Dampfspritze der Welt gebaut. Dieses Gerät blieb als Vorführfahrzeug in der Fabrik. Ein zweites Baumuster ging nach Liverpool. Ansonsten zeigten sich für diese Neuerung zunächst weder die Stadtväter von London noch die Versicherungsgesellschaften interessiert. Lediglich eine dritte Ericsson-Dampfspritze namens »Comet« wurde 1832 nach Berlin verkauft. Die Spritze wurde zum Königlichen Hof von Preußen verfrachtet. Liverpool und Berlin haben als erste aller Städte je eine Dampfspritze eingesetzt. Das geschah schon zehn, zwölf Jahre vor dem Hamburger Brand.

Auch in Amerika setzten sich – ab 1852 – die Dampfspritzen allgemein durch. In jenem Jahre hatte der Amerikaner Latta eine bekannte US-Spritze namens ›Uncle Joe‹ gebaut. Sie war Vorbild für viele andere. Auch Lattas Geschäftspartner Shawk, der sich später von ihm trennte, baute ab 1855

Dampfspritzen – eine für Cincinnati und vier für St. Louis. Die Modelle hatten Erfolg. 1870 gab es in den Vereinigten Staaten bereits viertausend Dampfspritzen.
Schon im Jahre 1840 hatte Paul R. Hodge in Amerika das erste Feuerwehrfahrzeug der Welt konstruiert, das auf Pferdebespannung verzichten konnte. Hodge baute eine selbstfahrende Dampfspritze, deren Eisenräder ein Jahr später tatsächlich durch die Straßen rumpelten.
1862 brachte William Roberts in Millwall bei London ebenfalls einen Spritzendampfwagen in Fahrt. 1878 baute der Schweizer Schmidt in Zürich eine selbstfahrende Dampfspritze, die in zwölf Tagen von Zürich nach Paris gefahren ist. Die Firma Merryweather in London brachte 1899 eine kleine, nur 2,5 t wiegende »automobile« Dampfspritze heraus, die das beachtliche Tempo von sechsundvierzig Kilometern in der Stunde erzielte. Im Jahre 1900 lieferte die Waggonfabrik Busch in Bautzen ihre erste selbstfahrende Dampfspritze an die Feuerwehr Berlin. Aber die Eisenreifen dieser Maschine zeigten eine fatale Schleuderneigung, bei Glatteis drehten sie auf der Stelle. Auch die Steuerung war noch zu schwerfällig. Bald aber wurden die Modelle besser, zumal man zu Vollgummireifen überging. Hannover bekam bald zwei Spritzen, bei denen eine kleine zehnpferdige Zwillingsdampfmaschine zwischen Kessel und Pumpwerk speziell für den Fahrantrieb sorgte. Auch Magirus baute jetzt in Ulm selbstfahrende Dampfspritzen, ja sogar Drehleitern mit Dampfkraft.
Neben den Firmen Busch und Magirus bauten auch Braun/Nürnberg und Flader/Jöhstadt Dampfspritzen mit Eigenantrieb. Praktisch wurden für die einzelnen Städte mit ihren besonderen Gegebenheiten – Pflasterungsart, Steigungen, Entfernungen – verschiedene Maschinenstärken entwickelt. Freilich gab es Feuerwehren, die auch weiterhin der pferdebespannten Dampfspritze den Vorzug gaben. Sie waren vom Vorzug der ›Straßenlokomotiven‹ nicht zu überzeugen. Technisch einfacher, frei von Vorheizproblemen, waren die Pferde-Dampfspritzen auf jeden Fall, dafür war der Pferdebetrieb aufwendiger.

Millionäre spielen Feuerwehr

Übrigens gibt es auch heute noch eine Dampfspritze, die bei höheren Alarmstufen treu und brav mit ausrückt. Das geschieht in der chilenischen Hauptstadt Santiago, die freilich längst über moderne Motor-Löschzüge und eine gutorganisierte Berufsfeuerwehr verfügt.
Chile ist der feuerwehrfreudigste Staat von Südamerika. Vor mehr als hun-

dert Jahren haben Chilenen und Einwanderer, vornehmlich Deutsche, in Valparaiso, Santiago und Valdivia internationale Freiwillige Feuerwehrkorps gegründet. Sie bestehen noch heute neben den dort mittlerweile aufgebauten Berufsfeuerwehren. Bis zum Zweiten Weltkriege behielt jede freiwillige Wehr Uniformen, Fahrzeuge und Ausbildungsmethoden aus dem jeweiligen Heimatland ihres Gründers bei. Das war natürlich ein buntscheckiges Bild. So trugen die Brandmeister und Oberfeuerwehrleute der deutschen Wehren noch die preußische Pickelhaube, als sie hierzulande längst zum Museumsstück geworden war.

Die wohl ungewöhnlichste Freiwillige Feuerwehr der Welt ist das Department Nr. 1 von Santiago. Diese Wehr besteht nur aus Millionären. Sie ist der feudalste Klub der chilenischen Hauptstadt. Der Monatsbeitrag beläuft sich pro Mitglied, umgerechnet, auf zweihundertfünfzig Deutsche Mark. Überdies werden auch alle Unkosten sowie die persönliche Ausrüstung von den Feuerwehr-Millionären mit Begeisterung aus eigener Tasche bezahlt. Wer wirklich vornehm ist, der beweist das in Chile durch seine Opferbereitschaft für die Sache der Feuerwehr. Diese Denkweise sollte man getrost nach Europa importieren!

Das Prunkstück des feudalen Departments Nr. 1 ist eine blitzblank gewienerte, kupferne Dampfspritze deutscher Herkunft. Ihre Bedienung trägt allerdings amerikanische Feuerwehr-Traditionsuniformen. So bietet sich bei Feuer-Großalarm in der Calle Moneta von Santiago, der Straße des Geldes, ein ergötzlicher Anblick: mit Hallo rennen die Millionäre der Stadt zur Brandstelle, an Tauen ihre deutsche Dampfspritze hinter sich herziehend. Das Department Nr. 1 steht bei der Berufsfeuerwehr Santiago in hohem Ansehen, denn seine Männer setzen sich hervorragend ein. Ihre liebevoll gepflegte Dampfspritze soll noch niemals versagt haben!

Ob dieser Wasserkocher wirklich der einzige ist, der heute noch tatsächlich ausrückt, läßt sich schwer ermitteln. Vielleicht ist auch in Afrika oder Asien die eine oder andere Feuerwehr noch mit einem solchen Monstrum aus der guten alten Zeit ausgerüstet.

Mit Benzin an die Brandstelle?

Aber schon während die wackere Dampfspritze ihre technische Reife noch längst nicht erreicht hatte, begann man bereits, die Elektrizität und den Benzinmotor der Feuerwehrtechnik nutzbar zu machen. Doch der Weg bis zu einem gemeinsamen Antrieb für Spritze und Fahrzeug war lang. Im Juli 1888, beim 13. Deutschen Feuerwehrtag in Hannover, war erstmalig eine

Feuerlöschpumpe mit Verbrennungsmotor zur Schau gestellt worden. Sie war nach den Plänen von Gottlieb Daimler von dem Stuttgarter Glockengießer und Feuerspritzenfabrikanten Wilhelm Kurtz angefertigt worden. Ihr Zweizylinder-Daimlermotor hatte noch Glührohrzündung. Der Motor hatte zwar nur vier PS Leistung, war aber eine klobig-kolossale Maschine. Die dazugehörige Kolbenpumpe arbeitete nach dem Prinzip einer Handdruckspritze, sie förderte dreihundert Liter Wasser pro Minute. Zu ihrem Antrieb war ein recht kompliziertes Zwischengetriebe erforderlich.
Auf dem 14. Deutschen Feuerwehrtag in München, 1893, stellte Magirus eine Kraftspritze aus, die bereits Elektrozündung besaß. Ihr Motor leistete acht bis zwölf PS. Aber schon ein Jahr vorher hatte eine Daimlersche Sechs-PS-Motorspritze beim Brand einer Bettfedernfabrik in Bad Cannstatt ganze Arbeit geleistet. Bei fünf Meter Saughöhe und etwa einhundertfünfzig Meter langer Druckschlauchleitung war sie fünf Stunden lang ununterbrochen in Betrieb, um den zwanzig Meter hohen Dachstuhl unter Löschwasserbeschuß zu halten. Dieselbe Spritze hat später bei der Berufsfeuerwehr Erfurt noch volle fünfundzwanzig Jahre lang störungsfrei ihren Dienst getan. Heute steht diese Veteranin im Daimler-Benz-Museum von Stuttgart-Untertürkheim. Ihre beiden Riesenzylinder haben denselben Hubraum wie ein heutiger Mercedes 300! Diese Kraftspritze aber mußte, wie zunächst alle anderen auch, durch Pferde oder Feuerwehrleute zur Brandstelle gezogen werden. Das Zeitalter der Benzin-Kraftfahrspritze war bei der Cannstätter Feuertaufe noch längst nicht herangereift.
Kurz vor der Jahrhundertwende wurde zeitweilig sogar mit Elektromotorspritzen experimentiert. Sie setzten einen intakten Stromanschluß in Brandstellennähe voraus und machten das umständliche Mitführen entsprechend langer Kabel notwendig. Das System hat sich bald als unsinnig erwiesen.
Anders beim Fahrzeugantrieb. Ehe sich jedoch die Berliner Feuerwehr der elektrischen Antriebskraft für ihre Fahrzeuge bediente, verfiel sie (1894) auf eines der kuriosesten Experimente in der Geschichte der Feuerwehrfahrzeuge: Weil sie sich vom Wegfall der Pferdebespannung eine erhebliche Vereinfachung und Verbilligung des Wachbetriebes versprach, baute sie ein sechssitziges Tretomobil. Tatsächlich soll dieses Berliner Strampelauto schneller als jeder Pferdelöschzug gewesen sein. Aber leider hatte das Gefährt den Nachteil, daß seine Besatzung nach der anstrengenden Tretarbeit der Hinfahrt völlig erschöpft an der Brandstelle eintraf. Das lag nun keineswegs im Sinne des Erfinders, und darum wurden diese Versuche 1897 wieder eingestellt.
Aber die Berliner Feuerwehr blieb am Ball. Sie ließ sich durch das mißlungene Experiment nicht davon abhalten, schon zur Jahrhundertwende an der Feuerwache Lindenstraße, der späteren Hauptfeuerwache Berlins, den ersten

akku-elektrischen Personenwagen in Betrieb zu nehmen. Auch dieses Fahrzeug war noch nicht der Weisheit letzter Schluß. Es begann bei schlüpfriger Straße gehörig zu schleudern, sobald auch nur die geringste Lenkradbewegung erfolgte. Auch die besten Fahrer verloren die Herrschaft über dieses Ungetüm. Seine labile Straßenlage dürfte durch den viel zu schweren Hinterachsenantrieb verursacht worden sein.
Bald baute die Industrie bessere Modelle. Nach dem vielbeachteten Debüt von Hannover (1902)* setzten sich Elektromobile bei den Feuerwehren von ganz Europa durch. Sie hatten eine Höchstgeschwindigkeit von fünfunddreißig Kilometern in der Stunde, und ihre Batterien mußten nach rund fünfzig Kilometern Fahrstrecke wieder aufgeladen werden.
In den Jahren 1910–14 baute man schließlich benzin-elektrische Feuerwehr-Automobile, weil einige Feuerwehren das Schalten bei Verwendung der damaligen Lkw-Benzinmotoren als zu schwierig empfanden. Darum wurde vor dem Kühler ein benzingetriebener Gleichstromerzeuger installiert, mit dessen Strom gefahren wurde. Seine Laufleistung blieb immer gleich.
Auch bei diesen Modellen der benzin-elektrischen Zwischenstufe war wie bei vielen Akku-Elektromobilen der Antriebsmotor direkt in die Räder verlegt – nach System Lohner-Porsche. Diese Konstruktion stammte von Ferdinand Porsche, dem späteren Schöpfer des Volkswagens, während die Radnabenmotoren von der Maschinenfabrik Lohner in Wien produziert wurden.
Bei Verwendung von Radnabenmotoren blieb das Untergestell der Fahrzeuge von Konstruktionsteilen frei. Es konnte zur Aufnahme der mitgeführten Haken- und Steckleitern dienen, die vorher in einem Tragegestell über den Fahrzeugaufbauten mitgeführt werden mußten. Dieses hohe Leitergerüst hatte die Straßenlage nicht gerade verbessert.
Die Benzin-Elektro-Esel erwiesen sich als wacker und robust. So wurden in Hamburg erst 1939 die letzten Fahrzeuge dieser Bauart von der Beschaffungsserie 1912–14 außer Dienst gestellt.
Feuerwehrfahrzeuge mit regulärem Benzinmotor kamen nur sehr langsam in Mode. Ein kluger Mann hatte 1906 sogar die völlige Verbannung des Explosionsmotors aus dem Feuerwehrdienst verlangt: Benzin sei viel zu feuergefährlich! Wie könne man nur auf den Gedanken kommen, mit einem solchen Teufelszeug an Bord zu einer Brandstelle zu fahren. Doch im gleichen Jahre hatte jemand den Mut zu ebendieser verwegenen Pioniertat. Bemerkenswerterweise war es eine Freiwillige Feuerwehr.
Die Freiwillige Feuerwehr von Grunewald bei Berlin wollte es wissen. Sie gab das erste Feuerwehr-Benzinauto, eine Gasspritze, in Auftrag. Aber wir können uns heute nicht mehr vorstellen, wie vermessen dieses Unterfangen war. Man eilte mit einer solchen Bestellung seiner Zeit voraus. Die Proble-

* Hannover stellte 1902 den ersten elektromobilen Löschzug der Welt in Dienst!

matik des Benzinantriebes lag nämlich weniger in der Feuergefährlichkeit des Kraftstoffes als vielmehr auf mechanischem Gebiet. Es gab noch keine Feuerwehr-Kreiselpumpen (Zentrifugalpumpen). Die Hauptschwierigkeit bildete eine geeignete Getriebeverbindung zwischen dem schnellaufenden Benzinmotor und den zunächst ausschließlich bekannten Feuerlösch-Kolbenpumpen zu schaffen. Außerdem gab es ja noch keine elektrischen Starter. Der Benzinmotor mußte jedesmal mühselig mit der Handkurbel angeworfen werden. Diese zeitraubende Schwerarbeit war für Alarmfahrzeuge nicht gerade ideal.
Im Jahre 1908 erschien dann die Bosch-Doppelzündung auf dem Markt. Das war eine Kombination von Summer-Zündspule für den Anlaßvorgang und von Zündmagnet für die Betriebszündung des laufenden Motors. Damit war endlich ein halbwegs brauchbarer elektrischer Starter geschaffen. Erst vereinzelt, dann in größerer Zahl wurden nach dieser Erfindung Feuerwehr-Benzinfahrzeuge gebaut. Aber die meisten Feuerwehren mißtrauten ihnen noch, so daß es auch deshalb zu der Übergangslösung des Benzin-Elektro-Antriebs gekommen ist, von der ja bereits die Rede war.

Eine »runde Sache«

Mit der Entwicklung von Kraftspritzen kam man erst weiter, als das Zeitalter der Kolbenlöschpumpe zu Ende ging. Eines Tages hatte man aus der schon lange bekannten Zentrifugalpumpe die Hochdruck-Zentrifugalpumpe entwickelt. Dieses neue System brachte den Frankfurter Branddirektor Schänker auf einen fruchtbaren Gedanken. Die Feuerwehr Frankfurt baute 1908 in eigener Werkstatt am Heck eines Dreitonnen-Daimler-Lastwagens mit Fünfundvierzig-PS-Benzinmotor eine solche Zentrifugalpumpe ein. Sie wurde vom Fahrzeugmotor angetrieben. Damit war das bis heute gültige Prinzip aller Löschpumpenantriebe geschaffen. Die provisorisch eingebaute Frankfurter Feuerlöschkreiselpumpe brachte es immerhin auf eine Wasserförderung von zweitausend Liter in der Minute, bei einer Förderhöhe von siebzig Meter Wassersäule. Auch die Berufsfeuerwehr Breslau nahm jetzt entsprechende technische Versuche auf.
Unabhängig davon bauten 1908/09 die Süddeutsche Automobilfabrik Gaggenau/Baden (später Daimler-Benz) und die Feuerwehrgerätefabrik Carl Metz/Karlsruhe gemeinsam die erste fabrikmäßig hergestellte Benzin-Kraftfahrspritze mit Wassertank und am Rahmenende eingebauter Kreiselpumpe. Damit war in groben Umrissen schon das heutige Löschfahrzeug konzipiert, obwohl es natürlich noch viele Dutzend Wandlungen erfahren sollte. Auf

dem Nürnberger Feuerwehrtag des Jahres 1909 hat das neue Fahrzeug Aufsehen erregt. Auch die Feuerwehren von Karlsruhe und Lübeck ließen sich jetzt solche Fahrzeuge bauen, die immerhin schon eine Pumpenleistung von eintausendfünfhundert Liter in der Minute bei sechzig bis siebzig Meter WS erzielten. Bis auf einen riesigen Fahrtrichtungswinker in der Kühlermitte – er wurde noch bis Ende der zwanziger Jahre bei allen Löschfahrzeugen beibehalten – ähnelten die ersten Benzinkutschen einander kaum. Die feuerwehrtechnischen Aufbauten wurden noch ausschließlich nach den Sonderwünschen der einzelnen Branddirektoren entwickelt. Auch ausländische Feuerwehren bestellten schon deutsche Kraftfahrspritzen aus Gaggenau, unter anderen die Wehren von Amsterdam, Kopenhagen und Baku.

Selbstverständlich hatten diese neuen Fahrzeuge noch ihre Mucken und Kinderkrankheiten. Und vor allem mißtrauten die meisten Feuerwehren noch immer der elektrischen Doppelzündung. In düsteren Farben malte man die Möglichkeit eines Nicht-in-Gang-Kommens bei Alarm, die Schaltschwierigkeiten und die Gefahr von Pannen auf dem Wege zum Einsatz aus.

Es entbrannte ein erbitterter Krieg zwischen den Verfechtern des Benzin- und denen des Elektroantriebes. Dieser polemisch geführte Streit wogte jahrelang hin und her. Selbst ehrenwerte Branddirektoren gerieten dabei dermaßen in Harnisch, daß sie ihre kollegialen Widersacher auf unschöne Weise madig machten. Besondere Beachtung fand der um dieses Problem geführte Privatkrieg zwischen dem Aachener Branddirektor Scholz und dem Berliner Kgl. Branddirektor Reichel.

Die allgemeine Uneinigkeit bei der Wahl des richtigen Systems führte dazu, daß noch bis zum Jahre 1914 benzin-elektrische Automobile weitergebaut wurden. Aufhalten ließ sich die Benzin-Motorisierung im Endeffekt jedoch nicht.

Der nächste große Umbruch der Feuerwehrtechnik folgte in den dreißiger Jahren. 1934 gab es die ersten Feuerwehrautos mit Dieselmotor. Noch vor Kriegsausbruch hatte sich beim Bau von großen Löschfahrzeugen der selbstzündende, vergaserlose und sparsame Schwerarbeiter unter den Verbrennungskraftmaschinen überall durchgesetzt. Der Zweite Weltkrieg brachte bei Freund und Feind die größte Feuerwehr-Mobilisierung der Geschichte mit sich. Der Luftkrieg war ja vor allem ein Brandkrieg. Drei Viertel aller Zerstörungen wurden durch Feuer verursacht. Infolgedessen wurden allein in Deutschland 1940–44 nicht weniger als dreizehntausendfünfhundert Feuerwehrfahrzeuge gebaut! Dabei beschränkte man sich auf mehrere Einheitstypen von Löschfahrzeugen. Mit diesen Standard-Neubauten konnten nun die sechshundertvierundzwanzig vollmotorisierten Feuerwehrbereitschaften der Kleinstädte und Landkreise, die motorisierten Luftschutzkräfte des

Sicherheits- und Hilfsdienstes, die damals vorhandenen zweiundneunzig deutschen Berufsfeuerwehren sowie die aufgestellten Feuerschutzpolizei-Regimenter ausgerüstet werden.
Es liegt auf der Hand, daß ein Serienbau von dreizehntausendfünfhundert Feuerwehrfahrzeugen die technische Entwicklung vorangetrieben hat.

Jedes Stück hat seinen Platz

»Der Samstag ist meistens so ein Tag / Den der Vater nicht leiden mag / Es wirbelt der Staub, der Besen schwirrt / Man irrt umher und wird verwirrt.« So lesen wir bei Wilhelm Busch.
Natürlich steht sonnabends auch bei der Feuerwehr das Wort Reinigungsdienst auf dem Wochendienstplan. So bietet sich an allen Feuerwachen – günstiges Wetter vorausgesetzt – eine augenfällige Besonderheit: Sämtliche Fahrzeuge werden ins Freie geschafft und vor dem Wachgebäude wie zu einer Parade aufgestellt.
Natürlich hat diese Freiluft-Autoausstellung einen realen Grund. Erstens muß Platz geschafft werden, damit die Remise gründlich ausgespült werden kann. Zweitens aber läßt sich das Abledern der abgespritzten und frisch gewaschenen Fahrzeuge bei gutem Licht viel besser besorgen. Immer wieder bleiben sonnabends Passanten vor den Feuerwachen stehen, um neugierig das Bild der sauber ausgerichteten, rot leuchtenden und chromblitzenden Fahrzeuge zu betrachten. Zwar ist der Hochglanz meist nur von kurzer Dauer. Schon beim nächsten Einsatz ist alles wieder dahin. Aber ein richtiger Fahrermaschinist ist mit Feuereifer dabei, sein Fahrzeug wie aus dem Ei gepellt erscheinen zu lassen.
Würden wir uns die Zeit dazu nehmen, sonnabends sämtliche Feuerwachen einer Großstadt abzuklappern, so würden wir bei den einzelnen Autoausstellungen eine unerwartete Vielzahl von Lösch- und Sonderfahrzeugen entdecken. Da stehen große Löschzug-Brummer und kleine Kommando-Pkw einträchtig nebeneinander, schwere Rüstkranwagen neben hochbeinigen Geländeflitzern mit Unimog-Fahrgestell. Je differenzierter die Feuerlösch- und Hilfeleistungstechnik wird, desto vielfältiger wird zwangsläufig auch der Fahrzeugpark. Allein die Feuerwehr Hamburg verfügt über 320 Einsatz- und 767 Katastrophenfahrzeuge. Zu einer eng aufgeschlossenen Kolonne formiert, würden sie die gesamte Stadt zwischen dem Hauptbahnhof und dem Altonaer Bahnhof blockieren. Moderne Feuerwehren haben neben den Standard-Fahrzeugen ihrer Löschzüge auch Schlauchwagen, Schaumtank-

fahrzeuge, Trockenlöschfahrzeuge, Wasserrettungswagen, Taucherrüstwagen, Rüstwagen, Atemschutzfahrzeuge, Kleinlösch- und Tragkraftspitzenfahrzeuge, Einsatzleitwagen, ja sogar Großrettungswagen, Notarztwagen, Rettungswagen.

Ebenso ist die Zahl der Anhängerfahrzeuge Legion. Da stehen, auf die einzelnen Feuerwachen verteilt, fahrbare Schaumzumischer, Wasserwerfer, Stromaggregate, Schaummittelanhänger, Rohrwagen, Waldbrand-, Kohlesäureschnee-, Tragkraftspritzen-, Ölschadenanhänger, Großunfall-Rüstanhänger.

Praktisch hat jede Feuerwache irgendwelche Sonderfahrzeuge zu betreuen und im Bedarfsfalle mit zu besetzen. Naturgemäß rücken solche Spezialfahrzeuge ungleich seltener aus als die regulären Löschzüge. Ist nun aber ein selten benötigtes Sonderfahrzeug die ganze Woche über im Stall geblieben, so muß es am Sonnabend unbedingt eine Bewegungsfahrt von mindestens zehn Kilometer Länge antreten, damit Motor sowie Öl wenigstens einmal ausreichend durchgewärmt und alle Gelenke, Achsen und Federn bewegt werden. Dabei werden alle im Öl enthaltenen Kraftstoffreste und Wasserniederschläge an Motorteilen zum Verdunsten gebracht. Sie entweichen aus den Entlüftungslöchern.

Diese Vorsorge ist schon deshalb wichtig, weil Feuerwehrfahrzeuge bei jedem Alarm einer schlimmen, motorverschleißenden Tortur ausgesetzt werden: sie müssen mit kaltem Motor starten, denn zum Warmlaufenlassen ist keine Zeit. Außerdem liegt die Einsatzstelle fast immer so nahe bei der Wache, daß sie erreicht wird, bevor überhaupt eine Durchwärmung der Maschine erfolgen konnte. Bei diesem typischen Kaltstart- und Kurzstreckenbetrieb der Feuerwehren gelangt unverhältnismäßig viel unverbrannter Kraftstoff, zusammen mit Wasser und anderen Verunreinigungen, ins Motorenöl und setzt dessen Schmierfähigkeit bedeutend herab. Darum muß auch bei einem Feuerwehrfahrzeug unbedingt schon alle zweitausend Kilometer Ölwechsel vorgenommen werden. Jede Stunde Pumpenbetrieb im Stand – wobei ja der Fahrzeugmotor läuft – und jeder andere Sonderantrieb werden pro Stunde mit sechzig Fahrkilometern gleichgesetzt. Sorgfältige Führung des Fahrtenbuches ist unerläßlich, neuere Fahrzeuge haben alle einen Betriebsstundenzähler.

Die Fahrgestelle der großen Feuerwehrfahrzeuge stammen aus der normalen Lkw-Serienfertigung großer Automobilfabriken, aber sie wurden schon dort für ihre spätere Feuerwehrverwendung ein wenig umfrisiert: Am Fahrzeuggetriebe wurde ein zusätzlicher Nebenantrieb für die Koppelung von Feuerlöschpumpe und Fahrzeugmotor eingebaut. Außerdem mußte, der Pumpe zuliebe, die Kühlwasserführung geändert und ein zusätzlicher Ölkühler – für stundenlange, tagelange Löscheinsätze im Stand – eingebaut werden. Durch besonders starke Batterien und Anlasser hat man das Startvermögen verbessert. Es darf einfach nicht passieren, daß bei Alarm ein Fahrzeug liegenbleibt. Kleinigkeiten werden allerdings auch an den serienmäßigen Lkw-Fahrgestellen geändert, z.B. eine Verlegung von Rahmentraversen, wenn besondere Löschfahrzeug-Aufbauten dies erfordern. Solche Aufbauten werden später von Spezialfirmen, wie Magirus/Ulm, Metz/Karlsruhe und Gebrüder Bachert/Kochendorf, aufgesetzt.

Alle Tanklösch- und Löschgruppenfahrzeuge haben einen kastenförmigen Aufbau. Sie sind von außen kaum zu unterscheiden. Sie haben auch die gleiche Feuerlöschkreiselpumpe an Bord. Nur im Fahrzeuginnern bestehen Unterschiede. Das Tanklöschfahrzeug hat einen großen Löschwassertank mit 2,4 t Inhalt an Bord. Dieser Tank ist verzinkt und mit einem System von Schwallblechen, von Wellenbrecherzwischenwänden, versehen. Während der Fahrt werden damit alle störenden Wasserbewegungen abgebremst. Die Kreuzblockform erhöht die Stabilität des Tanks zusätzlich. Der Wasserstand im Tank kann an Schaugläsern bequem abgelesen werden.

Der Mannschaftsraum des Tanklöschfahrzeugs dient nur zur Aufnahme eines einzigen Löschtrupps, bestehend aus zwei Mann, oder einer Löschstaffel, die sich aus Staffelführer und fünf Mann zusammensetzt. Da weitere Mannschaftssitze nicht benötigt werden, hat man in die neuen Tanklöschfahrzeuge statt dessen einen Schranktisch zur Unterbringung von UKW-Funkgerät, Karten- und Reinigungsmaterial, Ersatz-Flaschen für Preßluftatmer eingebaut.

Das Löschgruppenfahrzeug hat hingegen eine größere Besatzung von einem Gruppenführer und acht Mann. Eine Löschgruppe besteht grundsätzlich aus Gruppenführer, Maschinist, Melder, Angriffstrupp, Wassertrupp und Schlauchtrupp. Zwar hat auch das Löschgruppenfahrzeug einen Löschwassertank an Bord, aber der faßt nur achthundert Liter für allerdringendste Fälle. Dieses Fahrzeug hat auch nur eine behelfsmäßige Schnellangriffsvorrichtung, die aus gewöhnlichen C-Schläuchen besteht. Sie wird höchst selten benötigt, weil das Löschgruppenfahrzeug ja fast immer im Zugverband ausrückt.

Weil es aber nur einen kleinen Behelfstank mitführt, bietet das Löschgruppenfahrzeug entsprechend mehr Unterbringungsmöglichkeit für feuerwehrtechnische Beladung. Es hat beträchtliche Mengen Schlauchmaterial an Bord, zumal am Heck zusätzlich eine große zweirädrige Schlauchhaspel aufgeprotzt gefahren wird. Mit dieser Karrenhaspel geht das Auslegen längerer Zuleitungen sehr schnell. Die einzelnen Schlauchlängen sind dort zusammengekuppelt aufgetrommelt. Bei technischen Hilfeleistungen wird die Schlauchhaspel abgenommen und durch einen Rüstanhänger ersetzt.

Tanklöschfahrzeug und Löschgruppenfahrzeug sind also Zwillinge mit glei-

Nach stundenlanger fieberhafter Arbeit befreien Feuerwehrmänner diesen Arbeiter aus seiner gräßlichen Lage unter den Trümmern einer Grundmauer.

Tierfreund Feuerwehr: Ein Pferd ist in den Graben eines Moores geraten und befindet sich in höchster Gefahr. In seiner Todesnot strampelt sich das Tier immer schlimmer in den grundlosen Morast. Nach schwierigster Plackerei gelingt es endlich, das Pferd auf festen Boden zu ziehen. Das Aussehen der beiden Feuerwehrmänner vom Angriffstrupp beweist, wie wenig sie sich bei diesem Einsatz geschont haben!

cher Kreiselpumpe und mit gleichem kastenförmigem Aufbau. Ihre an sich unterschiedlichen Mannschaftsräume sind gleichermaßen so eingerichtet, daß sie zur Aufnahme von Krankentragen für liegende Verletzte geeignet sind. Die Fahrzeuge können also auch als Behelfs-Rettungswagen fungieren. Die zahlreichen Seitenfächer der Aufbauten und die Trittkästen beider Typen enthalten jeweils eine genormte Ausrüstung an Lösch- und Hilfsgeräten. Jeder Gegenstand hat darin seinen genau vorgeschriebenen Platz – ebenso, wie ja auch jedes Besatzungsmitglied einen bestimmten Sitzplatz, der zugeteilten Funktion entsprechend, einzunehmen hat.
Um jede Verwechslung zu vermeiden, sind die Seitenfächer der Fahrzeuge nach taktischen Grundsätzen aufgeteilt. An der linken Fahrzeugseite rüsten sich beim Absitzen die Truppführer, an der rechten Seite die dazugehörigen Truppmänner aus. Jeder Angehörige von Angriffs-, Wasser- und Schlauchtrupp weiß trotz ständigem Wechsel dieser Funktionen genau, mit welchem Griff er sofort seine vorgeschriebenen Ausrüstungsgegenstände erreicht. Zum Herumsuchen bleibt keine Zeit. Der Fahrer-Maschinist hat seine Werkzeuge und Geräte in einem breiten Fach über dem beleuchteten, beheizten und leicht zugänglichen Pumpenraum ebenso schnell zur Hand.
Es ist unfaßbar, welchen Bestand an Ausrüstung wir in den Fächern eines Feuerwehrautos vorfinden. Würde man zum Beispiel die Beladung eines Löschgruppenfahrzeugs LF 16 auf der Straße ausbreiten, so könnten wir mit dem Publikum getrost eine Wette abschließen: Kein Mensch würde es uns abnehmen, daß dieses Hunderterlei Krimskrams tatsächlich in das Fahrzeug verstaut werden kann. Alle Geräte sind genormt. Sie sind in jedem deutschen Feuerwehrfahrzeug haargenau gleich.

Klein – aber oho!

Gleich von mehreren Seiten geht die Feuermeldung ein: »Brennt Kunststofflager! Erhöhte Gefahr!«
Auf der Hauptfeuerwache der Stadt Remscheid hämmern die Alarmglocken. Ein bestimmter Rhythmus signalisiert: Vortrupp ausrücken! Erst danach wird Vollalarm gegeben. Die Vortrupp-Besatzungen rennen zu ihren vier Kombi-Transportern. Dreißig Sekunden später verläßt dieser Miniatur-Löschzug die Remise. An der Spitze fährt die rollende Einsatzleitstelle, ihr folgt das Trockenlöschfahrzeug. Der dritte Kombi dient als Mannschaftswagen mit neun Mann Besatzung und leichtem Gerät. Den Schluß des Zuges bildet ein Rettungswagen.
Kurz vor der Ankunft an der weithin sichtbaren Brandstelle werden im

Trockenlöschfahrzeug die Treibgasflaschen geöffnet. Unmittelbar nach dem Absitzen werden die beiden Schnellangriffsschläuche ausgelegt. Mit dem Auslösen der strahlrohrartigen Löschpistolen stäubt mit Hochdruck weißes Löschpulver in die gefährlichen Flammen.
Zugleich bringt ein zweiter Trupp einen beräderten Groß-Handfeuerlöscher mit fünfzig Kilogramm Trockenpulver in Stellung. Dieser P 50-Löscher wurde auf Schienen im Heck des Trockenlöschfahrzeugs mitgeführt.
Auch die fahrbare Einsatzleitstelle hat sich inzwischen an einem übersichtlichen Punkt postiert. Schon ragt die fünfzehn Meter hohe Sprechfunkantenne in die Luft. Der Einsatzleiter nimmt Funkverbindung mit allen heranrükkenden Feuerwehreinheiten auf und weist sie in die Angriffspositionen ein. Der Melder ist längst mit einem der an Bord mitgeführten transportablen Funkgeräte unmittelbar zur Brandzone beordert worden. Von dort aus nimmt er jetzt die Verbindung mit der Einsatzleitstelle auf. Bald kann auch die Brandermittlungskommission der Kripo in der fahrbaren Einsatzleitstelle ihre Arbeit beginnen. Der Innenraum des Transporters ist ein komplettes Büro mit Schreibmaschine, Tonbandgerät, Klapptisch und Sitzbänken.
Bei bestimmten Industriebränden hat sich dieser Remscheider Vortrupp mehrfach bewährt. Die Berufsfeuerwehr Solingen verfügt ebenfalls über derartige Fahrzeuge.
Auch bei uns in Hamburg gibt es mehrere Spezialfahrzeuge für Trockenlösch-Schnellangriffe bei Flugzeug-, Gas-, Mineralölbränden. Sie bürgern sich überall ein. Diese auf mehrere Wachen verteilten ›TROLF 750‹ (Trockenlöschfahrzeuge) mit geländegängigem Unimog-Fahrgestell haben siebenhundertfünfzig Kilogramm Löschpulver (Natriumbikarbonat mit Zusätzen) in ihrem kesselförmigen Löschmittelbehälter. Als Treibgaseinrichtung fungieren Stickstoff-Flaschen mit zweihundert atü Druck. Sie jagen das Pulver binnen fünfzehn Sekunden durchs Pulverleitungssystem zu den Löschpistolen der beiden formfesten Schläuche. Innerhalb einer Minute werden von den fauchenden Pistolen sechshundert Kilogramm Pulver versprüht. Das ergibt einen wirbelnden, alles erstickenden Löschnebel.
Andere Feuerwehren, vor allem auf Flugplätzen, haben große ›TROLF 1500‹ oder gar ›TROLF 2250‹ mit 1500 bzw. 2250 kg Löschpulver zur Verfügung. Bei einigen Betriebsfeuerwehren gibt es sogar ›TROTAs‹ oder ›TROTLFs‹. Das sind kombinierte Trockenlösch- und Tanklöschfahrzeuge. Sie haben Löschpulverbehälter, Zweitausendvierhundert-Liter-Wassertank und außerdem einen Schaummitteltank an Bord. Wahlweise können die ›TROTAs‹ also Löschwasser, Schaum oder Löschpulver verspritzen. Aber die drei verschiedenen Löschmittelbehälter beanspruchen viel Platz. Für den Löschzugdienst einer Großstadt eignen sich ›TROTAs‹ daher weniger.

Vorbeugender Brandschutz

Panik!

Es reißt uns mitten aus dem Abendessen hoch: »Achtung, Achtung, Große Freiheit 50 – Feuer! Menschenleben in Gefahr!« Gleich darauf beginnt die Alarmglocke zu hämmern.

Wie ein Wirbelwind sind wir ausgerückt, der gesamte Zug.

Grellbunte Lichtreklamen, flanierende Menschen, Kinoplakate fetzen vorbei – wir brausen über die Reeperbahn. Die Tachoschreiber steilen sogar über die streng vorgeschriebene Sechzig-Kilometer-Höchstgrenze hinaus. Egal jetzt, Mann – Menschenleben in Gefahr!

Unser Konvoi jongliert rechtwinklig in die viel zu schmale Große Freiheit ein. Die Reifen unserer Zehntonner finden zwischen den Bürgersteigen dieser Tingeltangelgasse gerade eben Platz. Erschrocken, verstört weichen ein paar Angetrunkene von der Fahrbahn. Aus einem Bumslokal drängeln die Gäste neugierig ins Freie. Sie wollen natürlich die Feuerwehr sehen!

Der Portier und Rausschmeißer, ein Riesenkerl mit Freistilringer-Statur, stemmt sich verzweifelt gegen die herausquellende Meute, um die Straße für die Feuerwehr freizuhalten. Aber plötzlich wird der Menschendruck zu groß. Explosionsartig bricht die Menschentraube aus der Tür. Der Portier reißt sich zwar von der Fahrbahn hoch, aber wir erwischen ihn doch noch mit unserer linken Begrenzungsstange an seiner Livree.

Schon hat sich der Mann hochgerappelt.

Weiter!

Dort vorn ist Menschenauflauf, Feuerschein, Tohuwabohu.

Zug Altona ist schon im Einsatz. Die Große Freiheit gehört zu seinem Revier. Aber ein zweiter Zug mußte nachrücken: »Zweiter Alarm!«

Der Melder vom Altonaer Zug rennt uns schon entgegen: »Es sind noch Menschen im Feuer! Euer Zug sofort Suchtrupp und Seitenangriff durch Hinterhof Schmuckstraße!«

Wir springen aus unseren Fahrzeugen, reißen die Geräte heraus und stoßen uns den Weg frei durch schreiende, zappelnde, herumquirlende Menschen, die allesamt völlig von Sinnen sind.

Ein Blick genügt: die Tanzgaststätte brennt in ganzer Ausdehnung. »Atmer vor!« brüllt der Zugführer mit einer Stimme, die wir sonst bei ihm nicht kennen. Aber da sind die Geräte schon. Im Laufschritt hat man sie uns nachgebracht. Es war klar, daß sie sofort gebraucht werden.
»Vier Mann Geräte umnehmen!« Schutzhelme ab, Geräte aufbuckeln, Maske anschließen, Ventil aufdrehen, Maske aufsetzen. Das ist alles hundertmal geübt worden, aber unsere Hände zittern diesmal dabei. Wir knien zwischen aufgescheuchten, wild gestikulierenden Menschen.
Ein Mann hat sich mit irren Augen an die Lederjacke des Zugführers gekrallt: »Meine Verlobte ist nicht da!«
Zwei Mädchen rufen unentwegt kreischend zwei Männernamen.
Jemand fällt vor uns in die Knie: »Helfen sie, schnell, schnell! Um Gottes willen, nun macht doch bloß zu!«
Noch im Losrennen halten uns welche fest und schreien uns irgend etwas in die Ohren. Zu verstehen ist kein Wort. Dumpf zerplatzt eine Fensterscheibe durch die Glut und regnet ihre Splitter auf uns herunter.
Also hineintauchen in den brennenden Saal.
Der Zugführer verteilt noch rasch die Suchrichtungen. Er hat sich gottlob aus dem Menschenknäuel losreißen können. Nun pfeift er zu unserem Schutz zwei C-Rohre nach vorn und kämpft sich ebenfalls durch die Flammen vor. Rußgeschwärzt springt uns eine Gestalt mit Schutzhelm entgegen. Das ist der Brandassessor Dipl.-Ing. Winkelmann, der hier die Brandstellenleitung übernommen hat. »Melder! Funkspruch von beiden Zügen! Brandstelle Große Freiheit — Lage noch unklar!«
Das dürfte der Wahrheit entsprechen, weiß Gott!
Roter, zuckender Feuerschein, aber nichts, überhaupt nichts zu sehen. Nur wirbelnder Staub, schwärender Qualm, sengende Hitze.
Kriechen auf allen vieren. Hastiges Abtasten jedes einzelnen Winkels. Jetzt wäre man am liebsten ein achtarmiger Octopus! Und wäre man doch nur besser mit der Baulichkeit vertraut!
Weiterkriechen, so schnell wie möglich weiter.
Nanu, eine Wand? Verdammt, die hört und hört einfach nicht auf. Tastender Griff nach oben: Holz? Nur wenige Zentimeter über dem Kopf? Mensch, wenn dieser Sargdeckel jetzt aufbrennt ...
Durch die Sichtfenster der Atemschutzmaske bietet sich im Schein der Handlampe nur brodelnde Milchsuppe.
Also raus hier, anderen Weg!
Aber da ist ja schon wieder so eine Wand! Du lieber Himmel – eine Kegelbahn!
Ringsum tost unbeschreiblicher Lärm. Flammenprasseln, Zerspringen von

Spirituosenflaschen, Herunterbrechen von Dekorationen, Axtschläge, Menschenstimmen.
Plötzlich schneidende Helle. Wir werden pudelnaß gespritzt. Wir sind genau in Scheinwerferstrahl und Löschangriff vom Löschzug Altona hineingeraten, der sich vom Haupteingang zu uns durchgekämpft hat. Seine beiden C-Rohre machen der schlimmsten Verqualmung schnell ein Ende. Und jetzt zeigt sich, daß das Lokal nur noch eine schwarze, verkohlte Höhle ist, mit Glassplittern und Bierlachen auf dem angesengten Fußboden. Unsere Menschensuche ist leider erfolglos geblieben. Der Altonaer Zug hat ebenfalls niemanden mehr gefunden. Die Sache wird rätselhaft.
Im Schein von Notfackeln kommen jetzt die Kameraden mit ihren Einreißhaken, Forken, Schaufeln und Mulden heran und beginnen die Aufräumungsarbeiten. Hier und dort wird mit einer Kübelspritze noch nachgelöscht.
Bald erfahren wir die Brandursache. Die Kripo ist sofort zur Stelle. Sie brauchte nicht lange herumzusuchen: Ein schadhafter Ölofen hatte brennendes Heizöl ausfließen lassen.
»Los, Leute, nix wie raus!« hatte der Kellner gerade noch schreien können. Die in der Nähe sitzenden Gäste sprangen noch rechtzeitig aus dem Gefahrenbereich ins Freie. Dabei entstand natürlich Zugluft. Unmittelbar danach schoß knallend eine Stichflamme aus den Türen und Fenstern nach draußen. Im Handumdrehen brannte das ganze Tanzlokal lichterloh, weil an der Decke aufgehängte Papiergirlanden und Lampions wie Lunten wirkten und das Feuer bis in die entferntesten Winkel weitertrugen.
Und die vermißten Personen? Die waren, bis auf eine, gar nicht mehr im Lokal! Sie konnten sich mit angesengten Haaren auf die Straße retten. Dort schreien sie wahrscheinlich jetzt noch herum. Einer sucht den anderen, aber keiner hört auch nur zu, wenn der eigene Name aufgerufen wird. Bei Panik ist jeder Verstand dahin.
Tatsächlich war nur ein Mädchen anfangs im Feuer geblieben. Man wußte genau, an welcher Stelle. Die Hitze am Brandherd war aber so groß, daß Zug Altona vom Haupteingang her nicht zu der Eingeschlossenen durchdringen konnte. Zwei Mann rannten deshalb auf den Hinterhof und zertrümmerten mit der Axt die dortige Tür. Dicker Qualm schlug ihnen entgegen. Erst zurück zu den Fahrzeugen und Atemschutzgeräte holen – achtzig bis hundert Meter Weg?
Brandmeister Postler klemmte sich kurz entschlossen ein feuchtes Tuch vor die Nase und wagte sich ohne Gerät ins Feuer. Tatsächlich fand er die Vermißte auf Anhieb. Sie war bewußtlos. Er versuchte, sie ins Freie zu bringen. Aber hier war alles mit Tischen, Stühlen, Dekorationsmaterial verbarrika-

diert, nicht zuletzt durch die vertrackte Kegelbahn. Postler rief den am Eingang postierten Feuerwehrmann zu Hilfe. Und nun zerrten sie das Mädchen ins Freie. Unverzüglich begannen sie mit der Wiederbelebung, und gleich darauf brachte ein Rettungswagen die Verletzte ins Hafenkrankenhaus. Auch unterwegs ging die Beatmung ohne Unterbrechung weiter.
Das Mädchen kam durch. Es hatte nur eine Rauchvergiftung und Verbrennungen an beiden Unterarmen erlitten.
Eine halbe Minute nach seinem Abtransport trafen wir an der Brandstelle ein und übernahmen, völlig unnötig, die weitere Vermißtensuche. Durch die von Panik befallenen Lokalbesucher war uns ein ganz falsches Bild von der Sachlage vermittelt worden.
Aber schon immer war Panik beim Ausbruch von Bränden in Gaststätten, Theatern, öffentlichen Gebäuden ein gefährlicher Feind. Sie hat die unsinnigsten Verwirrungen gestiftet und so manches Mal mehr Menschenleben gekostet als das Feuer selbst.
Ein besonders krasses Beispiel dafür bot der Großbrand im Pariser Wohltätigkeitsbazar im Jahre 1897.

Die Katastrophe von Paris

»Alljährlich boten Damen der oberen Gesellschaft Nippsachen und Handarbeiten von Adelstöchtern in eigens dazu errichteten Verkaufsständen dar. Der Erlös diente wohltätigen Zwecken. Um etwas Originelles zu bieten, hatte man diesmal den Bazar als Nachbildung einer Straße von Alt-Paris aufgebaut. Man erwarb eine Menge Dekorationsmaterial und baute einen leichten Eintagspalast an der Straße Jean Goujou. Die vielen dünnen Kulissen stellten Häuser mit Verkaufsläden, winzige Gasthöfe und selbst ein Kirchlein dar. Die ganze Anlage war etwa achtzig Meter lang und zehn Meter breit. Man errichtete sie auf einem leeren Bauplatz mit der Front gegen die Straße, während Rückseite und Flanken gegen die kahlen Mauern angrenzender Häuser gewendet waren.
Niemand dachte jedoch an die Möglichkeit einer Feuersbrunst. Man sorgte nicht für Notausgänge, stellte keine Feuerwache auf und beging obendrein den schweren Fehler, daß man beim Betrieb eines Kinematographen anstatt des Lichts den Gebrauch einer Speziallampe zuließ, bei der Ätherdunst in einem Sauerstoffstrome verbrennt.«
Dieser heute gar nicht mehr denkbare mehrfache Leichtsinn sollte sich bald furchtbar rächen:
»Am 4. Mai gegen vier Uhr nachmittags erfolgte im Pavillon des Kinemato-

graphen eine Explosion. Vom Vorhang des Dunkelraumes verbreitete sich mit Gedankenschnelle ein Brand über die Dekorationen und über die geteerte (!) Leinwand hin. Ehe man sich der Gefahr recht bewußt wurde, brannte das ganze Holzdach über einer eintausendzweihundertköpfigen Menschenmenge, die fast ausschließlich aus Frauen, Mädchen und Kindern bestand.

Eine entsetzliche Panik brach aus. Beide durch Schranken eingeengten Ausgänge zur Rue Jean Goujou verstopften sich sofort, zumal sich dort mehrere Stufen befanden, auf denen die Fliehenden stürzten. Ein Knäuel verworren daliegender Leiber machte den Nachdrängenden jede Flucht unmöglich. Damen mit brennenden Kleidern stürzten in das Gewühl und vermehrten die allgemeine Verwirrung. Die Tüllkrausen und Tüllhüte entzündeten sich fast von selbst. Fast alle Damen, die sich retteten, trugen Brandwunden im Gesicht und am Halse davon.

In zehn Minuten war jede weitere Rettung unmöglich geworden, denn der gesamte Bazar war jetzt ein Raub der Flammen. Nur ein kleiner Teil hatte, mit Brandwunden bedeckt, die Straße erreichen können. Ein anderer Teil floh durch eine Bresche, die rasch in die Flanken des Zaunes geschlagen werden konnte, in den freien Raum hinterm Bazar. Aber der enge, etwa dreißig Meter breite Platz bot ihnen keinen Ausweg. Das Flammenmeer der Feuersbrunst tobte hinter ihnen mit furchtbarer Gewalt. Der Platz wurde mit Funken übersät, so daß auch hier die Kleider der Frauen in Brand gerieten. Vor den Fliehenden starrten nur die fensterlosen Mauern der angrenzenden Häuser. Nonnen ließen zwar aus einem benachbarten Kloster Leitern herab, aber nur wenige konnten mit ihrer Hilfe entkommen. Das Durcheinander war einfach zu schlimm.

In der Mauer des Hotels du Palais befand sich im Erdgeschoß zum Glück ein Fenster der Hotelküche, das allerdings durch waagerechte Eisenstäbe vergittert war. Durch dieses Fenster führte jetzt der einzige Rettungsweg für die zwischen Flammen und Steinmauern hoffnungslos eingekeilten Menschen.

Der Hotelkoch Gomery verlor seine Geistesgegenwart nicht. Er entfernte mit wuchtigen Hammerschlägen die unteren Eisenstäbe. Nun konnte er, mit Hilfe des Hotelpersonals, sein Rettungswerk beginnen. Er brachte immerhin noch hundertfünfzig Personen in Sicherheit. Es war die letzte Chance und allerhöchste Zeit, denn viele sanken schon mit Rauchvergiftungen zu Boden oder kamen in ihren brennenden Kleidern um.

Entsetzliche Szenen hatten sich inzwischen auch denen geboten, die vor dem Haupteingang das Flüchten der zu Tode Gehetzten mit ansehen mußten. Da stürzten Frauen und Mädchen mit zerfetzten Kleidern, zum Teil halb nackt, hervor. Andere, mit brennenden Kleidern, jagten wie von Furien getrieben

zu einem der Unglücksstätte gegenüberliegenden Hof, wo Stallknechte die Flammen mit Wasser zu ersticken versuchten.
Hier wälzte sich eine Dame heulend auf dem Straßenpflaster und dort der alte Haudegen General Munier, von unten bis oben qualmend, in einem Brunnentrog. Hier versuchte eine Mutter, die ihr Kind verloren hatte, gegen den Strom zu drängen und kämpfte in der Verzweiflung der Mutterliebe mit Nägeln und Zähnen gegen die Menge. Umsonst – sie verbrannte.
Die ihre Anverwandten Suchenden wurden mit Gewalt zurückgetrieben und verzehrten sich in ohnmächtiger Wut. Als nach etwa einer Viertelstunde die erste Spritze erschien, gab es nichts mehr zu retten. Das Holzdach war über den Eingesperrten zusammengebrochen und begrub sie unter glühenden Trümmern. Das gesamte Trauerspiel hatte dreizehn Minuten gedauert und hundertsechzehn Tote gefordert. Bis zur Unkenntlichkeit entstellt, lagen die armen Opfer da, deren Identifizierung nur durch die getragenen Geschmeide einigermaßen möglich wurde. Unter den vielen Vornehmen, die hier ihr Leben einbüßten, befand sich auch die Schwester der Kaiserin von Österreich ...«

Feuerschutz mit Tinte

Die Katastrophe im Pariser Wohltätigkeitsbazar war für alle Feuerwehren eine Lehre. Eindringlich hatte sie die Gefahren von Ausstellungen und Massenveranstaltungen vor Augen geführt.
Heute ist selbst ein Jahrmarkt ohne Sicherheitswache der zuständigen Freiwilligen Feuerwehr oder Berufsfeuerwehr nicht denkbar. Zumeist wird sogar ein Tanklöschfahrzeug für einen eventuell notwendigen Schnellangriff unauffällig bei der Sicherheitswache postiert. Schon der Aufbau der Karussells und Buden wird feuerpolizeilich überwacht. Die Entfernung von den Hydranten, die Zahl der Feuerlöscher, Notausgänge, Fluchtwege sind genau vorgeschrieben. Und jedes große Messegelände Deutschlands, sei es nun in Hannover, Frankfurt, Köln, Düsseldorf, Essen, Hamburg, Berlin, Leipzig, hat eine eigene Ausstellungsfeuerwache, die jeweils für die Dauer einer Messe bezogen wird.
Deutschlands größte und modernste Wachen dieser Art befinden sich auf dem Messegelände von Hannover und von Köln. Das Telegrafenzimmer der Kölner Wache ist mit einer besonderen Raffinesse ausgestattet. Wie auf jedem Ausstellungsgelände und in jedem Industriebetrieb ist es auch in Köln-Deutz üblich, daß die patrouillierenden Nachtwächter und die Wandelposten der Feuerwehr bei ihren Runden den Meldeschlüssel in bestimmte Kontroll-

uhren stecken. Dadurch dokumentieren sie die Vollständigkeit ihres Rundganges. Im Telegrafenzimmer der Kölner Ausstellungsfeuerwache hat man als Neuerung eine Wächterkontrollanlage installiert. Das regelmäßige, pünktliche Stecken aller Meldeschlüssel in die vierunddreißig Kontrolluhren des Messegeländes wird von der Kontrollanlage mit Uhrzeitvermerk auf einem Streifenband registriert. Versäumt ein patrouillierender Posten seine Pflicht, kommt er auch nur um einiges zu spät zur nächsten Uhr, so ertönt in der Feuerwache ein warnendes Klingelzeichen. Der Wachtelegrafist wird dadurch automatisch in Kenntnis gesetzt. Auf diese Weise behält er Tag und Nacht jede einzelne Ausstellungshalle im Auge und auch die Wächter selbst, die ja unterwegs überfallen werden, verunglücken oder erkranken könnten.

Auf jedem Messegelände gibt es eine eigene Melderschleife, das heißt eine eigene Feuermelder-Ringleitung. In jeder Ausstellungshalle sind mehrere Melder installiert. Wird einer von ihnen betätigt, so erscheinen seine Alarmsignale sofort auf dem Meldertableau der Ausstellungsfeuerwache. Jeder ›Meldereinlauf‹ vom Messegelände bedeutet für die Feuerwehr von vornherein eine höhere Alarmstufe. Laut Anordnung preschen mindestens zwei Löschzüge zu der betreffenden Ausstellungshalle. Die Tragödie von Paris wird sich nie wiederholen.

Der Vorbeugende Brandschutz wird in sämtlichen Messehallen durch eingebaute Wandhydranten mit angeschlossenem Schlauch samt Strahlrohr, durch Sprinkleranlagen, feuerbeständige Treppenräume, Brandwände, stählerne Feuertüren, durch überall bereitstehende Handfeuerlöscher und Kübelspritzen vervollständigt. Regelmäßig werden diese Einrichtungen von der Feuerwehr überprüft. Solche Inspektionen, auch in allen Industriebetrieben, Warenhäusern, Theatern, gehören zu ihrem großen Aufgabengebiet.

Praktisch sägt diese größte aller Organisationen mit ihrem Vorbeugenden Brandschutz ständig an dem Ast, auf dem sie selber sitzt. Sie ist nach Kräften bestrebt, einen Brand überhaupt nicht erst ausbrechen zu lassen. Aus diesem Grunde überprüfen die Feuerwehrämter und Kreisbrandinspektionen auch alle Neubauprojekte. Die Baupläne werden dort feuerpolizeilich begutachtet. Welche Unzahl von Feuerschutzproblemen ergeben sich allein durch die immer weiter zunehmende Technisierung und Industrialisierung! Neue Kunststoffe, neue Chemikalien, Flüssigkeiten, Druckgase bedeuten auch neue Gefahren. Man muß ihnen zu begegnen wissen.

Nehmen wir an, es soll irgendwo ein neues Öltanklager errichtet werden. Der Bauherr stellt als erstes einen Bauantrag. Er reicht ihn bei der zuständigen Bauprüfabteilung ein, die den Antrag prüft und zur weiteren Begutachtung in Umlauf gibt. Das Amt für Arbeitsschutz (AfA) und die Feuerwehr müssen dazu Stellung nehmen. Sie erteilen nach genauer Prüfung der technischen Einzelheiten ihre Auflagen. Der Baugenehmigungsbescheid kann erst erteilt werden, wenn alle Bedingungen des Vorbeugenden Brandschutzes erfüllt sind:

Sind die freistehenden Tanks im richtigen Abstand voneinander geplant? Wie hoch sind die vorgeschriebenen Tankumwallungen zur Aufnahme etwa herausleckender Flüssigkeitsmengen? Wie groß ist die Zerreißfestigkeit des zu verwendenden Eisenbleches? Werden die Tanks auch sicher geerdet, damit Aufladungen von statischer Elektrizität abgeleitet werden können? Wie funktionieren die geforderten Berieselungseinrichtungen und Beschäumungseinrichtungen für jeden einzelnen Tank? Welche Weite werden die Entgasungsrohre haben? Arbeiten die Sicherheitsventile ausreichend? Wie soll der Blitzschutz angelegt werden? Welchen Durchmesser werden die Zu- und Abflußleitungen erhalten? Wo befinden sich die einzelnen Absperrschieber? Wie groß sind die Mannlöcher?

Es gehört eine unvorstellbare Kleinarbeit zum Vorbeugenden Brandschutz. Aber im Brandfalle würde jede technische Nachlässigkeit von der Kriminalpolizei entdeckt werden und den Staatsanwalt auf den Plan rufen.

Das Ressort Vorbeugender Brandschutz einer Berufsfeuerwehr oder einer Kreisbrandinspektion überwacht die Einhaltung einer großen Zahl von Vorsichtsmaßnahmen – beim Verkehr mit brennbaren Flüssigkeiten, Sprengstoffen, Feuerwerkskörpern, Röntgenfilmen, radioaktiven Stoffen, feuchter Nitrozellulose, feuergefährlichen Seefrachtgütern, Ammonsalpeter, verflüssigten und unter Druck stehenden Gasen.

Die Feuerwehr ist Mädchen für alles, auch im Vorbeugenden Brandschutz. Sie überprüft die Kehrbücher der Schornsteinfeger, um darin gemeldete feuerpolizeiliche Baumängel aufzuspüren, sie prüft die Filmvorführer und nimmt sogar an jeder Theater-Generalprobe teil. Sie entscheidet dabei, ob gegen die Aufführung in der vorliegenden Form Bedenken bestehen oder nicht. Ohne ausdrückliche Erlaubnis der Feuerwehr darf in keiner Szene mit offenem Licht hantiert werden. Müssen im Laufe der Handlungen Zigaretten oder Zigarren geraucht werden, so erteilt die Feuerwehr die Erlaubnis. Sie verlangt aber, daß dann wassergefüllte Aschenbecher bereitgestellt werden. Die Feuerwehr überzeugt sich auch, ob die Kontrollstempel der schwer entflammbar imprägnierten Kulissen nicht etwa abgelaufen sind. Das Abfeuern von Schußwaffen auf der Bühne ist genehmigungspflichtig, und es muß dabei eine Spezialmunition verwendet werden, die eine feuerhemmende Mischung von Kälberhaaren und Asbestwolle enthält.

Auch in dieser Hinsicht hat man ein furchtbares Lehrgeld bezahlt. Theaterbrände sind ein besonders trübes Kapitel der Menschheitsgeschichte. Schon im alten Rom waren sie gefürchtet. Der Circus Maximus und das Theater des

Pompejus waren je dreimal vollständig niedergebrannt, auch die Theater des Balbus, Marcellus und Palatinus sanken in Asche.
Goethe hat resignierend den Vierzeiler geschrieben: »Wie ist wohl ein Theaterbau? / Ich weiß es wirklich sehr genau: / Man pfercht das Brennlichste zusammen / Dann steht es alsobald in Flammen.«

Es geschah im Handumdrehen

Als 1883 der Grundstein zum neuen Theater von Exeter gelegt wurde, sagte eine hochgestellte Persönlichkeit in der Festrede: »Unsere Sorge ist es gewesen, Exeter mit einem Theater zu versehen, welches jedermann mit dem Gefühl vollständigen Vertrauens besuchen kann, ohne stets die Furcht zu haben, in ihm lebensgefährlich verbrannt zu werden.«
Ungeachtet dieser hochherzigen Rede brannte auch dieses Theater schon zwei Jahre später ab, weil der Grundriß falsch angelegt wurde und die Brandschutzmaßnahmen zu kurz gekommen waren. Es gab zweihundert Tote.
Insgesamt wurden in aller Welt mehr als eintausendzweihundert Theaterbrände gezählt! Eintausendzweihundert Theaterbrände, von denen die Hälfte zum Totalschaden führte. Rund vierhundert dieser Brände führten zu entsetzlichen Menschenverlusten.
So hatte 1794 der Brand des Theaters zu Capo d'Istria in Italien tausend Todesopfer, meist Frauen, gefordert. Einen traurigen Rekord gab es beim Brand des Chinesischen Theaters von Kanton im Jahre 1845. Dabei kamen nicht weniger als eintausendsechshundertsiebzig Menschen um, zweitausend weitere wurden mehr oder weniger schwer verletzt.
Die Stadt London steht mit vierunddreißig Theaterbränden international an der Spitze. Noch 1936 hat dort der Großbrand des Kristall-Palastes weltweites Aufsehen erregt. New York brachte es auf neunundzwanzig, San Francisco auf dreiundzwanzig, Philadelphia auf achtzehn Theaterbrände.
Hierzulande befaßte man sich verhältnismäßig früh mit einschneidenden Vorbeugungsmaßnahmen gegen solche Katastrophen. Besondere Verdienste auf dem Gebiet des Theaterbrandschutzes hat sich die Berufsfeuerwehr Wiesbaden erworben. Unter dem erschütternden Eindruck des Wiener Ringtheater-Brandes (1881) haben die Wiesbadener Feuerwehr-Ingenieure mit eigenen Modellversuchen und Theater-Brandschutzexperimenten neue, wesentliche Erkenntnisse gewonnen. Sie verbesserten auch den eisernen Vorhang, der fortan gesetzlich vorgeschrieben wurde.
Diese Vorrichtung ist schon 1782 in Amsterdam erwähnt worden. Im Jahre 1794 hatte sich auch das Drury Lane Theater London eine solche ›Schutz-

Curtine‹ angeschafft – aber Künstlerpech: 1809 brannte das Theater dennoch zum dritten Male vollständig nieder. Der eiserne Vorhang, die Schutz-Curtine, war wenige Tage vorher zeitweilig abgenommen worden, weil sie völlig eingerostet war!
Wie arglos man früher auf der Bühne mit nichtimprägniertem, brennbarem Plunder, offenem Licht und schließlich sogar Gasbeleuchtung umging, das wird durch zeitgenössische Berichte recht drastisch erhellt. So heißt es über einen Theaterbrand in Richmond/USA im Jahre 1811, bei dem noch kein eiserner Vorhang vorhanden war:
»Während einer Benefizvorstellung, und zwar im letzten Akt der angeführten Pantomime, wurde auf dem hinteren Teil der Bühne ein Kronleuchter mit brennenden Kerzen hochgezogen. Die Kerzen entzündeten eine Soffitte, und die Versuche, den auf dem Schnürboden diensttuenden Arbeiter zu veranlassen, die Stricke der brennenden Leinwand abzuschneiden, waren umsonst. Er schien vom Schrecken erstarrt, und die Flammen sprangen von Soffitte zu Soffitte, bis schließlich die ganze Bühne ein Feuermeer war.
Die etwa sechshundert Zuschauer konnten den Beginn des Brandes nicht sehen, da er durch einen vorgeschobenen Prospekt ihren Blicken entzogen war. Erst als die niederfallenden Funken das entsetzliche Ereignis auf der Bühne verrieten, erst als alles schon in hellen Flammen stand, wurde das Publikum auf das Geschehene aufmerksam. In wilder Hast stürzte alles nach den Ausgängen, die durch eine dicht zusammengepreßte Menschenmenge bald verstopft waren. Brennendes Holz und brennende Leinwandfetzen flogen in den Zuschauerraum, dicker Rauch machte das Atmen daselbst unmöglich. Von den oberen Stockwerken wagte man schließlich den Sprung aus dem Fenster, als die Flammen den Unglücklichen immer näher auf den Leib rückten. Einer fiel auf den andern, um schwer verletzt liegenzubleiben. Mehr als siebzig Personen mußten ihre Schauensfreude mit dem Tode bezahlen ...«
Das Gros der Theater brannte ab, weil auf der Bühne fröhlich und unbekümmert Feuerwerksraketen abgefeuert wurden. An zweiter Stelle der Brandursachen folgen die brennenden Pfropfen abgefeuerter Gewehre. Unvorsichtiges Hantieren mit offenem Licht, Entzündung von Gazevorhängen, Kostümen, Dekorationsteilen an Öl- oder Gaslampen, bald auch Leuchtgasausströmungen und Nachlässigkeiten beim Entzünden der Gaslampen waren weitere Ursachen für Theaterkatastrophen.
In einigen Fällen setzte das lichterloh brennende Theater gleich die ganze Stadt mit in Flammen, wie es im Jahre 1869 sowohl in Gävle/Schweden als auch in Stanislau/Polen geschah.
Jemand hat damals gesagt, daß die Theater regelrechte Massen-Krematorien seien. Darum ist es nur allzu verständlich, daß die allgemeine Angst vor

einem Theaterbrande selbst bei nichtigen Anlässen zum Ausbruch von Massenhysterie und Panik führen konnte. Im Royal Theatre zu Glasgow wurden siebzig Menschen (!) zu Tode gedrückt und zertrampelt sowie viele andere verletzt, nur weil blinder Feuerlärm entstanden war. Auch im Theater zu Livorno gab es 1870 mehr als sechzig Todesopfer, ohne daß ein Brand ausgebrochen war.
Sicherstes Mittel gegen Panik war damals wie heute das gute Beispiel von Persönlichkeiten, die ihre Ruhe bewahrten. So gab es 1823 beim Brand des Hof- und Nationaltheaters München nur deshalb keine Todesopfer, weil nach dem Alarmruf »Feuer!« Prinz Carl von Bayern laut ausrief, es bestände keinerlei ernste Gefahr. Er verblieb mutig auf seinem Platz in der Hofloge und sorgte dafür, daß sich das Parkett allmählich leerte.

Technische Perfektion

Bei den Theatern von heute scheidet jede Wiederholung der früheren Katastrophen aus. Bühnenhaus, Zuschauerhaus und Magazingebäude sind feuerbeständig voneinander getrennt. Der einzige offene Teil zwischen Bühne und Zuschauerraum wird durch den eisernen Vorhang vollständig verschlossen, sobald eine Gefahr droht. Dieser Vorhang ist eine beiderseitig mit Blechen belegte Stahlkonstruktion, die zur Vermeidung von Verwerfungen mit Wasser berieselt werden kann. Sie muß einem Druck von mindestens fünfundvierzig Kilogramm pro Quadratmeter standhalten können. Der eiserne Vorhang läuft vermöge seines Schwergewichtes selbständig nach unten, sobald die Auslösevorrichtung betätigt wird. Öldruckbremsen fangen den Vorhang ab. Ein Elektromotor besorgt nachher das Hochziehen. Der eiserne Vorhang wird zur Sicherheit vor jeder Vorstellung ausprobiert.
Das Bühnenhaus ist der am stärksten feuergefährdete Teil eines Theaters. Wie ein Schornstein läuft es vom Kellergeschoß bis zum Dache durch. Alle Zugänge zur Bühne müssen daher mit rauchdichten Feuerschutztüren versehen sein. Ist es nicht zu vermeiden, daß sie vorübergehend offenstehen, dann sorgen Fischer-Riegel mit Thermoauslösung dafür, daß sie bei einer bestimmten Erwärmung sofort selbsttätig schließen. Im Dach von Bühnenhaus und Zuschauerhaus sind außerdem Rauchklappen eingebaut, die bei einem Brande den entstehenden Überdruck ableiten. Diese Rauchklappen fungieren wie ein Sicherheitsventil. Sie lösen sich bei einem Druck von fünfunddreißig Kilogramm pro Quadratmeter automatisch aus. Durch diese Druckableitung wird eine etwaige Zerstörung des eisernen Vorhanges vermieden.
Ein kostspieliges System von Steigleitungen mit Rollschläuchen, von Druck-

verstärkeranlagen für Löschwasser und von Leerleitungen zur Einspeisung von Wasser durch die Löschfahrzeuge durchzieht alle Gebäudetrakte. Daran sind Regen- und Sprinkleranlagen angeschlossen, die Bühne, Magazine und Werkstätten zusätzlich sichern. Zum Teil haben diese Löschanlagen Thermo-, Ionisations- oder Fotozellenauslösung. Handfeuerlöscher und Kübelspritzen sind außerdem über alle Räume verteilt, und ein ganzes Netz von automatischen Rauchmeldern und Handfeuermeldern vervollständigt das Sicherheitssystem. Alle elektrischen Geräte müssen mit einer Kontrollampe zusammengeschaltet sein. So wird ein versehentliches Nichtabschalten sofort bemerkt. Ortsfeste Klappsitze, zahlreiche Notausgänge, feuerbeständige Treppenräume, fest angebrachte Notleitern sowie Panikschalter und Notbeleuchtung sind gesetzlich vorgeschrieben. Auch das Rauchen ist in fast allen Theatern außerhalb besonders gekennzeichneter Raucherlaubnisräume verboten. Alle Dekorationen und Stoffe müssen schwer entflammbar imprägniert sein.

Dennoch trägt die Theatersicherheitswache der Feuerwehr eine schwere Verantwortung. Alle Löschmittel und Sicherheitseinrichtungen sind ihr anvertraut. Zu späte Reaktion und menschliches Versagen könnten schlimme Folgen haben.

Eine Theaterwache besteht aus mindestens zwei Mann. In der Hamburger Staatsoper werden sogar zu jeder Vorstellung ein Brandmeister und vier Mann abgeteilt. Diese Mannschaft besetzt die einzelnen Postenstände neben der Bühne, auf dem Schnürboden und im Bühnenkeller. Einer der Männer fungiert als Wandelposten.

Jeder Theaterwächter der Feuerwehr ist mit Beil, Handlampe, Fangleine, Signalpfeife und Löschdecke – zum Ersticken der Flammen an den Kleidern lebender Personen – ausgerüstet. Außerdem hängen an allen Postenplätzen mehrere Kleinlöschgeräte und ein einsatzbereit angeschlagener C-Schlauch.

Wenn auch nur der kleinste Brand ausbricht, gilt unbedingt die eingehämmerte Faustregel EMS. In der Reihenfolge dieser Buchstaben E-M-S müssen folgende Maßnahmen getroffen werden:

Zuallererst eisernen Vorhang herunterlassen.

Dann Melder betätigen.

Und nun erst Schlauch und andere Löschmittel vor!

Jedes Auslösen eines Theaterfeuermelders bedeutet für die Feuerwehr eine höhere Alarmstufe. So preschen zur Hamburger Staatsoper grundsätzlich gleich drei Löschzüge. Bei Theateralarm rückt man lieber zehnmal vergeblich als einmal zuwenig oder etwa mit zu schwachen Kräften aus.

Zirkuszelt in Gefahr!

Die Bomberos, die Feuerwehrleute der ›Societate Anonima‹, der Feuerwehrgesellschaft von Rio de Janeiro, denken nur mit Schaudern an jene Bilder zurück, die sich ihnen im Jahre 1961 boten. Damals hatte Rios halbmilitärisch organisierte und mit Hilfe von Privatkapital unterhaltene Berufsfeuerwehr den furchtbarsten aller Einsätze. In Niteroi, am anderen Ufer der Bucht von Rio, hatte ein Wahnsinniger wenige Tage vor Weihnachten den gastierenden ›Gran Circo Norte Americano‹ mit Benzin begossen und in Brand gesteckt. Der Unhold hatte sogar die Stahltrossen gelockert, mit denen die Zeltmasten verankert waren. Binnen dreißig Sekunden stürzte die Riesenkuppel des Nylonzeltes brennend auf die vollbesetzten Zuschauerränge herab. Bei dieser grauenhaften Katastrophe trampelten sich brennende Menschen gegenseitig tot. Es gab mehr als vierhundert Todesopfer und Hunderte von Verletzten.
In Niteroi hatte acht Jahre vorher eine Frau mit Hilfe einer aufs Zelt geschleuderten brennenden Fackel schon einmal einen Zirkus eingeäschert, der aber zum Glück unbesetzt war. Diese Brandstiftung diente nur zur Ausschaltung einer verhaßten Konkurrenz.
In vielen Ländern hat es schwere Zirkusbrände gegeben, erfreulicherweise aber nur selten während der Vorstellung. Als jedoch 1944 der amerikanische Zirkus ›The Ringling Brothers and Barnum and Bailey‹ in Hartford/Connecticut aufbrannte, kamen hundertachtundsechzig Menschen in den Flammen um.
In Europa muß heute jedes Zirkusgastspiel beim Feuerwehramt angemeldet werden. Die Feuerwehr sieht sich Zeltplan und Grundstücksgegebenheiten genau an. Sie studiert die vorgesehene Anzahl und Anordnung der Sitzplätze, Zwischengänge, Notausgänge und Löschgeräte, vor allem aber die Lage und Leistungsfähigkeit der nächstgelegenen Hydranten. In vielen Fällen baut die Feuerwehr sogar eine Leitung aus Schnellkupplungsrohren, das heißt eine provisorische, aber strapazierfähige Löschwasser-Pipeline. Sie führt von den Hydranten zum Zirkuszelt. Das Aufbauen des Zeltes wird von Beamten der nächstgelegenen Feuerwache beaufsichtigt, so daß von vornherein die Einhaltung aller Sicherheitsauflagen gewährleistet ist. Auch beim Zirkus muß die Feuerwehr Kenntnis von den geplanten Darbietungen erhalten. Sollen etwa Tiere durch brennende Reifen springen, wird der Clown mit Feuer oder Schreckschußpistole hantieren?
An die fertig verlegte Metallrohrleitung werden C-Schläuche angeschlossen, und in vielen Fällen steht auch beim Zirkus ein Tanklöschfahrzeug unsichtbar in Bereitschaft. Sicher ist sicher.

Keine Zirkusvorstellung darf ohne Beisein von mindestens zwei Feuerwehrbeamten und von Schutzpolizisten stattfinden. Wie notwendig diese Sicherheitswache auch ohne einen Brandausbruch sein kann, das beweisen die Erlebnisse des Oberfeuerwehrmannes Voß und eines jungen Anwärters zur Genüge. Die beiden gehören zu meiner Wachtour auf der Feuerwache: Eines Nachmittags wohnen die beiden Beamten einer Zirkus-Kindervorstellung bei. Rund zweitausend Kinder kreischen und quietschen vor Vergnügen, als der Clown anfangen will, es den Artisten nachzutun und mit seinen viel zu großen Latschen Seil zu tanzen. Danach tritt eine zierliche Akrobatin auf, deren vollendete Körperbeherrschung und halsbrecherischen Kunststücke die kleinen Gäste mit großen Augen bewundern. Ehrfürchtige Stille tritt rings um die Arena ein.

In diesem Augenblick passiert es: mit explosionsartigem Knall springt völlig überraschend eine orkanstarke Gewitterbö die riesige Zeltfläche an. Mehrere Zeltstützen brechen auf Anhieb wie Streichhölzer durch. Die große Viererkuppel beginnt zu wanken und zu schleudern. Taue brechen durch. Hölzer knistern und krachen. Wild flackert das elektrische Licht.

Aus zweitausend Kinderkehlen ertönt ein entsetzlicher Angstschrei. Tumult entsteht; zappelnde, quirlende Flucht aus den Bankreihen.

Oberfeuerwehrmann Voß verliert seine Ruhe nicht. Zuerst betätigt er vorsorglich den Panikschalter. Er stellt zusätzlich Notbeleuchtung an für den Fall, daß das Lichtkabel wirklich reißt. Zugleich schickt er seinen Gehilfen eilends zum Einschlagen des Feuermelders, der unweit vom Zelteingang steht. Durch diesen ›Meldereinlauf‹ vom Zirkus werden laut Sonderanordnung automatisch zwei Löschzüge alarmiert.

Inzwischen hat Voß längst das Mikrophon in der Hand, einen Witz gerissen und »Ruhe, sitzen bleiben!« in den Raum gerufen. »Was denn, was denn, nur wegen so einem bißchen Wind? Kinder, ihr seid doch keine Hasenfüße! Bleibt sitzen, es passiert euch überhaupt nichts!«

Das Zirkuspersonal ist sofort an die Abstützstangen vor dem Haupteingang gesprungen. Je zwei Mann hängen sich mit aller Kraft an jede Stange. Und die Dompteuse konnte noch gerade rechtzeitig den Hauptkäfig zuwerfen und den beginnenden Auftritt einer Bärengruppe verhindern.

Wie unter gewaltigen Faustschlägen wird jetzt die Zeltwand vom Sturm eingedroschen. Sie neigt sich auf der Windseite immer tiefer. Aber die zierliche Akrobatin, die eigentlich ihre Nummer gerade beendet hatte, weiß sehr wohl, was sie jetzt zu tun hat. Ohne Zögern springt sie in die Arena zurück, wirft ihre bunten Reifen wieder in die Luft und jongliert weiter. Sie hat in Ostasien während der Vorstellung einen Taifun und in der Türkei sogar schon ein Erdbeben erlebt. Nur keine Angst zeigen!

Oben: Im August 1975 ist in Niedersachsens ausgedörrten Wäldern die Hölle los. Bis zu 15 000 Mann müssen bei den schlimmsten Riesenwaldbränden der deutschen Feuerwehrgeschichte aufgeboten werden. Unten: Zeitweilig spottet die Feuersbrunst jeder Löschanstrengung. Es kommt zu den gefürchteten Wipfelfeuer-Sprüngen!

Oben: Abgekämpft bis zum Umfallen nach Tagen und Nächten an der Feuerfront: Freiwillige Feuerwehrmänner. Zwei aus dem namenlosen Heer von über 800 000 Männern unseres Landes. Sie standen eine unvergeßlich harte Woche im Kampf. Fünf ihrer Kameraden starben den Flammentod.

Oben: Ein Kreisbrandmeister — verschwitzt, übermüdet und gedrückt von der Schwere der Verantwortung für seine Männer. Unten: Berufsfeuerwehr Berlin beim freiwilligen Einsatz im Katastrophengebiet Lüneburger Heide. Insgesamt rückten Kontingente von fünf Berufsfeuerwehren an.

Links oben: Fallschirmspringer der Freiwilligen Feuerwehr stehen für Evakuierungseinsätze waldbrandbedrohter Wohngebiete abflugbereit. Oben rechts: Auch die vom Mittelmeer zu Hilfe geeilten französischen Amphibien-Löschbomber vom Typ CANADAIR CI-215 können mit rollenden Wasserwurf-Einsätzen das Blatt nicht mehr wenden. Unten: Die SYCAMORE-Hubschrauber des Feuerwehrflugdienstes Niedersachsen sind pausenlos im Einsatz.

Die bitteren Erfahrungen der niedersächsischen Waldbrandkatastrophe haben endlich die Einsicht in die Notwendigkeit einer Waldbrandbekämpfung aus der Luft auch in Deutschland verbreitet.
Links oben: Es wurden Löschbehälter bis zu 5000 Liter Inhalt zum Anhängen an Transporthubschrauber konstruiert (im Bild GFK-Behälter der Firma Uelzener Behälterbau).
Rechts oben: Der Flugzeugbaukonzern MBB entwickelte im Auftrag des Bundesministeriums für Forschung und Technologie Feuerlöschrüstsätze für den Einsatz der TRANSALL als Behelfs-Löschbomber. Unten: Die Tragfläche dient als Kartentisch bei der Flugvorbereitung zur Flugdienst-Übung.

Die Geistesgegenwart des Mädchens und die ruhigen Anordnungen von Feuerwehr und Zirkuspersonal strahlen sofort auf die Kinderschar aus. Die Lehrer und die übrigen Begleitpersonen kriegen ihre kleinen Rangen wieder in die Gewalt. So wird System in das Räumen des Zeltes hereingebracht.

Niemand bemerkt, was sich in der Zwischenzeit abspielte. Die beiden Feuerwehrleute sprangen plötzlich über die Barriere ihres Postenstandes und schlugen einem völlig verängstigten Manne ein Messer aus der Hand. Der Kerl fing doch tatsächlich an, die Zeltleinwand aufzuschneiden!

Wehe, wenn man solchem Tun nicht rechtzeitig Einhalt geboten hätte! Auf der Windseite muß das Zelt unbedingt geschlossen bleiben, sonst fahren die Böen hinein wie in eine offene Ballonhülle. Sie heben den gesamten Zirkus rettungslos aus den Angeln!

Draußen scheinen jetzt Verankerungen gerissen zu sein. Die vier Hauptmasten des großen Zeltes beginnen gefährlich zu pendeln. An drei Stellen reißen durch den Winddruck schon die Zeltnähte ein. Aber da sind, gottlob, die beiden Löschzüge zur Stelle, zusammen mit einer vom nahe gelegenen Sportplatz mitten aus dem Fußballspiel heraus herbeigeeilten Polizeihundertschaft. Blitzschnell haben sich die Beamten durch die Manege verteilt und ihre Funktion als Ordner aufgenommen. Sie entwirren hier und dort ein entstandenes Kinderknäuel, besänftigen ein heulendes Nesthäkchen. Und bis auf einige Hautabschürfungen geht tatsächlich alles glatt. Zweitausend Kinder können wohlgeordnet ins Freie bugsiert werden!

Sofort bei Ankunft werden von beiden Löschzügen Schlauchleitungen ausgelegt mit dem Ziel, das tobende Zirkuszelt von außen her durch Beschuß mit großen Löschwassermengen künstlich zu beschweren und einigermaßen zur Ruhe zu bringen. Aber kaum liegen diese Leitungen aus, zieht eine steile, düstere Wolkenwand auf. Es braucht nicht mehr »Wasser marsch!« gepfiffen zu werden. Jetzt prasselt ein solcher Wolkenbruch herunter, daß sich binnen kurzem Tonnenmassen Wassers in den Zeltsäcken verfangen. Die Lage wird unter umgekehrten Vorzeichen kritisch. Die Zeltleinwand ist nicht mehr straff gespannt, sie hält also diese Überlastung ganz bestimmt nicht lange aus. Die Zugführer müssen darum das Durchschneiden der Zeltsäcke anordnen.

Die Drehleiter eines Zuges geht jetzt mehrfach als Pendel-Omnibus auf die Reise. Ihr Mannschaftsraum steckt jedesmal voller Kinder, deren Begleitpersonal in dem entstandenen Durcheinander nicht mehr aufzufinden war. Also wird die Fuhre Findlinge schleunigst zum nächsten Polizeirevier geschafft. Die Schutzleute helfen bereitwillig weiter. Sie machen sich an die Arbeit, um baldmöglichst die Adressen und Eltern der Kinder ausfindig zu machen. Und Funkstreifenwagen bringen die Kinder schließlich nach Hause.

Wald- und Heidebrände

Es brennt im Butterbargsmoor

Seit Tagen haben wir auf unseren Feuerwachen das Geschehen im Butterbargsmoor aufmerksam verfolgt. Dieses große, zum Teil bewaldete Moorgebiet liegt zwischen Wedel und Pinneberg in Schleswig-Holstein. Vor einer Woche hat dort ein leichtsinniger Waldarbeiter geraucht und einen noch glimmenden Tabakrest weggeworfen. In Sekundenschnelle standen ausgedörrtes Heidekraut und vertrocknetes Gras weithin in Flammen. Das Feuer fraß sich tief in Wurzelwerk und Torfschichten hinein, denn das Moor war nach wochenlanger Trockenheit völlig ausgedörrt.
Sechs Freiwillige Feuerwehren sowie der aus Blankenese zu Hilfe geeilte Zug der Hamburger Berufsfeuerwehr hatten dort einen harten Tag. Es brannten achtzigtausend Quadratmeter Heide und Moor. Die Löschanstrengungen wurden durch Wassermangel erheblich erschwert, denn die unbefestigten Sandwege im Brandstellenbereich konnten mit Tanklöschfahrzeugen nicht passiert werden. Hydranten gibt es im Butterbargsmoor natürlich nicht. Dennoch gelang es, das Feuer in die Gewalt zu bekommen. Man hatte mit Planierraupen einen großen ›Wundstreifen‹ aus umgepflügter, kahler Erde um die brennende Zone gezogen und das Gebiet dahinter mit Waldbrandpatschen und Kübelspritzen gegen Funkenflug verteidigt. An dem Wundstreifen lief sich das Feuer tot. Bald konnte »Abrücken!« befohlen werden. Allerdings mußten noch tagelang Brandwachen aufziehen, die hin und wieder aufzüngelnde restliche Flammen mit ihren schaufelartigen Waldbrand-Feuerpatschen auseinanderkehrten und erschlugen.
Am fünften Tage passierte etwas Schlimmes: der Wind frischte plötzlich bis zur Sturmstärke auf. Hier und dort saßen immer noch Glutreste in verkohlten Baumstümpfen und unterirdischen Torfschichten. Der Wind fachte diese Glut wieder an. Bald trieb er Fetzen von brennendem Heidekraut über den Wundstreifen hinweg in die noch nicht vom Feuer berührten Nachbargebiete. Die Brandwachen waren einfach machtlos.
Wieder heulten alle Feuersirenen der Umgebung. Ein neuer Großbrand war entstanden. Bald mußten an einer tausend Meter breiten Front achtzehn

Löschgruppen der Freiwilligen Feuerwehren und dreihundert Mann Bundeswehr eingesetzt werden.

Jeder Wald- und Moorbrand breitet sich eiförmig mit dem Winde aus. Die Eispitze ist dabei dem Winde zugekehrt. Die beste Angriffsmöglichkeit bietet sich an den Flanken. Wenn nicht gerade sehr große Wassermengen verfügbar sind, dann bleiben aber auch dort direkte Löschanstrengungen erfolglos. Von einer gewissen Ausdehnung an läßt sich das Feuer nur noch durch Schaffung von ausreichend breiten ›Riegeln‹ oder Brandschneisen aufhalten. Der Bau solcher Gräben muß zuerst auf der dem Winde abgekehrten Seite des Feuers vorgenommen werden. Das aber ist leichter gesagt als getan.

Der trockne Waldboden und das Moorgras brennen wie Zunder. Weit und breit entsteht eine fürchterliche Verqualmung. Auch die Gasmaske schützt die eingesetzten Feuerwehrleute und Soldaten nur bis zu einem gewissen Grade gegen den beißenden Rauch. Bei der herrschenden Gluthitze muß schwere körperliche Arbeit von den Männern geleistet werden.

Bald nach Ausbruch des neuen Brandes hatte der Landrat sechs Planierraupen ins Brandgebiet beordert. Damit wurde nun ein besonders breiter, grabenartiger Großfeuer-Riegel vor und neben die Feuerzone gezogen. Diesmal wurde von den Planierraupen die Torfschicht bis zum Sandboden entfernt und nach außen, in Richtung Feuer, zusammengeschoben. Dieser Wall wurde nachher von den Löschmannschaften sorgfältig und dick mit Sand beworfen. Jeder Feuerwehrmann hatte, wie zu jedem Waldbrand, seine eigene Schaufel mitgebracht.

Am nächsten Morgen setzten aber Westwinde von Stärke neun ein. Damit begann das Drama zum dritten Male. Es ließ sich einfach nicht verhindern, daß Glutreste sogar diesen breiten Riegel übersprangen. Es brannte jetzt lichterloh. Bald war allen Beteiligten klar, daß bei diesem Sturm ohne ausreichende Löschwasserversorgung alle Mühe vergeblich sein würde. Auch der nächste Riegel würde übersprungen werden. Es bestand jetzt erhöhte Gefahr für den benachbarten Hamburger Staatsforst Klövensteen. Woher aber Löschwasser nehmen?

Die einzige Möglichkeit lag im Bau einer fünftausend Meter (!) langen Schlauchleitung von der Zapfstelle eines Versorgungswasserrohres, das vom Pumpwerk Haseldorfer Marsch nach Hamburg führt. Hilferuf an die Hansestadt: Benötigen fünftausend Meter B-Schlauch und Verstärkerpumpen!

Nach kurzer Beratung sagte der Hamburger Oberbranddirektor bei dieser Wasserförderung über lange Wegstrecken großzügige Nachbarschaftshilfe zu. Zwei große Schlauchwagen, ein Löschgruppenfahrzeug LF 16, zwei Tanklöschfahrzeuge TLF 16, zehn Unimog-TLF 8 und einige Versorgungs-Lkws setzen sich mitsamt den angeforderten Schlauchlängen in Marsch.

Kurz vor neunzehn Uhr beginnt der erste Schlauchwagen mit dem Verlegen der Leitung.
Ein solcher Leitungsbau erfordert zahlreiche Vordispositionen, genaue Geländekenntnis und mathematische Berechnungen über den Druckverlust durch Reibung und Höhenzunahme des Geländes bei dem angestrebten Löschwasser-Förderstrom. Der Aufbau dieser Leitung wird dadurch erschwert, daß es längst stockdunkel geworden ist. Außerdem sind alle eingesetzten Feuerwehrleute und Soldaten ortsfremd.
Aber zu guter Letzt liegt die Riesenleitung doch.
Ihren Anfang, am Hydranten, bildet das Löschgruppenfahrzeug der Hamburger Hauptfeuerwache. Dieses Frontlenker-LF 16 dient jetzt zugleich als Pumpstation, Befehlsstelle und Nachschubbasis. In die Leitung selbst ist nach jeweils zwanzig bis fünfundzwanzig Schlauchlängen – alle vierhundert bis fünfhundert Meter – ein TLF 8 eingebaut worden. Diese Fahrzeuge müssen mit ihrer Kreiselpumpe als Druckverstärker dienen und die entstandenen Reibungsverluste wettmachen. Auf dem kaum befahrbaren Sandweg zur Brandstelle wurden zwei TLF 16 mit Allradantrieb und grobstolligen Geländereifen postiert. Auf diese Weise sind dort viertausendachthundert Liter Wasser in Reserve, die notfalls in die Leitung eingespeist werden können. Den Schluß der Förderkette bildet wieder ein Unimog-TLF 8 mit seiner Pumpe; das ist der einzige Fahrzeugtyp, der bis zu dieser Geländestelle überhaupt vordringen konnte.
Schon eine halbe Stunde nach Fertigstellung der Leitung kommt der spannende Augenblick: »Wasser marsch!«
Zunächst wird die Leitung etappenweise gefüllt. Die nächstgelegene Pumpe nimmt zunächst die Dichtigkeitsprobe vor. Erst dann dreht ihr Maschinist die Ventile auf und füllt einen neuen Leitungsabschnitt mit Wasser. Alle in die Leitung eingebauten Pumpen müssen sich genau aufeinander einspielen. Ab zweiundzwanzig Uhr läuft der Betrieb reibungslos und stetig.
Vorn an der Feuerfront hat der zuständige Revierförster besondere Gefahrenpunkte bei dem zur Zeit nur schwelenden Brande bemerkt. Der starke Wind reißt einzelne Brandnester immer wieder auseinander. Darum werden von der letzten Pumpe aus sofort zwei B-Schläuche in die besonders bedrohten Teile des Waldes geführt. An ihre Verteilungsstücke werden sechs C-Rohre angeschlossen. Diese Leitungen führen durch Gräben, Schneisen, Schonungen, über Wälle mitten hinein in undurchdringlichen, schwärenden Qualm und in eine ägyptische Finsternis.
Die Löschmannschaften dort vorn stehen schon seit heute morgen im Feuer, hustend und mit tränenden Augen. Sie sind am Ende ihrer Kraft. Aber jetzt bekommen sie endlich Löschwasser. Das gibt neuen Auftrieb.

Ja, das ist jetzt eine andere Sache! Die überall glimmenden Brandnester können nun richtig ausgepinselt werden. Das gefährliche Flugfeuer hört auf. Sechsunddreißig Stunden lang bleibt die Riesen-Schlauchleitung ununterbrochen in Betrieb. Versorgungsfahrzeuge der Hamburger Feuerwehr versehen währenddessen die einzelnen Verstärkerpumpen mit Kraftstoff. Insgesamt fördert die Leitung 1,7 Millionen Liter Löschwasser zum Butterbargsmoor und Klövensteen. Sogar die ausgedörrten Gräben der bisherigen Brandstellen können mit Löschwasser geflutet werden. Alle Mühe wäre wohl auch diesmal vergebens gewesen, wenn sich das knochentrockne Moor nicht wieder satt voll Wasser hätte saugen können. Das Feuer hatte sich bis zu Metertiefe in den Torfboden hineingefressen!

Feuerlöschen durch – Feuer!

Wald- und Moorbrände sind eine tückische Sache. Sie entstehen infolge Unachtsamkeit, Blitzschlag oder durch Selbstentzündung. Selbst Glasscherben können bei intensiver Sonnenbestrahlung zum Brennglas werden und den Waldboden entzünden. Oberforstmeister Professor Dr. Weck sagt: »Ein Brand, der beim Entstehen mit einer Mütze ausgeschlagen werden könnte und eine Stunde später vielleicht noch von einigen Dutzend gutausgerüsteter Männer gebändigt werden kann, spottet nach einer weiteren Stunde vielleicht den Bemühungen einer Armee.«

Da auch heute noch in Deutschlands großen zusammenhängenden Waldgebieten jährlich rund viertausend Hektar Wald von Feuer bedroht sind, hat man 1937 eine Verordnung zur Verhütung und Bekämpfung von Waldbränden erlassen. Die Forstaufsichtsbehörden setzen seitdem für jeden Bezirk einen besonders geschulten Forstbeamten als Waldbrandbevollmächtigten ein. Er ist für die Durchführung von Waldbrandübungen verantwortlich und übernimmt im Ernstfall die Einsatzleitung.

Dieser Forstbeamte hält persönlichen Kontakt zum Kreisbrandmeister und zu den örtlichen Wehrführern. Tatsächlich steht und fällt der Erfolg einer Waldbrandbekämpfung mit der engen Zusammenarbeit von Forstverwaltung und Freiwilliger Feuerwehr und zwischen den Wehren selbst. Komplizierte Dinge wie die Wasserförderung über lange Wegstrecken und die Zusammenarbeit bei Großeinsätzen müssen von Zeit zu Zeit systematisch geübt werden.

Die meisten Waldbrände entstehen im Frühjahr nach längeren Trockenperioden. Dafür werden im Hochsommer ausbrechende Waldbrände besonders gefährlich, weil sie fast immer zu großen Flächenbränden auswachsen. Tage mit anhaltendem, langsam abbauendem Hochdruckwetter, mit Hitze, geringer Luftfeuchtigkeit und mäßigen Winden bedeuten immer Waldbrandgefahr. Die Feuerwehren und Forstverwaltungen müssen dann besonders auf der Hut sein.

Der bis 1975 größte deutsche Waldbrand ist 1904 bei Primkenau, Niederlaulausitz entstanden, durch Funkenflug einer Lokomotive. Innerhalb eines Tages wurden mehr als viertausendfünfhundert Hektar Kiefernbestand vernichtet. Man hält darum Bahnschneisen im Wald möglichst schmal, um den Seitenwind abzuhalten. Der Wald beiderseits des Bahndammes wird durch Brandgräben, Wundstreifen oder bewaldete Schutzstreifen abgesichert. Am wirksamsten sind Schutzstreifen, die mit dichtstehenden Kiefern aufgeforstet wurden. Immergrüne Bäume fangen etwaige Funken zu jeder Jahreszeit ab. Schwere Waldbrände wüteten in unserem Jahrhundert unter anderem auch bei Rötgen, unweit Monschau in der Letzlinger Heide, und (1925) bei Schollene, unweit Rathenow an der Havel. Bei dem Schollener Feuer ist es zu Wipfelfeuer-Sprüngen von sechzig Metern gekommen. Wipfelfeuer mit manchmal explosionsartigem Charakter können höchst gefährlich werden. Sie überholen das Bodenfeuer und überrollen bisweilen sogar die Löschmannschaften.

Im Durchschnitt frißt sich die Feuerfront eines Waldbrandes pro Stunde einen Kilometer vorwärts. Letzten Endes hilft bei Großwaldbränden immer nur dasselbe Rezept: Auffangen der Feuerwalze an einem Riegel. Das ist entweder ein Flußlauf, ein See, eine Straße oder aber ein breiter, grabenartig ausgeworfener Isolierstreifen. Etwa zu fällende Bäume müssen immer der Feuerfront entgegenfallen, auch der Erdaushub ist ihr stets entgegengerichtet. Sobald das Feuer herangekommen oder ›aufgelaufen‹ ist, muß die Waldkante jenseits vom Riegel mit einer ausreichenden Zahl von Löschposten besetzt sein. Sie müssen etwaiges Flugfeuer sofort ›zerkehren‹ und ›übererden‹. Noch besser ist natürlich Löschwasser.

Man verwendet Kübelspritzen mit Rückentragegestell oder Tornister-Feuerlöscher mit Netzmittel-Wasser oder sogar Schaum. Das Nachfüllen der Kübelspritzen erfolgt aus zusammenlegbaren, transportablen Löschwasserbehältern, die man – wenn es irgend geht – durch pendelnde Tanklöschfahrzeuge nachfüllen läßt.

Vielerorten verfügen die Wehren auch über Waldbrandanhänger, die auch dorthin noch mitgeschoben werden können, wo Tanklöschfahrzeuge kaum noch vorwärts kommen. Diese zweirädrigen Hänger führen einen Löschwasserbehälter mit zweihundert Liter Inhalt und außerdem je zwanzig Liter Löschwasser in Kanistern mit. Der Anhänger ist überdies mit Wasserrucksäcken, Feuerpatschen, Sägen, Schaufeln und einem Netzmittel ausgerüstet.

In verzweifelten Fällen kann, angelehnt an einen Riegel, ein Gegenfeuer angelegt werden. Seine Entzündung setzt allerdings viel Umsicht und Erfahrung voraus. Weil das Gegenfeuer ja dem Winde entgegenlaufen muß, hat der Einsatzleiter den Luftsog des herankommenden Hauptfeuers abzuwarten. Die aufsteigende, erhitzte Luft des Hauptfeuers reißt von unten andere Luftmassen nach und damit das Gegenfeuer an das Hauptfeuer heran. Dadurch wird der Schutzstreifen verbreitert; denn das Gegenfeuer entzieht ja seinem Kontrahenten die Nahrung.
Diese Methode des Waldbrand-Löschens mit Hilfe von Feuer hat 1922 bei Gartow in der Lüneburger Heide, 1925 bei Altdamm in Pommern und 1929 bei Ponickel in Pommern tatsächlich zum Erfolg geführt. Es konnten dort schwere Waldbrände zum Erliegen gebracht werden. Aber die Methode ist außerordentlich gefährlich. Im Moment des Zusammenpralles beider Feuer muß der vom Gegenfeuer schon verbrannte Streifen wirklich breit genug sein. Sonst wird der geschaffene Riegel durch die summierte Wucht zweier Brände glatt übersprungen. Die Amerikaner verwenden bei Legen eines Gegenfeuers verläßliche Propanfackeln und Zündlunten. Aber ein Risiko bleibt auch dabei bestehen.
Weniger riskant ist das Legen eines ›Vorfeuers‹. Man brennt dabei rechtzeitig und mit dem Winde einen schmalen Streifen vor dem Riegel ab. In günstigen Fällen kann ein solches Vorfeuer sogar in mehreren Etappen wiederholt werden, damit der Gürtel der Brandrodung möglichst breit wird. Auch dabei müssen ausreichende Löschkräfte den Schutz des Waldbestandes jenseits vom Riegel übernehmen. Meistens reicht aber die Zeit für eine Rodung mit Hilfe von Vorfeuern nicht aus. Man ist froh, wenn man wenigstens den Sperriegel rechtzeitig anlegen und ausbauen konnte.

Die Waldbrandkatastrophe von Niedersachsen

Im August 1975 herrscht wochenlange Trockenheit mit Tagestemperaturen über 30°C. Niedersachsens Wälder dörren derart aus, daß sie wie Zunder brennen. Das Verhängnis beginnt am Freitag, dem 8. August 1975 mittags durch Ausbruch eines Flächenbrandes zwischen den Ortschaften Stüde, Grussendorf und Westerbeck nordwestlich von Gifhorn. In überraschend kurzer Zeit dehnt sich der schwere Brand nach Westen aus. Die Kreisverwaltung sieht sich schon am Nachmittag gezwungen, Katastrophenalarm zu geben, denn es brennen mittlerweile mehrere Quadratkilometer Heide-, Wald- und Hochwaldflächen.

Am nächsten Tage stehen schon rund 1000 Feuerwehrmänner und Bundeswehrsoldaten gemeinsam im Einsatz. Das Gifhorner Brandgebiet hat sich auf eine Fläche von rund 200 Hektar ausgedehnt.
Der Gifhorner Kreisbrandmeister Friedrich Meyer erleidet während der Löscharbeiten einen Herzanfall und stirbt wenig später. Hubschrauber helfen erstmals bei der Brandbekämpfung. Bald aber zeichnet sich ein Unglück größten Ausmaßes ab, denn auch zwischen Leiferde und Meinersen im Kreise Gifhorn, in Unterlüß-Eschede im Kreis Celle, in Ramlingen und Engesen im Landkreis Hannover sowie in Meppen an der Ems brechen neue Brände aus. Die Löschwasserversorgung wird schwierig.
Am Sonntag, dem 10. August wird endgültig klar, daß dem Gifhorner Riesenfeuer mit den gewohnten herkömmlichen Mitteln kaum beizukommen ist. 1500 Feuerwehrleute, Soldaten und freiwillige Helfer stemmen sich der nach Nordwesten weiterlaufenden Feuerfront mit nur mäßigem Erfolg entgegen. Die Einsätze dieses Tages sind von Pech und Tragik überschattet. Immer wieder bleiben Löschfahrzeuge im Moorgebiet stecken und müssen von Bergepanzern der Bundeswehr herausgeholt werden. Und bei Meinersen ereignet sich das Furchtbarste, was bei einem Waldbrand passieren kann: Brandmeister Helmut Wille, die Hauptfeuerwehrmänner Gerhard Schlie und Kurt Fischer, der Oberfeuerwehrmann Otto-Oskar Könnecker sowie der Feuerwehrmann Hartmut Ölkers — sie stammen aus Fallersleben und Hohenhameln — werden vom Feuer überrollt und von den Flammen eingeschlossen. Sie finden in der Nähe ihres ebenfalls verbrannten Tanklöschfahrzeugs den Flammentod.
Verbittert, mit dem Mut der Verzweiflung, kämpfen die erschöpften, immer wieder verstärkten Löschmannschaften weiter und bekommen erst am darauffolgenden Tag (11. August) die Waldbrände im Kreis Gifhorn weitgehend unter Kontrolle.
Aber zum Aufatmen ist keine Zeit. Neue Hiobsbotschaften jagen einander. So ist in der Nacht zum Montag bei Eschede im Kreis Celle ein weiterer Großbrand ausgebrochen, der durch die ständig wechselnden Winde immer wieder neu angefacht wird.
Das niedersächsische Innenministerium in Hannover ruft drei französische Speziallöschflugzeuge aus Marseille zur Hilfeleistung herbei. Die Amphibienflugzeuge vom Typ »Canadair« CI-215 machen jeweils auf dem Steinhuder Meer „Touch and go", d.h. sie unternehmen kurze Wasserlandungen, um durch die geöffneten Tankklappen jeweils 6000 Liter Löschwasser an Bord zu nehmen und sofort wieder durchzustarten. Sie werfen diese Wassermenge binnen Sekunden über den Waldbrandspitzen ab, die aus Furcht vor der Schlagwirkung dieser Tonnenmassen Wassers jedesmal vorsorglich von

Löschkräften geräumt werden, so daß das Feuer vorübergehend sich selbst überlassen bleibt. Noch fehlt es in Deutschland an Löschbomber-Erfahrung. Niemand weiß, daß der Wasserabwurf für die Bodenmannschaften tatsächlich ungefährlich ist.

Als sich die Entfernung zwischen dem Steinhuder Meer und dem Landkreis Celle für die Pendelflüge als zu groß erweist, unternehmen die Maschinen in Celle Radlandungen und lassen sich am Boden auftanken. Aber der Einsatz der vom Mittelmeer herbeigeholten Amphibienflugzeuge kommt im Grunde schon zu spät. In der Mehrzahl der Fälle sind derart rasante Wipfelbrände entstanden, daß das abgeregnete Löschwasser schon vorher verdampft. Auch die drei Hubschrauber des Feuerwehrflugdienstes Niedersachsen sind unermüdlich im Einsatz, aber auch deren Löscheinsätze mit dem nur 500 Liter fassenden, untergehängten amerikanischen Wasserbehälter sind letzten Endes nur Tropfen auf den heißen Stein.

Man benötigt unter allen Umständen noch weitere Löschwassermengen. Auf dem Fliegerhorst Celle-Wietzenbruch werden deshalb in aller Eile, mit Erfindungsreichtum und Improvisationskunst der Heeresflieger, mittelschwere Transporthubschrauber vom Typ Sikorsky CH-53 mit jeweils vier Tonnen Löschwasser befüllt, die sich in festgezurrten Behältern befinden. Den Lademeistern fällt jeweils die Aufgabe zu, in Nähe der Abwurfstelle zwei der Container in den Laderaum zu entleeren. Die Männer stehen mit aufgekrempelten Hosenbeinen in diesem „fliegenden Hallenbad", klar zum Öffnen der Heckklappe. Die Piloten müssen zusehen, wie sie ihre Maschinen über der Abwurfstelle mit dem Schwanzende möglichst steil nach unten neigen. Genau im Augenblick dieses angewinkelten Hochziehens der Maschine muß die Öffnung der Heckklappe erfolgen, andernfalls gerät der Hubschrauber in eine gefährlich labile Fluglage. Die Einsätze sind ein fliegerisches Hasardspiel, aus der Not des Augenblicks geboren. In zwei Fällen kann ein Absturz mit knapper Not vermieden werden. Und es ist klar, daß für die Zukunft auch in Deutschland andere technische Voraussetzungen für die Brandbekämpfung aus der Luft gefunden werden müssen. Den Wasserabwürfen der französischen Tankerflugzeuge und der deutschen Heeres-Hubschrauber vom Typ CH-53 gesellen sich schon bald Abwürfe von Plastik-Wassersäcken hinzu. Bundesgrenzschutz-Hubschrauber nehmen solche Säcke mit 800-1100 Liter Fassungsvermögen an ihre Lasthaken und werfen sie als kompakte Wasserbombe ab. Aber noch fehlt es an einschlägiger Erfahrung im Umgang mit solchen Löschverfahren. Nicht alle Säcke deutschen Fabrikats reißen nach dem Abwurf gleichmäßig auf. Eilends aus der Schweiz herbeigeflogene Säcke, zum Löschen von Waldbränden in unzugänglichen Gebirgsregionen bestimmt, zeigen bessere Ergebnisse. Aber diese

Bomben sind für die Löschmannschaften am Boden lebensgefährlich. Sie müssen jedesmal vor einem Anflug zurückgezogen werden. Einige Male bestand dennoch in der völlig verqualmten Region die Gefahr von Fehlwürfen.

Die Katastrophe, deren Ausmaß niemand vorher für möglich hielt und die fraglos durch Brandstiftungen vergrößert wurde, stellt alle Beteiligten vor neue Probleme, auf die man unzulänglich vorbereitet ist. Der niedersächsische Innenminister versagt vor der Erkenntnis, daß nur noch klare, einheitliche Befehlsgebung und Koordination und überdies die Anwendung militärischer Mittel die Lage wenden kann. Er erweist der Sache keinen guten Dienst, als er am falschen Ort das Primat der Politik überbetont und einen Bundesgrenzschutz-General abkanzelt, der im Grundprinzip mit seinen Führungs- und Einsatzvorschlägen recht hat. Erste Kritik über offensichtlich unzureichende Organisation der Einsatzleitung wird ringsum im Lande laut. Tatsächlich sind zwei verschiedene Krisenstäbe gebildet worden, die vom Raum Lüneburg und von Hannover aus in das Geschehen eingreifen. Sie stimmen ihre Maßnahmen untereinander nicht in allen Fällen ab. Bei Celle stehen jetzt schon 7000 Männer im Einsatz. Am 12. August ist im Schwerpunkt Eschede ihre Zahl bereits auf 9000 angewachsen: Feuerwehren, Bundesgrenzschutz, Bundeswehr, Polizei, Technisches Hilfswerk, Deutsches Rotes Kreuz, Arbeiter-Samariter-Bund, Malteser-Hilfsdienst und Johanniter-Unfallhilfe haben eine Phalanx gemeinsamer Anstrengungen gebildet. Einheiten der Berufsfeuerwehren von Hamburg, Bremen, Berlin und anderen Städten rücken zur Verstärkung an.

Am 12. August treibt starker, wechselnder Wind die Feuerwand im Kreis Celle auf mehrere Ortschaften bei Eschede zu. In aller Eile werden Evakuierungsmaßnahmen der Bewohner getroffen. Und im Gartower Forst (Kreis Lüchow-Dannenberg) breitet sich ein neuer Großbrand mit einer Geschwindigkeit von fünf Kilometern pro Stunde in Richtung Zonengrenze aus. Am nächsten Tag brennen um die dortige Ortschaft Gorleben 25 bis 30 Quadratkilometer Heide und Wald.

Bei Eschede-Oldendorf stehen mittlerweile sogar 50 Quadratkilometer Heide-, Wald- und Moorfläche in Flammen. Einige Gebäude in Hustedt/Kreis Celle brennen aus, darunter ein Wohnhaus. Aber dank rechtzeitiger Drehung des Windes können rund 1000 Evakuierte wieder in ihre Orte zurückkehren. Der umgesprungene Wind treibt jedoch mittlerweile bis zu 40 Meter hohe Feuerwände in Richtung Westen.

Noch immer sind die französischen Tankerflugzeuge und die deutschen Wasserabwurf-Hubschrauber aller Kategorien im rollenden Einsatz.

Nachdem an diesem Tage die beiden Brände im Kreis Gifhorn endgültig unter Kontrolle sind, breitet sich endlich am nächsten Tage (14. August), am siebenten Tag der Katastrophe, das Feuer in keinem der Hauptkrisengebiete mehr nennenswert aus. Aber das ist das Verdienst umfassender großzügiger Maßnahmen, deren Hauptakteure ein Hamburger Branddirektor und ein Divisionskommandeur der Bundeswehr sind. Endlich wird das gemacht, was der „ketzerische" BGS-General gleich befürwortet hat: Es wird „geklotzt und nicht gekleckert."

Im großzügigen Einsatz von Bundeswehrpanzern und Planierraupen wird im besonders kritischen Brandgebiet bei Celle eine zwei Kilometer lange und 150 Meter breite Schneise geschlagen. Dieser Riegel kann gehalten werden. Mittlerweile sind aus sämtlichen Bundesländern außer Bayern und Saarland Feuerwehrkräfte zur Hilfe nach Niedersachsen geschickt worden. Insgesamt stehen am achten Tag mehr als 13000 Mann (einschließlich 6500 Bundeswehrsoldaten) im Einsatz. Aber 90 % aller Brandschutzkräfte sind für die nach wie vor problematische Löschwasserversorgung im Gange. Sie legen kilometerlange B-Schlauchleitungen aus, richten Pendelverkehr mit Tanklöschfahrzeugen ein, fluten eine Erdgasleitung für Feuerlöschzwecke und verfügen schließlich sogar über eine 7,5 km lange Wasserleitung, die von einer Pipeline-Pionierkompanie der Bundeswehr verlegt worden ist. Sie hat eine Fördermenge von 2000 Liter pro Minute und auf ihrer Gesamtlänge mehrere Wasserabgabe-Anschlüsse. Auch die Bereitschaftspolizei Niedersachsen ist mit elf Wasserwerfern angerückt und beteiligt sich tatkräftig an der Brandbekämpfung.

Am Freitag, dem 15. August, sind überall die Feuer unter Kontrolle. Generalstabsmäßig gehen mittlerweile 15000 Mann gegen die in weiten Teilen der Einsatzräume noch immer unter der Erdoberfläche schwelenden Brände vor. Erst jetzt ist für viele total erschöpfte Feuerwehrmänner, die von Anfang an an der Feuerfront gestanden haben, die Zeit der endgültigen Ablösung gekommen.

Der Kampf gegen vereinzelte Brandnester und wieder aufflammende kleinere Feuer setzt sich noch bis zum 16. August fort. Auch gehen die Aufräumungsarbeiten weiter. Aber die ersten auswärtigen Hilfeinheiten können wieder abrücken. Die Bilanz der Katastrophe ist erschreckend:

Nicht weniger als 8213 Hektar Wald sind vernichtet, im Kreis Celle allein 4350 Hektar. Die Räumung und Wiederaufforstung der vernichteten Waldbestände dürfte 60-80 Millionen Mark kosten.

Die Polizei konzentriert sich zuletzt immer mehr auf die Suche nach möglichen Brandstiftern. Mehrere Männer werden verhaftet, darunter ein Mann aus Winsen an der Aller, der mehrere Tage lang in einem gestohlenen Feuerwehrfahrzeug auf der Flucht war!

Welche Manie oder welcher wahnsinnige Beweggrund diese Herostraten zu ihrer Tag getrieben haben mag: Fest steht, daß immerhin 38 von insgesamt 163 Bränden dieser dramatischen Tage auf vorsätzliche oder fahrlässige Brandstiftung zurückzuführen waren.
Im Blätterwald und vor allem in den Massenmedien begann sofort mit immer schrillerer Lautstärke die Suche nach den Schuldigen an offensichtlichen Mißverständnissen und Versäumnissen bei den Einsatzleitungen. Am unnachsichtigsten erhoben gerade jene Publizisten den Zeigefinger des Anklägers, die normalerweise jeder Notstandsgesetz-Regelung und jeder überregionalen Katastrophenvorsorge geradezu allergisch ablehnend gegenüberstanden — ganz zu schweigen von einer grundsätzlichen Abneigung gegen jeden militärischen Führungsstil.
Wenn aber tatsächlich eine Lehre aus den Ereignissen von Niedersachsen zu ziehen ist, dann in erster Linie die, daß ein in jeder Lage uneingeschränktes Primat der Politik auch über kompetenten Fachleuten und außerdem ein überzüchteter Föderalismus im Augenblick schwerer Krisen zu Systemfehler werden können, die keinesfalls den Männern an der Feuerfront zum Vorwurf gemacht werden dürfen.
Eine weitere positive Lehre aus den Ereignissen ist die Bestätigung einer seit langem mit Nachdruck vertretenen Auffassung der Arbeitsgemeinschaft der Leiter der Berufsfeuerwehren (AGBF): Die Schulung des höheren und gehobenen feuerwehrtechnischen Dienstes muß gründlich auch die Probleme der taktischen Führung großer Einsatzverbände behandeln. Und man zog längst daraus die Konsequenzen: Bei den ersten Führungsseminaren der AGBF kamen Referenten aus den Kreisen der Bundeswehr zu Wort, die ihre Spezialerfahrungen im Führen von Großverbänden weitergeben konnten. Umgekehrt hat die Bundeswehr an ihrer Hamburger Führungsakademie Anfang 1978 ein Katastrophenschutz-Seminar veranstaltet, zu dem Führungskräfte der Feuerwehr und des Katastrophenschutzes zu Wort kamen. Koordination ist bei Großeinsätzen alles, und sie scheint unter den Praktikern immer erfreulicher in Gang zu kommen.

Deutschlands Feuerwehr „wachsen Flügel“

Der größte Flächenbrand in der Geschichte der Bundesrepublik Deutschland stellte auch der breitesten Öffentlichkeit vor Augen, daß wir nicht nur in einer Welt des Machbaren und Vorhersehbaren leben. Eine mehr und mehr perfektionierte Technik brachte uns in Versuchung, die urwüchsige Kraft

der Elemente zu verkennen und Naturkatastrophen großen Ausmaßes aus unseren Erwägungen zu verdrängen.
Weitsichtige Mahner haben es deshalb immer schwer, ihren Ansichten Gehör zu verschaffen. Und der Prophet gilt bekanntlich nichts in seinem Vaterlande.
Deshalb gab es zunächst vielerlei herablassendes Lächeln und Kopfschütteln, als schon im Juni 1962 im Nachrichtenblatt des Deutschen Feuerwehrverbandes für die Aufgaben und die Organisation eines Feuerwehr-Flugdienstes geeignete Kameraden aus den Reihen der Freiwilligen Feuerwehren gesucht wurden.
Über Kreisbrandmeister Friedrich Meyer aus Wahrenholz im Kreis Gifhorn — derselbe Kreisbrandmeister, der bei der Waldbrandkatastrophe im August 1975 im Einsatz den Herztod erlitt, er war ein Mann der ersten Stunde für diese neue Idee — ging diese Nachricht an den Präsidenten des Braunschweiger Aero-Clubs und Vorsitzenden der Motorflugkommission des Landes Niedersachsen, Direktor Heinz Nitschke. Dieser schlug seinen Fliegerkameraden Karl Zipse aus Essenrode bei Braunschweig als Referenten für eine solche Spezialsparte der Freiwilligen Feuerwehr vor. Zipse diente im Krieg bei der Luftwaffe und ist leidenschaftlicher Sportflieger. Da er zugleich als Hauptbrandmeister Geschäftsführer des Landesfeuerwehrverbandes Niedersachsen ist, erwies sich dieser Vorschlag als guter Griff. Wenig später kam durch den Präsidenten des Deutschen Feuerwehrverbandes, Albert Bürger, Zipses Ernennung für dieses Amt.
Noch im Dezember 1962 kam es zur Gründung eines Feuerwehr-Flugdienstes Niedersachsen. Er wurde aus dem Nichts heraus aufgebaut. Von jedem Landkreis sollten zunächst vier Führungskräfte vom Löschmeister an aufwärts namhaft gemacht werden, die in Flugzeugen des Aero-Clubs im Zurechtfinden in der Luft, im Beobachten und im Funksprechverkehr auszubilden waren. Zunächst war eine Flugzeit von zwei Stunden pro Person vorgesehen.
Mit der ersten Schulung von Führungskräften wurde im Kreis Gifhorn begonnen. Kreisbrandmeister Meyer erklärte sich bereit, die dabei entstehenden Unkosten „auf seine Kappe zu nehmen.“
In Form von Wochenendschulungen liefen bald die ersten Feuerwehr-Flugdienstlehrgänge, bei denen in vielen Fällen Sportflieger unter den Feuerwehrleuten ihre eigenen Maschinen mitbrachten. So wurde recht bald der nächste Schritt realisiert: Die Einsatzleitung aus der Luft.
Ein zu ähnlichen Zwecken in Lüneburg gegründeter Luftnotdienst ging später im Feuerwehr-Flugdienst Niedersachsen auf, der nach seinen Lehrgängen in Braunschweig, Stade, Hildesheim, Hannover, Nienburg und Emden

die ersten 34 gut ausgebildeten Feuerwehr-Flugzeugbeobachter bereitstellen konnte. Und schon 1963 hatte der Flugdienst sein Debüt durch den ersten erfolgreichen Einsatz bei Waldbränden im Bezirk Lüneburg. Trotz intensiven Abwehrmaßnahmen zahlreicher Wehren breitete sich, unterstützt durch starken Wind, ein Brand in Wahrenholz/Stüde auf eine Fläche über 500 Hektar aus. Durch Beobachten aus der Luft wurden der Brandverlauf vorausberechnet und eine geeignete Stelle für das Anlegen von Bohrbrunnen unmittelbar am Brandgeschehen festgelegt. Noch in der Nacht wurden mit modernsten Geräten Bohrungen niedergebracht, so daß mit eilig herbeigebrachten Beregnungsrohren ein weiträumiger Ring um den Brandherd gelegt und die Rohre mit Brunnenwasser gespeist werden konnten. 36 Stunden später konnte „Feuer aus!" gemeldet werden.
Weitere Einsätze schlossen sich an. Auf Bundesebene wurden Tagungen des Feuerwehr-Flugdienstes in Stuttgar, Bad Homburg und Kassel durchgeführt, der neue Gedanke sprang wie ein Funke auch auf die Bundesländer Baden-Württemberg und Hessen, bald auch nach Schleswig-Holstein und Bayern über, in denen ebenfalls Feuerwehr-Flugdienstreferenten ihre Arbeit aufnahmen. Dabei arbeiteten die deutschen Feuerwehrflieger eng mit dem — inzwischen verstorbenen — Internationalen Feuerwehr-Flugdienst-Referenten Erhard Dolezal aus der Steiermark zusammen, von dem wesentliche Impulse für die Verwendung der Luftfahrt im Dienst der Feuerwehr ausgegangen sind. Er verfaßte die Ausbildungsrichtlinien für Feuerwehr-Flugzeugbeobachter, die bald von allen europäischen Feuerwehren anerkannt wurden.
Als am 18. März 1967 das zum Hotel umgebaute, unersetzlich wertvolle historische Schloß Friedrichshof bei Kronberg/Taunus in Flammen stand, konnten Löschkräfte der Freiwilligen Feuerwehr und der zur Nachbarschaftshilfe zusätzlich herbeigeeilten Berufsfeuerwehr Frankfurt 20 Menschenleben retten und das Großfeuer unter Kontrolle bringen, weil der Frankfurter Branddirektor Dipl.-Ing. Achilles konsequent sämtliche Rettungs- und Löschmaßnahmen vom kreisenden Hubschrauber aus geleitet hat.
Mittlerweile war Karl Zipse zum Flugdienst-Referenten auf Bundesebene ernannt worden. Und um dem neuen Gedanken einen breiten Durchbruch zu ermöglichen, ging er ein fast abenteuerliches Wagnis ein: Weitgehend auf eigene Initiative veranstaltete er — in Zusammenarbeit mit dem Verfasser dieses Buches — am 5. Mai 1968 auf dem Flugplatz Braunschweig-Waggum den 1. Deutschen Feuerwehr-Großflugtag.
Was sich dabei teilweise abgespielt hat, brach wie eine Naturkatastrophe über uns herein: Wir hatten mit maximal 15000 Zuschauern gerechnet, aber nicht weniger als 80000 rückten an! Eine unübersehbare Menschenmenge

umsäumte das Flugplatzgelände, um bei dieser ersten Demonstration völlig neuer Möglichkeiten dabei zu sein. Auch ein „Kaman Huskie", ein amerikanischer Feuerlösch-Hubschrauber vom Typ Kaman HH-43 B, nahm an der Veranstaltung teil — eine jener 200 Maschinen, die auf den Fliegerhorsten der USA und der überseeischen amerikanischen Luftstützpunkte als fliegende „Crash Crew" im Einsatz sind. Diese zweirotorigen Helikopter des Air Rescue Service der U.S. Air Force fliegen im Falle eines Flugzeugabsturzes sofort zur Unfallstelle, klinken eine Trockenlöschbombe aus und setzen einen Lösch- und Rettungstrupp mit Hitzeschutzanzügen ab, der mit dem Pulverschlauch vorrückt, um die Besatzung aus den Flammen zu holen. Dabei bahnt ihnen der Hubschrauber durch zweitweiliges Niederwirbeln der Flammen durch den „Downwash" (Rotorstrahl) den Weg.

In Braunschweig-Waggum wurde die Skala der fliegerischen Feuerwehreinsätze in allen denkbaren Variationen durchexerziert: Heranführen von Tanklöschfahrzeugen an die Brandstelle durch Beobachten und Melden aus der Luft, Hubschraubertransport von Feuerwehr-Schnellangriffstrupps, Abseilen von Brennschneidgeräten, Hubschrauber-Bergung Schwerverletzter mit »Stretcher« (Schleifkorb) und Rettungswinde, Einfliegen und Fallschirmabwurf einer kompletten Wasseraufbereitungsanlage in ein Katastrophengebiet und vieles andere mehr.

Zur allgemeinen Überraschung sprangen auch Fallschirm-Feuerwehrmänner mit Pulverlöschern im Zielsprung ab, wurden weitere Löschgeräte und Löschmittel mit dem Doppellastfallschirm hinterhergeworfen. Fallschirmspringer in Zugstärke sprangen als Verstärkungsmannschaft über der Einsatzstelle ab.

Fallschirmsportspringer des Aero-Clubs Braunschweig und Mitglieder der deutschen Fallschirmspringer-Nationalmannschaft hatten sich mit Feuereifer für den Einsatz als erste deutsche „Smoke Jumpers" ausbilden lassen. Der Braunschweiger Flugtag sicherte immerhin die endgültige Anerkennung der Flugdienst-Idee und deren Förderung durch das Innenministerium des Landes Niedersachsen. Die Waldbrandkatastrophe von 1975 aber war die Bestätigung dafür, wie richtig der eingeschlagene Weg grundsätzlich war. Er hätte — auch auf Bundesebene — eine weitblickende Förderung erfahren müssen. Aber niemand glaubte daran, daß es jemals hierzulande eine Katastrophe dieser Größe geben könne.

Danach aber wurde man hellhörig. Der Bundesminister für Forschung und Technologie vergab unter Eindruck des Geschehenen einen Entwicklungsauftrag für die Konstruktion, Integration und Erprobung eines Prototypfeuerlöschrüstsatzes für Flächenflugzeuge zum Einsatz bei Brandkatastrophen an den Unternehmensbereich Hamburger Flugzeugbau der Messerschmitt-

Bölkow-Blohm GmbH (MBB). Auf diese Weise kann das Transportflugzeug C 160 TRANSALL der deutschen Luftwaffe binnen einer Dreiviertelstunde zum Feuerlöschflugzeug umgebaut werden. Seine Ladekapazität gestattet die Mitnahme von 12 Tonnen Löschmittel, dessen Abwurf im Schnellablaßsystem binnen 4-8 Sekunden geschieht.
Der Feuerlösch-Rüstsatz wird mit der bordeigenen Seilwinde der TRANSALL über eine Beladungsrampe bzw. mit Hilfe eines Paletten-Beladungswagens der Bundeswehr eingebracht. Die Verzurrung im Frachtraum sowie auf der Rampe geht mit dem bordeigenen Verzurrgeschirr der TRANSALL vor sich. Der Löschmittelbehälter kann über vier B-Schläuche in durchschnittlich 4,5 Minuten mit Wasser betankt werden. Bei einer Fluggeschwindigkeit von 240 km/h und 30 Metern Flughöhe benetzt das abgeworfene Wasser eine Zielfläche von knapp 280 Metern Länge und 20 Metern Breite. Geht man davon aus, daß die Entfernung zwischen Einsatzflugplatz und möglicher Brandstelle selten mehr als 60 km betragen kann, ergibt sich für unser Land pro Löscheinsatzflug eine Zeit von 30 Minuten — unterteilt in eine zehnminütige Bodenzeit und 18 Minuten Flugzeit Flugplatz-Brandstelle-Flugplatz. Zwei weitere Minuten werden für die Orientierung und den Abwurf über der Brandstelle veranschlagt. Zehn TRANSALL-Maschinen im Einsatz als Löschflugzeuge machen laut ,,Einsatzprofil" pro Stunde 20 Löscheinsätze möglich, bei denen eine Löschfolge von drei Minuten erreicht werden kann. Bei einem zehnstündigen Einsatz sind 200 Löschangriffe aus der Luft und das Absetzen von 2400 Tonnen Löschmitteln möglich. Demgegenüber hat ein Standard-Tanklöschfahrzeug der Feuerwehr eine vergleichbare Tagesleistung von ca. 75 t, wenn bei einem Waldbrand-Pendeleinsatz eine Entfernung von nur fünf Kilometern zwischen Zapfstelle und Brandherd angenommen wird. Das aber heißt, daß zum Absetzen dieser ,,per Luftpost" an die Brandstelle gebrachten 2400 t Löschmittel nicht weniger als 32 Tanklöschfahrzeuge notwendig wären.
Es ist ein Gebot wirtschaftlicher Vernunft, für die wenigen großen Brandkatastrophen hierzulande keine aufwendigen Löschbomber bereitzuhalten, sondern im Bedarfsfalle herkömmliche Transportflugzeuge mit einfachen Mitteln für Löschzwecke umzurüsten. Dennoch kann und darf die TRANSALL nicht das alleinige Einsatzmittel für eine Brandbekämpfung aus der Luft sein. Sie muß als ,,große Feuerpatsche" und rasantestes Einsatzflugzeug die Arbeit von Feuerlöschhubschraubern ergänzen oder weiterführen. Für das Ausschlagen von Entstehungsbränden aus der Luft und die Bekämfung regionaler kleinerer Waldbrände sollte zunächst auf noch schneller verfügbare Hubschrauber-Löschbehälter zurückgegriffen werden können.

Rechts: Auf allen Feuerwachen bilden Tanklöschfahrzeug (für den Schnellangriff, zweites Fzg. von links), Löschgruppenfahrzeug (rechts) und Drehleiter die taktische Grundeinheit, den Löschzug. Ferner sind Sonderfahrzeuge vorhanden — in diesem Falle der Befehlswagen der Feuerwehr-Leitung Hamburg, eine »vor Ort« einsetzbare Lenkungszentrale auf Rädern.
Unten: Schwerstes Großfeuer mit Höllenglut. Rückmeldung lautet: »Wasserwerfer anrücken!«

Eisenbahnunfall mit eingeklemmten Schwerverletzten. Zügig arbeiten sich von mehreren Seiten, teils über Steck- und Behelfsleitern, die Rettungstrupps mit Brennschneidgeräten und Trennschleifern — die Aufnahme zeigt den dabei entstehenden Funkenflug — zu ihnen vor.

Deutschlands Feuerwehren standen im Vorjahr allein über 214000 mal im Blaulicht-Einsatz für technische Hilfeleistungen. Der Straßenverkehr wurde zu einer Unfallkette ohne Ende. Hier die Kölner Feuerwehr beim Autobahneinsatz. Die Rückmeldung lautet: »Hilfe geleistet«.

Kaufhausbrand in Frankfurt/M. Sofort wurde ein Hubrettungsfahrzeug (Gelenkbühne = GB) mit ausgebrachten Stützen in Stellung gebracht. Das Gewirr von 46 B- und 62 C-Schläuchen erinnert fast an einen Teller Spaghetti: eine halbe Million Liter Löschwasser wurden benötigt! Glanzleistung: 09.46 Uhr Alarm, 12.24 Uhr Rückmeldung: »Feuer aus«.

Nicht weniger als 80 Atemschutzgeräte mußten bei dem Frankfurter Kaufhausbrand (40-50 Millionen Mark Sachschaden!) eingesetzt werden. Der 1. Löschzug traf drei Minuten nach dem Telefon-Notruf an der Brandstelle ein, gab sogleich 2. und 3. Alarm. Auch die Freiwilligen Feuerwehren von Oberrad, Enkheim, Eschersheim und Niederrad wurden eingesetzt.

Jeder dieser genormten Ausrüstungs-Gegenstände hat seinen genau vorgeschriebenen Platz in einem modernen Löschgruppenfahrzeug LF 16!

Rechte Seite/Mitte: Die 1978 eingeführte Generation Lösch- und Drehleiterfahrzeuge der Berufsfeuerwehr.
Rechts: Auch die perfektesten technischen Mittel wären sinnlos ohne klare Einsatzkonzeption und -lenkung. Um diese immer wieder auf neuestem Stande sicherzustellen, sind Planung und Koordination alles. Unten: Dienststellenleiter-Besprechung der Hamburger Branddirektion Süd.

Modernes Feuerlöschboot mit zweiteiliger Drehleiter, daneben die neuesten Typen Mercedes-Benz-Notarztwagen und -Rettungswagen.

Die auf den Seiten 213-218 beschriebene neue Einsatzlenkungs-Zentrale der Feuerwehr Hamburg, deren gesamtes Alarmierungs- und Leitsystem von einem Computer (Einsatzleitrechner) gesteuert wird. Die Ziffern bedeuten: 1 Fahrzeugzustände Berufsfeuerwehr 2 Fahrzeugzustände Freiwillige Feuerwehren 3 Fahrzeugzustände Rettungsdienst 4 Lagekarten mit Grenzen

der Zuständigkeiten 5 Datensichtgerät der Notrufannahme 7 Übersichtsbildschirm mit den laufenden Einsätzen 9 Notrufannahmeplatz mit Tischbedienfeld 13 Leitplatz Rettungsdienst/Krankenbeförderung 14 Rohrpostanlage für Feuerwehreinsatzleitung 16 Handbedienfelder für Betriebe ohne Rechner.

Rechts: Trockenlöschfahrzeug TroLF 6000 mit Hochdruckanlage unter 300 bar Dauerdruck. Pulverbehälter 6000 kg Inhalt, 2 Pulverwerfer (50 kg/sec) mit 2 Schnellangriffseinrichtungen, 30 m Schlauch.

Fahrzeugpark der Flughafen-Feuerwehr Frankfurt/Main (s. S. 225): 2 FAUN-Großtanklöschfahrzeuge, ein Großpulverlöschfahrzeug mit zwei Landebahn-Beschäumungsanhänger bilden den Kern dieser großen motorisierten Einheit.

Feuerwehrdienst im Hochgebirge bringt besondere Probleme mit sich. Beispielsweise ist bei der Freiwilligen Feuerwehr Sand/Taufers in Südtirol dieses speziell für den Bergeinsatz entwickelte Tanklöschfahrzeug TLF 1300 der Fa. Rosenbauer auf Unimog-Fahrgestell im Dienst.

Oben: Die Werkfeuerwehr schult Werksangehörige für den Ernstfall.

Rechts: Die Werkfeuerwehr der Werft im Brandbekämpfungseinsatz auf einem Schiffsneubau. Der Angriffstrupp hat Atemschutzgeräte anlegen müssen.

Unten: Betriebsunfall. Herzmassage und Infusion im Rettungswagen auf der Blaulichtfahrt ins Unfallkrankenhaus.

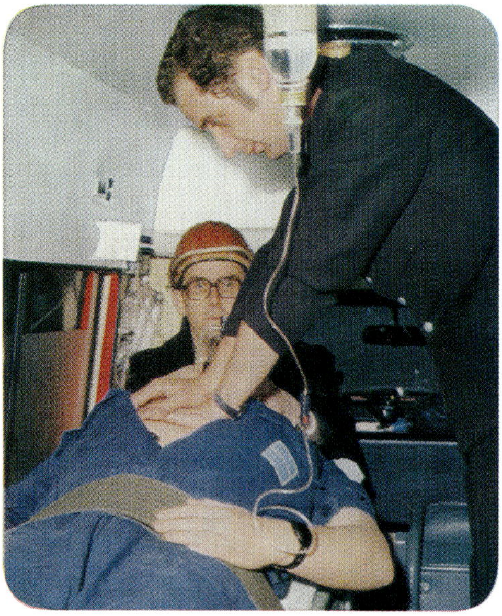

Alarmausrücker der Werkfeuerwehr

Vorbereitung zum Löschen eines Tankbrandes

Ein geborgener Schwerverletzter wird zum Rettungswagen gebracht

Auch die Männer der Grubenwehr sind Feuerwehr-Kameraden, speziell ausgebildet für den besonders schwierigen Einsatz unter Tage. Auf jeder Zeche gibt es einen Brandsteiger und eine Freiwillige Grubenwehr, im Ruhrgebiet ergänzt durch drei Berufsgrubenwehren — Summe: 4000 Mann.

Am 18. März 1967 stand das zum Hotel umgebaute, historisch wertvolle Schloß Friedrichshof bei Kronberg/Taunus in Flammen. Freiwillige Feuerwehren und Unterstützungskräfte der Berufsfeuerwehr Frankfurt retteten 20 Menschenleben und brachten das Großfeuer unter Kontrolle. (Siehe S. 158!)

Das neue von den Vereinigten Flugtechnischen Werken (VFW) Fokker entwickelte »Quick Delivery«-Verfahren zur Brandbekämpfung aus der Luft: Der 5000 Liter fassende Löschbehälter arbeitet nach dem Hubmantelprinzip und erzeugt dabei eine Löschwasserglocke. Füllzeit (im Fluge!) 10 Sekunden, Abwurfzeit 3 Sekunden.

Hubschrauber für den Schnellangriff

Das niedersächsische Innenministerium hat bereits 1969 vier neuwertige Maschinen des bei Luftwaffe und Marine damals ausgemusterten, weil durch einen größeren Nachfolger ersetzten Typs Bristol SYCAMORE sowie drei Starrflügelmaschinen der Typen DO 27 und FW 149 beschafft und an den Feuerwehr-Flugdienst übergeben. Freiwillige Feuerwehrleute wurden von einem „alten Hasen" des Such- und Rettungsdienstes (SAR) der Luftwaffe, Oberstleutnant Winderlich, zum Hubschrauberflugzeugführer und Luftrettungsmeister ausgebildet. Bald standen zwei von den Feuerwehr-Drehflüglern einsatzbereit auf der Feuerwache 4 am Tönniesberg von Hannover. Dort befindet sich der erste Hubschrauberlandeplatz Europas, der in Verbindung mit einer Feuerwache errichtet wurde. Schon 1972 wurden dort bereits 1000 Starts und Landungen registriert. Versuchsweise wurden zu den Ferien-Verkehrsperioden auch bei den Berufsfeuerwehren von München und Frankfurt Rettungshubschrauber bei der Hauptfeuerwache stationiert und voll ins Alarmsystem der Feuerwehr integriert. Die Rettungsleistungen der Maschinen waren beachtlich. Längst ist auch ein Hubschrauber des Typs Bell-UH 1 D der Luftwaffe ständig beim Bundeswehrkrankenhaus Hamburg stationiert und fliegt, eingegliedert in den Feuerwehr-Rettungsdienst, pro Tag durchschnittlich acht Rettungseinsätze. Die Erfahrungen mit „fliegenden Rettungswagen", denen keine Verkehrsstockung und Autobahnverstopfung irgendwelche „Zufahrtschwierigkeiten" macht, sind derart positiv, daß auch anderswo — z.B. bei der Feuerwehr Kassel — ständig ein „Christoph"-Rettungshubschrauber des Katastrophenschutzes ins Einsatzsystem integriert ist. Der schnelle, reibungslose Abtransport Schwerverletzter unter Erstversorgung durch den mitfliegenden Notarzt ist zur Selbstverständlichkeit geworden. Sie wird in 18 „Christoph"-Einsatzräumen praktiziert. Aber das ist nur ein Teilaspekt für die Möglichkeiten des Hubschraubers im Feuerwehrdienst. Der wichtigste Schritt dürfte die direkte Brandbekämpfung aus der Luft sein.

Schon 1968 haben wir mit einem Löschwasser-Falttank experimentiert, der in die Lasthebeschlinge eines Helikopters eingeklinkt werden konnte. Auch wurde aus Mitteln des Bundesinnenministeriums ein in Amerika entwickelter Kunststoff-Löschbehälter (Fire bucket) mit 500 Litern Inhalt beschafft. Das ist freilich eine unzulängliche Löschwassermenge, aber immerhin war es ein Anfang — auch wenn die elektrische Ventilbetätigung nachteilig ist. Die Flugzeugbeobachter des Feuerwehrflugdienstes hatten vor und während der Brandkatastrophe des Jahres 1975 nicht weniger als 92 Entstehungsbrände rechtzeitig erkannt und über Funk an die Feuerwehrtechnische Zentrale

der jeweiligen Landkreise gemeldet, anschließend auch die Tanklöschfahrzeuge über Funk herangeführt. Schließlich griffen die SYCAMORE-Maschinen mit dem Löschwasserbehälter direkt in die Brandbekämpfung ein. Er hat sich in den Randgebieten und bei wieder aufflackernden Brandnestern bewährt. Mit einer besonderen Füllautomatik konnte der „Fire bucket" binnen Sekunden an jeder offenen Wasserstelle gefüllt werden, ohne daß der Helikopter deswegen zwischenlanden mußte.
Nach der Katastrophe fand im Dezember 1975 in der Heeresfliegerwaffenschule Achum bei Bückeburg eine Fachbesprechung über Hubschrauber-Brandbekämpfung aus der Luft statt. Der niedersächsische Minister des Inneren hatte dazu die Halter der im August 1975 eingesetzt gewesenen Hubschrauber — Bundeswehr, Bundesgrenzschutz, Feuerwehr, Polizei — sowie andere Fachleute engeladen.
Alle Beteiligten waren sich darin einig, daß die Löschwasserkapazität der Hubschrauberbehälter umgehend vergrößert werden mußte und daß deutsche Neukonstruktionen vordringlich waren.
Es ist das Verdienst der Firma Uelzener Behälterbau, binnen kurzem nach den erarbeiteten Richtlinien der Praktiker zwei verschiedene Typen von Löschwasserbehältern mit 1500 l Fassungsvermögen (für die an vielen Orten bei Heeresfliegern, Luftwaffe und Bundesgrenzschutz vorhandenen Hubschrauber Bell UH-I D und BO 105 und 5000 l Fassungsvermögen für den mittleren Transporthubschrauber vom Typ Sikorsky CH-53 geschaffen zu haben, die mit einfachsten Mitteln in die Lasthebeschlingen der Drehflügler eingeklinkt werden konnten und dank ihrer pneumatischen Ventilbetätigung mittels Feuerwehr-Preßluftflaschen weder eine infrarote Ventilsteuerung noch eine Belastung des Bordnetzes durch Eigenstromversorgung benötigten. Schon 1976 wurden die Prototypen dieser Behälter auf der Landesfeuerwehrschule Celle systematisch erprobt und weiter vervollkommnet.
Weiterbauend auf den gestellten Forderungen und vorhandenen Ideen schalteten sich auch die Vereinigten Flugtechnischen Werke VFW Fokker in die Entwicklung ein. Sie bauten Behälter gleicher Kapazität nicht mehr aus Kunststoff, sondern aus Leichtstahl und ersetzten das Boden-Auslaßventil durch ein Hubmantelprinzip, das nicht mehr dem Wasserdruck entgegenarbeitet: Der gesamte Behältermantel wird mittels Druckluftzylinder um 15 cm angehoben, so daß der Löschwasserinhalt des Fünf-Tonnen-Behälters binnen drei Sekunden glockenförmig abgeworfen werden kann. Mit Hilfe einer Sperre kann die Öffnung jedoch auf nur zwei Zentimeter reduziert werden, so daß der Inhalt des Behälters sozusagen verregnet wird. Damit eignet sich das Prinzip auch für das Imprägnieren eines Schutzriegels mit feuerhemmenden Chemikalien. Zur Wasserneuaufnahme benötigt man nur zehn Sekunden.

1977 waren beide Systeme serienreif. Sie wurden in langen Testreihen der Bundeswehr-Erprobungsstelle 91 in Meppen an der Ems auf Herz und Nieren geprüft. Welches System sich endgültig durchsetzt, bleibt bei Drucklegung dieses Buches noch offen. Fest steht aber, daß in Zukunft Löschwasserbehälter beider Größen an vielen Orten der Bundesrepublik bereitstehen werden. Wahrscheinlich ist, daß Entstehungsbrände zunächst mit den kleinen Behältern ausgeschlagen werden, deren Inhalt man auf etwa 800 Liter reduzieren wird. Erst in zweiter Linie wird man die 5000-Liter-„Töpfe" einsetzen, zumal die dafür in Frage kommenden Trägermaschinen nur an drei Punkten der Bundesrepublik stationiert sind. Sie werden über größere Entfernung herbeikommen müssen, um bei „durchgegangenen Feuern" und Großbränden einzugreifen. Sie wiederum werden erst in der letzten Stufe durch die Feuerlöschflugzeuge des Typs TRANSALL sinnvoll ergänzt. Somit gibt es auch den „Dreigeteilten Löschangriff" aus der Luft!

Feuerwehrflugzeuge und ›Smoke Jumpers‹

In Sibirien, Kanada und den USA gibt es Waldgebiete von unvorstellbarer Ausdehnung. Dort ist es früher zu Riesenbränden mit Feuerfronten bis zu fünfhundert Kilometer (!) Breite gekommen. Wochenlang haben die Wälder unbemerkt und ohne Gegenwehr gebrannt. Beim bisher schwersten Waldbrand, 1922, unweit Kasan in der sowjetischen Tatarenrepublik, wurden mit einem Schlage dreihunderttausend Hektar Wald vernichtet! 1871 wurden bei Peshtigo/Wisconsin siebzehn kleinere Städte von einem Waldbrand überrollt und zerstört. Es gab dabei eintausendzweiundfünfzig Tote. In Minnesota fanden 1918 bei einem Waldbrand fünfhundertneunundfünfzig Menschen den Tod, weil auch dieses Feuer Siedlungen überrollt hatte.
In Nordamerika und der UdSSR gibt es heute ausgedehnte Waldbrand-Melde- und Beobachtungssysteme. Weil es darauf ankommt, ein ausgebrochenes Feuer möglichst früh zu entdecken und noch im Anfangsstadium zu bekämpfen, hat man ein Netz von Beobachtungstürmen geschaffen. Diese Türme dürften übrigens eine deutsche Erfindung sein, denn der Forstmeister Seitz hat um die Jahrhundertwende in der Muskauer Heide erstmalig solche Bauwerke errichtet. Die auf den Türmen postierten Waldbrand-Feuerwächter sind mit Fernrohr, Peilscheibe und Telefon beziehungsweise mit Funkgerät ausgestattet.
Als Beobachter werden vorwiegend Frauen eingesetzt. Sie sind besonders gewissenhaft und ausdauernd. Neuerdings gibt es sogar unbemannte Waldbrand-Meldetürme. Langsam rotierende Fernsehkameras überwachen ihr

Waldgebiet automatisch. Ihre elektronischen Impulse werden über Funk auf die Bildschirme der Waldbrandzentralen übertragen und dort ausgewertet.
Die Boden-Beobachtungsnetze werden durch Flugzeugpatrouillen ergänzt, die bei Waldbrandwetter und nach jedem Gewitter unterwegs sind. Zumeist wird die reguläre Waldbrand-Luftaufklärung von Hubschraubern geflogen, die Gewitteraufklärung, die Blitzschlag-Erkundung hingegen von schnellen Mustang-Jagdmaschinen. Diese Flugzeuge melden ihre Beobachtungen über Funk an die Zentrale. In den USA werfen sie neuerdings sogar schnellentwickelte Luftaufnahmen von der Brandstelle bei der Einsatzleitung ab. Diese Luftbilder erleichtern von vornherein den taktisch richtigen Ansatz der Feuerwehrkräfte bei ausgedehnteren Bränden. Der Forest Service des U. S. Department of Agriculture befaßt sich jetzt auch mit den Möglichkeiten der Waldbrand-Entdeckungen durch Erdsatelliten. Die Lokalisierung soll am Boden mit Hilfe von Computern erfolgen.
Im Jahre 1921 haben die Amerikaner erstmalig versucht, Waldbrände mit Hilfe von Naßlöschbomben aus der Luft zu bekämpfen. In der UdSSR begann man 1936/37 damit, das Verstreuen von Lösch-Chemikalien, das Abwerfen von Fräsmaschinen, Motorpflügen und Tragkraftspritzen durch Flugzeuge auszuprobieren. Die Russen arbeiteten zeitweilig auch mit abgeworfenen Sprengstoffbehältern, um im Brandfalle die Schutzriegel mittels Sprengungen schneller herstellen zu können. Seit 1938 befassen sich auch die Amerikaner mit dem Fallschirmabwurf von Feuerwehrgeräten und Rodungsmaschinen.
Seit Anfang der dreißiger Jahre arbeiten die Amerikaner in steigendem Maße mit feuerhemmenden Chemikalien, die dem Löschwasser von Feuerwehrflugzeugen beigegeben werden. Nach dem Verdampfen des Löschwassers bleibt infolge einer bis heute noch nicht geklärten chemischen Reaktion auf Waldboden, Buschwerk und Baumkronen ein Schutzfilm zurück, der weitgehend gegen Feuer imprägniert und die Rückzündungsgefahr aufhebt. Als Retardants oder Brandverzögerer benutzen die Amerikaner zunächst Kalzium-Chlorid oder Bentonite, neuerdings vor allem Borate als Zusatz zum Löschwasser. Diesen Alkali-Boraten ist Ammoniumsulfat beigegeben, das zugleich als wasserlöslicher Dünger für die spätere Neuaufforstung dient. Die Borate setzen in dem von ihnen benetzten Gelände den Flammpunkt stark herab und erzielen einen zusätzlichen Erstickungseffekt. Ein tonartiger Zusatz bewirkt, daß die Borate auf Laub, Ästen, im Unterholz und Grasbewuchs haften bleiben und die weitere Brandausdehnung hemmen. Auch bewirkt der tonartige Zusatz einen längeren Zusammenhalt der Borateflüssigkeit während des Abwurfs, was wiederum die Löschergebnisse verbessert. Es ist in Nordamerika üblich, die Boratelösung feuerrot einzufärben. Auf

diese Weise kann das nachfolgende Feuerlöschflugzeug im Gelände genau erkennen, an welcher Stelle und bis zu welchem Punkt der Vorgänger seine Löschlösung abgeworfen hat.
Im Jahre 1954 hat der U. S. Forest Service eine breitangelegte ›Operation Firestop‹ gestartet. Dabei wurde erstmalig die vorher übliche Methode des Löschbombenwurfs durch direktes Abwerfen der Chemikalienlösungen aus Schnellöffnungstanks ersetzt. 1961 gab es allein in den USA schon mehr als zweihundert große Tankerflugzeuge für die Waldbrandbekämpfung. Sie warfen in dem genannten Jahr 34,6 Millionen Liter Löschmittel ab. Diese Flotte wurde bereits 1961 durch rund zweihundert Hubschrauber ergänzt, die als Erkundungsmaschinen, Helitanker, Mannschaftstransporter oder fliegende Schlauchwagen verwendet werden. Letztere können aus der Luft kilometerlange Schlauchleitungen durch unwegsames Gelände verlegen.
Bei den Tankerflugzeugen handelt es sich um mehrmotorige, ehemalige Bomber — häufig von den Typen B-17 FLYING FORTRESS, B-24 LIBERATOR, B-25, B-26 INVADER. Oder es handelt sich um den zweimotorigen ehemaligen Nachtjäger TIGERCAT beziehungsweise um die neuere, eigens für Feuerlöschzwecke konstruierte Lockheed F-7 F.
Gerade die großen Bomber-Veteranen des zweiten Weltkrieges sind im Grunde für die Waldbrandbekämpfung ideal. Sie haben eine Tankladung von zehn Tonnen, sind natürlich voll blindflugtauglich, robust und, da sie längst voll abgeschrieben sind, denkbar billig. Aber allmählich taten über die F-7 F hinaus weitere Nachfolgemuster dringend not, weil jedes Jahr einige Weltkriegs-Maschinen durch Triebwerkausfälle, Materialermüdung oder Bodenberührung beim Löschangriff verlorengehen. Auch die Ersatzteilfrage wird verständlicherweise immer schwieriger.
Es war darum „warmer Regen“, als die U.S. Navy vor einiger Zeit ihre Seefernaufklärer Lockheed P-2 V NEPTUN und S-2 F TRACKER ausmusterte und dem Feuerwehr-Flugdienst des U.S. Forest Service übergeben konnte. Die NEPTUN-Maschinen sind freilich ein fliegertechnisches Kuriosum, weil sie sowohl mit zwei Düsentriebwerken (für Langstreckenflüge) als auch mit zwei Kolbenmotoren (für U-Jagd-Langsamflug) ausgerüstet sind.
Bemerkenswert ist, daß man mittlerweile auch in den USA ein Verfahren entwickelt hat, normale große Transportflugzeuge auf relativ einfache Weise zu Löschbombern umzurüsten. Dieses sogenannte Modular Airborne Forest Firefighting System (MAFFS) wurde in Kalifornien entwickelt. Die auf Paletten montierte Anlage ist realativ einfach ein- und auch wieder auszubauen. Sie besteht aus fünf einzelnen Löschmitteltanks von je 2000 Litern Inhalt. Diese Tankfüllungen sind je nach Bedarf einzeln oder auch geschlossen abwerfbar. Durch große Ausströmöffnungen an der abgesenkten Heckklappe

entströmt die Boratelösung mit 20-40 bar Druck, so daß die Breite der zu benetzenden Fläche durch Einstellung eines bestimmten Drucks beliebig variiert werden kann.
Während man in den Vereinigten Staaten das Landflugzeug bevorzugt, das am Boden mit Löschmittel nachbetankt wird, hält das seenreiche Kanada vor allem an Flugbooten fest, die jeweils zum „Scooping" auf die Wasserfläche hinunterstoßen und gleich wieder durchstarten. Auch unter diesen Flugbooten fanden sich die erstaunlichsten Museumsstücke — von dickbauchigen viermotorigen SUNDERLAND-Maschinen bis zum lange Zeit dominierenden Amphibien-Flugzeug CATALINA. Eine private kanadische Holzgesellschaft hat sich als Löschbomber sogar zwei Riesenflugboote des Typs Martin MARS angeschafft. Diese Giganten haben 61 Meter Spannweite und sind 14 Meter hoch. Sie können 30 t Löschwasser an Bord nehmen, kosten aber — jedenfalls im Neuwert — 60 Millionen Mark pro Stück. Aus diesem Grund hat die staatliche Forstverwaltung auf eine Neuauflage dieser nicht mehr produzierten Flugbootserie verzichtet. Man entwickelt dafür lieber die Canadair C I-215, die uns bereits von der Waldbrandkatastrophe in Niedersachsen her bekannt ist.
Eins gilt für alle Feuerlöschflugzeuge Nordamerikas:
Entweder kämpfen sie rechtzeitig gemeldete Entstehungsbrände direkt im Luftangriff nieder, oder sie halten das Feuer mit ihren Chemikalien wenigstens so lange auf, bis Boden-Löschmannschaften herangebracht werden. Bei Großwaldbränden setzt man die Air Tanker zur Bekämpfung von übergesprungenen Feuern, von Schwerpunkt-Bränden sowie zur Imprägnierung von Riegeln und Wundstreifen ein. Notfalls bringen sie sogar Wundstreifen durch massiertes Bewerfen auf rein chemischen Wege zustande. Manchmal greifen bei ausgedehnten Waldbränden ganze Tankergeschwader an. Sie werden von einem Air Boss geführt, der mit einer wendigen Beobachtungsmaschine an der Spitze fliegt und seine dicken Brummer einzeln in ihre Angriffspositionen einweist. In Alaska gibt es sogar ein großes Einsatzleitflutzeug, das als komplett eingerichtete Feuerwehrzentrale in Sichtweite von Großbrandstellen kreist. Sein Einsatzstab kann jederzeit »frontnahe« Entscheidungen treffen und die Brandbekämpfungsmaßnahmen aus der Luft und am Boden sinnvoll koordinieren.
Es gehört großes fliegerisches Können dazu, mit einem schweren, bis zu vierhundertachtzig Kilometer in der Stunde schnellen Air-Tanker auf die übliche Angriffshöhe von fünfundzwanzig bis dreißig Metern über Baumkronen-Niveau hinunterzustoßen und im richtigen Sekundenbruchteil die Löschlösung abzuwerfen. Mit Hubschraubern ist das Ziel natürlich einfacher zu treffen, aber dafür ist deren Transportkapazität ungleich geringer. Der Air-

Boss entscheidet, ob mit Helitankern operiert werden kann oder ob Air-Tanker eingesetzt werden müssen.
Neuerdings wird sogar mit Löschraketen und Löschgleitbomben experimentiert, die von Trägerflugzeugen aus horizontal ins Feuer dirigiert werden. Sie sollen dort eingesetzt werden, wo starke Verqualmung, enge Gebirgstäler oder steile Berghänge den Einsatz von Tankern verbieten. Auch laufen Versuche, kleine, unbemannte Gleisketten-Tanklöschfahrzeuge mit dem Fallschirm abzusetzen und ferngelenkt ins Feuer zu schicken. Sie können mit ihren Retardants das Unterholz besser erreichen als die Flugzeuge, denen bisweilen allzu dichte Baumkronen einen Strich durch die Rechnung machen. Der kühnste Plan besteht darin, künftig Minuteman-Raketen mit Löschmittelfüllung punktgenau in die menschenleeren Wälder zu schießen. Die Zielangabe soll mit Hilfe von Erdsatelliten erfolgen.
Der beste und sicherste Löscherfolg wird jedoch bei Großbränden noch immer erzielt, wenn das Feuer vom Boden aus bekämpft wird. Das aber muß auch in wegeloser Waldwildnis so schnell wie möglich gehen. Darum hat man in Kanada, in den USA einschließlich Alaska und in Sibirien eine Spezialmethode entwickelt. Man rückt Waldbränden mit Feuerspringern, mit Fallschirm-Feuerwehrleuten, zuleibe. In Nordamerika nennt man sie ›Smoke Jumpers‹. Dort sind es freiwillige Studenten, junge Waldarbeiter und Fallensteller, teilweise sogar Indianer. Sie werden auf Spezialschulen, z. B. in La Ronge in der kanadischen Provinz Saskatchewan, für ihre Einsätze ausgebildet. Diese Männer treten während der waldbrandgefährlichen Sommermonate für ein karges Monatsgehalt (in Kanada beträgt es dreihundertfünfzig Dollar!) in den ständigen Alarmdienst. Allein in den USA wurden von 1939 bis 1961 von Smoke Jumpers mehr als zweiundzwanzigtausend Einsatzsprünge durchgeführt. Jeden Sommer werden dreihundertfünfzig bis vierhundert Fallschirm-Wehrmänner an strategisch wichtigen Punkten in Bereitschaft gehalten. In zunehmendem Maße setzt man weitverstreute kleine ›Helitack Crews‹ zu Stoßtruppangriffen ein. Per Hubschrauber werden sie schnell an die nicht übermäßig weit entfernte Brandstelle befördert. Größere Gruppen von Feuerspringern sind in weiter entfernten Stützpunkten stationiert. Sie werden dann zur Unterstützung der Helitack-Stoßtrupps herangeflogen.
Amerikanische Feuerspringer tragen besondere Schutzanzüge und Sturzhelme, dazu Gesichtsschutzkörbe wie Eishockeyspieler. Zum Fallschirmabsprung über einem dichten Hochwald gehört allerhand Mut. So manches Mal bleibt der Schirm zerfetzt in einer Baumkrone hängen, die Selbstbefreiung aus den Gurten wird zum artistischen Kunststück. Alle benötigten Werkzeuge einschließlich Planierraupen für den Riegelbau, Lösch- und Le-

bensmittel sowie Camping-Ausrüstung werden aus der Luft nachgeworfen. Weitere Hilfe ist allenfalls durch Tankerflugzeuge möglich. Im übrigen sind die Feuerspringer nach ihrer Landung von aller Welt abgeschnitten. Nur über ihre Walkie-Talkies, die tragbaren Funkgeräte, bleiben sie mit den kreisenden Maschinen und über deren Bordsender auch mit der Zentrale verbunden. Sie sind der Gefahr ausgesetzt, vom Feuer eingeschlossen oder überrollt zu werden. Auf diese Weise sind allein im Jahre 1961 zwanzig US-amerikanische Smoke Jumpers umgekommen. Darum wirft man ihnen neuerdings ein schützendes Isoliergehäuse aus Aluminium hinterher, das ihnen notfalls Zuflucht gewähren soll. Erst Tage später können die rauchgeschwärzten, abgekämpften Feuerspringer auf irgendeiner Waldlichtung von Hubschraubern oder an einem Gewässer von Amphibien- oder Schwimmflugzeugen aufgenommen und zu ihrer Station zurückgebracht werden.
Für den Bodeneinsatz bei Waldbränden wurden inzwischen immer bessere Motorfahrzeuge entwickelt. Neben leichtgepanzerten Gleisketten-TLFs mit Schutzbügeln gegen zusammenschlagende Zweige gibt es in den USA ›Sand Caster‹, kombinierte Bulldozer und Sandschleudern. Sie haben einen schwenkbaren Schleuderkopf, der pro Minute bis zu vier Kubikmeter aufgekratzten Sand unter hohem Druck ins Feuer wirft. Sie besorgen das ›Übererden‹ von Bodenfeuern in großem Stil.
Bei Drucklegung dieses Buches waren in Kalifornien, Montana und Georgia die ersten drei Waldbrand-Simulatoren in Betrieb. Künftige Air Bosse und Einsatzleiter von Waldbrandzentralen sitzen dort vor großen Bildschirmen, die das umliegende Waldgebiet farbig aus der Vogelschau zeigen. Nach Belieben des Ausbilders können durch Projektoren Rauch, Lauffeuer und Vollbrände eingeblendet werden. In naturgetreuer Ausdehnungsgeschwindigkeit werden sogar tagelange Großbrände durchgespielt. Die künftigen Bosse haben Gelegenheit, sich an den Wettlauf mit dem Feuer zu gewöhnen. Sie stehen unter demselben Zeitdruck wie im Ernstfall. Neben ihnen befinden sich Telefon und Funkgerät.
Die Erfolge aller dieser Neuerungen sind beträchtlich. Das Ausmaß der nordamerikanischen Waldbrände geht allmählich auf ein Viertel des früheren Umfanges zurück. Blitzschlagbrände, von schnellfliegenden Mustangs beizeiten entdeckt, werden in der Hälfte aller Fälle schon innerhalb von sechs Stunden nach ihrer Zündung gefaßt! — Diese Entwicklung darf nicht darüber hinwegtäuschen, daß die endlich massiv in Gang gekommene deutsche Entwicklung auf dem Sektor Löschbomber-Rüstsatz und Hubschrauber-Feuerlöschbehälter beachtlich ist und immer sichtbarer auch internationales Interesse findet. Das gilt vor allem für das QD-System (= Quick Delivery) der Vereinigten Flugtechnischen Werke (VFW-Fokker), Bremen.

Tierfreund Feuerwehr

Schimpansenjagd und Schlangenfang

Wir haben auf unserer Wachtour ein weithin bekanntes Original – den Oberfeuerwehrmann Budersen. Wir nennen ihn Buddha oder auch den Großwildjäger. Und wenn man wissen will, wie dieser Mann aussieht, braucht man sich nur eine Buddha-Statue anzusehen. Unser Buddha trägt den Spitznamen zu Recht. Er besitzt die gleiche Leibesfülle und Abgeklärtheit, die sein Namensvorbild auszeichnet.

Buddha ist schon achtundfünfzig Jahre alt. Er braucht natürlich keine Drehleiter mehr zu besteigen. Meistens fungiert er als Zurückbleiber, als Innendienstposten. Aber manchmal sind wir derart knapp mit Leuten, daß auch Buddha wieder an die Front muß. Er nimmt das mit Gleichmut hin.

Es lohnt sich, diesen Buddha bei Alarm zu beobachten. Seine Bewegungen erinnern unwillkürlich an die eines aufrecht gehenden Frosches. Er tritt mit so aufreizender Gemütsruhe an die Rutschstange heran, daß man jedesmal meint, er käme bestimmt nie unten an. Auch schnelles Rennen ist unter Buddhas Würde. Seine Gangart ist allenfalls der gestreckte Schritt. Es gehört jedoch zu den zahlreichen Rätseln des Feuerwehrdienstes, daß dieser alte Knabe zu guter Letzt doch zwei, drei Sekunden eher im Fahrzeug sitzt als die meisten anderen!

Böse Zungen behaupten, unser Wachtour-Original ein einziges Mal doch aufgeregt gesehen zu haben. Das war in einer besonders turbulenten, alarmreichen Nacht. Als die vertrackte Glocke zum soundsovielten Male anschlug, war Buddha wohl doch ein bißchen zu fest eingeschlafen. Zwar sprang er auch diesmal sofort automatisch in Hosenbeine und Stiefel. Aber er war noch nicht richtig beisammen. Mit ausgestreckten Armen sei er durch die Remise gelaufen und habe mit Donnerstimme gebrüllt: »Ihr Idioten! Nun macht doch endlich mal Licht! Ich kann ja überhaupt nichts sehen!«

Die Remise war natürlich strahlend hell erleuchtet. Aber Buddha hatte diesmal seinen Feuerwehrhelm verkehrt herum aufgesetzt. Ihm hing das Nackenleder vor Nase und Augen!

Buddha redet wenig, aber er steckt voller Mutterwitz. An der Brandstelle ist er die personifizierte Ruhe. Auch bei Detonationen verzieht er keine Miene. Ich habe ihn manchmal unauffällig fixiert. Sein Gesicht wirkt rätselhaft undurchdringlich – wirklich asiatisch. Vielleicht liegt es daran, daß Buddha Spätheimkehrer ist. Man hatte ihn für viele Jahre an die mongolische Grenze verfrachtet.

Dem zweiten Spitznamen Buddhas kam ich erst auf die Spur, als wir eines Sonntags alle Mann hoch auf die Jagd nach einem ausgebüxten Schimpansen gehen mußten, über Leitern und Giebel hinweg. Wir hätten den Affen wohl kaum wiedergekriegt, wenn wir nicht auf einem der Dächer kurzerhand zwei C-Rohre vorgenommen hätten. Mit Löschwasser konnten wir den Schimpansen bequem vor die Brandmauer eines Nachbarhauses scheuchen. Dort wurde er von unserer zweistrahligen, über Kreuz gespritzten Wasserschranke praktisch dingfest gemacht. Er sah das Aussichtslose seiner Lage ein und ließ sich vom herangeführten Wärter mitnehmen.

Es kommt schon mal vor, daß Tiere aus einem Zoo oder einem Transport entspringen. So brach vor Monaten ein Zuchtbulle aus. Unser Zug betätigte sich als Torero-Kollektiv, und zwar mitten in der Stadt. Die leuchtendrote Farbe der kesseltreibenden Löschfahrzeuge hat den Stier zwar vollends verrückt gemacht, aber vor der Schnellangriffsvorrichtung unseres Tanklöschfahrzeuges ging er doch in die Knie. Mit zehn, zwölf Atmosphären Wasserdruck ist auch für einen Bullen nicht zu spaßen.

Ein anderes Mal war eine ausgewachsene Pythonschlange spurlos verschwunden. Sie geisterte irgendwo im Revier unserer Wache umher. Das hat tagelang eine gelinde Psychose verursacht. Jede Stenotypistin betrat morgens mit betonter Vorsicht ihr Büro, weil sie meinte, das Reptil könne sich ganz bestimmt nur unter ihrem Schreibtisch versteckt haben. Die ganze Aufregung war unnötig. Auch das Einfangen der Schlange verlief ohne jede Dramatik. Feuerwehrleute haben das zusammengeringelte Reptil schließlich im Keller des Fahrstuhlschachtes eines Kaufhauses aufgestöbert. Das Tier war entkräftet und vor Kälte fast steif, es ließ alles apathisch mit sich geschehen.

Wie aber kam nun unser Oberfeuerwehrmann Budersen zu seinem zweiten Spitznamen, wieso nennt man ihn den Großwildjäger?

Drehleiter contra Elefantenbulle

Kommt doch eines Tages die Depesche: »Elefant ausgebrochen, Kirchenallee!«

Also Löschzugalarm. Die Feuerwehrfahrzeuge schwärmen zur Treibjagd aus. Buddha gehört an diesem Tag zur Drehleiterbesatzung. An der Ecke Loh-

mühlenstraße/Lange Reihe kommt für ihn das ungewöhnliche Wild erstmals in Sicht. Es handelt sich um einen zwanzig- bis fünfundzwanzigjährigen Elefantenbullen.
Deubel auch, mit dem ist heute nicht gut Kirschen essen!
Der wildgewordene Dickhäuter ist aus einem Zirkusumzug ausgebrochen. Kinder haben ihn über Gebühr geneckt und mehrfach am Schwanz gezogen, auch der Verkehrslärm und eine allzu große Menschenmenge haben wohl den sonst so gutmütigen Anton – so hieß der Elefant – völlig verwirrt. Er trabte kurzerhand davon. Das Publikum machte den Fehler, laut schreiend vor ihm auszureißen. Das steigerte Anton erst recht in höchste Erregung hinein. Er begann einen Amoklauf, der nicht geringes Entsetzen verbreitete. Anton zertrümmerte Taxifenster und Kotflügel, ja, er zerquetschte sogar das Dach eines parkenden Pkw.
Der Dickhäuter war einfach nicht mehr zu halten.
Jetzt setzt Buddhas Drehleiter zum Winkelangriff an. Anton mißtraut dem Frieden und stampft argwöhnisch ein paar Schritte zurück, den Gegner keine Sekunde aus dem Auge lassend.
Jetzt ist auch das Überfallkommando der Polizei mit schußbereiten Karabinern herangekommen. Absperrtaue werden gespannt. Anton ist umzingelt. Er scheint klein beizugeben. Aber da rennt plötzlich ein Köter laut kläffend am Rüssel des Elefanten vorbei. Diese Provokation ist Anton denn doch zuviel. Er hebt schnaubend den Rüssel. Ehe Buddha und die Polizisten auch nur bis drei zählen können, hat er mit einem Satz die Absperrung gewaltsam durchbrochen. Schießen ist im Moment unmöglich, die Polizeibeamten gefährden sich hier gegenseitig.
Eins zu null für Anton!
Der Elefant kommt außer Sicht, wiederum eine Schar flüchtender Passanten vor sich hertreibend. Anton bricht zur Abwechslung in ein Etagenhaus ein, zertrampelt die Treppe bis hinauf zum ersten Stock, besinnt sich dann aber eines Besseren. Er dreht wieder um und galoppiert schließlich in Richtung Mundsburg davon.
Buddhas Drehleiter ist inzwischen an der Alster entlanggerast, um Anton an der Schwanenwik-Kreuzung den Weg abzuschneiden. Ein paar geistesgegenwärtige Lkw-Fahrer helfen den Feuerwehrleuten. Sie schließen mit ihren Lastzügen dicht auf und verriegeln damit den Mundsburger Damm.
Diese Maßnahme erfolgte gerade noch rechtzeitig, denn da kommt Anton auch schon angestampft, gleich quer durch die Grünanlagen. Jetzt gilt's!
Wieder Winkelangriff mit der Drehleiter, Herandrängen des Elefantenbullen an die Lkw-Sperrmauer. Aber denkste! Niemand hätte für möglich gehalten,

daß sich der graue Koloß mit einem Sprung zwischen Motorwagen und Hänger eines Lastzuges hindurchquetschen könnte.
Zwei zu null für Anton!
Na warte, du Bursche! Wilde Verfolgungsjagd über den Mundsburger Damm. Völlig verstört können ahnungslose Automobilisten gerade noch rechtzeitig ausweichen. Indisches Großwild kommt einem nun wirklich nicht alle Tage vor den Kühler.
Ha, Anton – jetzt haben wir dich! Die Drehleiter hat den Elefantenbullen an einen Pfeiler herangedrängt. Anton verharrt, wedelt mit den Ohren, schnaubt ziemlich böse und mustert die Stahlhelm-Männer hinter der Windschutzscheibe mit einer Mischung von Haß und Spott.
Anlauf, Sprung, Ausbruch! Es kam wie aus heiterem Himmel.
Drei zu null für Anton!
Einige Straßen weiter bietet sich eine neue Chance. Durch winkliges Anfahren wird der Elefant zum zweiten Male gegen einen Mauerpfeiler gedrückt und sogar zu Fall gebracht. Na also, wer sagt's denn!
Buddha begreift heute noch nicht, wieso sich dieses kolossale Tier derart blitzschnell wieder erheben konnte. Mit lautem Prasseln rammte sich Anton durch die schmale Lücke zwischen Drehleiter und Mauer einen Weg in die Freiheit. Auf der Strecke bleiben linker Kotflügel, linke Visierstange, Scheinwerfer, Außenrückspiegel und Fahrtrichtungsanzeiger von Buddhas Drehleiter.
Vier zu null für Anton!
Die Drehleiter macht sofort kehrt und setzt dem Elefanten mit Vollgas hinterher. An der Mundsburger Brücke hat sich mittlerweile das Zirkuspersonal mit dem Leitelefanten aufgestellt. Man hofft, daß sich der Ausbrecher hinzugesellen wird. Anton ist gewitzt genug, zunächst auf diesen Trick einzugehen. Er kommt ganz ruhig näher. Aber plötzlich dreht er sich blitzschnell um und flüchtet mit hocherhobenem Rüssel in die entgegengesetzte Richtung. Die Drehleiter hat einige Mühe, hinterherzukommen. Aber zuletzt keilt sie den Elefanten doch wieder ein.
Anton kriegt allmählich Routine. Kurzer Rundblick, ein Anlauf, ein polternder Sprung – und wieder durch! Diesmal gehen der rechte Kotflügel, die dazugehörige Visierstange und der rechte Winker in Trümmer. Na, der Oberbranddirektor wird sich ja freuen.
Im übrigen steht es jetzt bereits sechs zu null für Anton, verdammt und zugenäht.
Auf dem Winterhuder Weg nochmaliger Winkelangriff. Der Elefant wird an ein Eisengitter herangetrieben, entwindet sich aber wieder und springt auf die Fahrbahn zurück. Aber seine Freude währt diesmal nicht lange. Die

Leiter bleibt ihm hart auf den Fersen. Jetzt gelingt es sogar, den Leiterpark auszufahren und den Elefanten damit zu Boden zu pressen. Die schweren Leiterteile nehmen Anton sozusagen in den Schwitzkasten. Er wird sogar noch ein Stück mitgeschoben. Jetzt sieht es wirklich trübe für ihn aus. Anton erkennt den Ernst seiner Lage.

Aber die Drehleiterbesatzung erkennt leider etwas anderes: ihr Ringkampf bringt ganz plötzlich eine vollbesetzte Straßenbahn in Gefahr. Die beiden Feuerwehrleute lassen darum noch einmal von dem Elefanten ab. Und während der sich hochrappelt, schiebt sich das neun Tonnen schwere Leiterfahrzeug schützend vor die bedrohte Elektrische. Anton wird mit gellenden Alarmsignalen verscheucht und in eine günstigere Richtung getrieben.

Eine letzte wilde Jagd durch die Heinrich-Hertz-Straße. Anton fällt dort wie eine Furie über einige Vorgärten und Anpflanzungen her. Dann aber drängt ihn die Drehleiter endgültig in die Falle – an das schwere Eisengitter vom Garten des ehemaligen Waisenhauses. Nach vorn besteht nun keine Fluchtmöglichkeit mehr. Und die Seiten sind durch bewaffnete Polizisten verriegelt. Anton rennt darum mit der Wucht eines Rammbockes eine Bresche in das Eisengitter und purzelt in den Garten.

Dort versucht man es mit gutem Zureden. Man wirft Anton sogar ein paar Brotlaibe hin. Aber der wirft nur den Rüssel hoch, trompetet wie die Posaune von Jericho und verwandelt mit Inbrunst den gesamten Garten in ein Trümmerfeld. In wildem Vergnügen zertrampelt er sämtliche Glasscheiben eines Gewächshauses, rennt einen Baum über den Haufen, stampft ein paar Beete restlos in den Boden und setzt zu seinem nächsten Durchbruch an. Er legt tatsächlich noch zwei weitere starke Eisenumfriedungen um!

Dann aber hat er sich auf einem stabil eingezäunten Lagerplatz festgelaufen. Wieder ist Polizei herangekommen, den Karabiner im Anschlag. Der Ring schließt sich immer enger.

Aufgeregte Schreie des Publikums: »Erschießen! Erschießen!«

Aber die Beamten von Polizei und Feuerwehr behalten ihre Nerven. Nein, das wertvolle Tier braucht nicht mehr umgebracht zu werden. Offensichtlich gehen die Mammutkräfte des Elefanten jetzt doch allmählich zur Neige. Anton wird erfolgreich in Schach gehalten, bis das Zirkuspersonal herangekommen ist. Gleich zwei Leitelefanten werden diesmal mitgebracht. Ein paar Feuerwehrleute bewaffnen sich mit Spezialhandschuhen. Es gelingt ihnen jetzt, Anton an seine Artgenossen anzuketten und mit zusätzlichen Fußfesseln zu versehen. Die Bevölkerung darf endgültig aufatmen, die Gewehre können wieder entladen werden.

Nur Buddhas Drehleiter wird wohl einige Zeit in der Feuerwehr-Reparaturwerkstatt zubringen müssen.

Die Jünger Florians arbeiten seit je eng und gut mit den örtlichen Tierschutzvereinen zusammen. In Hamburg gibt es sogar einen motorisierten Tier-Bergungsdienst. Drei mit Sanitätsmaterial ausgerüstete ›Struppi-Wagen‹ des Hamburger Tierschutzvereins bringen alle von der Feuerwehr geretteten sowie alle irgendwo verletzt oder herrenlos aufgefundenen Tiere auf schnellstem Wege in die Obhut eines neuen, hochmodernen Tierheims. Dort erhalten die vierbeinigen oder gefiederten Patienten ärztliche Behandlung und liebevolle Pflege.

Die Tierschutz-Einsätze der Feuerwehr sind leider derart populär, daß mancher Staatsbürger schon bei dem Wort Feuerwehr sofort an eine Drehleiterbergung von verkletterten Katern denkt. Vielleicht kann der gute Mann sich gar nicht vorstellen, daß eine Feuerwehr auch noch andere, durchaus wichtigere Aufgaben hat.

Selbstverständlich haben Menschenrettungen und Brandbekämpfung grundsätzlich den Vorrang. Wenn aber gerade ein Fahrzeug verfügbar ist, dann hilft die Feuerwehr willig und gern, um einer in Not geratenen Kreatur beizustehen. Vielleicht ist ein Schwan auf einer Eisscholle festgefroren oder von einem Schleusentor geklemmt worden. Oder ein verflogener Uhu wird aufgestöbert und in die Natur zurückgebracht, ein andermal, nach einem Waldbrand, ein mutterlos gewordenes Rehkitz aufgefunden. Eine unserer Wachbesatzungen hat sogar einmal die Patenschaft über zwei kleine Junghasen übernommen, die ein ausgedehnter Gras- und Buschbrand zu Waisenkindern gemacht hatte. Ein ausrangierter Feuerwehrhelm diente als Hasennest. Und es gelang tatsächlich, die Häschen mit der Flasche großzuziehen und eines Tages wieder auszusetzen.

In einer Silvesternacht haben unzählige Feuerwerkskörper den arglos herumstreunenden Bordhund eines Schiffes dermaßen verwirrt, daß er blindlings losrannte und sich in der engen Lücke zwischen zwei Gitterstäben der Hamburger Wallstraßenbrücke verklemmte. Dort hing das Tier hilflos fest, mit Kopf und Vorderpfoten nach unten. Sein klägliches Jaulen und Winseln wurde trotz Silvesterlärm von Passanten gehört. Die holten sofort die Feuerwehr.

Die herbeigeeilte Besatzung eines Kleinlöschfahrzeugs hat den Hund mit einer Fangleine eingebunden und dann mit der Duffwinde die Eisenstäbe auseinandergetrieben. Schließlich wurde ein Stück Geländer mit der Metallsäge entfernt. Inzwischen war bereits ein Struppi-Wagen verständigt worden. So konnte das mittlerweile völlig apathisch gewordene Tier sofort ins Tierheim geschafft werden.

Ein Pferd in der Dunggrube

Eines Tages heulen in dem oberpfälzischen Dorf Höhengau die Feuersirenen. Die Feuerwehrleute rennen zu ihrem Gerätehaus und rücken zur angegebenen Unfallstelle aus.
Ein Pferd ist durch die holzabgedeckte Öffnung der Betondecke in eine Dunggrube eingebrochen. Es ist beim besten Willen nicht wieder herauszubekommen. Die Einbruchsstelle ist nur 62 x 66 cm groß! Der arme Gaul hängt, scheußlich verkrümmt, in die rund zwei Meter tiefe, jauchegefüllte Grube hinein. Nur seine Vorderfüße ragen noch über den Betonrand.
Der Gemeindebrandmeister – in Bayern sagt man: der Feuerwehrkommandant – weiß sofort, was zu tun ist: Fangleinen her, damit die Vorderfüße sicher angebunden werden können. Dann Handpumpe klarmachen und den Jauchespiegel so schnell wie möglich absenken. Melder sofort zum Telefon und die Freiwillige Feuerwehr Amberg alarmieren! Die Amberger Wehr hat eine Notstandseinheit mit allen jetzt erforderlichen Spezialgeräten.
Die Amberger sind in wenigen Minuten zur Stelle. Sie haben Rüstwagen und Großunfallanhänger mitgebracht. Sofort wird das Aggregat angeworfen. Mit Elektrohämmern, Brecheisen und Vorschlaghammer gehen die Feuerwehrleute der Betondecke zu Leibe. Sie wird einen Meter tief aufgebrochen. Endlich kann der schwere Körper des bedauernswerten Tieres wenigstens abgestützt werden. Als Stützgurte werden rasch ein paar kurze B-Schläuche unter dem Pferdeleib durchgezogen. Dann wird dem Pferd eine nasse Plane übergeworfen und außerdem, zum direkten Schutz gegen den entstehenden Funkenflug, eine Mulde vor den Kopf gehalten. Der Schneidbrenner beginnt seine Tätigkeit, um eine in den Beton eingelassene Eisenbahnschiene durchzutrennen. Erst dann entsteht so viel Platz, daß dem Tier der richtige, im Rüstwagen mitgeführte Tierhebegurt umgelegt werden kann.
Mittlerweile ist über Funk auch die Dreißig-Meter-Drehleiter aus Amberg nachgezogen worden. Sie wird auf zweiundvierzig Grad aufgerichtet. Der angehängte Flaschenzug hebt jetzt langsam, aber sicher das gepeinigte Pferd wieder auf festen Boden. Nach insgesamt fünf Viertelstunden harter Arbeit ist diese mustergültige Tierrettung vollbracht.

Schiffsbrände

»Alles sofort zurück – Gefahr!«

Ein breitschultriger, hochgewachsener Mittfünfziger, Brandamtmann Jung, ist Wachvorsteher unserer Feuerwache. Damit ist Jung Chef für beide Wachtouren, Vorgesetzter unserer Zugführer. Andererseits sind die Wachvorsteher auch Verwalter ihrer Feuerwache und Verantwortliche für den Vorbeugenden Brandschutz in deren Revier. Höchstpersönlich überprüfen sie von Zeit zu Zeit die Sicherheitseinrichtungen der Theater, Ausstellungshallen, Warenhäuser, Museen. Sogenannte Betriebsüberholungen, d. h. Sicherheitsinspektionen bei den großen Gewerbebetrieben und Industrieanlagen, fallen ebenfalls in ihr Ressort. Es besteht keine Gefahr, daß die Wachvorsteher zu Papierkriegern und Theoretikern werden. Sie haben jeden dritten Tag Feuerdienst und jeden darauffolgenden Tag Bereitschaft. Feuerdienst bedeutet, daß sie während ihrer Wachtour bei jedem Alarm selbst mit ausrücken müssen — im Bereitschaftsfalle aber nur während der Tages-Dienstzeit. Sie führen dann die jeweils diensthabende Wachtour persönlich, der Zugführer ist ihnen also auch im Einsatz unterstellt.
Auch Brandamtmann Jung gehört zu den Männern, die im Einsatz selten eine Miene verziehen. Seine abgeklärte Ruhe ist jedoch anderer Natur als etwa die von Buddha. Jungs Augen wandern sehr wach hin und her, und sie sehen alles. Ein Wachvorsteher trägt die Verantwortung für seine Männer. Wie die meisten Wachvorsteher ist Jung im Laufe der Zeit ziemlich wortkarg geworden. Er hat in Jahrzehnten Feuerwehr allzuviel erlebt. Unter anderem hat Brandamtmann Jung inzwischen rund fünfzig Schiffsbrände mitgemacht. Und wer nur ein Großfeuer an Bord miterlebt hat, kann sich in Jung hineinversetzen.
Diese besondere Erlebnisreihe begann für ihn mit einem Furioso. Als frisch gebackener Anwärter erhielt Jung gleich beim schwersten Schiffsbrand der deutschen Seefahrtgeschichte seine Feuertaufe:
Vor vielen Jahren geriet auf der Hamburger Werft Blohm & Voß der neue Fünfzigtausend-Tonnen-Schnelldampfer ›Europa‹ in Brand, während er noch ausgerüstet wurde.

Letzter Ausweg bei schweren Schiffsbränden: es muß geflutet werden.

Oben: Schiffsbrände haben es immer »in sich«, weil man nur schwer an die Brandstelle herangelangt. Hier brennt es im Laderaum des Motorschiffes EPHESTOS im Hamburger Hafen. Das längsseits liegende Löschboot dient als schwimmende Saugstelle und Pumpstation. Unten: Bergung eines verunglückten Feuerwehrmannes aus einem bereits gefluteten Laderaum. Auf dem Foto tragen die Männer noch Sauerstoffschutzgeräte anstelle von Preßluftatmern. Ähnliche SSG's sind zum Teil heute noch — z. B. in Form des Zwei-Stunden-Gerätes der Bremer Feuerwehr — bei der Schiffsbrandbekämpfung üblich!

Als die Feuerwehr bei dem Schiffsneubau eintraf, standen schon mehrere Decks in einer Länge von fünfzig Metern in hellen Flammen. Sofort wurden stärkste Kräfte nachgefordert. Polizeibeamte trommelten auch die wachfreien Feuerwehrleute der Hansestadt zusammen.
Im Riesenleib der ›Europa‹ standen in ihrem letzten Baustadium alle Schott-Türen offen, und die Treppenhäuser sowie Fahrstuhlschächte waren auch noch nicht abgetrennt. Der starke Wind konnte fast ungehindert das ganze zweihundertachtzig Meter lange Schiff durchstreichen. Unglücklicherweise lag es genau in der Windrichtung. Bald brannte der Ozeanriese überall.
Die Feuerwehr griff vom Heck aus in sämtlichen Decks gleichzeitig an. Hier konnte sie mit dem Wind ihre Angriffe zügig und erfolgreich vortragen. Zugleich aber mußte unbedingt versucht werden, auch vom Bug her, dem Wind und den heißen Brandgasen entgegen, vorzudringen und Stellung zu fassen. Das wurde ein sehr schwieriger Kampf. Aber es galt, die Wasserzange der Feuerwehr von beiden Schiffsenden her zu schließen. Bald trat freilich eine prekäre Lage ein. Es waren mittlerweile dreihundertfünfzig Feuerwehrleute mit fünfundsechzig Rohren (!) im Einsatz. Pro Minute drangen sechzig Kubikmeter Löschwasser in den Schiffsrumpf ein. Damit verringerte sich seine Stabilität immer weiter. Die ›Europa‹ wurde topplastig, d. h. oberhalb ihrer Wasserlinie zu schwer. Der Schnelldampfer wälzte sich höchst gefährlich auf die Seite. Es mußte das Notsignal gepfiffen werden.
Jeder Feuerwehrmann wiederholt dieses Signal auf seiner eigenen Signalpfeife, damit es um Himmels willen niemand überhört. So pflanzten sich also die markanten, klagenden Pfeiftöne durch alle Decks der ›Europa‹ fort: Hoher Ton, tiefer Ton – hoher Ton, tiefer Ton: »Alles sofort zurück! Gefahr!«
Nach dem unverzüglichen Räumen der kenternden ›Europa‹ konnte nur noch vom Kai und von einigen Kränen aus weitergelöscht werden. Aber solche Außenangriffe haben nur wenig Erfolg. Das Feuer gewann bald wieder die Oberhand und griff nun auch aufs Vorschiff über. Beim Einsetzen der Ebbe geschah ein Wunder: der brennende Ozeanriese setzte sich einseitig auf Grund. Er schlug also doch nicht um, sondern richtete sich sogar mit dem weiteren Fallen des Wassers immer weiter auf. Die Feuerwehrleute konnten an Bord zurückkehren. Mit erneutem Lösch-Großangriff haben sie den wütenden Brand binnen weniger Stunden niedergekämpft. Der Schnelldampfer konnte gerettet werden. Er hat später sogar das ›Blaue Band des Ozeans‹ errungen.
Der nächste Ozeanriese, der im Hamburger Hafen umzukippen drohte, war das Hapag-Weltreiseschiff ›Reliance‹. Dieser schneeweiße Dreischornsteindampfer war 1938, kurz vor Antritt einer Nordlandreise, wohl durch Sabotageakt in Brand gesetzt worden. In den Holzverkleidungen der

Kajütgänge und des zum A-Deck führenden Treppenhauses griffen die Flammen so rasant um sich, daß mehreren Löschtrupps von der Schiffsbesatzung der Rückzugsweg abgeschnitten wurde. Die Seeleute konnten sich nur noch aus den Bullaugen herauszwängen und durch Sprung in die Elbe retten.
Schon hatte sich das Feuer über alle Aufbauten zwischen mittlerem und vorderem Schornstein ausgedehnt. Riesige Flammengarben schossen aus dem Promenadendeck des Zwanzigtausendtonners heraus. Mehrere Rettungsboote brannten, Kräne und Kaischuppen waren stark gefährdet.
Der damalige Feuerwehrmann Jung gehörte zum ersten Löschzug, der bei der ›Reliance‹ eintraf. Jungs Zugführer gab sofort Alarmstufe acht. Damals ging das noch über Telefon und Feuertelegraf. Heute würde die UKW-Funkmeldung wörtlich lauten:
»Von Florian vierzehn: Achter Alarm!«
Acht Löschzüge, zwei Löschboote und sechs Spritzendampfer kämpften um die ›Reliance‹. Der mit dreißig Rohren vorgetragene Angriff konnte eine weitere Brandausdehnung verhindern. Aber zwischendurch kippte auch dieser Schiffsriese so bedrohlich auf die Seite, daß die Löschtrupps mit Notsignal zurückgepfiffen werden mußten. Die ›Reliance‹ schlug aber beim Kentern mit dem Promenadendeck auf die Kaimauer und blieb in dieser Lage hängen.
Leider war es nicht das letztemal, daß Jung auf einem kenternden Ozeandampfer in Lebensgefahr geriet. Einen besonders schweren Einsatz erlebte unser Wachvorsteher kurz nach dem Zweiten Weltkrieg. Dabei ergab sich eine groteske Situation. Es zeigte sich, daß der Feuerdämon nicht nach den Spielregeln unseres großen Welttheaters fragt. Vor ihm werden politische Konstellationen und sogar Fraternisierungsverbote recht schnell zunichte. Sieger und Besiegte saßen plötzlich im gleichen Boot – richtiger gesagt: auf dem gleichen Schiff.
Am 11. Januar 1946 ging vor Schuppen sechsundsiebzig des Hamburger Hafens der ehemalige Lloyddampfer ›Sierra Cordoba‹ in Flammen auf. Binnen kurzem bestand höchste Gefahr für die weitere Umgebung.
Die Engländer alarmierten alle im Umkreis verfügbaren Einheiten ihres Army Fire Service, ihrer Militärfeuerwehr.
Die deutsche Branddirektion Hamburg trommelte dreizehn Löschzüge, drei Feuerlöschboote, zwei Spritzendampfer und zwei Schlauchwagen zusammen.
Mit insgesamt einunddreißig Rohren griffen Engländer und Deutsche gemeinsam an. Es wurde ein schwerer, dramatischer Einsatz. Drei britische Feuerwehrleute fanden auf der ›Sierra Cordoba‹ den Tod. Fünf deutsche Feuerwehrleute wurden mit schweren Rauchvergiftungen davongetragen.

Zuletzt gerieten Sieger und Besiegte miteinander in die gleiche Bedrängnis. Die ungeheuren Löschwassermengen drückten den Zwölftausendtonner derart auf die Seite, daß seine Aufbauten gegen die stählernen Kaikräne preßten. Um ein Haar wäre auch die ›Cordoba‹ gekentert, ehe überhaupt für alle Feuerwehrleute aus zwei Nationen eine Rückzugsmöglichkeit gegeben war. Bei auflaufendem Wasser, bei Flut, lief der aufgespießte Dampfer schließlich voll und setzte sich auf Grund.

Rund fünfzig Schiffsbrände hat unser Wachvorsteher also erlebt. Er war dabei, als Baurat Besser auf der ›Raul Soares‹ seine tödliche Rauchvergiftung erlitt und als Feuerwehrmann Patein auf der ›Lublin‹ in den Löschschaumbrei abstürzte und erstickte. Auch auf der ›Martha Russ‹ hat Jung mitgekämpft. Bei diesem Brand ereignete sich in einem leeren Treibstoffbunker plötzlich eine Verpuffung von Ölgasen. Jung mußte mit ansehen, wie sein Kollege – der in der Schiffsbrandbekämpfung besonders bewährte und erfahrene Wachvorsteher von Steinwerder — durch den explosionsartigen Druck in die Luke III hinuntergeworfen wurde. Mit einer Marinetrage konnten sie ihn gerade noch herausholen. Er hatte sich – wenige Tage vor Weihnachten – beide Beine gebrochen. Dieselbe Verpuffung hatte übrigens auch den Einsatzleiter, einen Oberbrandrat, so heftig an Deck geschleudert, daß er mit Gehirnerschütterung liegenblieb.

Schiffsbrände sind immer schwierig und oft ziemlich riskant. In den meisten Fällen besteht kein seitlicher Zugang zum Brandherd. Man muß dem Feuer von oben her entgegenwirken, Hitze und Brandgasen dabei gleichermaßen ausgesetzt. Die stählernen Decks und Bordwände werden sehr bald glühend heiß. Stahl ist nun mal ein allzu guter Wärmeleiter. Auch die Ölfarbe der Schiffe gerät bald in Brand.

In der Erinnerung unseres Wachvorstehers verwischen sich die meisten Einsätze im Laufe der Zeit zu einem einzigen unscharfen Bild, obwohl in Wirklichkeit niemals ein Brand oder ein Unglück dem anderen gleicht. Man steht immer wieder vor einer völlig neuen Situation. An die Einsätze auf ›Europa‹, ›Reliance‹ und ›Sierra Cordoba‹ erinnert sich Jung allerdings so genau, daß er auch das jeweilige Datum nicht vergessen hat.

Heute war für vierzehn Uhr Unterricht über Schiffsbrandbekämpfung angesetzt. Der Dienstplan sah zwei Stunden dafür vor. Aber – Ironie des Schicksals –: Punkt vierzehn Uhr gellten die Alarmglocken. Wir hatten anstelle des Unterrichts mal wieder die Praxis.

Im Bakenhafen war auf dem Afrika-Motorschiff ›Mossel Bay‹ eine Beiladung von hundertsiebzehn Tonnen Naphthalin in Brand geraten. Dieses Teerprodukt war sackweise in den leeren Süßöltank verstaut, und es hatte sich infolge unvorsichtiger Schweißarbeiten entzündet.

Die Rauchsäule über dem Schiff war so pechschwarz wie Scriptol. Sie benahm uns jede Atemmöglichkeit. Beim Vornehmen der Schaumrohre zum Abschäumen der brennenden Naphthalin-Partie mußte sogar an Oberdeck, unter freiem Himmel, schweres Atemschutzgerät umgenommen werden. Nach zwei Stunden hatten wir das Feuer unter Kontrolle. Schwarz verrußt kehrten wir in unsere Wache zurück; wir sahen aus wie Ruhrkumpel nach der Untertage-Schicht.

Nun aber sind wir geduscht und umgezogen und sitzen zu einer gemütlichen Verschnaufpause im Tagesraum zusammen. Erst in einer Viertelstunde wird der Wachvorsteher unseren Zug wieder alarmbereit melden. So lange sind wir offiziell außer Dienst, denn fünf Mann sind noch nicht mit Duschen und Umziehen fertig. Sie mußten erst unsere Fahrzeuge mit sauberen, trockenen Schläuchen bestücken.

Jeder von uns hat jetzt eine Flasche Brauselimonade vor sich. Wir löschen unseren brennenden Durst in vorschriftsmäßiger Abstinenz. Brandamtmann Jung sitzt mitten zwischen uns. Er ist ins Erzählen gekommen. Unseren sonst wortkargen Amtmann kennen wir gar nicht wieder!

«Tjä, Kinnings, wenn ich nun schon mal ein bißchen aus der Schule plaudere, dann fällt mir allerdings noch ein anderer Einsatz ein, den ich wohl auch nie vergessen werde. Das war ausnahmsweise kein Schiffsbrand, sondern ein wohl einmaliger Dockunfall. Die Hapag hatte 1937 ihre neue ›Patria‹ in Fahrt gebracht. Dieses schmucke, sechzehntausend Bruttoregistertonnen große Turbo-Elektroschiff war eine technische Sensation. Die ›Patria‹ war im Liniendienst zur Westküste von Südamerika eingesetzt.

Anfang Juli 1938 kam das Schiff zu einer ersten turnusmäßigen Werftüberholung ins Schwimmdock. Das Dock war schon angehoben, die ›Patria‹ lag also trocken. Da brachen unversehens mehrere Kimmpallen, Stapelklötze unter dem Schiffsrumpf, durch die Tankdecke des Dockbodens durch. Schlagartig liefen die dabei demolierten Steuerbordtanks des Schwimmdocks voll. Dock samt Schiff bekamen schwere Schlagseite von achtunddreißig Grad. Nun fiel die ›Patria‹ innerhalb des Docks um und krachte mit furchtbarer Gewalt gegen die Dockwand. Jetzt konnte es nur noch heißen: Rette sich, wer kann! — Ein Werftingenieur behielt kaltblütig seine Nerven und seinen Kopf. Er hatte einen brillanten Einfall. Unter Lebensgefahr drang er in die Pumpzentrale des kenternden Docks vor, das von dem umgefallenen Sechzehntausendtonner unweigerlich immer weiter auf die Seite gedrückt wurde. Der Ingenieur riß schleunigst alle Seeventile der noch nicht vollgelaufenen Steuerbordtanks auf. Dadurch sackte das schrägliegende Dock so weit ab, daß seine herunterhängende Steuerbordkante auf Grund geriet. Damit war fürs erste ein weiteres Krängen von Dock und Schiff verhindert. Was aber nun?

Ein Wiederaufrichten des Docks war nur durch Fluten aller Backbordtanks möglich. Deren Seeventile lagen aber jetzt meterhoch über Wasser!
Einzige Instanz, die jetzt vielleicht noch helfen konnte, war mal wieder die Feuerwehr!
Selbstverständlich waren wir längst alarmiert. Wir rückten sofort aus, als sich bei der ›Patria‹ eine Katastrophe abzuzeichnen begann. Und wir wurden tatsächlich zum rettenden Engel. Drei Feuerlöschboote und zwei Spritzendampfer pumpten stundenlang, was das Zeug hielt. Mit Schläuchen und Wendestrahlrohren ballerten wir einige tausend Tonnen Wasser in die hochliegenden, nur mit Mühe erreichbaren Docktanks. Auf diese Weise drückten wir die beiden Havaristen allmählich wieder in die Horizontale.«

S-O-S! Maschinenraumbrand!

Fischdampfer laufen ohne »Muß i denn ...« zu ihren Fangfahrten ins Nordmeer aus. So verläßt auch der Motortrawler oder Schleppnetzfänger ›Bonn‹ ohne großen Abschied, beinahe ungesehen, seinen Heimathafen und geht wieder nach See zu. Erst zwei Tage vorher war die ›Bonn‹ von einer Reise zurückgekehrt und hatte dreitausendzweihundert Zentner Frischfisch sowie kistenverpackten Hering beim Seefischmarkt Cuxhaven angelandet.
Bald passiert der auslaufende Trawler das Feuerschiff ›Elbe 1‹ und steuert auf dem sogenannten Elbe-Humber-Weg nordwestwärts. Mittlerweile ist es Nacht geworden. Der Großteil der zwanzigköpfigen Besatzung liegt in den Kojen und schläft. Nachts gegen ein Uhr befindet sich die ›Bonn‹ westlich von Helgoland.
Plötzlich faucht eine meterlange Stichflamme von brennendem Dieselöl quer durch den Motorenraum des Trawlers. Eine Brennstoffleitung ist gebrochen, das ausströmende Gasöl hatte sich sofort auf dem heißen Auspuffrohr entzündet. Binnen Sekunden steht der gesamte Raum in Feuer, einem riesigen Heizofen gleich, mit furchtbarer Strahlungshitze. Der Maschinenassistent kann sich mit knapper Not aus Rauch und Flammen herausretten. Der wachhabende Zweite Maschinist aber bricht beim Fluchtversuch infolge des entstandenen Sauerstoffmangels zusammen. Ihm kann niemand mehr helfen, er verbrennt.
Jetzt schrillen auf dem Trawler die Alarmglocken das Morsezeichen F: Feueralarm. Aber die Flammen sind schneller als die schlaftrunkene Besatzung. Sie erfassen derart rasch das ganze Achterschiff samt Mannschaftsräumen, Proviantlast und Kommandobrücke, daß die Männer mit Feuerlöschmitteln überhaupt nicht mehr an den Brandherd herankommen. Sie erreichen auch

das Schnellschluß- oder Notabsperrventil der Treibstoffleitung zu spät. Sogar der Funkraum steht schon in Flammen. Es gelingt nicht mehr, einen Notruf in den Äther zu senden. Die Männer können nur noch mit Windeseile die Rettungsboote klarmachen und ihr hell loderndes Schiff verlassen. Der Erste Steuermann schießt mit der Sternsignalpistole rote Leuchtkugeln in den Nachthimmel, das internationale Signal für SOS.

Die roten Signalsterne werden zum Glück von anderen Schiffen bemerkt. Auf der Seenotfrequenz für Funktelefonie ertönt jetzt der Alarmruf: »Mayday! Mayday! Mayday! Nordwestlich Helgoland wird Rot geschossen. Dort brennt anscheinend ein Schiff!«

›Mayday‹ ist das international vereinbarte Sprechfunk-Schlüsselwort für SOS. Der Hamburger Fischdampfer ›Ursula‹ nimmt sofort mit Höchstfahrt Kurs auf die hilflos treibende ›Bonn‹. Er erscheint nach einer Stunde als erstes Schiff bei seinem brennenden Kollegen und bringt mit verwegenem Manöver eine Schleppverbindung zustande. Jetzt ruft der ›Ursula‹-Funker auf der Seenotfrequenz: »Mayday! Mayday! Mayday! Brennt Trawler ›Bonn‹ auf Position vierundfünfzig Grad vierundvierzig Minuten Nord und sechs Grad fünfzehn Minuten Ost. Hier spricht Fischdampfer ›Ursula‹. Versuchen, das brennende Schiff in Richtung Wesermündung abzuschleppen. Erbitten dringend Feuerlöschhilfe!«

Die Küstenfunkstelle Norddeich Radio verständigt sofort die Berufsfeuerwehr Bremerhaven. Die Feuerwehrzentrale dieser Stadt gibt Alarm. Unverzüglich läuft das Feuerlöschboot 1 aus dem Fischereihafen Bremerhaven-Geestemünde aus. Die Löschgruppe der Feuerwache Geestemünde braust mit ihren Fahrzeugen zur Fischereihafenschleuse und steigt dort auf das auslaufende Löschboot über.

Auf der Unterweser weht es recht unangenehm. Die kabbeligen Seen sind für das kleine Hafenlöschboot reichlich stark. Aber unverdrossen kämpft es sich gegen die Brecher vorwärts. Der Einsatzbefehl lautet: »Schleppzug Trawler ›Bonn‹ bis Fahrwassertonne Q entgegenlaufen.«

Bootsführer und Maschinist holen die letzte Schraubenumdrehung aus ihrer roten Nußschale heraus. Sie kämpfen sich sogar noch weiter seewärts hinaus, bis zum Leuchtturm Hoheweg. Dort hängen sie sich hinter die ›Bonn‹. Das Überspringen von dem dümpelnden Löschboot ist nicht einfach, erst recht nicht das Herstellen mehrerer Schlauchverbindungen. Aber die Feuerwehrleute bringen beides zustande. Die Besatzung der Feuerwache Geestemünde nimmt an Bord der ›Bonn‹ zwei B- und zwei C-Rohre vor.

Während der Weiterreise des Schleppzuges kämpfen sie sich immer weiter in das stark verqualmte, hartnäckig weiterschwelende Achterschiff vor. Die Kreiselpumpe des Löschbootes arbeitet zwei Stunden lang auf Hochtouren,

während sich das Boot ohne eigene Fahrt hinterherziehen läßt. Es rollt in den Seen, es stampft und schlingert zugleich. Der Bootsführer hat einige Mühe, den Bruch der durchhängenden Schlauchleitungen zu vermeiden.
Aus den Strahlrohren der Löschtrupps fliegen viele Tonnen Seewasser ins Feuer. Aber bei Einbruch der Dunkelheit, nach zweistündigem Kampf, auf der Höhe des Wremer Loches, kann der Brandinspektor der Hauptfeuerwache voller Stolz über Funk an die Zentrale der Bremerhavener Feuerwehr melden: »Von Florian. Boot eins — Feuer aus!« — So erfolgreich der Einsatz auch war, er bewies ein weiteres Mal die Notwendigkeit, in der Wesermündung ein großes, hochseefähiges Löschboot zu stationieren. Inzwischen wurde der ›Löschkreuzer Weser‹ (s. S. 201), stationiert in Bremerhaven, Wirklichkeit.

Wie ein Scheiterhaufen

»Zwischen der tiefen Schwärze des Himmels und der See brannte die Bark mitten in einem purpurnen Feuerkreis auf dem unheimlich glitzernden Wasser. Eine hohe, klare Flamme, eine ungeheure, einsame Flamme stieg vom Ozean empor, und von ihrem Gipfel kräuselte sich unaufhörlich der Rauch in den Himmel. Die Bark stand in hellen Flammen und brannte ehrfurchtgebietend wie ein Scheiterhaufen in der Nacht, umgeben von der See, von den Sternen gehütet. Ein herrlicher Tod war, wie eine Gnade, wie ein Geschenk, wie ein Lohn dem alten Schiff am Ende arbeitsreicher Tage beschieden worden. Es war ergreifend anzusehen, wie die Bark triumphierend ihre müde Seele der Obhut der Sterne und der See übergab. Die Masten stürzten gerade bei Tagesanbruch, und einen Augenblick lang gab es einen wilden Funkenregen, der die geduldige und wachsame Nacht, die weite Nacht, die schweigend über der See lag, mit fliegendem Feuer zu erfüllen schien. Bei Tageslicht war die Bark nur noch ein verkohltes Wrack, das still unter einer Rauchwolke hintrieb und einen Haufen glühender Kohle in sich trug.«
Mit diesen bewegenden Worten schildert Joseph Conrad in seiner Novelle ›Jugend‹ das Ende der Bark ›Judea‹, deren Kohlenladung sich im Indischen Ozean selbst entzündet hatte.
Die Geschichte der Schiffsbrände ist so alt wie die Schiffahrt selbst. Früher, auf den hölzernen Seglern, war gegen ein ausgebrochenes Feuer kaum ein Kraut gewachsen, obwohl der Ozean ja eigentlich Löschwasser genug enthielt. Aber es gab noch keine wirksamen Feuerlöschpumpen, keine Kohlensäure-Löschanlagen und vor allem keinen Vorbeugenden Brandschutz an Bord von Schiffen. Wenn ein Windjammer gar eine Ladung Faßpetroleum oder Ammonsalpeter an Bord hatte, dann war sein Schicksal meistens beim Herausquellen der ersten Rauchwolke aus der Laderaumlüftern besiegelt.

Die Besatzung konnte von Glück reden, wenn sie noch rechtzeitig in die Rettungsboote kam.
Auch im Zeitalter des Dampfschiffes setzte sich die Kette schwerer und schwerster Schiffsbrände noch fort. Das ungewöhnlichste Unglück dieser Sorte ereignete sich am 30. Juni 1900 in den Dockanlagen von Hoboken, direkt gegenüber von New York. Ein Baumwollschuppen war an diesem heißen Sommertag mitsamt seiner hölzernen Pieranlage in Brand geraten. Das Feuer griff augenblicklich auf den abfahrtbereit längseits liegenden deutschen Dampfer ›Saale‹ über. Das Feuer sprang dann von der ›Saale‹ sogleich auf zwei andere deutsche Ozeandampfer weiter: auf die ›Bremen‹ (vierzehntausend Bruttoregistertonnen) und die ›Main‹ (zwölftausend Bruttoregistertonnen). Bald trieben die drei deutschen Schiffe zwischen glimmenden Baumwollballen, verkohlten Bohlen und Kisten als brennende Fackeln den Hudson hinunter. Dreihundertsechsundzwanzig Menschen mußten auf elende Weise ihr Leben lassen.
Die Kapitäne der herbeigeeilten Hafenschlepper kümmerten sich um die im Wasser treibenden schreienden Menschen überhaupt nicht. Sie feilschten statt dessen schamlos und kaltherzig mit den Schiffsoffizieren der brennenden Dampfer um den Schlepplohn. Zumindest die ›Bremen‹ hätte gerettet werden können, wenn sich die Schiffsoffiziere mit diesen Schlepper-Haien hätten einigen können.
Der schwerbedrohte deutsche Schnelldampfer ›Kaiser Wilhelm der Große‹ entging dem Schicksal von ›Bremen‹, ›Main‹ und ›Saale‹ nur dadurch, daß sein Kapitän die kriminelle Mentalität der Schlepperführer illusionslos durchschaute und auf die geforderten Wucherpreise einging.
Fünf andere Dampfer fingen ebenfalls Feuer, aber sie lagen günstiger. Ihre Brände konnten von der eigenen Besatzung gelöscht werden.
Die Feuerwehr von Hoboken war gegen das Riesenfeuer auf der Baumwollpier ziemlich machtlos. Als der Wind plötzlich umsprang, wurden ihre Pferde wild. Sie gingen durch und rasten zum Teil mitten in die Flammen. Eine Dampfspritze und zwei Schlauchwagen verbrannten dort mitsamt ihrer Bespannung.
Die New Yorker Feuerwehr aber durfte nicht ohne offiziellen, schriftlichen Hilfeleistungsantrag des Gouverneurs von New Jersey eingreifen!
Dieser Antrag wurde nicht gestellt, folglich blieb der New Yorker Feuerwehr das Ausrücken zu der nur wenige hundert Meter entfernt liegenden Brandstelle jenseits des Hudson verboten.
Vier Jahre später wurde New York Schauplatz der furchtbarsten Schiffsbrandkatastrophe, die sich jemals ereignet hat. Am 15. Juni 1904 verließ der Ausflugs-Raddampfer ›General Slocum‹ mit nahezu eintausendvierhundert

Menschen seine Pier am East River. Die Fahrgäste waren fast durchweg Frauen und Kinder, die zu einer Picknicktour der deutschen Sonntagsschule eingeladen waren.

Eine halbe Stunde nach der Abfahrt brach im Vorschiff des Dampfers Feuer aus. Besatzungsmitglieder unternahmen zwar einen Löschversuch. Aber der Schlauch war so morsch, daß er sofort platzte. Die Matrosen mußten den Rückzug antreten. Es wehte eine starke Brise über dem East River. Binnen Minuten fraßen sich die Flammen durch das knochentrockne Holz der alten Dampferaufbauten hindurch. Der leichte Sonntagsstaat vieler Frauen und Kinder wurde vom Feuer erfaßt. Ein furchtbares Geschrei hub an.

Die Rettungsboote der ›General Slocum‹ waren – bezeichnend für diese Zeit – überhaupt nicht in Ordnung, außerdem wurden sie unsachgerecht bedient. Sie schlugen schon um, während sie noch in den Davits hingen. Ihre Insassen stürzten in den Fluß und ertranken. Sämtliche Schwimmwesten waren total verrottet und fast durchweg ohne die damals vorgeschriebene Korkfüllung. Die Bändsel zum Festschnüren der Westen rissen fast alle ab.

Der Kapitän des Raddampfers hatte jetzt nur einen Gedanken: Kehrtmachen und das Schiff mit Höchstfahrt bei North Brother Island auf den Strand jagen! Der Entschluß war zwar richtig, er machte aber die Rettung der meisten Passagiere vollends unmöglich. Der schnelle Dampfer paddelte den zu Hilfe eilenden Dampfbooten und Fähren glatt davon. Fast alle Fahrgäste waren Nichtschwimmer! Jetzt hatten die Frauen und Kinder nur noch die Wahl, entweder zu verbrennen oder zu ertrinken.

Als die ›General Slocum‹ knirschend auf Strand lief, hatten eintausenddreißig Menschen ihr Leben eingebüßt!

Der überlebende Kapitän van Haick wurde vom amerikanischen District Court wegen grober Fahrlässigkeit zu zehn Jahren Zuchthaus verurteilt. Es stellte sich bei der Gerichtsverhandlung heraus, daß der weißbärtige Schiffer weder jemals ein Rettungsboot-Manöver abgehalten noch die Feuerlösch-Schläuche und Schwimmwesten auch nur eines Blickes gewürdigt hatte.

Nach zweieinhalb Jahren Sing-Sing wurde Kapitän van Haick allerdings durch den Präsidenten der Vereinigten Staaten begnadigt. Die Behörden waren dahintergekommen, daß van Haicks Gleichgültigkeit keineswegs ein Einzelfall war. Man hatte noch im Jahr der ›Slocum‹-Katastrophe im New Yorker Hafen zweihundertachtundsechzig andere Schiffe überprüft. Das Ergebnis war niederschmetternd. Mehr als ein Drittel dieser Schiffe hatte defekte, nutzlose Schwimmwesten, ein Viertel kaputte, unbrauchbare Feuerlösch-Schläuche und mehr als die Hälfte hatte noch nicht einmal die gesetzlich vorgeschriebene Mindest-Schlauchmenge an Bord! Es herrschten allgemein

sagenhafte Zustände, und sie konnten dem Pechvogel van Haick nicht allein angelastet werden.
Die Tragödie der ›General Slocum‹ war einer der heilsamen Schocks, wie wir bereits mehrere kennengelernt haben. Die Brandschutzgeschichte beweist, daß die Menschen infolge Dummheit und Trägheit leider nur durch solche Erschütterungen zu vernünftigen Maßnahmen aufzurütteln sind.
Jetzt klagten eintausenddreißig Todesopfer an. Endlich begriff man, daß ohne straffere Gesetzgebung und ohne härteres Durchgreifen der Behörden nicht weiterzukommen war. Das Unglück auf dem East River wurde zum Ausgangspunkt zahlreicher neuer Schiffssicherheitsbestimmungen. Vor allem wurden regelmäßig Inspektionen der Rettungsmittel und Löschgeräte angeordnet. Auch in der Überseeschiffahrt ereigneten sich immer wieder schwere Brandkatastrophen. 1913 verbrannten während einer Atlantik-Überquerung auf der ›Volturno‹ hundertsechsunddreißig Menschen. 1934 forderte ein Großbrand auf dem Vergnügungsdampfer ›Morro Castle‹ vor der Küste des US-Staates New Jersey hundertfünfundzwanzig Todesopfer. Im Jahre 1940 büßten auf dem Dampfer ›Paganini‹ im Hafen von Durazzo/Albanien zweihundertzwanzig Personen ihr Leben ein. Kurz zuvor hatten auch die Großfeuer auf den Fahrgastschiffen ›Paris‹, ›L'Atlantique‹ und ›Empress of Canada‹ der Weltpresse Schlagzeilen geliefert.
Leider setzte sich die Serie von schweren Schiffsbränden bis in die jüngste Zeit hinein fort! 1949 forderte der Brand des Fahrgastschiffes ›Noronic‹ im kanadischen Hafen Toronto hundertneunzehn Todesopfer. 1961 kamen im Persischen Golf, an Bord des Fahrgastschiffes ›Dara‹, zweihundert und im gleichen Jahr auf dem portugiesischen Passagierdampfer ›Save‹ vor der Küste von Portugiesisch-Ostafrika zweihunderfünfzig Menschen um. Ende 1963 verbrannte während einer Weihnachtskreuzfahrt das Fahrgastschiff „Laconia" auf dem Atlantik. Dabei gab es unnötig 128 Todesopfer. Es bleibt zu bezweifeln, daß auf den beiden letztgenannten Schiffen der Vorbeugende Brandschutz ausreichend war. Die ›Laconia‹ fuhr unter der Flagge des Steuerparadieses Panama. In Deutschland, Holland, Großbritannien oder in den USA hätte das Schiff wohl kaum einen Fahrterlaubnisschein erhalten.

Brandschutz auf Seeschiffen

Es ist allgemein bekannt, daß im Jahre 1912 der folgenschwerste Friedens-Schiffsuntergang der Geschichte stattgefunden hat. Eintausendfünfhundertdreißig Menschen mußten ertrinken oder im Wasser erfrieren, weil die ›Titanic‹ mit einem Eisberg kollidiert war.

Auch diese Katastrophe löste die übliche Aktivität nach dem Entsetzen aus, und so kam es im Jahre 1914 zur ersten ›Internationalen Konferenz für die Sicherheit des Lebens auf See‹. Sie befaßte sich in erster Linie mit der Verbesserung der Sinksicherheit von Schiffen. Auch internationale Notrufzeichen für Funktelegrafie und optische Signalmittel wurden vereinbart. Bei dieser Konferenz entstand das Signal SOS oder Save Our Souls – Rettet unsere Seelen.

Die 2. Londoner Schiffssicherheitskonferenz fand im Jahre 1929 statt. Sie befaßte sich auf Grund von inzwischen gemachten bösen Erfahrungen mit dem Brandschutz an Bord von Ozeandampfern. Es wurde die Aufgliederung von Fahrgastschiffen in einzelne Brandabschnitte beschlossen. In Abständen von höchstens vierzig Metern sollten fortan Brandschottwände eingebaut werden.

Normale stählerne Schotten sind nicht feuerhemmend. Sie sind ein eintausendfünfhundertmal besserer Wärmeleiter als selbst eine nur einsteinige Ziegel-Brandmauer. Stählerne Schotten geraten bald in Glut und reichen dadurch das Feuer in die Nachbarabteilungen weiter. Schon bei Temperaturen von fünfhundert Grad Celsius biegen sie sich durch. Es besteht die Gefahr ihrer Zerstörung. Bei Schiffsbränden sind aber Temperaturen von achthundert bis eintausendzweihundert Grad Celsius durchaus keine Seltenheit. Dabei sinkt die Festigkeit aller stählernen Konstruktionen bis auf ein Fünfzehntel des Normalwertes herab. Darum sollten auf Grund der Londoner Beschlüsse von 1929 besonders abgesicherte Brandschottwände dem Feuer wenigstens einen zeitlich begrenzten Widerstand entgegensetzen. Leider gab es auch weiterhin schwere Schiffsbrände und Menschenverluste. Vor allem sei noch einmal an den Fall ›Morro Castle‹ erinnert (1934). Darum hat im Jahre 1938 die Seeberufsgenossenschaft Hamburg als deutsche Schiffssicherheitsinstanz die Schiffsbrandschutzmaßnahmen von 1929 in eigener Regie bedeutend erweitert. Auf Fahrgastschiffen wurden Sprinkleranlagen, auf Frachtschiffen Kohlensäure-Löschanlagen eingebaut. Bestimmte Baustoffe wurden grundsätzlich verboten.

Im Jahre 1948 fand in London die 3. Internationale Schiffssicherheitskonferenz statt. Deutschland hatte den Krieg verloren und durfte noch nicht daran teilnehmen. Aber die zehn Jahre vorher erlassenen, mustergültigen Brandschutzbestimmungen der deutschen Seeberufsgenossenschaft haben bei vielen Beschlüssen dieser Konferenz Pate gestanden. Der in London beschlossene internationale Vertrag wurde 1954 von der Bundesregierung ebenfalls ratifiziert.

Der Londoner Vertrag schreibt bindend vor, daß Frachtschiffe aller seefahrttreibenden Länder ab zweitausend Bruttoregistertonnen mit einer ausrei-

chend bemessenen Kohlensäure-Feuerlöschanlage auszustatten sind. Die Laderäume müssen im Brandfalle voll CO_2-Gas geblasen werden können, damit der Brand auf bloße Glut heruntergestickt wird.
Frachtschiffe mit Ölfeuerung oder Verbrennungsmotor ab eintausend Bruttoregistertonnen Größe müssen eine besondere, ausreichende Feuerlöschvorrichtung für den Fall verfügbar haben, daß bei einem Brand die gesamte Hilfsmaschinenanlage ausfällt. Darum werden außerhalb der Maschinenräume Dieselaggregate als Not-Feuerlöschpumpenantrieb installiert. Diese Notdiesel springen binnen fünfzehn Sekunden nach dem Ausfall der Feuerlöschpumpen automatisch an.
Die Feuerlöschleitung eines Schiffes steht ständig unter Seewasserdruck. Sie kann ohnehin durch mehrere voneinander unabhängige Pumpen gespeist werden. Die Anzahl der Schlauchanschlüsse ist so bemessen, daß jeder Winkel der Lade- und Wohnräume mit einer einzigen Schlauchleitung erreicht werden kann. Auch die Zahl und Bauart der an Bord befindlichen Handfeuerlöscher wird heute genau vorgeschrieben.
Ein weiterer wichtiger Punkt der Londoner Konferenz ist die gesetzliche Vorschrift, daß alle Tanker und Fahrgastschiffe einen von Feuerwehr oder Schiffssicherungslehrgruppe ausgebildeten und wirksam ausgerüsteten Feuerlösch-Stoßtrupp in Stärke von mindestens 1 : 8 Mann an Bord haben müssen. Dieser Stoßtrupp wird aus geeigneten Besatzungsmitgliedern zusammengestellt. Viele Reedereien haben diese Bestimmung aus eigener Einsicht längst auch auf die Trockenfrachter ausgedehnt. So befinden sich heute auf den meisten Handelsschiffen modern ausgerüstete Freiwillige Feuerwehren in Löschgruppenstärke an Bord. Sie halten regelmäßige Alarm- und Brandstellenübungen ab, auch draußen auf hoher See. Als Wehrführer fungiert in der Regel der Zweite Offizier.
Große Fahrgastschiffe wie zum Beispiel die ›Europa‹ führen außerdem einige Berufsfeuerwehrleute als Feuerschutzmeister mit. Sie gehen regelmäßig ihre von Steckuhren kontrollierten Ronden. Ferner überwacht ein diensthabender Feuerschutzmeister in der Feuermeldezentrale sämtliche Brandabschnitte des Schiffes mit Hilfe von automatischen Rauch-, Wärme- und Ionisationsmeldern. In dieser Zentrale befindet sich auch das Meldertableau, auf dem etwaige Signale aller über das Schiff verteilten handbetätigten Feuermelder einlaufen.
Der Londoner Vertrag verbietet jeglichen Einbau von Holz und anderen brennbaren Materialien in die Treppenhäuser und Fahrstuhlschächte von Fahrgastschiffen. Sie müssen mit Wänden nach ›Typ A‹ umgeben sein, das heißt, die Wände verhindern während der einstündigen Normbrandprobe den Durchgang von Rauch und Flammen. Einseitig dem Feuer ausgesetzte

Bauteile dieses Typs dürfen während der Brandprobe auf der dem Feuer abgekehrten Seite nicht wärmer als hundertneununddreißig Grad Celsius werden. Der Einbau von Holz in die Wohnräume ist nur dann noch gestattet, wenn diese Räume unter Sprinklerschutz liegen.
Der erste mustergültig feuergeschützte Schiffsneubau war 1952 die 52000 Bruttoregistertonnen große, jetzt aufgelegte „United States". Dieser amerikanische Schnelldampfer wurde letzter Inhaber des Blauen Bandes. Auf der „States" befindet sich mit Ausnahme von elf Bechstein-Flügeln und zweier Fleisch-Haublocks in der Großküche kein einziges Stück Holz an Bord. Leichtmetall sowie unbrennbare oder imprägnierte Stoffe machen einen Entstehungsbrand denkbar schwierig. Wie richtig diese Vorsorge war, das ergab sich schon aus der einfachen Überlegung, daß auf einer einzigen Überfahrt von Bremerhaven nach New York bis zu zweitausend Fahrgäste und etwa eintausend Mann Besatzung schätzungsweise hundert- bis hundertundfünfzigtausend Zigaretten rauchten, die ja jeweils von der gleichen Anzahl Streichhölzer oder Feuerzeugflammen entzündet werden mußten. Damit waren bis zu dreihunderttausend Zündquellen über das Schiff verteilt! Im Jahre 1957 hat man in England die Ursachen von fünfhundertacht Schiffsbränden untersucht und ist zu dem traurigen Ergebnis gekommen, daß Unachtsamkeit mit Zigaretten einwandfrei an der Spitze aller Brandursachen stand. Leider ist es den meisten Rauchern nicht anzugewöhnen, ihre Zigarette vor dem Wegwerfen auszudrücken. Oft genug wirft jemand auf See eine brennende Zigarette über Bord, die dann vom Fahrtwind erfaßt und durchs nächstbeste Bullauge wieder ins Schiffsinnere hineingeweht wird.
Die englischen Untersuchungen ergaben ferner, daß ein Fünftel aller Schiffsbrände durch Schweißen, Schneiden, Löten oder Nieten entsteht, ein weiteres Fünftel durch die Entzündung von Heiz-, Diesel- und Schmieröl in den Maschinen- und Kesselräumen. Auf modernen Seeschiffen wird darum auch die Maschinenanlage vorsorglich durch eine CO_2-Löschanlage geschützt.

Kohlensäure und Schaumteppich

Allen Vorbeugungsmaßnahmen zum Trotz werden sich Schiffsbrände natürlich nie ganz vermeiden lassen. Bisweilen genügt ein lächerlicher Zufall, um eine feuergefährliche Ladung in Brand zu setzen. So hat vor einiger Zeit auf der ›City of Worcester‹ eine Kranhieve durch Anecken einen Sonnenbrenner, eine elektrische Starklichtlampe, zertrümmert. Dabei fielen ein paar Funken in den Laderaum. Die Jutefracht fing so schnell Feuer, daß die Schauerleute sich nur noch mit Kranhilfe ins Freie retten konnten.

Auch Ladungen wie Kopraschnitzel, Ölfruchtexpeller, Ölkuchen, Fischmehl, Baumwolle, Nitrolacke, ja sogar Autoreifen brennen außerordentlich unangenehm. Eine Schiffsladung ist selten homogen. Dieses Vielerlei von einzelnen Frachtsorten ist unter Ausnutzung des letzten Winkels fachgerecht und seefest gestaut. Man kann kaum jemals an einen Brandherd direkt heranreichen. Man sieht auch fast nie sofort, was eigentlich los ist. Hinzu kommt, daß Fernsehröhren, Sauerstoff- oder Treibgasflaschen, womöglich Munition unter der Ladung Explosionen oder zumindest Verpuffungen verursachen. Allzuoft stehen gefährliche Schwelgase in irgendwelchen Ecken.

Gegen Laderaumbrände gibt es in beinahe allen Fällen zunächst nur ein wirksames Mittel: Kohlensäure. Sei es auf See oder im Hafen: sobald verdächtiger Qualm aus den Laderaumlüftern herausbrodelt, wird Feueralarm geschlagen. Man bläst den Raum nach und nach voll CO_2; dichtet dabei aber sämtliche Frischluftzugänge zu der betreffenden Luke hermetisch ab. Auf diese Weise kann das Feuer wenigstens so weit gedrosselt werden, daß die Weiterfahrt zum nächsten Hafen möglich ist. Manchmal legen Seeschiffe mit solchen ›auf Sparflamme‹ reduzierten Ladungsbränden noch erstaunliche Wegstrecken zurück. So hat es das dänische Motorschiff ›Kambodia‹ fertiggekriegt, mit einem schon im Roten Meer (!) ausgebrochenen, unter CO_2 gesetzten Großfeuer an Bord seinen Bestimmungshafen Hamburg zu erreichen! Das Schiff war bis zur Halskrause mit Teakholz, Gummi, Manioca-Mehl und Kopra-Expellern beladen.

Die Hamburger Feuerwehr hat den dänischen Patienten fachgerecht verarztet. Sie ergriff dabei Maßnahmen, wie sie bei der Bekämpfung der meisten Laderaumbrände notwendig sind:

Zuerst steigen Stoßtrupps unter „Schwerem Atemschutz" in die voll Kohlensäure stehenden Räume ein und überdecken die gesamte Ladungsoberfläche mit einer Luftschaumdecke. Dieser Schaumteppich schneidet den Brand von jeder Sauerstoffzufuhr ab.

Erst jetzt kann man es wagen, die Luken teilweise zu öffnen. Das Feuer wird dadurch nicht wieder angefacht. Nun werden die einzelnen Säcke, Kisten und Ballen der brennenden Ladung in tagelanger Arbeit einzeln aus dem Schaumteppich herausgehievt und zum endgültigen Ablöschen an Land gesetzt. Diese Entladungsarbeiten müssen unter Aufsicht der Feuerwehr geschehen. Es muß ständig ein Schaumrohr bereitgehalten werden, damit die beim Heraushieven der Kolli entstandene Lücke in der Schaumschicht sofort wieder mit einem neuen Schaumstoß abgedeckt und geschlossen werden kann.

Luftschaum entsteht durch Zumischung eines Schaummittels und einer ausreichenden Menge Luft zum Löschwasser. Dieses Schaummittel ist eine kolloidale Lösung. Sie wird aus organischen Abfallprodukten hergestellt. Löschwasser, mit nur 3,5 % Schaummittelzusatz durch ein Schaumrohr gejagt und und dabei mit Luft verwirbelt, verwandelt dieses Wasser in schlagsahneartigen, leicht bräunlich gefärbten Schaum. Jedes Löschfahrzeug der Feuerwehr hat mehrere Schaumkanister an Bord. Auch alle Feuerlöschboote führen natürlich große Mengen Schaummittel mit, zumeist in eingebauten Tanks. Die Hamburger Feuerwehr hat außerdem fünf Schaumtankfahrzeuge in Dienst gestellt, die bei Schiffsbränden und anderen Schaumlöschaktionen als fahrbare Schaummittel-Zisterne herangezogen werden. Jedes Schaum-TF hat dreitausend Kilogramm Lösung an Bord.

Der Verbrauch an Löschmitteln ist bei Schiffsbränden meistens recht hoch. Bei einem Jutebrand auf dem Frachter ›Benvannoch‹ wurden zum Beispiel nicht weniger als neuntausendsechshundert Kilogramm Kohlensäure und viertausendachthundert Liter Schaummittel eingesetzt.

Früher, vor der Erfindung des Luftschaumes, mußte die Kohlensäure-Flutung brennender Laderäume zehn- bis zwölfmal wiederholt werden. Jedesmal kam beim Entfernen der Ladung nach und nach wieder Luftsauerstoff in die Luke und fachte das Feuer erneut an. Also wieder Luken dicht, abermals CO_2-Einblasen, zwölf Stunden warten – und dann begann die ganze Plackerei wieder von vorn.

Manchmal ist auch heute noch einem Laderaumbrand nur durch das äußerste aller Mittel beizukommen, mit Wasserflutung. Aber dabei ist Vorsicht geboten. Hat das Schiff etwa stark quellende Ladung wie Hanf, Sojabohnen, Hülsenfrüchte, Getreide im Bauch, so wird es unter Umständen glatt auseinandergesprengt. Man kann also nicht umhin, vor der Flutung erst einen Teil der Ladung zu entfernen.

Ich hatt' einen Kameraden ...

Das neuntausendsechshundert Bruttoregistertonnen große Motorschiff ›Wihinapa‹ ist mit Laderaumbrand in den Luken I und II in Bremen eingetroffen. Die Ladung – Stückgut, synthetischer Gummi, Baumwolle und Reis – war auf der Reise von Rotterdam zur Wesermündung in Brand geraten. Das Feuer wurde von der Schiffsführung unter Kohlensäure gesetzt.

Ladeluke II kann von der Bremer Feuerwehr verhältnismäßig leicht entladen werden. Es brauchen nur ein paar Baumwollballen mit C-Rohren abgelöscht zu werden. Sie glimmen nur noch, aber ihre Brandspuren beweisen, daß sie vor dem Einblasen der Kohlensäure hell gebrannt hatten.

Gleich nach dem Ablöschen der Ballen läßt die Verqualmung nach. Es können

jetzt sogar Hafenarbeiter einsteigen und unter dem Schutz der Feuerwehr ohne weiteres den gesamten Raum entleeren. Aus Luke II werden insgesamt eintausendzweihundert Ballen Baumwolle an Land gehievt.
Einen Tag später wird die Bekämpfung des in Luke I noch immer schwelenden Brandes vorgenommen.
Schiffsladeräume sind stets mehrstöckig. Auf der ›Wihinapa‹ bestehen sie aus Spardeck, Zwischendeck und Unterraum. Diese Etagen sind durch eingesetzte Zwischenluken voneinander abgeschlossen. Ohne Schwierigkeiten kann die Ladung aus dem Oberraum entfernt werden. Und nun versucht im Zwischendeck die Feuerwehr unter »Schwerem Atemschutzgerät«, auch das Unterdecksluk freizulegen. Dort unten muß der eigentliche Brandherd sein. Mehrere hundert Sack Reis werden in die Stropps genommen und in den Kranhaken eingepickt. Unter wiederholter Ablösung verrichten ein Oberbrandmeister, ein Brandmeister und vier Feuerwehrleute diese Schwerarbeit. Zuletzt sehen sie tatsächlich durch die Ritzen zwischen den Lukenbohlen einen Feuerschein.
Nochmals ist Ablösung im Zwischendeck. Neue Feuerwehrleute steigen ein, um vorsichtig die Bohlen des Unterraumluks abzunehmen. Jetzt steigt der Einsatzleiter, Brandrat Dipl.-Ing. Lenz, mit einem Feuerwehrmann zur persönlichen Erkundung in den Unterraum ein. Natürlich ist das nur unter Atemschutzgerät möglich. Brandrat Lenz brummelt noch unter seiner Schutzmaske hervor: »Dort unten sitzt der Rote Hahn, den knöpfen wir uns gleich vor!«
Zwei Minuten nach dem Einstieg der beiden Männer fauchen eine riesige Stichflamme und ein Aschenregen aus der ›Wihinapa‹ heraus. Scherstöcke und Lukendeckel wirbeln in die Höhe. Völlig unvermutet haben sich Schwelgase entzündet, die beim Sauerstoffzutritt verpufften.
Die fünf Mann im Zwischendeck werden von diesem Vulkanausbruch vollständig überrascht. Die vorsorglich von einem Kran in das Luk eingehängte stählerne Rettungsschale wird vom Luftdruck nach oben geschleudert, und keiner der Feuerwehrleute kann sie erreichen. Die Männer können sich gerade noch über die heiß werdenden eisernen Steigleitern nach oben flüchten. Mit letzter Kraft erreichen sie den Lukenrand und werden dort von ihren Kameraden ins Freie gezogen.
Aber wo sind Brandrat Lenz und Feuerwehrmann Rauch?
Funkmeldung an die Zentrale: »Zwei Vermißte. Feuer sehr schlimm.«
Der Branddirektor braust sofort zum Bremer Europahafen hinaus. Von allen Bremer Feuerwachen werden Verstärkungen angefordert. Radio Bremen beruft über eine Rundfunkdurchsage alle dienstfreien Feuerwehrleute ein. Auch die Polizeiwachen benachrichtigen vorsorglich die in ihrem Revier

Dramatisches Schiffsunglück am 19. Dezember 1975 auf der Unterelbe: Frachter im Nebel gerammt und gekentert. Feuerwehr rettet alle Überlebenden, die wegen Unterkühlung sofort ins Krankenhaus gebracht werden müssen. Eingesetzt werden zwei Löschboote, zwei Außenborder-Rettungsboote, zehn Rettungs-, zwei Groß-Rettungs- und ein Notarztwagen!

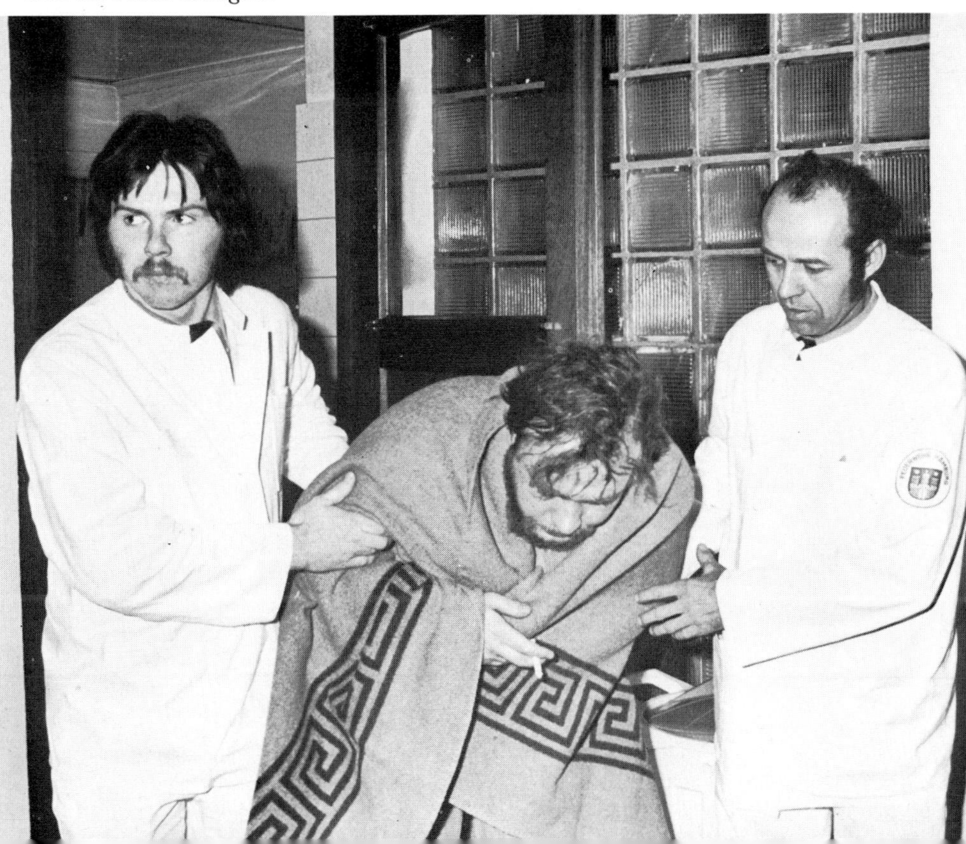

Oben: Feuerlöschboot »Göte« der Brandkaren (Feuerwehr) Göteborg ist mit hydraulischer 20-Meter-Gelenkbühne ausgerüstet.

Oben: Die neuen Hamburger Feuerlöschboote »Branddirektor Kipping« und »Branddirektor Rosenbaum« können mit ihren zweiteiligen Drehleitern Bordwandhöhen von 22 m überbrücken. Das reicht auch für die größten Containerschiffe aus!

Links oben: Ein ungewöhnliches Löschboot ist die speziell für Tankerbrände entwickelte Löschfähre im Europoort bei Rotterdam.

Unten: Feuerlösch- und Hilfeleistungsboot der Duisburger Berufsfeuerwehr: Drei Monitore, 20 000 l Schaummittel, Flächenbeschäumungsanlage, Selbstschutz-Wassersprühanlage, Auffangraum für 15 000 l brennbare Flüssigkeiten (Ölschadenbekämpfung), 14 t-Gottwald-Teleskopkran.

wohnenden Beamten. Jedes Polizeirevier unserer Städte hat für solche Fälle eine Alarmkartei.
Es ist zunächst vollständig unmöglich, in das brennende Luk I der ›Wihinapa‹ einzusteigen. Nur ein Großbeschuß von kühlendem Wasser kann jetzt Schlimmeres verhüten. Der Branddirektor läßt, als nunmehriger Einsatzleiter, die mutmaßliche Position der beiden Vermißten sowie die heiß gewordenen Steigleitern mit fünf B-Rohren und sieben C-Rohren aufs Korn nehmen. Jetzt werden auch noch zwei Laderaumfluter eingesetzt, um die sengende Glut einigermaßen zu mildern. Aber das Feuer hat solche Gewalt, daß bald keinerlei Hoffnung für die Verschollenen mehr besteht. Die Außenwand der ›Wihinapa‹ verfärbt sich schon deutlich, sie beult sogar ein. Sie wird von außen her mit weiteren drei C-Rohren gekühlt.
Es hilft alles nichts: das Motorschiff muß vorn durch Fluten auf Grund gesetzt werden. Schweren Herzens gibt der Branddirektor den Befehl dazu.
Erst nachdem endgültig »Feuer aus!« gemeldet werden kann, wird mit dem Lenzen oder Auspumpen der ›Wihinapa‹ begonnen.
In der Nacht werden die beiden Toten gefunden. Aus ihrer Lage und Verletzung geht hervor, daß sie durch die Verpuffung an die Decke des Unterraumes emporgeschleudert worden waren. Ein Genickbruch hat sie beide auf der Stelle getötet.

Man ist manchmal versucht, vorschnelle Schlüsse zu ziehen. Wer als Feuerwehrmann immer wieder erleben muß, wie Bürger aller Berufe und Stände von Sensationsgier enthemmt in rauschartige Zustände verfallen, wie die Straßen zum Unfallort durch Neugierige verstopft und dringend notwendige Maßnahmen an der Brandstelle behindert werden, der möchte an der Menschheit verzweifeln. Schwerverletzte können häufig nur mit Hilfe polizeilicher Gewalt durch Menschenmauern zum Unfallwagen gebracht werden.
Aber wer andererseits erlebte, wie die Bevölkerung der Hansestadt Bremen von Brandrat Lenz und Feuerwehrmann Rauch Abschied genommen hat, der wird mit dem Kollektivurteil über seine Mitmenschen vorsichtiger. Die Redlichen, die seelisch Intaktgebliebenen, machen keine Schlagzeilen. Und doch steht man immer wieder erschüttert vor den Demonstrationen des Dankes, zu denen sich diese Namenlosen, zu Unrecht Übersehenen zusammenfinden, wenn es gilt, einem tödlich verunglückten Feuerwehrmann die letzte Ehre zu erweisen. Bei jeder dieser Beisetzungen bietet sich das gleiche trostreiche Bild: Der Friedhof vermag die Reihen der Menschen kaum zu fassen, die zu Tausenden kommen, um einem Unbekannten, für das Gemeinwohl Gefallenen das letzte Geleit zu geben.
»... Er ging an meiner Seite ...«

Meine Zeit an der Feuerwache Admiralitätsstraße ist um. Ich soll zur Hauptfeuerwache Berliner Tor versetzt werden. Nun heißt es also Abschiednehmen von den bisherigen Kollegen, die ich viel lieber als Kameraden bezeichnen möchte. Mit ihnen verbindet mich infolge der gemeinsamen Erlebnisse und Gefahren mehr als mit Kollegen an irgendeinem anderen Arbeitsplatz. Zur Feier des Tages hat unser Wachvorsteher eine Stunde Unterricht vom Dienstplan gestrichen. Sie wird irgendwann nachgeholt. Im Tagesraum ist eine festliche Kaffeetafel gedeckt. Wir möchten noch einmal besinnlich zusammen sein, nachdem wir so viele Einsätze gemeinsam erlebt haben.
Ich habe bereits Ausgehuniform und Halbschuhe an, weil ich mich anschließend beim Oberbranddirektor melden soll.
Unser Kaffee ist eingeschenkt, Torte und Schlagsahne sind auf die Teller verteilt. Ich klopfe mit dem Teelöffel an meine Tasse, weil ich den Männern meiner Wachtour noch ein paar herzliche Worte sagen möchte. Aber da kommt mir der vermaledeite Lautsprecher zuvor: »Achtung, Achtung! Schuppen fünf, Motorschiff Dornbusch, Feuer!« Pustekuchen mit Kaffeetafel!
Alarm für unseren Zug.
Alarm für den Zug Veddel.
Alarm für unser Löschboot und für das von Steinwerder.
Blitzschnell melden die Bootsführer sich über das Landtelefon auf dem Ponton ab, während die Bootsmaschinisten ihre Diesel anwerfen. Dann fallen rasselnd die Ketten der Patent-Festmacher aus den Klüsen. Mit einem Hebelzug sind die Boote losgeworfen. Ihre Funkgeräte sind jetzt in Betrieb. Kurz vor dem Ziel überholen wir mit dem Löschzug unser Löschboot, das mit weißem Bugwellen-Schnauzbart eilig durchs Wasser pflügt. Vor uns steht eine kirchturmhohe, braunweißgelbe Qualmwolke über dem Sandtorhafen. Auch im Fahrzeuginnern spüren wir die Druckwellen zahlreicher Explosionen. Neben dem zuckenden Riesenrauchpilz perlen rote Leuchtkugeln in den Himmel. Irgendein Schiffsoffizier auf einem benachbarten Dampfer schießt unentwegt mit der Sternsignalpistole SOS.
Wir halten direkt neben dem explodierenden Schiff. Jetzt können wir seinen Namen lesen. Es ist das nagelneue Motorschiff ›Dornbusch‹. Wir sitzen ab.
Kaum draußen, beginnen wir zu taumeln. Uns empfängt ein Höllenkonzert. Dumpfes, unheimliches Rummeln und Donnergrollen, zugleich ein Heulen, Zischen, Fauchen von herumschwirrenden Trümmerteilen. Deubel auch, das ist ja wie im Krieg!
Schnell die Haspel abprotzen. Und die Fahrzeuge sofort weg, raus aus dieser Gefahrenzone. Die ›Dornbusch‹ gleicht einem feuerspeienden Berg.

Das lichterloh brennende Eintausenddreihundert-Tonnen-Schiff wird buchstäblich geschüttelt. Es krümmt sich unter der Wucht immer neuer Explosionen. Stählerne Deckel und ganze Stahlfässer heulen vor uns wie Geschosse in die Luft. Besatzung und Hafenarbeiter haben die ›Dornbusch‹ längst fluchtartig verlassen. Sie sind in volle Deckung gegangen. Weit und breit ist kein Mensch mehr zu sehen.

Nun man ran, liebe Feuerwehr – viel Vergnügen denn auch!

Wir haben zum Nachdenken keine Zeit. Befehl des Zugführers: »Zwei B-Rohre vor!«

Mehr purzelnd als rennend legen wir mit der Haspel die Schläuche aus, springen wir unter zerfetzten Stahlleinen der Takelage und unter einem brennenden Kaikran hindurch. Uns dröhnen die Trommelfelle. Aber bald hören wir sogar durch dieses Getöse ganz dünn ein unverkennbares Pfeifentrillern: »Erstes Rohr – Wasser marsch!«

Vier Mann haben das große B-Rohr gepackt und richten es auf das brennende Deck. Sogleich ist auch das zweite Rohr in Stellung. Wasser marsch!

Wumm! Eine neue Explosion schüttelt die Männer, so daß sie torkeln. Nur mit Mühe können sie ihre schweren Rohre festhalten. Aber sie würden glatt von ihnen erschlagen werden, glitten sie ihnen jetzt etwa aus den Händen. Ein hingefallenes Strahlrohr peitscht unter dem hohen Wasserdruck mit satanischer Gewalt hin und her. Darum müssen jeweils vier Mann ein B-Rohr führen. Diese strenge Vorschrift ist berechtigt.

Die Wasserstrahlen fegen prasselnd und zerfetzend über den Flammenrand des Decks. Aber das trifft ganz offensichtlich nicht den Herd. Unser Zugführer, der von einem Trupp zum anderen rennt, schreit neue Anweisungen in den Lärm: »Versucht mal, direkt in den Vulkankrater der offenen Ladeluken hineinzuhalten!«

Da, wieder eine ganze Kette von Explosionen!

Grelle Blitze. Heftiger Druck in den Ohren. Wieder ein schrilles Kreischen. Was dieser Pott bloß geladen haben mag? – Obacht!

Ein Stapel Paletten regnet herunter. Diese Frachtpritschen hingen noch am Kranhaken. Aber der Kranführer hatte keine Zeit mehr, sie abzusetzen. Er konnte vorhin nur noch um sein Leben rennen.

Wieder fetzen Trümmer aus den offenen Ladeluken der ›Dornbusch‹ heraus. Aber wir müssen weiter vor.

Schließlich sind wir an Bord dieses Teufelsschiffes. Zum Seitenangriff.

Vor, neben und unter uns nur wütendes Feuer. Brennende Persennings, Lukenhölzer, brennendes Tauwerk. Flammen an den Aufbauten und sogar in den Masten! Quirlender, wirbelnder Qualm und ätzender, nebligblauer Dunst. Ringsum tausend rätselhafte braune Spritzer.

Jedesmal, wenn uns eine Detonation in irgendeine Ecke schleudert, springt uns das glühendheiße Stahldeck förmlich entgegen. Jetzt erst spricht es sich auch bis zu den Strahlrohrführern herum, was die ›Dornbusch‹ eigentlich geladen hat: Natriumperoxyd in Fässern.
Bei unserer Ankunft war niemand da, der uns diese Auskunft hätte geben können. Viel zu spät hat sich ein Hafenarbeiter herangewagt und unserem Zugführer den Schiffszettel gezeigt.
Brandinspektor Timmel zuckte zusammen. Er weiß natürlich, daß Natriumperoxyd auf gar keinen Fall feucht werden und daher auch nicht mit Löschwasser in Berührung kommen darf. Faustregel: Man nehme trocknen Sand, Natriumbikarbonat oder am besten Trockenlöschpulver. Nur so kommt man diesem brandfördernden Sauerstoffträger bei – wie jedem Peroxyd der Alkalimetalle.
Aber das ist hier alles graue Theorie. Dieses Feuer ist viel zu stark. So viel Löschpulver gibt es in ganz Norddeutschland nicht! Und Luftschaum? Der enthält ebenfalls Feuchtigkeit. Außerdem ist Natriumperoxyd sauerstoffaktiv und brennt unter der Schaumdecke weiter. Eine Schaumdecke hätte auch deshalb nichts genützt, weil sie von immer neuen Explosionen wieder auseinandergefetzt worden wäre.
Bliebe also nur das Kohlensäure-Löschverfahren. Das funktioniert aber nur bei geschlossenen Lukendeckeln. Die Luken der ›Dornbusch‹ lassen sich nicht mehr schließen. Ihre Deckel stehen allesamt in Flammen.
Brandinspektor Timmel hat nur ein paar Sekunden Zeit, um das alles zu überlegen. Und schon ist ihm klar, daß hier entgegen jeder Regel weiterhin mit Wasser gelöscht werden muß. Als ehemaliger Schiffsoffizier sieht er, daß in Höhe des Maschinenschotts ein besonders schweres Feuer wütet. Der Brand hat sich so verschlimmert, daß er nun auf die Treibölbunker des Schiffes überzugreifen droht.
Hier kommt es nur noch darauf an, wer schneller ist: Das Feuer oder die Feuerwehr.
Inzwischen befinden sich drei Löschzüge an der Brandstelle. Timmel hatte gleich bei der Anfahrt die nächsthöhere Alarmstufe geben lassen. Jetzt trifft auch der Oberbeamte vom Feuerdienst ein. Oberbrandrat Dipl.-Ing. Berling übernimmt als Ranghöchster die Einsatzleitung.
Der erfahrene Feuerwehringenieur überblickt schnell, daß Timmel richtig gehandelt hat. Hier gibt es tatsächlich kein anderes Löschmittel als Wasser. Es müssen sogar allergrößte Mengen davon eingesetzt werden, damit das Natriumperoxyd im Verhältnis 1 : 10 verdünnt und dadurch unschädlich gemacht werden kann. Das ist die einzige Chance.
Aber bis dahin gibt es noch einen Tanz! Denn natürlich werden die Lösch-

wasserstrahlen immer neue Detonationen auslösen. Aber das muß in Kauf genommen werden.
Der Oberbrandrat hat seine Lageerkundung beendet. Jetzt gibt er seine Befehle: »Zug acht noch ein B-Rohr. Verstärkter Angriff gegen den Brandherd am Maschinenschott. Außerdem drei C-Rohre vor, auf das brennende Holz im Zwischendeck!«
Wumm, wumm, wumm!
Neue harte Explosionsschläge. Wir werden alle wie im Mixbecher durcheinandergeschüttelt. Auch der Oberbrandrat fliegt gegen die Reling.
Berling flucht. Ihm wurde doch eben von der Stauereifirma ausdrücklich versichert, daß in diesem Teil des Schiffes keine gefährliche Ladung läge! Aber durch die Gewalt der Explosionen sind wahrscheinlich Peroxydfässer auch dorthin geschleudert worden.
Es hört nicht auf. Schlag auf Schlag fliegen Fässer in die Luft! Drei Feuerwehrleute fallen um, als hätte man ihnen die Beine weggerissen.
»Volle Deckung!«
Aber der Ruf kommt zu spät. Wieder eine Explosion. Wieder werden wir von diesen rätselhaften braunen Spritzern getroffen, fährt uns eine Staubwolke ins Gesicht. Hälse, Gesichter, Ohren brennen, als hätte sie jemand mit Salzsäure eingerieben.
Nein, das ist einfach nicht mehr zu verantworten. Oberbrandrat Berling gibt Befehl zum Räumen der ›Dornbusch‹.
»Melder zu mir! Funkspruch an Zentrale: Vierter Alarm!«
Und wenig später, auf dem Kai, ordnet Berling an: »Alle Züge fertigmachen zur Radikalkur: Klar bei Laderaumfluter!«
Eilig werden zwölf große B-Leitungen ausgelegt und an die B-Abgänge oder Anschlußstutzen der beiden Feuerlöschboote angeschlossen. Die Boote haben sich mit Geschick zwei einigermaßen geschützte Positionen ausgesucht. Sie liegen angeschmiegt an den überhängenden Vor- und den Achtersteven der ›Dornbusch‹. Dort kann ihnen der Trümmerregen nichts anhaben.
So, die zwölf B-Leitungen sind ausgelegt. Nun werden drei silbrig schimmernde, zylindrische Laderaumfluter in die Ränder der Ladeluken eingehängt. Jeder Fluter wird von vier B-Schläuchen gespeist.
Um achtzehn Uhr eins kann Dipl.-Ing. Berling das Zeichen geben: »Alle Fluter Wasser marsch!«
Die Hochdruckzentrifugalpumpen beider Löschboote drücken je zwölftausend Liter Wasser pro Minute in die Leitungen. Aus jedem Fluter rauschen kleine Niagarafälle in den Leib der ›Dornbusch‹, jeder spuckt pro Minute sechs Kubikmeter Wasser. Der ganze Unterraum soll unter Wasser verschwinden und das Teufelszeug endgültig neutralisieren.

Letztmalig gibt es eine gewaltige Explosion. Aber uns ist das jetzt egal. Wir haben sicheren Boden unter den Füßen.
Da, plötzlich kippt die ›Dornbusch‹ völlig unerwartet aus den Pantinen. Fünf Grad Schlagseite – zehn Grad – siebzehn Grad! Der Einsatzleiter beißt sich auf die Lippen. Das Schiff muß ein Explosionsleck bekommen haben. Es fällt immer weiter in die gefährlich strammen Festmacheleinen ein; es kippt zur Landseite. Nein, das darf nicht weitergehen. Berling kommandiert: »Wasser halt!« Er blickt auf die Uhr. Es konnte nur fünf Minuten geflutet werden. Aber selbst dieser kurze Fluteinsatz hat zum Erfolg geführt. Die Explosionsgefahr ist endlich beseitigt. Jetzt kann mit den Nachlöscharbeiten begonnen werden.
Bald dürfen zwei Züge abrücken. Die anderen beiden machen ihre Wasserstrahlpumpen zum Lenzen der ›Dornbusch‹ klar und bleiben als verstärkte Brandwache zurück.
Wenn doch bloß dieses fürchterliche Brennen auf der Haut aufhören wollte!
Jetzt sehen wir Männer mit weißen Kitteln auf der Kaimauer. Polizisten haben sie durch den Absperrkordon herangeführt. Eine Hundertschaft Polizei riegelt immer noch in weitem Umkreis die Brandstelle ab. Es hätte schließlich das ganze Schiff in die Luft fliegen können.
Wir werden truppweise von unseren Strahlrohren abgerufen und zu den weißbekittelten Männern hingeführt. Der eine von ihnen ist Obermedizinalrat beim Hamburger Gesundheitsamt. Er wäscht uns vorsichtig Gesicht, Hals, Ohren mit Essigwasser ab und reibt alle von Laugenspritzern und Peroxydstaub getroffenen Hautstellen mit Borsalbe ein. Einige Kameraden wurden so zugerichtet, daß sie bereits mit dem Rettungswagen ins Krankenhaus gefahren worden sind. Aber die Trennung von ihnen währt nicht allzu lange. Noch am gleichen Abend sehen wir uns allesamt im Krankenhaus St. Georg wieder! Wir sind dreiunddreißig Mann, von Oberbrandrat Berling bis zu mir. Wir haben alle dieselben Verätzungen erlitten.
Der Unfallarzt im St. Georg jagt uns eine Tetanusspritze ins Gesäß. Dann pellt er die zerstörte Haut herunter und behandelt die nächste Hautschicht mit Sulfonamid. Wir sehen inzwischen so verquollen und zerschunden aus, daß uns die eigenen Angehörigen für eine Weile nicht wiedererkennen werden. Noch in der Nacht überweist man uns in die Augenklinik. Dort wird eine gründliche Spezialuntersuchung vorgenommen. Aber zum Glück hat niemand von uns eine Netzhautverätzung erlitten.
Wir sind im Grunde recht glimpflich davongekommen. Bei der Schwere der Explosionen sind dreiunddreißig Leichtverletzte kein allzu hoher Tribut. Und als Abschiedsfeier war die Sache im Grunde recht originell!

Erst nachträglich werden wir gewahr, welche Gefahren während unseres Einsatzes bestanden. Direkt neben dem brennenden, von immer neuen Explosionen heimgesuchten Schiff standen zunächst zwei Bahnwaggons, die ebenfalls mit Natriumperoxydfässern beladen waren. Sie wurden immer wieder von Funken überschüttet!
Dicht vor der ›Dornbusch‹ lag außerdem eine Schute mit hundert Fässern Öl, direkt im Funkenflug und im Bereich der herunterprasselnden brennenden Trümmer. Am anderen Ufer des Sandtorhafens hatte das Flugfeuer einen ausgedehnten Gras- und Buschbrand verursacht. Er fraß sich mit dem Wind auf den Gasometer des Gaswerks Grasbrock zu. Die Feuerwehr wurde aber mit einem Tanklöschfahrzeug bald Herr der Lage.
Wenig später erfahren wir auch die Brandursache im Fall ›Dornbusch‹. Die Seeamtsverhandlung gibt darüber eindeutigen Aufschluß. Das Motorschiff sollte am gleichen Abend nach Stockholm auslaufen, unter anderem beladen mit zweihundertvierzig großen Eisenfässern. Sie enthielten das in der Zellstoff-, Papier- und Textilindustrie verwendete Bleichmittel Natriumperoxyd. Über die Gefährlichkeit des Fässerinhalts waren sich die Hafenarbeiter nicht im klaren. Die Aufschrift der angeklebten roten Zettel besagte nur, daß die Fässer vor Feuchtigkeit zu schützen seien.
Beim Stauen der Ladung haben die Schauerleute die schweren Fässer wie Mülltonnen gekantet und an ihren Platz gerollt. Als eins von ihnen dabei umfiel, lockerte sich wider Erwarten sein Verschluß. Etwa ein Kilo von dem gelblichweißen Pulver wurde verschüttet. Die Arbeiter scharrten das Zeug nichts ahnend mit den Füßen auseinander. Zuvor hatte aber ein leichter Nieselregen den Boden des Laderaums angefeuchtet. So nahm das Unglück seinen Lauf. Das verschüttete Pulver hatte sich allmählich unter dem Einfluß der Feuchtigkeit in Natronlauge (NaOH) und Wasserstoffperoxyd (H_2O_2) zersetzt. Schließlich entstand unter einem der Fässer das unausbleibliche Feuer.
Man versuchte noch, es auszutreten. Aber da erfolgte schon die erste Explosion.
Die Schauerleute wissen selbst nicht mehr, wie sie überhaupt noch aus dem Laderaum herausgekommen sind. Einer von ihnen wurde mit Nervenschock und versengten Haaren auf dem Gleiskörper der Hafenbahn aufgefunden. Er stammelte zunächst nur wirres Zeug.
Nach dem ›Dornbusch‹-Einsatz mußten unsere Schutzanzüge, Handschuhe, Stiefel umgetauscht werden. Sie waren vollständig zerfressen. Auch meine Halbschuhe, die ich leichtfertigerweise schon vor der beabsichtigten Kaffeetafel angezogen hatte, wurden plötzlich weich wie nasse Pappe. Sie lösten sich regelrecht auf.

In den vorstehenden Kapiteln war immer wieder von Feuerlöschbooten der Feuerwehr die Rede. Es erscheint notwendig, sich mit diesen „auf dem flachen Lande" weitgehend unbekannten schwimmenden Löschfahrzeugen näher zu befassen. In dem vom Autor dieses Buches redigierten Seefahrt-Jahrbuch „Köhlers Flottenkalender" (Jahrgang 1977) schrieb darüber der Technische Leiter der Hamburger Feuerwehr, Oberbrandrat Dipl.-Ing. Manfred Gihl:
„Im Ölhafen Godorf bei Köln explodierte 1969 das 945-Tonnen-Flüssiggas-Tankschiff „Chemgas 10", das mit 720 t Butadien gefüllt war, und brannte wie eine Fackel mehrere Stunden lang. Die Löschmannschaften von Werk-, Berufs- und Freiwilligen Feuerwehr wurden beim Löschen durch drei Löschboote wirkungsvoll unterstützt. Im Abschlußbericht der Einsatzleitung heißt es lobend: „Auch das vom Land Nordrhein-Westfalen der Berufsfeuerwehr Köln zur Verfügung gestellte Löschboot hat als Hochleistungsboot, insbesondere durch die große Pumpenleistung, diese Bewährungsprobe ausgezeichnet überstanden".
Ausgedehnt und gefährlich war ein Großbrand, der 1970 den 288 m langen (damaligen) Kaischuppen 81 des Hamburger Hafens restlos vernichtete. Nicht nur die in der Nachbarschaft stehenden Gebäude mußten vor der enormen Strahlungshitze geschützt werden, sondern auch zwei am Kai liegende Seeschiffe und drei beladene Güterzüge unmittelbar vor dem in voller Ausdehnung brennenden Schuppen. Nicht weniger als sieben der (damals) acht Hamburger Löschboote waren eingesetzt, um mit ihren Bord-Wasserwerfern um jeden Preis zu kühlen und außerdem die Löschkräfte an Land zweieinhalb Stunden lang mit Wasser zu versorgen, denn auch das leistungsfähigste örtliche Hydrantennetz hätte die benötigten Wassermengen nicht zu liefern vermocht.
Vermerkte die Einsatzleitung später mit Genugtuung: „Die Löschwasserversorgung aus den Hafenbecken war dank den Löschbooten jederzeit gesichert."
Zwei Fälle unter Hunderten, in denen Löschboote den entscheidenden Löscherfolg brachten.
Löschboote sind also in allen Städten mit einem Seeschiff- oder großen Binnenhafen ein unverzichtbarer Teil der mobilen Feuerwehrausrüstung. Sie müssen zu jeder Tages- und Nachtzeit, bei fast jedem Wetter — auch bei Nebel und Eisgang — in kürzester Zeit zum Einsatzort gelangen können. Daher sind robuste Bauart, schnelle Betriebssicherheit, gute Manövrierfähigkeit und Eisgängigkeit unverzichtbare Voraussetzungen für einen hohen Ein-

satzwert der Löschboote. Nautische und fernmeldetechnische Einrichtungen wie Radar, Echolot und Rhein- bzw. Hafen- oder Seefunk gehören zur Standardausrüstung.

Nach dem Stand vom Januar 1986 gibt es gegenwärtig in der Bundesrepublik Deutschland (West-Berlin inbegriffen) 48 Löschboote, die von der Berufsfeuerwehr (32 Boote bei 17 Berufsfeuerwehren) oder der Freiwilligen Feuerwehr (9 Boote) »bereedert« werden. Hinzu kommen vier weitere Löschboote, die von den Werkfeuerwehren großer Chemiewerke ständig besetzt sind. Von diesen 48 Löschbooten sind 16 in Seeschiffhäfen der Ost- und Nordsee und 27 in Binnenhäfen stationiert. Ferner wurden viele Bergungsschlepper die Assistenzschlepper im Bereich großer Tanklöschanlagen sowie alle Seenot-Retungskreuzer behelfsmäßig — die drei neuen Groß-Kreuzer vom 44-Meter Typ „John T. Essberger" sogar vollwertig — zusätzlich als Feuerlöschboote eingerichtet. Unter den feuerwehreigenen schwimmenden Fahrzeugen gibt es überhaupt nur ein uneingeschränkt seetüchtiges Löschboot — den seit 1974 in Bremerhaven stationierten »Löschkreuzer Weser«. Dieses Boot kann in den Bremerhavner Häfen selbst, aber auch auf der Außenweser und in deren Mündungstrichter operieren. Die Entscheidung für ein seegehendes Löschboot fiel nach zwei verhängnisvollen Schiffsbrandkatastrophen, bei denen leider insgesamt zehn Seeleute ums Leben kamen. 1970 brannte der Fischtrawler „Vest Recklinghausen" und 1973 der Fischtrawler „Arcturus" (beides Heckfänger) in der Wesermündung, ohne daß sofort fachmännische Löschhilfe geleistet werden konnte.

Brandschutz ist eigentlich Pflichtaufgabe der Länder. Bei diesem Löschbootbau hat sich jedoch der Bund erstmals finanziell beteiligt, um auf der Weser-Seeschiffahrtsstraße und damit auf einem Wasserweg unter Bundesaufsicht den Brandschutz besser sicherzustellen.

Die äußere Form des Löschkreuzers stimmt weitgehend mit dem Rumpf der Seenot-Rettungskreuzer der Deutschen Gesellschaft zur Rettung Schiffbrüchiger überein — nur das Heck ist hier als Spiegelheck gestaltet.

Auch die Antriebskonzeption wurde von den Seenot-Rettungskreuzern übernommen: Ein 3000 PS starker Mittelmotor treibt einen Festpropeller an, zwei 750-PS-Seitenmaschinen arbeiten auf zwei Verstellpropelleranlagen. So verleihen die insgesamt 4500 PS dem Boot eine hohe Marschgeschwindigkeit von 20 Knoten.

Die Löscheinrichtungen sind großzügig ausgelegt: Zwei Feuerlöschpumpen von je 6000 l/min, drei fernbedienbare Wasserwerfer — davon einer hydraulisch auf 17 m Höhe ausfahrbar —, 15 t Schaummittelvorrat, 16 Mittelschaumrohre für großflächige Beschäumung der Wasseroberfläche, eine Wassersprühanlage zum Selbstschutz.

Neue Probleme für die Brandbekämpfung an Bord von Seeschiffen ergeben sich durch die stark angewachsenen Deckshöhen moderner Seeschiffe, insbesondere von Tankern, Massengutfrachtern und Containerschiffen. Das Anbordgehen der Löschmannschaft mit Geräten vom Löschboot aus, wie auch das Verlegen von Schläuchen von Bord zu Bord werden durch Hubvorrichtungen wesentlich erleichtert. Drei von den neun Hamburger Löschbooten haben deshalb eine hydraulische Drehleiter mit eingebauten Löschwasserleitungen. Mit der zweiteiligen Drehleiter der neuen Hamburger Löschboote „Branddirektor Kipping“ und „Branddirektor Rosenbaum“ kann eine Bordhöhe von 22 Metern überbrückt werden. Das ist ausreichend, um auf die Decks der größten den Hamburger Hafen anlaufenden Schiffe zu gelangen. An der Leiterspitze befindet sich ein Arbeitskorb, in dem vier Mann gleichzeitig hochgefahren werden können. Löschwasser und Schaum werden durch zwei in der Leiter festverlegte Rohrleitungen nach oben gepumpt. Solch eine Brückenverbindung vom Löschboot zum Frachtschiff ist für die Feuerwehrleute von unschätzbarem Vorteil. Auch die Beleuchtungsausrüstung der Boote ist bemerkenswert: Zwei Halogen-Breitstrahler 3000 Watt und zusätzlich ein acht Meter hoch ausfahrbarer Teleskop-Lichtmast mit drei Halogen-Leuchten von je 1500 Watt machen im Bedarfsfalle „die Nacht zum Tage.“

Das Land Nordrhein-Westfalen, das auf rund 200 km Länge vom meistbefahrenen deutschen Strom, dem Rhein, durchflossen wird, stellte im Jahre 1963 drei große und sieben kleinere Feuerlöschboote in Dienst. Den Anstoß zu dieser bisher einmaligen Großbeschaffung gab die folgenschwere Kollision des geschleppten Fährschiffes „Tina Scarlett“ mit dem Tankschiff »Diamant« zwei Jahre zuvor. Damals liefen 450000 Liter Benzin aus und verbrannten mit schrecklichen Folgen!
Heute gibt es auf dem Rhein insgesamt 14 Löschboote zwischen Emmerich und Mannheim.

Neben den Löschbooten der Berufs- und Freiwilligen Feuerwehren finden wir auf dem Rhein die schon erwähnten eigenen Löschboote von amtlich anerkannten Werkfeuerwehren großer Chemiewerke. Neben Löschen und Bergen können diese Boote vielfach noch andere Funktionen übernehmen. Beispielsweise ist das Feuerlöschboot „Polymer“ der Werkfeuerwehr Bayer-Dormagen als Schubboot gebaut und kann im Werkbereich Leichter schieben oder auch schleppen. Seine Feuerlöschanlage besteht aus einer 6000 l pro Minute fördernden Hochdruckpumpe, zwei Schaum-Wasser-Werfern, einem Zehn-Kubikmeter-Schaummitteltank und 24 Mittelschaumrohren zur Flächenbeschäumung.

Nicht nur zum Löschen von Bränden auf Schiffen und bei ufernahen Gebäuden sind die Löschboote unentbehrlich. Für zahlreiche Hilfeleistungen, die auch in den Aufgabenbereich der Feuerwehr fallen, müssen vielerorts Löschboote technisch vorbereitet sein. So hat z.B. die Berufsfeuerwehr Duisburg im Jahre 1973 ein großes Feuerlösch- und Hilfeleistungsboot in Dienst gestellt. Im größten Binnenhafen Europas werden jährlich rund 50 Mio t Güter aller Art umgeschlagen, darunter natürlich auch Mineralöl sowie Vor- und Zwischenprodukte der chemischen Industrie. Als Folge von Unfällen oder Unachtsamkeit etwa ausgelaufene wassergefährdende Flüssigkeiten müssen umgehend an ihrer weiteren Ausbreitung gehindert, von der Wasseroberfläche aufgenommen und an Bord des Löschbootes zwischengelagert werden. Deshalb hat das Duisburger „Feuerlöschboot 1" einen 15 m^3 großen Tankraum, zugelassen für Flüssigkeiten der Gefahrklasse A I und ein transportables Ölabsauggerät mit einer stündlichen Saugleistung von 10000 Litern, das von dem bordeigenen explosionsgeschützten 14-Tonnen-Kran ins Wasser gehievt wird.
Große Flächen von ausgelaufenen, zündfähigen Mineralölprodukten können schlagartig mit Luftschaum aus 26 Mittelschaumrohren abgedeckt werden, um die Gefahr einer Zündung zunächst zu bannen. Der mitgeführte Schaummittelvorrat ist so groß, daß sogar eine Million Quadratmeter Fläche in kürzester Zeit beschäumt werden können!
Während des Einsatzes wird ständig gemessen, ob und in welchem Maße explosible Dampf-Luft-Gemische vorhanden sind. Notfalls können die Schiffsräume luftdicht abgeschlossen und sogar unter leichten Druck gesetzt werden. So ist dieses „schwimmende Ölwehrfahrzeug" auch für den Kampf gegen Wasserverseuchung und Ölbrände auf dem Wasser bestens gerüstet.

Alarme in Sekundenschnelle

Wie durch ein Brennglas

Nach dem Explosionsunglück auf der „Dornbusch" wurde ich, wie gesagt, zu einer anderen Feuerwache versetzt. Was ich damals niederschrieb, hat im Herbst 1977 durch Inbetriebnahme des neuen Einsatzlenkungssystems der Feuerwehr Hamburg seine Gültigkeit verloren. Da es aber mittlerweile auch ein Stück Feuerwehrgeschichte ist, bleibt es erinnernswert:

Im Gebäudetrakt der Hauptfeuerwache Berliner Tor, meiner neuen Dienststelle, befindet sich ein großer, geheimnisvoller Raum. Seine Tür bleibt gewöhnlichen Sterblichen immer verschlossen. Nur Feuerwehrleute mit zwingenden dienstlichen Gründen dürfen den Summerknopf drücken. Daraufhin wird der Eingang von innen elektrisch geöffnet.

Er führt in einen hell erleuchteten Raum, in eines der wichtigsten Nervenzentren der Millionenstadt, die Hauptfernmeldestelle oder Zentrale der Feuerwehr. Ihre Telefonvermittlungstische, Fernschreiber, Funkpulte sind Tag und Nacht von mindestens vier Telegrafie-Brandmeistern besetzt. Pausenlos tuten Alarmsignale, blinken Ruflampen, leuchten unzählige grüne Lichtziffern der Beleglampenfelder auf. Alle Feuer- und Unfallmeldungen über Telefonnummer einhundertzwölf, sämtliche Gespräche auf den zahlreichen Feuerwehr-Amtsleitungen, alle UKW-Funksprüche der Florian-Frequenzen, desgleichen die Signale der öffentlichen Feuermelder im Bezirk der Hauptfeuerwache laufen in diesem Raum ein.

An der Innenwand des Zentralesaales hängt eine große Übersichtskarte von Hamburg. Neben ihr steht ein karussellartiges Schnellregister mit den Steckbriefen aller achttausend Straßen der Stadt. Binnen Sekunden lassen sich hier sämtliche Einzelheiten der Ausrückeordnung nachschlagen. Und zwischen den Telefonvermittlungstischen stecken griffbereite Metalltafeln mit fertig ausgearbeiteten Alarmrollen für jedes nur denkbare außergewöhnliche Vorkommnis: Großwaldbrand, Sturmflut, Eisenbahnunglück, U-Bahn-Zusammenstoß, Flugzeugabsturz.

Bei plötzlich hereinbrechenden Katastrophen darf es in der Feuerwehrzentrale keine Schrecksekunde und keine Nervosität geben. Je größer draußen die Not, desto präziser muß das Uhrwerk von hundert unverzüglich zu ergreifenden Einzelmaßnahmen ablaufen. Nichts dürfen die Telegrafisten vergessen. Irrtümer können Menschenleben kosten.

An der Fensterwand der Zentrale hängt eine große, zählerartige Uhr. Sie registriert die einzelnen Minuten am sausenden Webstuhl der Zeit mit unerbittlicher Präzision. Ein Schrittzähler des Sensenmannes. Denn aber hundert Telefonanrufe, Hilfeschreie, Hiobsbotschaften, aber tausend Fernschreiberanschläge werden hier tagtäglich zur Pathétique, zur Leidensgeschichte und Schicksalsmelodie von Deutschlands zweitgrößter Stadt. Jedes Geschehen in ihrem Riesenorganismus wird in der Feuerwehrzentrale wie durch ein Brennglas sichtbar. Werfen wir doch einmal einen Blick auf das zur Zeit laufende Depeschenblatt des Fernschreibers:

Straßenunfall, Elbchaussee ... Brennt Behelfsheim, Wandsbek ... Betriebsunfall, Bergedorf ... Straßenbahn entgleist, Millerntor ... Hausunfall, Eppendorf ... Kind eingeklemmt, Neugraben ... Schiffsunfall, Laderaum Dampfer ›Westside Trader‹ ... Zentralheizung übergekocht, Winterhude ... Straßenunfall, Wilhelmsburg ... Verkehrshindernis, Norderelbbrücken ... Schmort Fahrstuhlmotor, Spaldingstraße ... Tablettenvergiftung, Freitodversuch, Steindamm ... Baum auf Lichtleitung, Harburg ... Person unter S-Bahn, Bahnhof Sternschanze ... Sportunfall, Eimsbüttel ... Drohen herabzufallen Gesimsteile, Deichstraße ... Verkehrsunfall mit Verletzten, Friedrichsberg ... Klinik ohne Wasser, Tanklöschfahrzeug anrücken ...

Zentrale-Alltag, keine besonderen Vorkommnisse!

Nur ein paar Partikel aus der unbekannten Masse von jährlich mehr als (damals: d. Verf.) dreiundfünfzigtausend Feuerwehreinsätzen dieser Stadt. Wieviel Leid bricht in jeder Minute über Mitmenschen herein! Täglich mehr, gnadenlos! Wir alle zahlen unseren Tribut für Motorisierung, Technik, Rücksichtslosigkeit.

Depeschen über Depeschen gehen über die Feuerwehr-Fernschreiber, grauenhaft eintönig, obwohl keine der anderen gleicht. Laien würden sie nicht entziffern können, weil sie im Abkürzungs-Chinesisch der Feuerwehr verfaßt sind. Jede Sekunde ist auch beim Telegrafieren kostbar. Darum bedeutet ›miw‹ Mann im Wasser, ›strbgl‹ Straßenbahn entgleist, ›tv‹ Tablettenvergiftung oder ›asp‹ Abspannen. Verkehrsunfälle heißen ›vunf‹, Schiffsunfälle ›schunf‹, Sportunfälle ›spunf‹. Hat ein Löschzug, vielleicht in stundenlangem Einsatz, Hilfe geleistet, erscheint diese Erfolgsmeldung auf den Depeschenblättern mit den schlichten Buchstaben ›hg‹. Jeder Oberbeamte, Wachvorsteher und Zugführer hat ebenfalls eine festgelegte Fernschreiber-Abkürzung. So nennt sich Brandamtmann Jung ›bramt ju‹. Der Oberbranddirektor heißt lakonisch ›obd‹.

Über Telefonnummer 112 bei der Zentrale ankommende Notrufe werden sofort zum Fernschreiber weitergegeben. Jede von der Zentrale ins Fernschreibnetz gesendete Depesche wird von den Telegrafisten aller Feuerwachen empfangen, mitgelesen und durch Drücken des Signalhebels ausdrücklich bestätigt. Dadurch werden Irrtümer hinsichtlich Ausrückeordnung und Ortsangabe vermieden. Jeder Wachtelegrafist muß mitdenken, ob etwa der eigene Löschzug oder einer der eigenen Unfallwagen alarmiert werden muß. Das Fernschreibnetz bleibt im allgemeinen so lange von der Zentrale gesperrt, bis tatsächlich alle Fernschreibteilnehmer den Quittungs-Signalhebel gedrückt haben. Derjenige Telegrafist, der sich mit Alarmierung seiner Wache in den Gang der Dinge einzuschalten hat, bittet sofort mit dem Quittungssignal um Sendeerlaubnis. Sowie sie erteilt wird, setzt er das eigene Stationszeichen hinter die Depesche. Und sobald der alarmierte Zug ausgerückt ist, meldet er das fernschriftlich an die Zentrale.

Für ein großes Einsatzgebiet ist eine zentral gelenkte Einsatzleitung durch die Feuerwehr-Hauptfernmeldestelle unerläßlich. Die Zentrale muß jederzeit den gesamten Fernschreibverkehr kontrollieren und notfalls auch unterbrechen können. Wenn ein FS-Teilnehmer eine eigene Depesche angemeldet hat, muß er warten, bis ihm die Zentrale über eine Signallampe ausdrücklich Sendeerlaubnis erteilt.

Jede Depesche wird mit genauer Uhrzeit durchgegeben. Ein Fernschreiberblatt ist untrügliches Dokument. Es gibt jederzeit minuziös Aufschluß über alle von der Feuerwehr ergriffenen Maßnahmen. Fernschreibverkehr macht das Führen von Depeschenbüchern unnötig.

Jederzeit und allerorten

Entsteht etwa während des Fernschreibverkehrs irgendeine Unklarheit, kann sofort über das eigene Telefonnetz der Feuerwehr rückgefragt werden. Außerdem verbindet eine eigene Rundspruch- und Einzelrufanlage alle Dienststellen der Feuerwehr untereinander. Ein etwaiger Ausfall der Fernschreibverbindungen könnte durch Ausweichen auf diesen Nachrichtenweg verkraftet werden. Außerdem sind Telefon-, Rundspruch- und Fernschreibnetz durch eigene Notstromanlagen mehrfach gegen Ausfälle des E-Netzes abgesichert. Als Reserve-Nachrichtenweg steht schließlich der UKW-Funk zur Verfügung. Ohnehin bleiben ja alle Löschzüge, Unfallwagen, Sonderfahrzeuge und Feuerlöschboote nach dem Ausrücken über den ortsfesten, hochgelegenen Sender Florian jederzeit drahtlos mit der Zentrale verbunden. Schon während des Anrückens zu einer bedrohlich aussehenden Brandstelle kann ein Löschzug Verstärkungen anfordern. Auch können die Züge während der Rückfahrt zur Wache erneut alarmiert werden. Der UKW-Funk bietet viele Möglichkeiten, den Wettlauf mit dem Minutenzeiger zu gewinnen. Die heutigen Sprechfunkgeräte sind einfach zu handhaben, sie unterscheiden sich kaum von einem Telefon.

Für das Alarmsystem und die Einsatzleitung einer Feuerwehr ist eine einheitliche Zeitkontrolle unerläßlich. Darum steuern von der Zentrale aus zwei Quarz-Präzisions-Mutteruhren über Kabel die elektrischen Tochteruhren aller Feuerwachen und Dienststellen. Die Mutteruhren senden jede Minute über eine Kontrollanlage Stromimpulse, durch die alle angeschlossenen Relaissätze synchronisiert gesteuert werden. Zugleich beeinflussen die Mutteruhren der Zentrale die automatischen Typendrucker aller öffentlichen Feuermelder. Wenn einer von ihnen betätigt wird, meldet er Schleifennummer, Meldernummer, Tag und Uhrzeit seiner Auslösung auf dem Drahtwege zum Telegrafenzimmer der nächstgelegenen Feuerwache. Gleichzeitig löst er selbständig in dieser Feuerwache Vollalarm aus. Daraufhin muß der dortige Telegrafist sofort Fernschreibzuteilung anfordern und die Melder-Alarmierung der Zentrale sowie allen anderen FS-Teilnehmern bekanntgeben. Diese Nachricht wird, wie jede Alarmdepesche, durch ein Klingelzeichen angekündigt. Solche Klingeldepeschen haben grundsätzlich Vorfahrtsrecht vor allen anderen Dienstdepeschen.
Die Feuerwehrzentrale ist nicht nur Einsatzleitstelle, Nachrichtensammelpunkt und Fernsprechvermittlung, sondern zugleich ein automatisches Selbstwähleramt, an dem alle Feuerwehrdienststellen, der Kontrollraum der Polizeizentrale und der Krankenhaus-Bettennachweis der Gesundheitsbehörde direkt angeschlossen sind. Die Feuerwehr muß sich jederzeit informieren können, wohin sie eine plötzlich anfallende große Zahl von Verletzten befördern kann.
Über Knoten- oder Querverbindungsämter kann die Zentrale mit allen anderen Selbstwählerämtern der Kommunalbehörden verkehren, sie erreicht auch sämtliche Zweignummern von Polizei, Gas- und Elektrizitätswerken in Direkt-Durchwahl, ohne das Postfernsprechnetz benutzen zu müssen. Das rund achthundert Kilometer lange Behördenkabelnetz der Stadt Hamburg wurde unter Aufsicht und Leitung der Feuerwehr verlegt, es wird auch von ihr unterhalten. Selbst die Normaluhren und Verkehrsampeln erhalten ihre Steuerimpulse über dieses Netz.
Der eigentliche Feuerwehrteil dieses Netzes wird im Relais- und Kontrollraum unserer Zentrale ständig überwacht. Tag und Nacht. Ein motorisierter Störungsdienst der Feuerwehr befindet sich jederzeit in Einsatzbereitschaft.
Bei unserem Oberbranddirektor piept es ab und zu, pflegen wir im Scherz zu sagen. Und zwar piept es dann im Rhythmus des Morsezeichens F. Damit meldet sich der Sender Florian Hamburg in dem kleinen, tragbaren Funkempfänger, den der Chef immer unauffällig bei sich trägt – beim Spaziergang, bei Ingenieurschulvorlesungen, Konferenzen, ja im Theater oder Kino. Das Gerät ist nicht größer als ein kleines Transistor-Radio. Seine Magnete kön-

nen durch Funkimpulse von der Selektivrufanlage der Feuerwehrzentrale geöffnet werden. Auf diese Weise ist ›Ludwig‹, der höchstverantwortliche Leiter der Feuerwehr, jederzeit erreichbar.
Das nächstsitzende Theaterpublikum wundert sich natürlich, wenn plötzlich mitten in der Vorstellung ein Lautsprecher loslegt: »Florian Hamburg ruft Florian Ludwig, Florian Hamburg ruft Florian Ludwig!« Nur Eingeweihte wissen, wer dieser Unbekannte ist, der dann eilig seinen Sitzplatz verläßt und auf schnellstem Wege dem Funkgerät seines Autos zustrebt. Der Anlaß ist ganz bestimmt bitterernst. Bevor wir uns der neuen, seit Herbst 1977 praktizierten Einsatzlenkung der Hamburger Feuerwehr zuwenden, ist ein weiterer Rückblick in die Historik reizvoll:

Türmer, Pyroskope, Telegrafen

Seitdem es Feuerordnungen und schließlich Feuerwehren gibt, versucht man, die entscheidende Zeitspanne zwischen Brandausbruch und Feueralarm immer weiter zu verkürzen. In der Frühzeit des Feuerschutzes war der wichtigste Schritt die Einführung der ›Feuer-Türmer‹. Ursprünglich wurde nur durch Sturmläuten mit der Kirchglocke alarmiert. Erstmalig findet man im Jahre 1547 erwähnt, daß die Türmer zusätzlich ein Feuerhorn bliesen. Weil auch das noch nicht genügte, um alle schlafenden Bewohner zu wecken, hat man 1625 in Hamburg die Feuersbrünste zur »Haupt- und Staatsaktion« erklärt und durch Abfeuern von Musketen, durch Trommeln, Pfeifen, Nachtwächterhörner sowie durch »Geschrey und starckes Gerücht« den Feuerlärm bis in die letzten Winkel der Stadt verbreitet. In anderen Städten wurden zu diesem Zweck auch ›Feuerknarren‹ und ›Feuerrasseln‹ benutzt.
Auch in den Dörfern wurde ein Feuerausbruch ursprünglich nur mit der Kirchenglocke bekanntgegeben. Das führte oft zu Verwechslungen und Mißverständnissen. Viele Gemeinden schafften sich daher ein besonderes Gemperlein als unverkennbare Feuerglocke an. Das Gemperlein wurde ebenfalls im Kirchturm aufgehängt. Anderswo hängte man sogenannte Bauernglocken, außerhalb der Kirche, an Holzgestellen auf. Wir finden solche Glocken heute noch in Worpswede, Süderstapel und anderen Orten Norddeutschlands. Jeder, der irgendeine Gefahr für das Dorf bemerkte, durfte mit der Bauernglocke Lärm schlagen. Vor allem dachte man an heranziehende Feinde. Vom 16. Jahrhundert an durften diese Glocken aber nur noch für Feueralarm benutzt werden. Manchmal wurde ihr Läuten von Böllerschüssen begleitet.
Brach ein Großfeuer aus, so mußte schleunigst in den Nachbardörfern Löschhilfe angefordert werden. Das besorgten besonders ausgesuchte Feuerreiter. Ihre Pferde hatten nachts ölbeleuchtete, rot illuminierte Steigbügel und Sattellaternen. Bei Tage waren diese Kuriere durch rote Mütze, rote Satteldecke

Ein »dicker Hund« wie im Bilderbuch: Brennt Kaischuppen des Hamburger Hafens in ganzer Ausdehnung. Wie immer bei Lagerhausbränden sind Flammen-Entwicklung und Strahlungshitze unvorstellbar groß. Ein beträchtliches Aufgebot von Feuerwehrmännern muß eingesetzt werden. Von der Wasserseite her greifen auch die Feuerlöschboote mit ihren Wendestrahlrohren und Monitoren in den Löschangriff ein.

Beim Großbrand eines Industrie-Werkes ist endlich das Feuer unter Kontrolle. Die neue Lage ist den Mienen der Feuerwehrmänner anzusehen. Aber nach wie vor müssen Riesenmengen von Löschwasser herhalten, um einen noch gefährdeten Tanklagerbereich zu kühlen.

und häufig sogar durch rotes Zaumzeug der Pferde gekennzeichnet. Feuerreiter durften von niemandem angehalten werden, sie hatten überall Wegerecht.

Mit dem Größerwerden der Städte genügte die grobe Angabe der Himmelsrichtung zur Brandstelle durch Feuerlaterne oder Feuerfahne nicht mehr. Die Brände mußten genauer lokalisiert werden. Darum setzten sich Anfang des vorigen Jahrhunderts in vielen Städten Peilscheiben und Sprachrohre durch. Die Richtungsangaben mehrerer Türmer wurden im Feuerhaus oder in der Stadtwache trigonometrisch ausgewertet – wie es ja heute noch mit den Peilwerten der Waldbrandmeldetürme durch die Waldbrandbekämpfungszentralen geschieht.

Aus dem Bestreben, die Entfernung zur Brandstelle rascher und einfacher ermitteln zu können und von der trigonometrischen Auswertung unabhängig zu werden, hatte um 1830 der Wiener Astronom und Sternwartendirektor Littrow das ›Littrowsche Toposkop‹ erfunden. Diese Peilvorrichtung ermöglichte gleichzeitige Feststellung des Horizontal- sowie des Neigungswinkels zur Brandstelle. Die Entfernungswerte wurden aus goniometrischen Beziehungen errechnet und als konzentrische Kreise in ein Koordinatennetz eingezeichnet, mit dem man den Stadtplan überzog.

Der Physiker Steinheil hat 1841 auf dem Turm der Münchner Peterskirche eine Feuerwachstation errichtet, die erstmals mit einem ›Steinheilschen Pyroskop‹ ausgerüstet war. Dieses sehr genaue Gerät hatte ein Fadenvisier und ermöglichte die Direktablesung von Azimutwinkelgraden und Neigungskreisen. Mit Hilfe einer Tabelle konnte der gesuchte Straßenname schnell ausfindig gemacht werden.

Die Idee der Direktbezeichnung von Peilobjekten auf dem Feuerzeiger selbst fand 1844 ihren Niederschlag in der bedeutendsten Erfindung der Türmerepoche, im ›Projektions-Pyroskop‹. Dabei hatte wiederum Steinheil Pate gestanden. Auf einem achtscheibigen Rundumsystem von Glasprismen mit doppelter Spiegelung wurde ein genau bezeichnetes Panorama von der Umgebung eingeritzt. Der rote Lichtpunkt eines Feuers konnte auch in dunkler Nacht mit einem Blick genau lokalisiert werden. Ebensogut konnte man ihn durch Spiegelung auf einen Stadtplan projizieren. Bei Nebel oder Schneesturm war aber auch diese perfekte Erfindung wirkungslos. Die Turmbeobachtung war auf klares Wetter angewiesen.

Die Schlagkraft der Feuerwehren konnte nur erhöht werden, wenn man auch am Boden das Feuermeldesystem verbesserte. Dabei bot sich nun eine technische Neuheit an: die Telegrafie. Der elektrische Strom reist in einer Sekunde siebeneinhalbmal um die Erde, ist also der gegebene Übermittler für Feuermeldungen.

Bei der Gründung der Berliner Kgl. Berufsfeuerwehr (1851) baute der ehemalige preußische Offizier Werner von Siemens die erste Feuertelegrafenanlage der Welt. Die Zentrale war in der Stadtvogtei. Zwei Dutzend Feuerwachen und alle Polizeireviere Berlins wurden durch unterirdische Kabel mit ihr verbunden. Die Telegrafisten verkehrten durch ›Zeigermagnet-Apparate‹ miteinander. Auf einem runden Zifferblatt befanden sich Buchstaben und Zahlengruppen, auf die man die Zeigernadel des Telegrafen einstellte. Anhand der übermittelten Buchstaben-Zahlen-Kombination konnte die telegrafierte Nachricht von anderen Telegrafieteilnehmern identifiziert werden.
Später ging man allgemein zum Morsetelegrafensystem über. Damit wurde allerdings eine besondere Ausbildung aller Feuerwehrbeamten erforderlich. Sie mußten den Morse-Code perfekt beherrschen. Der Morse-Feuertelegraf bestimmte rund siebzig Jahre lang das Nachrichtenwesen der Feuerwehren. Bei kleineren Wehren ist er noch heute im Gebrauch. Bei den meisten Großstädten reichte er aber eines Tages nicht mehr aus. Die Zahl der Depeschen war allzu groß geworden, darum gingen die Berufsfeuerwehren nach und nach zum Fernschreibsystem über. In Hamburg wurde es 1938 eingeführt.

Feuermelder – unsere Lieblingssorgenkinder

Die ersten Feuermelder wurden aufgestellt, als es noch keine Telefone gab. Den ersten aller Feuermelder hat Werner v. Siemens im Jahre 1851 entwikkelt. Sein Laufwerk wurde durch Gewichte angetrieben. Dieser Melder Nr. 1 wurde in der Königlichen Bibliothek Berlin, Unter den Linden, installiert. Er war fünfzig Jahre lang in Betrieb. Heute befindet er sich im Deutschen Museum München.
Feuermelder sind noch heute eine nützliche, narrensichere Einrichtung. Wenn nachts alle Haustüren der Umgegend verschlossen sind und weit und breit keine Telefonzelle erreichbar ist, dann werden die roten Melde-Roboter oft zum Retter. Sie ermöglichen noch immer die sicherste, eindeutigste und schnellste Übermittlung eines Notrufes. Sie kennen keine Aufregung. Unerschütterlich telegrafieren sie Standort, Tag und Uhrzeit des Notrufs. Sie sind daher auch für Theater, Warenhäuser und andere Gebäude mit großen Menschenansammlungen von besonderem Wert.
Die telefonische Alarmierung der Feuerwehr hat zwar den Vorteil, daß die Beamten Rückfragen stellen können und von vornherein wissen, was überhaupt passiert ist. Aber manche Anrufer sind so durcheinander, daß sie zu einem sachlichen Gespräch nicht imstande sind.
Derartige Sorgen gibt es beim Feuermelder nicht. Melder sind Tag und Nacht

betriebsbereit. Sie werden durch einen ständig fließenden Ruhestrom von 80 mA überwacht, der beim Auslösen des Melders unterbrochen und durch Betriebsstrom ersetzt wird. Jede Meldeschleife oder Ringleitung ist mit einer Erdschluß- und Drahtbruchanzeige versehen. Uhrwerke bringen die Meldewerke in Gang, sobald wir nach dem Einschlagen der Glasscheibe – mit dem Ellbogen, nicht mit der verletzbaren Faust! – den Griff ziehen oder den Knopf drücken. Leider erfordern die Feuermelder kostspielige eigene Kabelnetze. Im sogenannten ›Basler System‹ hat man aber die Möglichkeit gefunden, durch bestimmte Schaltung das Fernsprechleitungsnetz der Post für die Feuermelder mitzubenutzen. Auch in Deutschland gibt es das FbF-System der ›Feuermeldung auf besprochene Fernsprechleitungen‹ und das ähnliche B-System. In den USA hat man hingegen Feuermelder entwickelt, die ihre Meldungen drahtlos zur Zentrale funken. Aber dieses System ist noch kostspieliger als das System der Melderschleifen.
Schwer ist es, den Mißbrauch von Feuermeldern durch böswillige Dummköpfe und Betrunkene auszuschalten. Darum hatte man anfangs die Melder in besonders gekennzeichneten Läden und Wohnungen untergebracht und bestimmten Personen anvertraut. Aber mit dem nächtlichen Herausklopfen der schlafenden Melder-Obleute verging allzuviel Zeit; erst recht dann, wenn die Geweckten sich erst selbst überzeugen wollten, ob die Feuermeldung auch berechtigt war oder ob sie etwa Opfer eines Schabernacks werden sollten.
Man stellte schließlich die Melder doch lieber direkt auf die Straße, auch wenn man damit gelegentlichen Mißbrauch in Kauf nehmen mußte. Allerdings wurde ein lauter Rasselwecker eingebaut, der anderen Passanten anzeigt, daß sich jemand an dem Melder zu schaffen gemacht hat.
Nach § 304 des BStGB wird mit Gefängnis bis zu drei Jahren oder Geldstrafen bis zu eintausendfünfhundert Mark bestraft, »wer vorsätzlich und rechtswidrig ... Gegenstände, welche zum öffentlichen Nutzen ... dienen, beschädigt oder zerstört«. Dieser Gummi-Paragraph hat überkluge Juristen zu langen Debatten darüber veranlaßt, ob ein mißbrauchter Melder überhaupt beschädigt sei. Die Zerstörung der Glasscheibe sei keine Zerstörung, denn zum Zerschlagenwerden sei die Scheibe ja ausdrücklich bestimmt! Das ist natürlich dummes Zeug, denn die Scheibe dient dem Schutze des Melders und ist unentbehrlicher Bestandteil einer lebenswichtigen Notrufanlage. Ihre Zerstörung ist nur im Ernstfalle erlaubt.
Wer böswillig einen Melder auslöst, foppt nicht etwa die Feuerwehr, sondern er begeht ein Verbrechen, weil er die Feuerwehrleute an der Ausübung von tatsächlichen Hilfeleistungen hindert. So sind im Revier meiner Hauptfeuerwache einmal vier Menschen lebendig verbrannt, weil der Löschzug wegen einer Unfugalarmierung nicht verfügbar war. Der Nachbarlöschzug hatte

einen fünf Minuten längeren Anfahrtweg. Diese Verzögerung entschied über das Schicksal einer ganzen Familie!

Neueste Raffinessen

Auf Schiffen, in Theatern, Bibliotheken, Lagerhäusern, Mühlenbetrieben, Fabriken sind längst automatische Feuermelder üblich. Sie reagieren entweder auf die Licht- oder Wärme-Infrarotstrahlung, dann nennt man sie ›Feueraugen‹. Oder sie werden von Rauch und Verbrennungsgasen ausgelöst, dann sind es ›Rauchmelder‹ oder ›Ionisationsmelder‹. Die dritte Gruppe ist die der ›Wärme- oder Thermomelder‹, die bei einer bestimmten Maximalwärme Alarm schlagen. Bekanntestes Gerät dieser Gattung ist der ›Schmelzlotmelder‹, bei dem der Ruhestromkreis durch ein Lot geschlossen gehalten wird, das bei fünfundsechzig bis siebzig Grad Celsius schmilzt und damit den Arbeitsstrom einschaltet.
Der modernste und technisch interessanteste Verbrennungsgasmelder arbeitet nach dem Ionisationsprinzip. Seine Auslösung erfolgt durch die Ionen der Verbrennungsgase, also durch positiv oder negativ elektrisch geladene Atome. Der Melder besteht aus einer offenen und einer geschlossenen Ionisationskammer. Ein Radiumpräparat sorgt für einen geringen Stromfluß in beiden Kammern. Zu der offenen Kammer haben die Verbrennungsgase Zutritt. Durch sie tritt eine Änderung des Stromflusses ein. Das Gerät springt schon auf kleinste Entstehungsbrände an, während es auf Staub oder auf Temperaturwechsel durch Heizung oder Sonneneinstrahlung nicht reagiert.
Problematisch ist seit je die Alarmierung Freiwilliger Feuerwehren. Sirenenalarme locken immer gleich große Scharen von Neugierigen auf den Plan. Man bevorzugt darum den stillen Alarm über eine eigene Weckerlinie. Das macht aber ein besonderes Leitungssystem notwendig. Tagsüber sind die Feuerwehrleute aber an ihren Arbeitsstätten und daher durch die Weckerlinie nicht erreichbar.
In Bayern haben Freiwillige Feuerwehren in Gemeinschaftsarbeit mit dortigen Elektrizitätswerken eine wesentliche Neuerung ausgeknobelt, die Alarmierung mittels Rundsteueranlage. Dem öffentlichen Lichtnetz werden durch einen Impulsgeber tonfrequente Signale aufgedrückt, die normalerweise für interne Fernsteuerzwecke der E-Werke verwendet werden. Sie können aber auch von Feuerwehrleuten mitbenutzt werden. Die erhalten dann ein kleines, einfaches Alarmgerät, dessen Tonfrequenzrelais auf das vereinbarte Alarmsignal eingestellt wird. Das Gerät gibt beim Eintreffen von Impulsen Glocken- oder Lichtsignale. Hauptvorteil ist, daß dieses Gerät in jede beliebige Steck-

dose eingeschoben werden kann. Man nimmt es sogar zur Arbeitsstätte mit! Diese „Tonfrequenz-Methode" macht „Funkwecker" überflüssig, mit denen bereits vor dem Zweiten Weltkrieg experimentiert wurde. Inzwischen haben sich aber den Funkweckern ähnliche Geräte weitgehend durchgesetzt. Für das Gebiet der Freien und Hansestadt wurden zur automatischen Alarmierung der Freiwilligen Feuerwehren mittlerweile 1515 Funk-Meldeempfänger des Baumuster Telesignal B mit Heimzusatz und 60 Meldeempfänger zur Steuerung von Sirenen beschafft. Die Meldeempfänger werden nach bundeseinheitlichen Baurichtlinien hergestellt. Die Auslösung geht über ein Fünf-Ton-Folgesystem von einem zentralen Alarmgeber vor sich, der in der supermodernen Hamburger Feuerwehr-Einsatzzentrale vom Einsatzleitrechner geschaltet wird.

Die eigentliche Einsatzmeldung erhalten die alarmierten Freiwilligen Feuerwehren nach Rückruf über Telefon oder Funk.

Mit der automatischen Alarmierung der Freiwilligen Feuerwehren über Funk wurde in den dicht besiedelten Ortsteilen die „stille Alarmierung" eingeführt. In den noch ländlich strukturierten Ortsteilen der Stadt bleibt es auf absehbare Zeit bei der Sirenenalarmierung.

Ähnliche Entwicklungen zeichnen sich überall in unserem Lande ab. Der „stille Alarm" auf dem Draht- oder Funkwege ist in Klein- und Mittelstädten sowie Großgemeinden weitgehend selbstverständlich geworden, der Funkverkehr aus der Einsatzleistung der Freiwilligen Feuerwehr auch in den Landgemeinden durch Ultrakurzwellenfunk nicht mehr wegzudenken. Im Zuge der Vereinheitlichung des Notrufsystems auf die Nummer 112 ist die größte nachrichtentechnische Umstellung der Feuerwehrgeschichte im Gange oder bereits weitgehend abgeschlossen.

Gab es Mitte 1968, im Jahr vor Beginn der ersten wesentlichen Maßnahmen zur Gemeindegebietsreform, in der Bundesrepublik Deutschland noch 24282 selbständige Gemeinden, so waren es Ende 1978 nur noch weniger als 10000. Desgleichen hatte sich bis dahin (1978) die Zahl der kreisfreien Städte von ursprünglich 139 auf 90 verringert. Die ehemals 23 kreisfreien Städte Bayerns haben inzwischen die Stellung einer großen Kreisstadt erhalten. Die Zahl der Landkreise wurde von 425 (1968) auf jene 226 reduziert, die im Stichjahr 1978 noch vorhanden waren.

Diese durch die Gemeindegebiets- und Kreisreform völlig veränderte Struktur aller Bundesländer führte zu ganz neuen „Einsatzprofilen" und Einsatzlenkungen der Freiwilligen Feuerwehren.

Eine fernmeldemäßig gut ausgestattete Feuerwehrtechnische Zentrale wird unter diesen Verhältnissen in jedem der neuen Landkreise nur noch eine Frage der Zeit sein — wenn sie nicht bereits realisiert wurde.

Doch kommen wir noch einmal auf Westdeutschlands größte Stadt Hamburg zurück. Es ergibt sich von selbst, daß die Freie und Hansestadt auf Grund ihrer Größe und der besonderen Vielfältigkeit ihrer Feuerwehraufgaben zwangsläufig zu einem Schrittmacher in der Feuerwehrtechnik wurde. Das gilt auch auf dem Sektor Nachrichtenwesen.

Auch in dieser Stadt wurden in den Jahren 1872-1938 die Nachrichtenverbindungen zwischen der Einsatzzentrale und den Feuerwachen mit Drahttelegrafen aufrechterhalten. Dabei verwendeten die Telegrafisten, wie überall, das Morsesystem.

Im April 1938 wurden nach längeren Versuchen zunächst acht Fernschreiber und eine Relaisvermittlung als provisorische Zentrale in Betrieb genommen. Dieses Fernschreibersystem galt damals als das modernste Einsatzlenkungssystem einer Feuerwehr in Deutschland. Betriebsorganisation und Arbeitsabläufe waren für ca. 10000 Einsätze pro Jahr konzipiert. Die Elastizität des Systems erwies sich jedoch als so groß, daß nach komplettem Ausbau der bereits geschilderten Fernschreib-Ringleitung mit Anschluß aller Feuerwachen und aller kooperierenden Dienststellen eine hohe Zuwachsrate an Einsätzen verkraftet werden konnte. In den Nachkriegsjahren wurden auch 60000-70000 Einsätze pro Jahr noch ordnungsgemäß abgewickelt. Man versuchte, durch technische Verbesserungen und organisatorische Änderungen der Betriebsabläufe das Einsatzlenkungssystem jeweils den ständig steigenden Anforderungen anzupassen. Spätestens 1972 war aber mit der Abwicklung von über 160000 Einsätzen die Grenze der Leistungsfähigkeit dieses Beverfahrens eindeutig überreicht. Die Fernschreibleitung war nahezu permanent verstopft, auch Telefon und UKW-Funk als Ausweichwege erbrachten keine wirkliche Abhilfe mehr. Im Verhälnis zur steigenden Belastung verlängerte sich die durchschnittliche Alarmierungszeit bedrohlich und betrug schon in normalen Betriebszeiten bis zu vier Minuten!

Auch der Laie weiß, daß alle Tätigkeiten einer Feuerwehr auf Gedeih und Verderb mit dem Faktor „Zeit“ verbunden sind. Die rechtzeitige Entdekkung eines Feuers und die schnelle Alarmierung der Feuerwehr sind die entscheidendsten Voraussetzungen für eine erfolgreiche Brandbekämpfung noch in der Entstehungsphase des Feuers.

Für einen Verschütteten, eine aus dem Wasser zu rettende oder eine im Fahrzeugwrack eingeklemmte Person besteht in der Regel nur dann eine reale Überlebenschance, wenn die Helfer möglichst unmittelbar nach dem Unfall ihre Hilfe einleiten können.

Ebenso hat der Notfalleinsatz des Rettungsdienstes nur dann Aussicht auf

Erfolg, wenn es gelingt, sachkundige Helfer bzw. Ärzte mit ihren nach modernsten Erkenntnissen der Unfallmedizin ausgestatteten Rettungs- bzw. Notarztwagen oder sogar mit dem Rettungshubschrauber in kürzester Zeit an den Einsatzort zu bringen.
Die Zeitspanne von der Wahrnehmung eines Brandes oder Unfalles bis zur Meldung über Notrufnummer 112 ist von der Feuerwehr nicht beeinflußbar, wohl aber die Zeitspanne von der Annahme des Hilfeleistungsersuchens bis zum Ausrücken der sachlich und örtlich zuständigen Einsatzkräfte mit den richtigen Einsatzmitteln und der bestmöglichen Information. Es galt also, ein neues Einsatzlenkungs-Betriebssystem zu entwickeln, das diese Zeitspanne entscheidend verkürzt.
Um über 173 000 Hilfeleistungen pro Jahr innerhalb eines Stadtgebietes von 753 qkm Fläche und 40 km Durchmesser weiterhin in den Griff zu bekommen, hätte man im Falle der Beibehaltung konventioneller Technik den Personalbestand der Einsatzzentrale glatt verdoppeln müssen. Besser und rationeller war jedoch eine Automatisierung, zumal viele routinemäßige Tätigkeiten der Zentrale sich in ihrem Ablauf ständig wiederholen. Man entwickelte eine Konzeption, bei der die Betriebssysteme herkömmlicher Nachrichtentechnik mit einer elektronischen Datenverarbeitungsanlage kombiniert werden konnten. Dabei mußten die Zugriffszeiten und die Speicherkapazität der Datenverarbeitungsanlage so dimensioniert werden, daß unter Ausnutzung von Simultanarbeit eine weitere Steigerung der Einsätze aufgefangen und die Abwicklung der Einzelfälle um ein Mehrfaches beschleunigt werden konnten.
Auf der Basis dieser Gegebenheiten wurde von der Feuerwehr Hamburg in jahrelanger Arbeit ein Planungsmodell für die technische Ausstattung und die Betriebsorganisation eines völlig neuen Einsatzlenkungssystems entwickelt, das 1977 in Betrieb genommen wurde. Hamburgs Feuerwehr-Einsatzzentrale ist jetzt die modernste und sehenswerteste der Welt. Sie hat 12 Millionen Mark gekostet.
Mit Hilfe der elektronischen Datenverarbeitung werden Arbeitsvorgänge der Einsatzlenkung zeitlich derart verkürzt, wie es durch menschliche Reaktionen undenkbar wäre. Auf den ersten Blick wirkt ein im Millisekundenbereich arbeitendes Kommunikationssystem wie Hexerei.
Mittelpunkt des gesamten Einsatzlenkungssystems ist ein Siemens Prozeßrechner 340. Er fungiert als Einsatzleitcomputer und verbindet die verschiedenen Komponenten zu einem System. Er macht die unglaublich schnelle Verständigung der Systemblöcke miteinander möglich. Die für den Betrieb des Rechners erforderlichen Programme — in der Datenverarbeitung nennt man diese „Software“ — wurden von einer Spezialfirma nach langfristig zusammengestellten Erfahrungswerten der Feuerwehr-Einsatzlenkung ent-

wickelt. Die Hilfeersuchen werden an den Notrufaufnahmeplätzen in den Computer eingegeben, der sofort auf der Basis der Fahrzeugzustände, abhängig von Einsatzort und Schadensart, die örtliche und sachliche Zuständigkeit ermittelt und automatisch die Alarmierung der einsatzbereiten Einheiten an den Feuerwachen auslöst!
Die in einem Neubau neben dem Polizeipräsidium untergebrachte Einsatzzentrale der Feuerwehr Hamburg hat nichts mehr mit der so vertrauten Hauptfernmeldestelle von einst gemein. Sie verkörpert ein anderes Zeitalter und erinnert eher an eine Zukunftsvision. Leuchtbildtableaus über die Fahrzeugzustände von Berufsfeuerwehr, Freiwilliger Feuerwehr und Rettungsdienst, Datensichtgeräte mit Bedienteilen, Übersichtsbildschirme für die laufenden Einsätze und Überwachungsmonitore bestimmen jetzt die Atmosphäre. Die Eingabe eines jeden Notrufes erscheint sofort im Wortlaut auf dem Datensichtgerät wie auf einem Fernsehbildschirm. Der diensttuende Beamte am jeweiligen Arbeitsplatz Notaufnahme leitet über die Bedienfeld-Tastatur den sogenannten Rechnerdialog ein. Der Einsatzleitrechner gibt auf Grund aller von ihm überprüften Gegebenheiten einen Alarmvorschlag aus, der wiederum auf dem Datensichtgerät erscheint und löst selbständig den Alarm aus. Über einen Fernschreiber wird zugleich der Einsatzauftrag an die betreffende Feuerwache mit der hohen Geschwindigkeit von 200 Baud — das entspricht 18,2 Zeichen pro Sekunde — durchgegeben.
Sobald sich der örtliche Einsatzleiter an der Brand- oder Unfallstelle einen Lage-Überblick verschaffen konnte, gibt er Sachstand und Lagebeurteilung in einer Rückmeldung über UKW-Funk an die Einsatzzentrale. Durch Eingabe der Fahrzeugkennung wird daraufhin der bisherige Einsatzablauf auf dem Bildschirm dargestellt. Werden jedoch mit der Rückmeldung weitere Einheiten (z.B. über Alarmstufen) angefordert, so beginnt das ganze Spiel von vorn: Es gibt eine neue Eingabe wie bei der Annahme jedes anderen Hilfe-Ersuchens über die Notrufnummer.
Bei den immer wieder vorkommenden „dicken Hunden", also bei Großeinsätzen oder komplizierten Spezialeinsätzen, kann die Einsatzlenkung auf zwei Sonderplätze konzentriert werden, über die im Benutzungsfalle der Betriebsablauf abgewickelt wird. Der Funkverkehr wird automatisch zu diesen Plätzen geleitet, alle den Einsatz betreffenden Daten auf einem besonderen Übersichtsbildschirm dort dargestellt.
Selbstverständlich wäre es sträflich, sich allein auf den Einsatzleitrechner zu verlassen. Sein etwaiger Ausfall darf den Feuerwehrbetrieb auf keinen Fall lahmlegen. Der dann einsetzende Notbetrieb läuft in manueller Arbeitsweise ab: Die sachliche und örtliche Zuständigkeit wird wie früher aus Karteien ermittelt und die Einsatzmeldung über Fernschreiber weitergegeben.

Die Schaltung der Fahrzeugzustände erfolgt auf Grund der Fernschreibmeldungen in der Einsatzzentrale von Hand, während die über Funk gegebenen Meldungen auch bei Rechnerausfall automatisch die Fahrzeugstandsanzeigen schalten. Die Funksignale zur Alarmierung der Freiwilligen Feuerwehren werden im Notbetrieb von Hand ausgelöst und die von den Feuermeldern einlaufenden Meldungen unmittelbar in der Empfangsanlage abgefragt.

Beim normalen Computerbetrieb werden die Straßen- und Objektdatei von einem — vorsichtshalber doppelt vorhandenen — Plattensystem mit je einem Plattenspeicher und einer Steuerung beschafft.

Die bis zur Inbetriebnahme der neuen Feuerwehrzentrale dezentral an den einzelnen Feuerwachen bestehenden Empfangsanlagen für Alarmierungen über die Feuermelderschleifen wurden zentralisiert, die früheren Empfangsanlagen durch ein von Siemens entwickeltes MDL-System (Meldesystem mit digitaler Leitung) ersetzt. Es handelt sich dabei um ein Liniensystem, bei dem jeder Feuermelder unmittelbar über eine eigene, ständig überwachte Leitung (und nicht mehr über die Schleife) an die Empfangseinrichtung angeschlossen ist. Die Einzelleitungen von den Feuermeldern werden zunächst in MDL-Knoten an den zuständigen Feuerwachen zusammengefaßt und mittels eines Multiplexsystems über eine einzige Sammelleitung zu einer besonderen MDL-1000-Zentrale im Bereich der Einsatzzentrale weitergeführt. Diese ist über einen Koppelrahmen unmittelbar mit dem Einsatzleitrechner verbunden.

Es würde den Rahmen dieses Buches sprengen, alle Raffinessen der neuen Feuerwehrzentrale darzulegen. Erwähnt werden sollte aber auf jeden Fall das neue Projektionssystem für die Darstellung von Einsatzplänen gefährdeter Objekte, Stadtplan-Ausschnitten usw. Das Gerät arbeitet mit Filmsortkarten, die auf einem Bildschirm in 14,5 facher Vergrößerung erscheinen. Sogar die Ausgabe einer Kopie ist jederzeit möglich. Außerdem sind zur Darstellung der eingesetzten Einheiten und der jeweiligen Einsatzsituation (Lage) in der Einsatzzentrale und außerdem im Lagezentrum je ein LUMO-Organisationsgerät mit einem Stadtplan 1:20000 kombiniert. Mit diesen Geräten können feste Leuchtmarkierungen gesetzt werden, außerdem können die äußeren Scheiben mit Leuchtbeschriftungen zur Lagedarstellung versehen werden.

Bei Flugzeugabstürzen, Eisenbahnunglücken, Großbränden, Giftgasausbrüchen, Hochwasserkatastrophen und ähnlichen Extremsituationen wird die Feuerwehreinsatzleitung (FEL) einberufen. Dieser komplette Stab für die fünf Fachgebiete Verwaltung und Personal, Nachricht und Lage, Einsatz, Versorgung und Technik sowie Fernmeldeführung nimmt in den Arbeits-

räumen der Einsatzabteilung die Tätigkeit auf, deren Führungs- und Konferenzraum unmittelbar angrenzend in Sichtverbindung mit der Einsatzzentrale eingerichtet wurde.
Die Einsatzleitung der zusätzlichen Katastrophenschutzeinheiten erfolgt dezentral durch die Direktionsstäbe der Branddirektionen West, Ost und Süd. Hingegen bleibt die rechnerunterstützte Einsatzlenkung der Feuerwehrzentrale auf die Einsatzlenkung des Tagesgeschäftes von Berufs- und Freiwilliger Feuerwehr beschränkt.
Einsatzzentrale und Branddirektionen sind über Fernsprechleitungen, Funk und Fernschreiber miteinander verbunden, das Lagezentrum mit den Branddirektions-Leitplätzen der Zentrale sowie den Sachbearbeiterräumen des FEL-Sachgebietes Einsatz über eine Rohrpostanlage im Einrohrwendesystem mit Abfahrautomatik.
Übersicht ist alles, der Faktor Zeit in der Mehrzahl der Fälle lebensrettend. Die Feuerwehr des Stadtstaates Hamburg darf von sich behaupten, die Nachrichtentechnik für alle denkbaren Notfälle optimal durchdacht und eingerichtet zu haben. Aber es liegt auf der Hand, daß solcher Fortschritt mit Umstellungsschwierigkeiten und »Kinderkrankheiten« des neuen automatischen Systems erkauft wurde.
Inzwischen ist EDV bei der Einsatzleitung großer Feuerwehren immer selbstverständlicher geworden. So hat die Einsatzleitzentrale der Frankfurter Feuerwehr in einem elektronischen, täglich aktualisierten Archiv wohl alle denkbaren Frankfurter Brandobjekte mit allen diesbezüglichen Hinweisen, vor allem auf Gefahrenschwerpunkte und Empfehlungen für die Brandbekämpfung gespeichert. Noch während der Alarmierung der zuständigen Feuerwache(n) vom Funktisch aus werden diese Daten von Hochgeschwindigkeitsdruckern aufgelistet, so daß noch vor dem Ausrücken der Fahrzeuge ein genauer Einsatzplan vorliegt.
Damit ist der wichtigste Punkt berührt, der die Kybernetik in der Feuerwehrtechnik und beim Katastrophenschutz immer bedeutsamer macht: Alle Überlegungen, für die in der Hektik einer Brandbekämpfung gar keine Zeit mehr bleibt, können im voraus zu jederzeit abrufbaren Einsatzempfehlungen werden. Allzu oft sind vor Ort buchstäblich in Sekundenschnelle allzu schwerwiegende Entscheidungen zu treffen. Sind vor allem alle irgendwo eingelagerten gefährlichen Güter, alle aggressiven Chemikalien im EDV-System der Feuerwehr erfaßt, so können ihre Menge, ihr Brandverhalten, ihre Toxität und Wasserlöslichkeit schon beim Ausrücken der örtlichen Einsatzleitung zur Hand gegeben werden. Man kann derartige Gefahrensituationen sogar übungshalber im Computer simulieren.

Flugzeugunfälle

»Brennt Boeing!«

Dieser Einsatz vollzog sich noch vor Umstellung auf das neue Einsatzlenkungssystem:
Mit charmantem Lächeln bieten die beiden Stewardessen Kaugummis und Bonbons an. Die eine ist hellblonde Französin, die andere eine zierliche Japanerin im Kimono. Unauffällig überprüfen sie gleichzeitig die Anschnallgurte ihrer Fluggäste.
Viel haben sie heute nicht zu tun, denn der Flug Nr. 801 von Paris über Hamburg und Anchorage/Alaska nach Tokio wurde nur von sechsundzwanzig Fluggästen gebucht. Die große Boeing 707 Intercontinental mutet fast leer an. Sie hat immerhin hundertachtzig Sitzplätze. Bei der Zwischenlandung in Hamburg-Fuhlsbüttel war Kerosin nachgetankt worden. Nunmehr befinden sich sechsundsechzigtausendsiebenhundert Liter von diesem Turbinenpetroleum der Sorte JP 1 in den Tanks.
Jetzt heulen die Turbinen der vier Strahltriebwerke auf. Durch die Lautsprecheranlage begrüßt die Erste Stewardeß im Namen von Flugkapitän Turduri die in Hamburg zugestiegenen Fluggäste auf französisch, japanisch und deutsch. Sie wünscht einen angenehmen Flug. Die Flughöhe soll sechzehntausend Meter betragen, die Geschwindigkeit tausend Kilometer in der Stunde.
Jetzt haben die Triebwerksturbinen einen gleichmäßigen Pfeifton angenommen. Einige Fluggäste blicken kurz von ihrer Lektüre des ›France-Soir‹ und der ›Tokio Shimbum‹ auf, andere winken noch einmal durchs Fenster zur Flughafenterrasse hinüber. Langsam rollt die Maschine von ihrem Platz vor der Halle B zur Startbahn I.
Dort verhält sie, bis der Kontrollturm Starterlaubnis gibt. Es ist immer dasselbe, routinemäßig. Jeder Handgriff ist den Piloten und dem Flugingenieur in Fleisch und Blut übergegangen. Die Männer haben sich alle Einzelheiten des ›Ground Check‹, der Merkliste, gegenseitig abgefragt, um Irrtümer durch Vergeßlichkeit auszuschließen. Der silberne Koloß gehorcht ihnen auf jeden Fingerdruck. Sein Fluggewicht beträgt hundertdreiunddreißig Tonnen.
»Attention, attention, please! Flight number eight-zero-one, eight-zero-one! Clear to start!« quarrt es durch die Kopfhörer der beiden Piloten.

Jetzt wird das Pfeifen der Strahltriebwerke schrill. Der fast fünfzig Meter lange Riesenvogel zittert unter seiner gefesselten Kraft. Flugkapitän Turduri bestätigt die Starterlaubnis und löst die Standbremsen. Die Betonpiste flitzt unter den Kabinenfenstern der Boeing vorbei, immer schneller: hundertfünfzig Kilometer ... zweihundert Kilometer pro Stunde. Die Fluggäste haben sich längst wieder in ihre Zeitungen vertieft. So ein Start ist heutzutage kaum etwas anderes als eine Busabfahrt. Allein in Hamburg-Fuhlsbüttel heben jedes Jahr fünfundsechzigtausendmal große Verkehrsflugzeuge ab!

Niemand ahnt, was sich in diesen Sekunden vorn im Piloten-Cockpit abspielt. Schweißüberströmt, mit zusammengebissenen Zähnen, versucht Flugkapitän Turduri, die dahinjagende Boeing wieder abzubremsen und zugleich auf der Betonpiste zu halten. Das zum Mitsteuern auf der Startbahn unentbehrliche Bugrad ist blockiert, anscheinend verstaucht.

Neunhundert Meter weit gelingt dem Kommandanten der halsbrecherische Balanceakt, die schwere Maschine beim Abbremsen allein mit dem Seitenruder auf der Startbahn zu halten. Jetzt aber gibt es einen dumpfen Knall. Anscheinend ist ein Pneu explodiert. Jäh bricht die Maschine nach links aus. Meterhoch wirbeln Fetzen der weichen, nassen Grasnarbe empor. Metallteile vom Flugzeugrumpf brechen ab und schleudern durch die Luft. Ein Kabinenfenster zerplatzt. Mit kreischendem Geräusch reißt das Bugrad ab. Aber noch immer rast der hundertdreiunddreißig Tonnen schwere Koloß weiter, pflügen seine großen Hauptfahrwerke durch das Erdreich. Geistesgegenwärtig schaltet Turduri noch rasch die Kraftstoffzufuhr für alle vier Triebwerke ab. Ein furchtbarer Ruck, ein ohrenbetäubendes Krachen: das Backbord-Fahrwerk ist abgebrochen, die Maschine schlägt nach links um. Jetzt malmen die Backbordtriebwerke wie Planierraupen durch den Dreck. Schließlich kippt das Flugzeug nach vorn über und stürzt in eine Bodensenke. Seine Schnauze bohrt sich in die Erde. Der Rumpf wird rechtwinklig herumgerissen, bäumt sich noch einmal auf und zerschellt in drei Teile – genau an den Sollbruchstellen. Die Trennwand zwischen beiden Kabinenklassen geht prasselnd in Trümmer, Gepäckstücke kullern durcheinander.

Die Stewardessen reißen sofort Türen und Notausstiege auf. Völlig benommen springen die ersten Fluggäste ins Freie. Es kam alles so unerwartet, es hat sich ja in wenigen Sekunden abgespielt.

O Gott, Feuer! Flammen züngeln an beiden äußeren Triebwerken auf. Mit furchtbarer Geschwindigkeit verbreitet sich auch unter den Tragflächen ein Brand. Aus einer zollstarken Kraftstoffleitung sprudelt Kerosin heraus, weil zwei Triebwerke abgerissen sind. Explosionsgefahr!

Vom Kontrollturm aus haben sie alles mit angesehen: Die Boeing kommt nicht hoch. Aus ihrem Bugrad schießt eine schwarze Rauchwolke heraus.

Funkruf an den Kommandanten: Start abbrechen!
Die Männer beobachten Flugkapitän Turduris Balanceakt. Wie nun die Maschine plötzlich nach backbord von der Piste ausschert, ist ein Drama gewiß. Jemand greift zum Telefonhörer und wählt die Notrufnummer 112.
Die Flughafenfeuerwehr von Hamburg-Fuhlsbüttel braucht allerdings keinen Alarm. Ihre Männer sitzen längst in ihren Fahrzeugen, die mit laufenden Motoren einsatzbereit vor der Flughafenfeuerwache stehen. Sie haben Sitzbereitschaft.
Das ist eine von Laien belächelte Vorsorge, die immer dann routinemäßig getroffen wird, wenn eine Düsenmaschine mit entsprechend großen Kraftstoffmengen zum Flug über die Polarroute startet.
Sofort jagt die Fahrzeugkolonne mit gellenden Starktonhörnern und blitzenden Kennleuchten los. Unterwegs werden die Feuerwehrleute gewahr, daß der Riesenvogel nach links ausbricht, rollt, rutscht, schliddert, über die Grasfläche pflügt und in der Versenkung verschwindet. Dann steigt dicker schwarzer Qualm auf. Es ist keine Sekunde zu verlieren!
Die Männer sehen ihr UNIMOG-TROLF 750, ein Trockenlöschfahrzeug der Flughafenfeuerwehr, wie ein Wiesel hinter der ausbrechenden Maschine herflitzen, durch den Morast krauchen und sofort vom Rande der Senke aus den Schnellangriff beginnen. Zum Glück ist das Fahrzeug geländegängig, und gottlob besteht diese neue Vorschrift, daß beim Start aller großen Düsenmaschinen ein TROLF der Flughafenfeuerwehr schon beim Anlassen der Triebwerke dabeizusein hat. Nachher muß es der Maschine bis zum Abheben folgen! Auf diese Weise kann jetzt, zweiundfünfzig Sekunden (!) nach dem Zerschellen und kurz nach dem Aufbrennen des Flugzeugs, der erste Trockenlösch-Schnellangriff vorgetragen werden!
Inzwischen hat die Alarmdepesche »Brennt Boeing, Fuhlsbüttel!« auch die Berufsfeuerwehr Hamburg elektrisiert. Gleichzeitig mit dem Telefonnotruf des Kontrollturmes laufen in der Feuerwache Alsterdorfer Straße die Alarmsignale des Flughafen-Feuermelders ein. In der Hauptfernmeldestelle am Berliner Tor rollt der vorbereitete, wiederholt durchexerzierte ›Alarmplan Flugzeugabsturz‹ mit Uhrwerkpräzision ab. Die Löschzüge vier, fünf, sechs und sieben, die Tanklöschfahrzeuge der Züge zwei und drei, drei Schaumtankfahrzeuge, der Werkstattzug, sechs Unfall- und ein Großraumkrankenwagen werden sofort zum Flughafen gejagt. Außerdem verständigt die Zentrale unverzüglich die Freiwilligen Feuerwehren von Lokstedt und Niendorf. Diese lösen örtlich ihre Alarmsirenen aus. Drei Minuten später rücken beide Wehren in den Einsatz. Die Freiwilligen Feuerwehren dieser beiden Hamburger Ortsteile liegen in unmittelbarer Nachbarschaft des Großflughafens, sie sind daher in der Flugzeugbrandbekämpfung besonders ausgebildet.

Der nach der Flughafenfeuerwehr zuerst eintreffende Zug von der Berufsfeuerwehr hat schon beim Verlassen der Remise die gefährlich aufbrodelnde Rauchwolke neben dem Startbahnende bemerkt. Auf kürzestem Wege, gleich quer durch die Lufthansa-Werft, prescht der Zug zur Unfallstelle. Auch sein TROLF 750 wieselt voraus. Der Fahrer hat Glück. Er findet auf Anhieb eine Zufahrt in die von Unkraut überwucherte, ziemlich tiefe Bodensenke. Ungeachtet aller Explosionsgefahr, stößt der UNIMOG dicht an die brennende, voller Kraftstoff getankte Backbordtragfläche heran. Das Ventil der Druckgasflaschen ist schon geöffnet. Die beiden TROLF-Männer schnappen sich ihre Pulverstrahlrohre und ersticken das heftige Feuer blitzschnell.
Jetzt sind auch die übrigen Fahrzeuge des Zuges fünf* am Rande der Grube erschienen. Vom Tanklöschfahrzeug aus wird sofort ein Schaumrohr vorgenommen, um den Pulverlöscherfolg des TROLF zu sichern, während die verunglückte Maschine noch einmal gründlich durchsucht wird. Aber dank der Umsicht der Stewardessen konnten binnen zweier Minuten alle sechsundzwanzig Fluggäste und das Gros der fünfzehnköpfigen Besatzung ins Freie gelangen. Nur die Verletzten – darunter Kommandant, Kopilot und Flugingenieur – mußten von der Flughafenfeuerwehr und von herbeigeeilten freiwilligen Helfern geborgen werden.
Die Löschfahrzeuge der Flughafenfeuerwehr hatten sofort auf der Steuerbordseite der Boeing die Brandbekämpfung aufgenommen. Zwar kamen die Fahrzeuge nur bis auf fünfzig Meter an die unzugängliche Brandstelle heran, und die Wendestrahlrohre und Schaumwerfer erreichten ihr Ziel nicht recht. Aber schnellstens ausgelegte Schlauchleitungen ermöglichten einen gezielten Schaumangriff und guten Löscherfolg. Er ergänzte die Arbeit des Flughafen-TROLF.
Minutenlang hing das Leben der restlichen Flugzeuginsassen und ihrer Retter am seidenen Faden, weil die Flammen der Triebwerke sogleich auf die voll Kraftstoff sitzenden Tragflächen übergriffen und herausschießendes Kerosin einen ausgedehnten Bodenbrand verursacht hatte. Aber der Wettlauf mit der Zeit wurde von beiden TROLFS und den Schaumrohren gewonnen. Nach zwanzig Minuten haben die Schaumrohre auch die allerletzte Rückzündungsgefahr beseitigt. Inzwischen konnte die immer noch Turbinenpetroleum ausströmende, abgerissene Kraftstoffleitung mit Holzpflöcken und Tuchfetzen provisorisch abgedichtet werden. Der gesamte Einsatz war ein prachtvolles Hand-in-Hand-Arbeiten von Flughafen-, Berufs- und Freiwilliger Feuerwehr. Und er beweist, daß nichts über eine gut vorbereitete Alarmrolle und regelmäßig durchgeführte Einsatzübungen geht.

* Alte, inzwischen geänderte Zugnummern, dem damaligen Stande entsprechend!

Gemäß internationalen Vereinbarungen befindet sich auf jedem Verkehrsflughafen der Welt eine Feuerwache in ständiger Alarmbereitschaft – in Recife, Natal, Dakar, in Gander, Shannon oder Bangkok nicht anders als in Brüssel-Melsbroek, Amsterdam-Schiphol, Köln-Wahn oder etwa in Berlin-Tegel.
Der Umfang ihres Personals und ihrer Ausrüstung richtet sich nach der Verkehrsdichte des betreffenden Flughafens. Die Mindestausrüstung einer Flughafen-Betriebsfeuerwehr besteht aus drei Löschfahrzeugen und einem Sanitätswagen.
Deutschlands größte Flughafen-Betriebsfeuerwehr ist auf dem Rhein-Main-Flughafen von Frankfurt stationiert, der zum Luftkreuz Europas geworden ist. Aber nehmen wir einmal den Flughafen Stuttgart-Echterdingen als Durchschnittsbeispiel. Seine Betriebsfeuerwehr besteht aus einem Brandmeister, zwei Wachführern und zwölf hauptberuflichen Feuerwehrleuten. Sie werden im Alarmfalle durch zwölf Hilfsfeuerwehrleute und zwei Sanitäter ergänzt, die normalerweise in den Flughafenwerkstätten ihrer Arbeit nachgehen. Bei Flughafenwehren sind grundsätzlich alle Fahrzeuge mit Funk ausgerüstet. Sie stehen im WzW-Verkehr (Wagen zu Wagen) untereinander sowie mit der Flugsicherung im Kontrollturm in Verbindung. Jeden Tag werden die Alarmeinrichtungen und Funkgeräte durchprobiert, wie bei jeder Berufsfeuerwehr.
Die Flugplatzfeuerwehren überprüfen jeden Tag die gesamte Platzbefeuerung sowie die Start- und Rollbahnen. Im Winter sind sie zugleich für Schneeräumung und Streudienst zuständig.
Alle Löt-, Brenn- und Zerlegungsarbeiten an Flugzeugen dürfen nur unter Feuerwehraufsicht durchgeführt werden. Und bei jeder Schlechtwetterlage einschließlich Nebel haben die Flughafenfeuerwehren erhöhte Bereitschaft, Sitzbereitschaft in den Fahrzeugen bei laufendem Motor.
Versagt einem Flugzeug vor dem Einschweben zur Landung ein Triebwerk, wird die Flughafenfeuerwehr vorsorglich alarmiert. Ihre Löschfahrzeuge rücken gleich zur Landestelle aus. Versagt gar der Mechanismus zum Ausbringen des einziehbaren Fahrgestells, so wird sicherheitshalber Großalarm gegeben. Die Maschine leert vor der Bauchlandung ihre Tanks bis auf den allernotwendigsten Rest. Inzwischen bedecken die alarmierten Feuerwehren die gesamte Landebahn mit einem Schaumteppich, der als Löschmittel für entstehende Reibungsfunken und zugleich als Gleitmittel dient. Neuerdings gibt es fahrbare Landebahn-Schaumstrahler, die äußerlich v-förmigen Saatstreuern ähneln. Sie können die Betonpiste in ganzer Breite beschäumen.

Immer neue Schulung ist das täglich Brot der Flughafen-Betriebsfeuerwehren. Ihre Männer müssen sich in Cockpit, Rumpf und Flächen aller Typen von Kolben-, Turboprop- und Düsenverkehrsmaschinen ebenso auskennen wie in den Innereien aller Hubschrauber und Sportflugzeuge. Auch die zahlreichen Militärmaschinen müssen ihnen geläufig sein, weil es jederzeit vorkommen kann, daß ihr Flughafen für eine Notlandung herhalten muß.

Jeder Flughafenfeuerwehrmann muß wissen: wo befinden sich bei jedem Flugzeugtyp Notausstiege, Noteinbruchstellen, Piloten-Rettungsseite? Welche Kraftstoffsorten werden jeweils geflogen, wie sind die Tanks angeordnet und verteilt? Wie viele Feuerlöschöffnungen oder Fire Access Doors sind an Triebwerken und Rumpf vorhanden? Welche Öltanks, Hydraulik- und Sauerstoffleitungen befinden sich an Bord, und wo lassen sich die Batterien abklemmen?

Im Wettlauf gegen den Sekundenzeiger der Stoppuhr wird auch immer wieder praktisch geübt: Rettungsarbeiten bei gleichzeitigem Löscheinsatz. TROLF-Schnellangriff, dann keilförmige Rettungsschneise, im dreigeteilten Angriff. Das erste Löschfahrzeug drückt den entstandenen Flächenbrand von Kanzel und Kabineneingang weg. Das zweite Fahrzeug bedeckt die mit Pulver vielleicht schon abgestickte Brandfläche mit Schaum und sichert die vorn in der Schneise kämpfenden Rohrführer und Rettungsmannschaften. Das dritte Fahrzeug erweitert die Schneise und bekämpft den vielleicht noch nicht niedergekämpften Flächenbrand. Außerdem bringen alle Löschfahrzeuge schnellstens Strahlrohre zum Kühlen des Flugzeugrumpfes vor.

Zwar ist das in der Düsenluftfahrt vorwiegend verwendete Turbinenpetroleum JP 1 (Kerosin) nicht so leicht entzündlich wie das mit Benzin vermischte JP 4 oder gar das reine, hochoktanige Flugbenzin, denn der Flammpunkt von JP1 liegt vorteilhaft hoch. Aber die mitgeführte riesige Kraftstoffmenge läßt die verbleibende Zeit für Rettungsmöglichkeiten äußerst knapp werden. Wenn ein solches Quantum Kerosin erst in Brand geraten ist, dann entstehen sehr schnell hohe Temperaturen. Das Duraluminium eines Flugzeuges bietet dem Feuer keinen Widerstand, es wird allzu rasch verformt und schmilzt. Flugzeugteile aus Elektron- und Magnesium-Metall fangen an zu brennen und entwickeln Temperaturen von einigen tausend Grad. Zumindest während der Rettungsaktionen muß darum unter allen Umständen die Rumpfoberfläche der verunglückten Flugzeuge mit Löschwasser abgekühlt werden. Sonst wäre jede Anstrengung vergebens.

Auch kleinere Brände an Flugzeugen erfordern besondere Sachkenntnis. So darf zum Beispiel ein Feuer im Fahrwerk nur von der Rad-Schmalseite her angegriffen werden, weil der Rad-Sprengring sich unter hohem Druck lösen und den Rohrführer erschlagen kann.

Flugzeugkatastrophe in der Münchener Innenstadt: Schaumangriff auf die brennende Convair.

Oben: Flugzeugkatastrophe auf der Autobahn bei Hasloh nördlich Hamburg. Nach Ausfall aller Triebwerke konnte der Pilot durch geistesgegenwärtige Notlandung das Gros der Fluggäste retten, das Zerschellen der Chartermaschine an einer Brücke aber nicht verhindern. Es gab sofort einen Feuerwehr-Großeinsatz. Unten: Flugzeugabstürze drohen überall, in Stadt und Land. Hier hat ein Privatflugzeug Totalbruch gemacht, der Pilot konnte leider nur tot geborgen werden.

Weil bei Abstürzen und Großbränden von Flugzeugen immer höchste Eile notwendig ist, muß man bestrebt sein, gleich möglichst große Mengen von Löschmitteln an Ort und Stelle zu bringen. Man hat darum Flugplatz-Großlöschfahrzeuge konstruiert wie das deutsche FLF 25 S, das achttausend Liter Löschwasser und achthundert Liter Schaummittel an Bord hat. Auf dem Dach des Sattelschleppers befindet sich wie bei allen Flugplatzlöschfahrzeugen ein Monitor – ein Wendestrahlrohr, das wahlweise Wasser oder Luftschaum werfen kann. Der Bedienungsstand des Monitors befindet sich im oberen Teil des Auflegerfahrzeugs.

Löschfahrzeug-Giganten und Löschraketen

Inzwischen haben Großraum-Verkehrsflugzeuge wie der »Jumbo-Jet« neue Brandschutz-Vorsorgemaßnahmen der Flughafenfeuerwehren notwendig gemacht. Diese Riesenvögel vom Typ Boeing 747 haben bis zu 190000 Liter Kerosin an Bord.
Die Fahrzeugindustrie und die Flughafenfeuerwehren stellten sich auf die neuen Gegebenheiten ein. In Deutschland entstanden ausgesprochene Löschfahrzeug-Giganten wie die 52-54 t schweren Vierachser vom Typ »Faun«.

Das erste Fahrzeug dieser Art hat die Firma Carl Metz 1969 für das »Luftkreuz Europas«, den Frankfurter Rhein-Main-Flughafen, geliefert. Dieser Faun LF 1410/52 V 8 x 8 auf Vierachs-Allrad-Fahrgestell gliedert sich in ein Frontlenker-Fahrerhaus mit vier Sitzplätzen, den Pumpraum, 1000 PS Leistung angetrieben.

Diese Fahrzeuge sind so bemerkenswert, daß an dieser Stelle das vorzüglich bebilderte Standardwerk »Kraftfahrzeuge der Feuerwehr und des Sanitätsdienstes« von Werner Oswald und Manfred Gihl (Motorbuch-Verlag Stuttgart) zitiert werden sollte:

»Er (der Motor) treibt über einen Drehmomentwandler, ein Verteiler getriebe und ein Lastschaltgetriebe mit vier Vorwärts- und zwei Rückwärtsgängen alle Räder an. Gangwechsel erfolgt ohne Zugkraftunterbrechung durch hydraulisch betätigte Lamellenkupplungen. Die Beschleunigung von 0 auf 80 km/h erfolgt in 40 Sekunden, die Höchstgeschwindigkeit beträgt 105 km/h. Ein separater 215 PS-Dieselmotor treibt die dreistufige Feuerlösch-Kreiselpumpe (5500 Liter/min Förderleistung) an. Der selbsttragende, unverkleidete Stahlblechtank faßt 18000 Liter Löschwasser, ein weiterer Tank enthält 2000 Liter Schaummittel. Schaum oder Wasser wird entweder über den Drillingswerfer auf dem verstärkten Kabinendach oder vom Zwillingswerfer unterhalb der Windschutzscheibe abgegeben. Die Wurfweite bei Wasser beträgt etwa 65 Meter. Alle Löscheinrichtungen und die hydraulische Steuerung der beiden Schaum-Wasserwerfer werden von einem Pult im Fahrerraum aus bedient. Der Preis dieses Fahrzeugs betrug etwa eine Dreiviertelmillion DM.«

Nach der gleichen Fahrgestell- und Motorenkonzeption wurde auch das größte Trockenlöschfahrzeug der Welt, ein TroLF 12000 gebaut, das ebenfalls auf dem Frankfurter Flughafen stationiert ist. Die beiden Löschpulverbehälter fassen 6500 und 5500 kg (ungleiche Größe zwecks besserer Achslastverteilung) und stehen unter einem ständigen Innendruck von 32 bar. Als Treibmittel wird getrocknete Preßluft verwendet. Die beiden Pulverwerfer auf dem Kabinendach erzielen eine Wurfweite von etwa 70 Meter bei einer Ausstoßrate von 50 kg/sec. Außerdem kann das Löschpulver auch kleinweise über 40 Meter Hochdruckschlauch abgegeben werden, der an beiden Fahrzeugseiten auf Haspeln aufgerollt ist.

Großtanklöschfahrzeuge der sogenannten Einmotoren-Version, bei welchen die gesamte Antriebsleistung von einem Motor aufgebracht wird, während der Pumpenantrieb hiervon unabhängig arbeitet, werden vor allem von den Flughäfen Frankfurt, Berlin-Tegel und Stuttgart befürwortet.

Magirus lieferte sein erstes Großtanklöschfahrzeug auf dem Vierachs-Allrad-Fahrgestell Faun LF 1411/52 V 8 x 8 im Jahre 1972 an den Münchner Flughafen. Das ist nun ein Vertreter der Zweimotoren-Version. Zwei luftgekühlte Zwölfzylinder-Dieselmotoren, die beide im Heck liegen und je 500 PS Kurzzeitleistung haben, arbeiten über je einen Drehmomentwandler zunächst auf ein speziell entwickeltes Antriebs-Sammelgetriebe, von wo aus über Verteiler- und Lastschaltgetriebe die vier Achsen angetrieben werden. Jeder Motor besitzt einen eigenen Nebenantrieb für die Feuerlöschkreiselpumpen. Der Vorteil dieser Antriebsart besteht darin, daß bei Ausfall eines Motors noch mit halber Gesamtleistung gefahren werden und mit halber Pumpenleistung gearbeitet werden kann. Am Einsatzort wird ein Fahrmotor auf Pumpenantrieb geschaltet, während der andere für Standortwechsel bereit bleibt. Der Fahrersitz ist in der Mitte der Kabine angeordnet, und zwar nicht aus fahrtechnischem, sondern aus feuerwehrtaktischem Grund: Der Fahrer kann seinen Platz beibehalten, von wo aus er auch die Löscheinrichtungen zu bedienen hat, während die anderen Männer links und rechts von ihm aussteigen. Der Löschwasserbehälter besteht aus gewichtsparenden, korrosionsfestem GFK (glasfaserverstärktem Kunststoff). Die Fahrleistungen und Löschmittelkapazitäten sind bei den Münchener Flugplatztanklöschfahrzeugen die gleichen wie beim Frankfurter und Hamburger Modell. Ebenso ist sowohl bei der Einmotoren- als auch bei der Zweimotoren-Version der Bauaufwand für die Kraftübertragung recht beträchtlich."

Die International Civil Aviation Organization (ICAO), die Zivilluftfahrt-Organisation der Vereinten Nationen, empfiehlt für Verkehrsflughäfen bestimmte Löschmittel-Mindestmengen. Die neuen Faun-Ungetüme von Frankfurt, Berlin, Hamburg, Stuttgart und München sind nach diesen Empfehlungen entstanden, die bei einem Flughafen der Kategorie VIII (Linienverkehr mit Boeing 747) mindestens 37000 Liter Wasser zur Schaummittelherstellung bereitzuhalten vorschlagen.

Für die Landebahnbeschäumung im Falle von Notlandungen mit defektem oder nicht ausgefahrenem Fahrgestell steht in Frankfurt außerdem ein 51 t schwerer Dreiachsanhänger mit 40000 Liter Tankinhalt bereit. Zwei schwenkbare, auf Gummirädern nachlaufende Rechen sprühen das Wasser-Schaumgemisch in einem einzigen Arbeitsgang in einer Breite von drei bis fünfzehn Metern auf die Piste. Der Rechen verfügt über 50 Düsen, deren jede pro Minute 60 Liter Luftschaum zur Unterdrückung einer Reibungsfunkenbildung bei der Notlandung und zum Abdecken etwa austretenden Kraftstoffes freigibt.

Dennoch haben auch die größten herkömmlichen Flughafenlösch- und Spezialfahrzeuge ihre Grenzen. Auf internationaler Ebene durchgeführte Großbrandversuche haben ergeben, daß eine Flugzeugzelle (d.h. ein Flugzeugrumpf) dem Feuer etwa 120 Sekunden standhält. In dieser Zeit muß das Flugzeug bereits von allen Passagieren geräumt oder eine Brandbekämpfung mit Aussicht auf Erfolg am Einsatzort eingeleitet sein. Deshalb hat der Frankfurter Oberbranddirektor Dipl.-Ing. Ernst Achilles den Gedanken von Feuerlöschraketen zur Bekämpfung von Flugzeugbränden entwickelt. Diese von vielen Zeitgenossen als »utopisch« abgetanen Raketen hätten vermutlich sofortige Feuerlöschhilfe und dadurch umfangreichere Menschenrettung möglich gemacht, als im Jahre 1976 ein Jumbo-Jet der Lufthansa in Nairobi/Kenya verunglückte. Auch bei diesem Zerschellen eines Verkehrsflugzeugs im Flughafen-Nahbereich erwies es sich wiederum, daß die meisten Unfälle bei Start und Landung außerhalb des Betonpistenbereichs und damit weitgehend auch außerhalb des Fahrbereichs von Großraum-Löschfahrzeugen passieren. Oberbranddirektor Achilles will deshalb das Löschmittel per Raketenabschuß über das Flugzeugwrack transportieren und dort ausstoßen.

Er schreibt über seine Idee in der Ausgabe 1 der Zeitschrift »Eins-Eins-Zwo« (Magazin für den Feuerwehrmann):

»Bei einem Aufschlagbrand muß mit Ausfall verschiedener Rettungswege durch das Feuer selbst gerechnet werden, ebenso sind Verletzungen der Passagiere, die eine Flucht unmöglich macht, nicht auszuschließen.
Das Eintreffen der Feuerwehr am Einsatzort und die Vornahme eines Löschangriffs innerhalb von 120 Sekunden dürfte fast in den meisten Fällen unmöglich sein. Die Forderung nach wirksamer Verbesserung der Einsatzmöglichkeiten bei Flugzeugbränden muß sich daher zunächst auf folgende Gebiete konzentrieren:

1. Verbesserung der Brandschutzmaßnahmen im Flugzeug durch bauliche und konstruktive Maßnahmen.
2. Verbesserung der Löschmittel in ihrer Wirksamkeit und in ihren Anwendungsbereichen.
3. Verbesserung der Löschfahrzeuge und Geräte für die Brandbekämpfung.
4. Neubearbeitung von Richtlinien und Vorschriften.
5. Intensivere, praxisnahe Brandschutzforschung.

Eine nüchterne Betrachtung der Einsatzgegebenheiten läßt klar erkennen, daß nur mit einer Verbesserung der Leistungsfähigkeit der Löschfahrzeuge die Aussichten auf eine erfolgreiche Brandbekämpfung bei Flugzeugaufschlagbränden nicht voll erfüllt werden.
Die Feuerwiderstandsdauer eines Flugzeugrumpfes von nur knapp zwei Minuten erfordert Löschmaßnahmen, die in dieser kurzen Zeit zu realisieren sind — aber unter weitgehender Abkehr von konventionellen Brandbekämpfungs-Vorstellungen.
Es sollen die technischen Möglichkeiten einer Brandbekämpfung mit Löschraketen aufgezeigt werden, die nach dem derzeitigen Stand der Technik bereits durchführbar sind. Dieses vom Verfasser gemeinsam mit der Fa. Honeywell entwickelte Löschsystem wurde von Theoretikern als ein Produkt der technischen Phantasie eingestuft und stattdessen Vorschläge unterbreitet, deren Durchführung fast unüberwindbare Schwierigkeiten entgegenstehen wie eingehende Berechnungsdaten ergaben.
Eine zeitliche Gegenüberstellung des Verlaufes eines Einsatzes bei einem Flugzeugbrand im Flughafen-Nahbereich ergibt den Beginn des Löschangriffes mit Raketen bei einer angenommenen Entfernung von ungefähr 2500 m bereits nach einer Zeit von 42 Sekunden, während Löschfahrzeuge erst nach etwa 270 Sekunden im Einsatz sind.
Die Einstellung der Werfergestelle und die Auslösung des Löschmittelabwurfes im Fluge der Rakete wird von dem Abschluß durch einen Digitalrechner berechnet, dabei kann die Löschmittelmenge entsprechend ihrer

optimalen Wirkung konzentriert oder gestreut werden. Die hierfür nötigen Raketen sind ebenso bereits vorhanden wie die Raketenabschußgestelle, die ballistischen Rechnung und die elektronisch gesteuerten Auslösegeräte zur Einleitung des Löschmittelabwurfes im Fluge.
Die Flugbahn der Rakete führt über den Brandherd hinweg. An einer ebenfalls vom Rechner berechneten Stelle der Flugbahn löst der vorher programmierte Zeitzünder die Öffnung des Nutzlastkopfes und den Ausstoß der Löschmittelbehälter aus, welche dann in der beschriebenen Weise abgebremst werden und auf den Brandherd fallen.
Die Feuerwehr ist mit einem Leitstand ausgerüstet, der mit Vorteil in einem eigenen Beobachtungsturm untergebracht ist. Dieser Leitstand enthält eine kartografische Darstellung des gesamten Start- und Landefeldes mit Einteilung in Koordinaten.

Das System, Flugzeugbrände mit vorhandenen Kleinraketen zu bekämpfen, bietet bei erträglichen Kosten die Möglichkeit einer schnellen Verwirklichung. Wissenschaftler und Brandschutzfachleute sollten gemeinsam praxisnahe zusammenarbeiten, um den starken Rückstand in der Brandschutztechnik auszugleichen. Die heute bereits in anderen Gebieten der Technik erworbenen Kenntnisse zeigen dabei klar und eindeutig, daß diese Möglichkeiten vorhanden und keine Utopie mehr sind.

Wir müssen im Brandschutz von traditionsbehafteten Vorstellungen abrücken und neue Brandschutztechnologien verwirklichen.«

Das Damoklesschwert

Vor einiger Zeit stießen über der Innenstadt von New York-Brooklyn eine viermotorige DC-8 und eine Boeing 707 zusammen. Keiner der Insassen hat das Unglück überlebt. Die DC-8 stürzte mit sechsundsiebzig Fluggästen und siebenköpfiger Besatzung auf Brooklyn herunter, während die Boeing mit fünfundvierzig Menschen auf Staten Island fiel.
In Brooklyn sah es aus wie nach einem Luftangriff. Die Flugzeugtrümmer waren über einen ganzen Häuserblock verteilt. Binnen kurzem standen mehrere Häuserzeilen in Brand. Sie waren ausgiebig mit brennendem Kraftstoff besprüht worden. New Yorks Feuerwehr, Ambulanzdienst und Polizei hatten Großalarm. Ganze Straßenzüge mußten abgesperrt werden.
Die Duplizität der Ereignisse brachte zweiundzwanzig Stunden später eine zweite schwere Flugzeugkatastrophe mit ähnlichen Folgen. Eine zweimoto-

rige Convair-Transportmaschine der amerikanischen Luftwaffe stürzte in die Innenstadt von München. Das war der Hergang:
»Maschine unklar, linker Motor ausgefallen ... Versuchen Rückkehr zum Flugplatz!« meldet sich kurz nach dem Start die Convair 340 beim Kontrollturm München-Riem. Wenig später streift die rechte Tragfläche des Flugzeugs im Nebel das Kreuz vom Hauptturm der St.-Pauls-Kirche an der Theresienwiese. Ein Stück Tragfläche bricht ab und stürzt mitsamt Turmtrümmern auf ein Wohnhaus, auf Passanten und Pkws. Die havarierte Maschine kommt ins Trudeln, verliert schnell an Höhe und gerät zwischen die Häuserreihen in Richtung Hauptbahnhof. An der Ecke Bayerstraße/Martin-Greif-Straße streift sie nochmals ein Haus und verliert dabei die linke Tragfläche vollends. Das herausbrechende linke Triebwerk prallt gegen den Anhänger einer entgegenkommenden Straßenbahn der Linie 10. Durch die zertrümmerten Fenster ergießt sich ein Großteil vom Tankinhalt der linken Tragfläche ins Wageninnere. Die Maschine selbst zerschellt explodierend an einer Mauer.
Die abgerissene Straßenbahn-Oberleitung hat sofort den ausgeflossenen Kraftstoff gezündet und die Straße streckenweise in eine Feuerhölle verwandelt. Schreiend versuchen die Menschen, aus dem überfüllten, hell brennenden Straßenbahnanhänger zu entkommen. Das gelingt aber nur noch vier Personen, die alle schwere Verbrennungen davontragen.
Die Münchner Feuerwache 5 ist sofort nach dem Notruf der Convair gemäß eingeübter Alarmrolle »Bereitstellung Flugplatz Riem« mit Tanklöschfahrzeug, Drehleiter, Rüstwagen, Schlauchwagen, Unfall- und Arztwagen ausgerückt. Die Feuerwehr nimmt folgerichtig an, daß die Maschine in Riem eine Notlandung vornehmen wird. Als sie nun plötzlich unweit des Hauptbahnhofes abstürzt, wird Zug 5 sofort über Funk umgeleitet. Gleichzeitig wurde die Hauptwache Sendlinger Tor mit allen Kräften alarmiert, dazu die Feuerwachen zwei und sechs sowie fünf Löschgruppen der Freiwilligen Feuerwehr. Leider sind im Handumdrehen alle Straßen von Neugierigen verstopft, zumal an diesem letzten verkaufsoffenen Samstag vor dem Weihnachtsfest. Dennoch trifft schon drei Minuten nach der Absturzmeldung der zuerst ausgerückte Löschzug der Hauptfeuerwache an der Unfallstelle ein. Den Männern bietet sich ein entsetzlicher Anblick. Sofort beginnt das Sonderlöschfahrzeug den Schnellangriff mit vier Pulverrohren, wobei tatsächlich binnen Sekunden die den Anhänger umgebende Brandfläche abgelöscht wird. Nun wird es zur grausigen Gewißheit, daß alle im Waggon verbliebenen Menschen lebendig verbrannt sind. Auch zwei Personenkraftwagen neben der Straßenbahn enthalten nur noch verkohlte Leichen.
Das Tanklöschfahrzeug bringt sofort ein Schaum- und ein C-Rohr vor, um

die brennenden Flugzeugteile abzudecken. Nach einer halben Stunde ist auch dieses Großfeuer unter Kontrolle – bis auf den Elektronbrand des linken Triebwerkes, der erst allmählich mit trocknem Sand abgelöscht werden kann. Es gibt aber, neben dem Straßenbahnanhänger und dem Flugzeugwrack, noch einen dritten Schwerpunkt, der sofortige, intensive Löschanstrengungen der abermals verstärkten Feuerwehrkräfte notwendig macht: beim Absturz der Convair ist ein Reifenlager in Brand geraten. Der Angriff gegen dieses Großfeuer erfolgt so schnell und umsichtig, daß das darüber befindliche Wohnhaus gerettet werden kann.

Um 14.12 Uhr hatte die Zentrale der Feuerwehr München die Unglücksmeldung erhalten, und schon 14.41 Uhr kann der Oberbranddirektor über Funk melden: »Feuer in der Gewalt!« Schon gegen 15.00 Uhr beginnen zwei Löschgruppen mit den Vorbereitungen zur Leichenbergung, und um 18.00 Uhr sind alle Nachlösch- und Aufräumungsarbeiten beendet. Die sehr schwierigen Arbeiten bei der Bergung und Identifizierung der zwischen den Flugzeugtrümmern befindlichen Leichen geht noch stundenlang weiter, zuletzt bei Flutlichtbeleuchtung, die zwei Beleuchtungsanhänger der Feuerwehr und eine als Lichtmast hergerichtete Drehleiter liefern. Der verbrannte Straßenbahnanhänger wird vom Fünfzehn-Tonnen-Kran der Feuerwehr auf einen Bundesbahntieflader gehoben und mitsamt seiner Elendsfracht zum Ostfriedhof abtransportiert.

Insgesamt sind bei dem Absturz sechstausend Liter Benzin brennend ausgelaufen, mitten in München. Einer der Feuerwehrleute hat seine eigene Schwester unter den 52 gräßlich verstümmelten Todesopfern entdeckt, unter denen sich auch dreizehn Austauschstudenten und -studentinnen der Universität von Maryland befinden. Sie saßen in der Unglücksmaschine.

Für die Münchner Feuerwehr ist es bereits das dritte Flugzeugunglück. Drei Jahre vorher raste ein zweimotoriges britisches Flugzeug beim Start in ein Haus. Es gab dreiundzwanzig Tote, vorwiegend Fußballer der Mannschaft von Manchester United. Monate davor hatte ein jugoslawisches Verkehrsflugzeug nach Ausfall aller Instrumente den Flughafen verfehlt und war beim Landen in bewohntes Gelände geraten.

Dabei hat der Luftverkehr einen hohen Sicherheitsgrad erreicht. Verkehrsflugzeuge lassen sich gefahrloser benutzen als jedes Kraftfahrzeug. Aber die Feuerwehren können sich leider nicht in Sorglosigkeit wiegen. Über jeder Stadt und über jedem Dorf hängt heute das Damoklesschwert einer Flugzeugkatastrophe nach dem Muster von Brooklyn oder München.

In Düsseldorf streifte 1958 eine viermotorige DC-4 ein Wohnhausdach und stürzte brennend ins Gartengelände eines Häuserblockes: acht Tote. Zum Glück hatte die Maschine keine Fluggäste. Fünf Jahre davor zerschellte in

Düsseldorf-Lohausen ein zweimotoriger Elizabethan-Clipper nach dem Start. Und die Feuerwehr Frankfurt registrierte: 1952 Absturz einer holländischen Maschine kurz vor dem Flughafen: fünfundvierzig Tote. 1953 erfolgte der Absturz einer belgischen Maschine über dem Waldgebiet von Kelsterbach bei Frankfurt: vierundvierzig Tote.
Das waren leider nicht die einzigen schweren Flugunfälle. Mehr darüber auf der nächsten Seite 233.

Freiwillige Feuerwehren auf Flugzeugsuche

Längst ist die gute alte Zeit vorüber, in der so manche Dorffeuerwehr als Quelle der Erheiterung und Zielscheibe des Spottes herhalten mußte.
In Wirklichkeit rücken heute auch die Dorfwehren binnen drei bis fünf Minuten aus. Tagsüber wird der Feueralarm mit der Luftschutzsirene, nachts in der Regel als Stiller Alarm über die Weckerlinie der Feuerwehrdienstleitung gegeben. Als Löschgerät ist im Mindestfalle ein treckergezogener Tragkraftspritzenanhänger (TSA) vorhanden, immer häufiger sogar ein schnelles und zweckmäßiges Tragkraftspritzenfahrzeug (TSF) vom Typ Kombi-Transporter, zum Teil sogar mit Schlauchanhänger. Viele Landgemeinden verfügen sogar über ein eigenes Löschfahrzeug mit eingebauter Hochdruckkreiselpumpe. Bevorzugt ist die Bauart LF 8. Bei den für Nachbarschaftshilfe in den Landkreisen eingerichteten Stützpunktfeuerwehren sind längst große Tanklöschfahrzeuge TLF 16 stationiert, wenn nicht sogar ganze Löschzüge. In Bayern, Hessen, Nordrhein-Westfalen und Niedersachsen gibt es außerdem komplette Notstandszüge der Feuerwehr, sie sind über das ganze Landgebiet verteilt. Sie sind für alle in Frage kommenden technischen Hilfeleistungen und Katastropheneinsätze ausgerüstet, also mit Motorsägen, Hebezeugen, Bergungswinden, Schneidbrennern, Trennscheiben, Brechwerkzeugen, Kraftstromaggregat, Flutlichtscheinwerfern und Wasserrettungsgeräten. Nach und nach wird ganz Deutschland mit einem dichten Netz von Stützpunktfeuerwehren und Notstandszügen überzogen. Schon die Gefahren des Straßenverkehrs zwingen einfach dazu.
Die Wehrführer, Brandmeister und Maschinisten aller Freiwilligen Feuerwehren Deutschlands haben auf ihrer zuständigen Landesfeuerwehrschule eine straffe, erstklassige Fachausbildung erhalten. Sie sind keine Löschdilettanten mehr wie jene zu Großvaters Zeiten. Auch die Berufsfeuerwehren betrachten heute die kleinen, schlagkräftigen Wehren mit Respekt.
Eine der zusätzlichen Aufgaben der Freiwilligen Feuerwehren liegt auf dem Gebiet des Such- und Rettungsdienstes für Luftfahrzeuge. Immer wieder werden Sportflugzeuge, Düsenjäger, Hubschrauber vermißt. Immer wieder

auch können Unglücke geschehen wie 1955, als über dem Schwarzwald zwei amerikanische Transportflugzeuge kollidierten. Dabei gab es 67 Todesopfer. Eindringlich genug waren auch die Lehren, die der Absturz einer brennenden tschechoslowakischen Turboprop-Verkehrsmaschine vom Typ IL-18 bei Oberrüsselbach in der Fränkischen Schweiz erteilt hat. Dieses Unglück kostete nicht weniger als zweiundfünfzig Menschenleben. Die Trümmer der Maschine lagen zwei Kilometer weit verstreut. Sie hatten tausend Quadratmeter Wald mit in Brand gesetzt. Die Freiwilligen Feuerwehren griffen mit Bravour an und wurden mit allen Folgebränden fertig, hatten aber keine technischen Mittel, um auch die Höllenglut der brennenden Flugzeugtrümmer selbst abzulöschen. Das gelang erst der nach anderthalb Stunden Fahrt eintreffenden Berufsfeuerwehr Nürnberg. Sie brachte die entsprechende Spezialausrüstung mit.

In unklaren Fällen verständigen die Flugsicherungsleitstellen und das Bundesamt für Luftaufsicht in Frankfurt alle in Frage kommenden Bereichssuchstellen für vermißte Flugzeuge. Jedes deutsche Bundesland hat eine solche Dienststelle, die dem Innenministerium untersteht. Diese Bereichssuchstelle hält Kontakt mit allen deutschen und alliierten Luftwaffen-Verbindungsstellen. Sie verständigt bei Vorliegen einer Vermißtenmeldung alle in Frage kommenden Dienststellen der Landespolizei, die nun die Freiwilligen Feuerwehren einschließlich der Notstandszüge alarmiert. Ebenso werden Krankenhäuser, Ärzte, Bereitschaftspolizei, Bundesgrenzschutz, DRK bzw. Bergwacht, Technisches Hilfswerk, die nächst gelegenen Flugplätze, Fliegerhorste und Garnisonen, schließlich die Forstbehörden und die Deutsche Lebensrettungsgesellschaft verständigt.

Es liegt auf der Hand, daß bei einem so gut eingespielten Alarmsystem und bei schnell in Gang kommender intensiver Suche auch im menschenleeren Solling, im Bayrischen Wald oder in den Alpen die vermißte Maschine bald aufgefunden wird. Freiwillige Feuerwehren haben dann die Aufgabe, alle etwa brennenden Trümmer, Geländestreifen und Waldstücke abzulöschen. Sobald alle Insassen des Flugzeuges geborgen sind, stellen sie Bordpapiere, Fracht und Gepäck sicher und sperren mit der Polizei zusammen die Unfallstelle ab. Dabei beziehen sie alle verstreuten Trümmer in die Absperrung mit ein. Der Ermittlung wegen darf möglichst nichts verändert werden.

Oft genug müssen die Freiwilligen Feuerwehren aber nicht nur bei Flugzeugsuche und Trümmer-Nachlöscharbeiten eingreifen, sondern auch unmittelbar nach dem Absturz und bei der Pilotenrettung tätig werden.

Die Zweibrücker Feuerwehrleute zum Beispiel haben Routine auf diesem Gebiet. Bereits 1961 zählten sie den fünfzehnten Flugzeugabsturz in ihrem Einsatzraum nach dem Krieg.

Ein Beispiel für viele: Vor ein paar Jahren stießen im Luftraum über Contwig zwei kanadische Düsenjäger zusammen. Sie fingen Feuer und stürzten ab. Die Freiwillige Feuerwehr Zweibrücken mußte in zwei Abteilungen ausrücken, denn die Maschinen kamen an verschiedenen Stellen herunter. Die eine stürzte brennend in den Zweibrücker Stadtteil Niederauerbach, genau auf die Bundesstraße 10. Minuten vorher wimmelte es dort noch von Passanten. Es war gerade Schichtwechsel gewesen. Wunderbarerweise war im Augenblick des Aufschlages die B 10 menschenleer. Ein Wohnhaus wurde allerdings erheblich beschädigt und eine Frau mit ihrem Kind verletzt. Ein schneller, gezielter Schaumangriff löschte in kurzer Zeit die Flugzeugtrümmer und die Brandnester des Hausdaches ab.
Die andere Abteilung hatte einige Mühe, an ihr Flugzeugwrack heranzukommen, denn es fiel in den Wald beim Bohmbacher Hof. Die Löscharbeiten wurden erheblich erschwert, da beinahe unausgesetzt Munition von den Bordwaffen der Maschine explodierte. Aber, wie gesagt, die Zweibrücker Freiwilligen haben Routine. Sie wurden auch mit diesem Gefahrenherd schnell fertig.

Auch die Freiwilligen Feuerwehren von Fürstenfeldbruck und Umgebung sowie in der Nachbarschaft aller anderen Großfliegerhorste und Fliegerschulen könnten getrost als Lehrmeister für Flugzeugkunde fungieren. Vor allem Düsenjäger kennen sie besser, als ihnen lieb ist. Diese Männer wissen, wie man sich aus dem Schußbereich der Bordkanonen und Raketenwaffen eines Wracks herauszuhalten hat und trotzdem schnell an die Feuerlöschöffnungen des Rumpfes herangelangt. Ihnen ist geläufig, daß sogar ein toter Pilot noch auf den Waffenauslöseknopf kippen und eine Schußfolge auslösen kann. Sie besitzen die nötigen Kenntnisse, wie man die Notauslösung eines Kabinendaches betätigt. Sie haben mit ihren Feuerwehrbeilen schon manche Noteinbruchstelle aufgeschlagen, und sie kennen sich mit Schleudersitzen aus.

Immer wenn der Flugzeugführer sich nicht mehr herauskatapultieren konnte und verletzt oder aber tot in seinen Gurten hängt, dann lösen ihm Feuerwehrleute vorsichtig die Hände von den Handgriffen der Katapultanlage und trennen kurzerhand mit Kabelschere oder Bolzenschneider den Katapultschlauch hinter dem Kopfteil des Pilotensitzes durch. Erst dann öffnen sie die Gesichtsplatte vom Pilotenhelm, lösen alle Zuleitungen zum Druckanzug, die Sitzriemen und Schultergurte und heben den verunglückten Flugzeugführer vorsichtig heraus.

Über allen Wipfeln ...

Die Freiwillige Feuerwehr von Traunstein/Obb. hat zweimal hintereinander besondere Husarenstücke fertiggebracht. Flugschüler der Alpensegelfliegerschule Adental bei Unterwössen hatten den Landeplatz verfehlt und saubere Baumlandungen gebaut. Sie hingen nun mit ihrer Kiste hoch in den Wipfeln und riefen um Hilfe. Wer sollte ihnen helfen, wenn nicht die Traunsteiner Feuerwehr? Beide Male steckten die Maschinen in etwa achtzehn Meter Höhe, das war gerade richtig für die Drehleiterlänge von zweiundzwanzig Meter. Aber bringe erst mal einer die DL 22 in den Wald und an die Bäume heran!

Aber es gelingt beide Male reibungslos. Die Stützspindeln werden fest unterlegt. Und nun werden die Flugzeuge zuallererst gesichert, damit sie nicht während der Bergungsarbeiten abstürzen. Ein heftiger Windstoß könnte das sofort bewirken! Mehrere Hakengurte von Feuerwehrleuten werden zusammengeschnallt. Sie ergeben eine recht stabile Bandage, die nun vorsichtig von der Drehleiter aus um den Flugzeugrumpf herumgelegt wird. Nun werden zwei sehr lange, starke Seile zu den Flügelverstrebungen geführt und an deren Beschlägen befestigt. Man merkt eben gleich, daß der stellvertretende Feuerwehrkommandant von Traunstein selbst aktiver Segelflieger ist!

Jetzt werden die Seile über die Leiter nach unten verlegt und starke Haltemannschaften zum Festhalten an diese Seile beordert. Die Leiter selbst wird oben und in der Mitte mit vier Halteleinen verankert. Dann wird die Leiter auf volle Länge ausgefahren, sie hält das Flugzeug von oben her fest.

»Dös kemma fei nit machen, dös giabt so a g'scherten Ruck, daß es schnakkelt!« meint einer der jungen Feuerwehrleute besorgt, als nun die Einsatzleitung Befehl gibt, alle Bäume umzusägen, auf denen die Maschine sitzt.

»Halt dei Maul, Bazi!« heißt es in bajuwarischer Herzlichkeit. »Du staubiger Bruder kriagst den Nobelpreis, Hiasl, dummer! Moanst, mir san blöd?«

Nein, blöde sind die beiden Feuerwehrkommandanten von Traunstein ganz und gar nicht. Sie wissen sehr wohl, daß es um ihre Drehleiter geschehen ist, daß sie unweigerlich abknickt, falls die Umlastung der Maschine von den Baumkronen auf die Leiter etwa zu plötzlich erfolgt. Darum haben sie sich die Reihenfolge sehr wohl überlegt, in der sie die Bäume einzeln in bestimmter Höhe absägen und dann über ihren stehenbleibenden ›Stock‹ langsam umknicken lassen. Butterweich, ohne jede Erschütterung, kommt das Flugzeug nach und nach frei, bis es mit der Nase nach unten allein an den Haltetauen hängt. Nun fieren die Haltemannschaften die Zugseile behutsam Hand über Hand über die gut gesicherte Leiter abwärts.

Die Hamburger Feuerwehr darf sich rühmen, mit dem ungewöhnlichsten Flugzeugunglück Deutschlands fertig geworden zu sein. Vor Jahren rammte ein Sportflugzeug bei dichtem Nebel den Riesengasometer an der Ausschlägerallee von Hamburg-Rothenburgsort. In einer Höhe von fünfundachtzig Metern durchstieß die Maschine die Gasometer-Stahlwand. Zum Glück war der Behälter nur zum Teil mit Leuchtgas gefüllt. Seine Abschlußscheibe, die bewegliche Decke des Gasraumes, lag sechsundvierzig Meter unterhalb der Einschlagstelle des Flugzeugs. Sonst hätte sich eine Katastrophe ereignet.
Beim Aufprall waren beide Tragflächen sowie das Fahrgestell der Maschine abgesplittert und außen heruntergestürzt. Motor, Benzintank und Ölbehälter hatte es beim Aufprall nach vorn herausgerissen. Sie waren ins Gasometerinnere gefallen. Dabei wurden sie tangential gegen die Gasometerwände geschleudert. Sie drehten beim Absturz, mehrfach abprallend, eine Spirale. Gegen alle Wahrscheinlichkeit durchschlug auch der schwere Motor die Gasbehälterdecke nicht, was wiederum furchtbare Folgen gehabt hätte. Er prallte so glücklich ab, daß er haargenau auf ein Beton-Belastungsgewicht der Abschlußscheibe fiel. Und so ein Klotz hält allerhand aus.
Jetzt sitzt der Flugzeugrumpf im Innern des Gasometers, nur aufgestützt auf einem hineingebogenen Stahlblechlappen. Er droht jeden Augenblick abzukippen. Nur der Schwanz mit dem Seitensteuer ragt noch nach draußen. Der Pilot hängt schwerverletzt in den Gurten.
Der erste eintreffende Löschzug gibt sofort Vierten Alarm. Der Wachvorsteher erkennt, daß höchste Gefahr besteht. Wehe, wenn jetzt der labil aufsitzende Rumpf der Maschine abkippt, nach innen fällt und dann die Gasometerscheibe durchschlägt! Dann erfolgt die Explosion doch noch.
Mehrere Feuerwehrleute klettern sofort ins Dachgespärre des Gasometers und lassen auf der Innenseite Fangleinen zu der einundzwanzig Meter tieferen Unfallstelle hinunter. Ein Freiwilliger wird aus hundert Meter Höhe an der Außenwand abgeseilt (!). Er erreicht schließlich das Einschlagloch und kriecht vorsichtig ins Gasometerinnere. Dort bindet er sich in eins der vom Dach heruntergelassenen Seile ein und schwebt daran frei in den Raum!
Der Beamte bringt es fertig, den Flugzeugrumpf mit Hilfe der anderen Seile provisorisch zu sichern. Das ist eine halsbrecherische, strapaziöse Arbeit, denn der Mann hat praktisch keinerlei Haltepunkt für sich selbst. Er erkennt sehr wohl, daß die festgeknoteten Taue noch nicht genügen. Darum haben die Kameraden inzwischen ein Sprungtuch zum Gasometerdach emporgeschleppt. Es wird an zahlreichen Fangleinen befestigt und vorsichtig zu dem Flugzeug hinuntergelassen. Es gelingt tatsächlich, die Maschine damit fest zu

unterfangen. Die Halteleinen des Sprungtuches werden fest an den Dachbindern aufgehängt.
Nach vier Stunden schwerster, lebensgefährlicher Arbeit seines Retters und der assistierenden Kameraden kann der verletzte Pilot endlich befreit, in eine Marinetrage oder Transporthängematte eingeschnürt, durch die Einbruchstelle nach draußen gezogen und zur Ringplattform emporgeholt werden.
Bei der Zentrale trifft wenig später die knappe Rückmeldung ein: »Pilot geborgen!«
Dreizehn Feuerwehrleute und mehrere Gaswerkangestellte erhalten eine besondere Belobigung. Der Feuerwehrmann aber, der als Trapezkünstler unter der Gasometerkuppel schwebend den Löwenanteil an dieser ungewöhnlichen Rettungsaktion hatte, wird vom Polizeipräsidenten gleich auf dem Gasometer zum Oberfeuerwehrmann befördert.
Aber die Arbeit ist noch nicht zu Ende. Es muß ja noch der Flugzeugrumpf geborgen werden. Das erfordert umfangreiche Vorarbeiten, die man bei Einbruch der Dunkelheit unterbricht.
Abends gibt es wieder Alarm: Die sogenannte Scheibentasse, der hydraulische Dichtungsring der Gasometerscheibe, ist undicht geworden. Die Meßgeräte zeigen ein starkes Ausfließen der Dichtungsflüssigkeit an. Ein Zug Feuerwehr befährt darum mit schweren Atemschutzgeräten die große Scheibendecke. Jetzt sind Gasausströmungen zu befürchten. Bald finden die Feuerwehrleute die Ursache: Holzstücke von dem zertrümmerten Flugzeug haben sich beim Aufwärtsgang der Scheibe in die Dichtung eingeklemmt. Der Schaden wird sofort behoben, die Scheibentasse mit neuer Dichtungsflüssigkeit aufgefüllt.
Am nächsten Morgen seilen die Feuerwehrleute in dreistündiger Arbeit mit Taljen oder Flaschenzügen den Flugzeugrumpf auf die Gasometerscheibe ab. Schließlich wird der Gasometer nach und nach entleert, wobei die Flugzeugreste mit diesem Extra-Lift nach unten fahren. Dort können sie schließlich ohne Schwierigkeiten weggeräumt werden.
Der verunglückte Pilot wird ein paar Wochen später geheilt aus der Klinik entlassen.

Eisenbahnunfälle

»Alle verfügbaren Rettungswagen . . .«

Auch das geschah noch vor Einrichtung der neuen Feuerwehrzentrale: Um zweiundzwanzig Uhr neununddreißig schlagen auf unserer Hauptfeuerwache die Alarmglocken an. Polternd fällt die Rohrpostbombe mit der Depesche in die Auswurfmulde.
Binnen fünfzig Sekunden ist unser Zug samt Rüstwagen, Rüstanhänger und beiden Rettungswagen ausgerückt, denn die Alarmmeldung lautet: »S-Bahn zusammengestoßen Berliner Tor Nähe Wendenstraße!«
Die Fahrer fluchen nicht schlecht, denn draußen herrscht Nebel. Stellenweise ist der Verlauf der Straße kaum zu erkennen.
Nein, am Bahnhof Berliner Tor ist nichts zu sehen und nichts zu hören. »Sofort weiterfahren zum Weichenkreuz Anckelmannplatz!« kommandiert Oberbrandinspektor Bickel, unser Wachvorsteher. Aber auch dort ist nichts auszumachen. Diese verdammten ungenauen Ortsangaben von aufgeregten Menschen, die die Feuerwehr alarmieren!
Bickel ist für seine Impulsivität bekannt. Ihm kann die Fahrt zum Einsatzort nie schnell genug gehen. Jetzt schlägt er mit der Faust auf das Bord über dem Funkgerät und poltert: »Zwecklos! Sofort Bogen schlagen, fort hier. Direkt zur Wendenstraße durchstoßen!«
Gehorsam setzt sich der ganze Konvoi wieder in Bewegung.
»Herr Oberinspektor! Dort gibt jemand Lichtsignale!« ruft schließlich der Maschinist. Tatsächlich! Bei der Mittelkanal-Brücke werden auf dem sieben Meter hohen Bahndamm kreisend Lampen geschwenkt.
Wie gelernt, reißt beim Absitzen jeder die Geräte aus den Fahrzeugfächern, die beim Stichwort Eisenbahnunglück mitzunehmen sind: neben Kübelspritze, Vorlegeschlauch, Handfeuerlöschern vor allem Brecheisen, Äxte, Schneidbrenner, Asbestdecken, Sanitätskasten, Werkzeugkasten, Fackeln. Außerdem nehmen diesmal gleich alle Mann Fangleinen und Beleuchtungsgeräte mit. Keuchend kraxelt unser Zug über den rutschenden Sand und Schotter die steile Bahndammböschung empor. Dabei schlägt ihm entgegen, was der Lärm der Fahrzeugmotoren zunächst übertönt hatte, ein hundertstimmiges, markerschütterndes Schreien, Weinen, Hilferufen.

Wie Nachtmahre stürzen den Feuerwehrleuten auf der Dammkrone völlig zerschundene, blutüberströmte Gestalten entgegen, vernehmungsunfähig, mit irrem Augenausdruck. Sie stehen unter Schockwirkung. Die Feuerwehrleute werfen ihre Geräte hin und fangen einige dieser armen Teufel auf, die ihnen mit letzter Kraft, schwer verletzt, entgegengetaumelt sind.
Hastig werden Krankentragen nach oben beordert. Fangleinen, im ›Schwalbennest‹ wie Bindfadenknäuel aufgewickelt, schwirren nach unten. Sie dienen als provisorische Haltetaue, ohne die niemand eine Trage die steilen Dammböschungen hinuntertransportieren könnte.
Oberinspektor Bickel und der Melder sind sofort zur eigentlichen Unfallstelle weitergerannt. Ihnen stockt jetzt der Atem. Der Lichtkegel ihrer Handscheinwerfer enthüllt ein Bild, wie es selbst Bickel in derartiger Grauenhaftigkeit weder im Krieg noch im Frieden je gesehen hat – nicht einmal er, der doch dreißig Jahre Großstadt-Feuerwehrdienst hinter sich hat!
Die beiden Feuerwehrleute stehen vor einem vollständig zertrümmerten S-Bahn-Triebwagen: Stirnwand, Führerstand, Abteiltrennwände, Sitzbänke und Menschenleiber – ein unentwirrbares Knäuel von Blech, Stahlträgern, Hölzern – sind im Wageninnern wie von einer Schrottpresse zusammengestaucht worden. Das Bild ist zu unwirklich. Eine Höllenvision.
In den zertrümmerten Fenstern hängen zuckende Körper, schmerzverzerrte Gesichter und blutige Überreste zerfetzter Menschen. Das Fortissimo von Geschrei, Wimmern und Röcheln ist aus der Nähe so unerträglich, daß sich Bickel die Ohren zupressen möchte. Aber er hat dazu keine Zeit. Auch der Oberbeamte vom Feuerdienst, Oberbrandrat Dipl.-Ing. Berling, ist herbeigerannt und umkreist dieses Inferno von Elend. Berling war noch in derselben Minute ausgerückt wie unser Zug.
Auf sein Geheiß hin stolpert, rutscht und purzelt jetzt der Melder zum Funkgerät des Tanklöschfahrzeugs: »Von Zug acht — alle verfügbaren Rettungswagen anrücken nach Unfallstelle Wendenstraße! Zweiter Alarm!«
Zusammen mit unserem Zug waren ohnehin sofort Zug siebzehn, ein Schaumtankfahrzeug, der Werkstattzug mit Stromanhänger sowie ein Großraumkrankenwagen oder Krankenbus ausgerückt. Sie dürften jeden Augenblick auftauchen. Und jetzt nimmt ein ganzes Geschwader von Rettungswagen und Krankenwagen die Sternfahrt hierher auf.
Berling und Bickel setzen ihre Lageerkundung fort, während ihnen noch immer, nach kurzen Gehversuchen, mit inneren Verletzungen zusammenbrechende S-Bahn-Insassen vor die Füße fallen. Andere werden von Feuerwehrleuten behutsam aus den Türen gezogen. Es wird überall ringsum fieberhaft geborgen, gebettet, weggetragen. Im tastenden Lichtstrahl wird dem Oberbrandrat und dem Wachvorsteher erst allmählich offenbar, was

überhaupt passiert ist. Der S-Bahnzug ist mit hoher Geschwindigkeit auf einen Bauzug geprallt. Der Triebwagen wurde fast dreizehn Meter weit auf zwei riesige, überhängende Doppel-T-Träger aufgespießt, die auf dem Plattformwagen des Brückenbauzuges gelegen hatten. Sie haben fast das ganze Wageninnere wie zu einem Blätterteig zusammengestanzt. Der Triebwagen hat sich über die Träger geschoben wie ein Strumpf übers Bein. Berling registriert kopfschüttelnd, daß das Profil der beiden nebeneinanderliegenden Träger so exakt in den Querschnitt des S-Bahnwagens hineinpaßte wie ein Kolben in seinen Zylinder! Als Diplom-Ingenieur erkennt er eindeutig, daß es unmöglich ist, die beiden Brückenträger etwa mit Lokomotiven wieder herauszuzerren. Die pressende Reibung des aufgespießten und sogar aufgewölbten Triebwagens entspricht einem Druck von mehreren hundert Tonnen. Diese Rettungsaktion wird eine Herkulesarbeit, denn immer bleibt dabei das riesige Trägerpaar im Wege!

Während weiterhin hilfreiche Hände Verletzte aus dem Chaos herausziehen, Schlagadern abbinden, Notverbände anlegen, während Krankentragen hin- und herwechseln und unten auf der Wendenstraße immer neue Rettungswagen heranblitzen und wieder verschwinden, stolpert der Melder erneut zum Funkgerät: »Von Florian acht — Vierter Alarm!«

Auch die Züge sieben und zehn jagen nun durch die Nacht heran. Der Branddirektor und zwei weitere Feuerwehringenieure rücken aus. Oberbrandrat Berling, immer noch begleitet von dem martialischen Chor der Schmerzensschreie, hat seine Lageerkundung beendet. Er besitzt endgültig ein klares Bild vom Ausmaß der Katastrophe, die sich vor zwölf Minuten ereignet hat. Seine Entschlüsse stehen fest. Von Berlings Kommando-Pkw geht ein neuer Funkspruch ab: »Von Florian Hamburg 23 – Schwerster Eisenbahnzusammenstoß. Viele Verletzte, Tote und Eingeklemmte. Weitere Rettungswagen anrücken!«

Fünf Minuten später beordert Berling auch den Rüstkranwagen zur Unfallstelle. Dieser kann zwar selbst nicht auf den Bahndamm vorstoßen, aber sein Starkstromaggregat und seine Großscheinwerfer werden bitter nötig gebraucht.

In der Zentrale war sofort beim Ausrücken der beiden ersten Löschzüge der Alarmplan ›Eisenbahnunfall‹ lückenlos abgelaufen, so daß auch der Bundesbahn-Hilfszug mit Arztwagen, Großaggregat, Schneidbrennern, Hebepressen und anderem Bergungsgerät unterwegs ist. Längst ist der gefährliche Fahrstrom der S-Bahn abgeschaltet und der Verkehr auf dem Gegengleis abgestoppt. Schon zwei Minuten nach dem Alarm hat ein Feuerwehrfahrzeug einen Unfallchirurgen und eine Operationsschwester aus dem Allgemeinen Krankenhaus St. Georg abgeholt und zur Unfallstelle ge-

Oben: Schweres Eisenbahnunglück durch Frontalzusammenstoß der E-Lok eines Personenzuges mit der Diesellok eines Containerzuges. Man beachte den deformierten, rechtwinklig abgeknickten vorderen Personenwagen, aus dem unter größten Schwierigkeiten die Eingeklemmten herausgeschnitten werden müssen! Unten: Gluthitze und Explosionsgefahr nach nächtlichem Unfall eines Kesselwagenzuges.

Neun Tote und vierzig Schwerverletzte birgt die Feuerwehr in stundenlanger Arbeit aus diesem zertrümmerten Waggon.

bracht. Bald rücken weitere Ärzte und Helfer nach. Bahnpolizei, Kripo, Bereitschaftspolizei und eine DRK-Bereitschaft sind auf dem Wege.
Jetzt wimmelt es längst auf dem Bahndamm und unten auf der Straße wie in einem Ameisenbau. Aber das vermeintliche Durcheinander von Feuerwehr und Polizei, im roten Widerschein der Löschzugfackeln und in den Lichtkegeln umherhuschender Handscheinwerfer, hat wohlüberlegtes System. Schon sind große Strecktaue von der Dammkrone zur Straße gespannt, die von Polizisten und hilfswillig herbeigeeilten jungen Leuten gehalten werden. Das Wegbringen aller freiliegenden Verletzten durch Löschfahrzeug- und Rettungswagenbesatzungen, Taxis, Funkstreifenwagen und Privat-Pkw klappt vorzüglich. Es wurde alles aufgeboten, was gerade greifbar war. Sogar der Störungswagen der Feuerwehr-Fernmeldeabteilung betätigt sich als Unfallfahrzeug. Längst ist für alle Kraftfahrzeuge von Feuerwehr und Polizei klar festgelegt und über Funk bekanntgegeben worden: Anfahrt zur Unfallstelle über Heidenkampsweg, Abfahrt nur über Ausschlägerweg. Es gibt keinerlei Stauung. Ein Brandamtmann steuert zügig die Belegung der Rettungswagen und Krankenwagen mit Verletzten. Auch der Zug Admiralitätsstraße ist vorsorglich noch alarmiert worden. Er taucht gerade an der Ecke auf.

Binnen einer halben Stunde sind allein mit Feuerwehrfahrzeugen dreiundfünfzig Verletzte in die Krankenhäuser abgeschickt worden. Jetzt suchen Feuerwehrtrupps noch einmal den Unglückszug und den Bahndamm sorgfältig ab. Es sind tatsächlich alle geborgen bis auf siebzehn eingeklemmte Verletzte, die mit Toten und Wagentrümmern fest ineinander verkeilt sind. Sie stecken sozusagen als kompakte Masse in einem Würfel von zweieinhalb mal einem Meter Grundfläche und knapp zwei Metern Höhe.

Flutlichtscheinwerfer des Eisenbahnhilfszuges und der Feuerwehr, auf Stative gestellt, haben jetzt den Schauplatz des Grauens gleißend hell erleuchtet. Alle weiteren Rettungsmaßnahmen konzentrieren sich jetzt auf diesen Kubus. Immer noch dringen gepreßte Schreie, Stöhnen und Stammeln aus ihm hervor. Der Einsatzleiter der Feuerwehr läßt von drei Seiten gleichzeitig angreifen. Über- und untereinander werkend, rücken Feuerwehrleute mit Brech- und Schneidwerkzeugen dem Unglückszug zuleibe. Rechts schuften vier Mann auf einem nur 80 cm breiten Brückensteg, zehn Meter hoch über dem Mittelkanal. Vom Türeingang her wühlen sich drei bis vier Mann unter allergrößten Schwierigkeiten und Beengungen, von Blut überschüttet, ins Zuginnere vor. Vier bis fünf weitere Feuerwehrleute greifen von der linken Wagenseite, vom Gegengleis her, an. Mehr Platz ist beim besten Willen nicht. Nur ein Dutzend Helfer kann also gleichzeitig an der Befreiung der Eingeschlossenen arbeiten. Diese Männer arbeiten unter schwersten körperlichen Anstrengungen und mit einer seelischen Belastung, die keines Menschen Feder zu schildern vermag.

Sobald sie versuchen, auch nur millimeterweise durch Ziehen, Anheben, Brechen, Schneiden und Sägen etwas zu erreichen, zwingt das verstärkte Stöhnen, Winseln oder Kreischen der nächstliegenden Eingepreßten immer wieder zur Unterbrechung. Die Feuerwehrleute können in diesem Knäuel hinfassen und ansetzen, wo sie wollen. Es geht hier nicht und es geht dort nicht weiter. Immer wieder muß ein neuer Umweg versucht werden.

Auch das Aufschneiden der linken Waggonwand von außen dauert qualvoll lange. Der selbsttragende Stahlblechaufbau des Waggons ist durch eingeschweißte Hohlprofile versteift und trotzt allen herkömmlichen Werkzeugen. Die Elektro- und Preßluftmeißel bleiben völlig wirkungslos, weil das zerquetschte Blech durchfedert. Elektrische Metallsägen sind wegen ihrer Schneidkopfausführung auch nur an glatten Metallflächen ansetzbar. Außerdem haben sie eine zu geringe Schnittiefe. Sogar die für Stahlwände konstruierten Trennschleifer versagen in dem weichen Tiefziehblech, es ist wie verhext. Der Funkenregen der Trennschleifer schließlich ist weder von den Eingeklemmten noch von ihren Rettern zu ertragen. Also bleiben nur die so oft bewährten Schneidbrenner übrig. Ihr winzig kleiner Schneidkopf dringt in jede Ecke und in jede Blechfalte ein, zumal bei Verwendung von Verlängerungsstücken.

Aber das Brennen kann nur in allerkleinsten Etappen erfolgen. Immer wieder werden Eingeklemmte von den Brennerflammen gefährdet. Außerdem fangen Sperrholz, Blechanstriche, Gummi und andere Stoffe in dem festgestampften Trümmerwürfel sofort Feuer. Sie müssen erst von Kübelspritzen abgelöscht werden. Dann und wann riecht es nicht nur nach Azetylen, Schweiß und Blut, sondern sogar nach verbranntem Menschenfleisch, weil Leichenteile hoffnungslos in das Blech hineingestaucht worden sind. Ein Abdecken mit Asbesttüchern ist gar nicht überall möglich.

»So, Kameraden, Ablösung vor! Ihr habt hier genug getan!«

»Schnauze, Leute!« kommt es von drinnen. »Ehe sich andere hier drin überhaupt zurechtfinden ... Wir sind inzwischen ortskundig. Wir machen weiter.«

Dabei können die zollweise vordringenden Feuerwehrleute vor Schweiß, Blut und Erbrochenem kaum richtig sehen.

Draußen tauchen hin und wieder weißgekleidete Chirurgen aus dem Kranz von vielen Feuerwehrhelmen empor. Auf Steckleiterteilen steigen sie in

die deformierten Fensteröffnungen, geben Beruhigungsspritzen und machen Plastik-Infusoren klar, um die Blutersatzflüssigkeit Onkovertin in Schwerverletzte zu übertragen, die vom Entblutungskollaps bedroht sind.
Dann und wann kriechen auch die überanstrengten Feuerwehrleute aus dem Wageninnern zurück; aber sie tun es nur, um den Ärzten den Weg zum Würfel freizugeben, die immer wieder an Ort und Stelle unrettbar eingeklemmte Gliedmaßen amputieren müssen. Einem jungen Manne werden beide zertrümmerten Füße abgenommen, einem blutjungen, hübschen Mädchen der Unterschenkel unterhalb des Knies. Das Mädchen jammert und weint. Mit blutleeren Lippen stammelt und ächzt es immer wieder: »Laßt mich doch bitte, bitte sterben!« Bei einer jungen Frau erlischt trotz allen Bemühungen das Leben, noch während man sie aus den Trümmern zieht. Jetzt erst zeigt sich, daß auch ihr ganzer Unterleib zerquetscht war. Eine andere Frau schreit plötzlich gellend auf: »Wasser, Wasser!« Rotkreuzhelfer reichen sofort Kaffee hinein. Behutsam wird der Becher an ihre Lippen gesetzt. Aber sie schreit immer weiter. Dann bricht das Schreien ebenso plötzlich ab. Die Frau ist für immer verstummt.
Es kommt bestimmt nicht oft vor, daß altgediente Feuerwehrleute im Einsatz weinen. Aber jetzt ist es soweit. Die Nerven streiken einfach. Dieses Grauen hier ist für Menschen nicht mehr erträglich.
Auch auf dem Schotterbett des Bahndammes müssen Notamputationen an herausgezogenen Schwerverletzten vorgenommen werden. Behende huscht das medizinische Hilfspersonal mit den Operationsbestecken und dem Verbandsmaterial hin und her.
Die Bergungsstaffel an der rechten Zugseite ist verhältnismäßig gut vorangekommen. Geschickte Feuerwehrhandwerker konnten hier mit Fischschwanz-Kreuzmeißeln von ihrem eigenen Rüstwagen sowie vom Bundesbahnhilfszug die starken Blech- und Profilpartien durchstemmen. Aber auch das führte noch immer nicht an die Verletzten heran. Erst nach gewaltsamer Entfernung von Toten und von einzelnen Leichenteilen gelingt es, den noch Lebenden etwas mehr Linderung zu verschaffen.
Noch um zwei Uhr nachts geben einige Eingeklemmte Schmerzensäußerungen von sich. Aber ihre nur noch gehauchten Rufe sind kaum noch hörbar. Um drei Uhr verstummen alle Laute gänzlich. Ohnmacht oder Tod haben alle noch nicht befreiten Leidenden gnädig erlöst – bis auf einen älteren Arbeiter, der, inmitten des Trümmerhaufens stehend (!), mit den Beinen eingeklemmt ist. Noch immer harrt er bei vollem Bewußtsein in seiner furchtbaren Lage aus. Stumm und mit großartiger Haltung wartet er fünfeinhalb Stunden lang auf seine Befreiung, weil er nur als letzter herausgeholt werden kann, wenn auch andere noch gerettet werden sollen.

Es sind fünfeinhalb Stunden, die keiner von den hier eingesetzten Feuerwehrleuten je vergessen wird.

Nur ein Stück weiter, von der Polizeiabsperrung mühsam zurückgedrängt, stehen die Besserwisser und Spötter. Jeden Handgriff hätten sie natürlich vollkommen anders gemacht. Überhaupt wären sie spielend und im übrigen zwanzigmal schneller mit dieser ganzen Sache fertig geworden als die lächerlich langsame Feuerwehr. Diese liebenswerten Zaungäste fehlen bei keinem Unglück, es mag noch so schrecklich sein. Sie werden ihre zynischen Kommentare geben, solange und wo auch immer Helfer ihre schwere Pflicht tun. Daß sich dieser Typ Zeitgenosse selbst jemals zur tätigen Hilfe ›herablassen‹ würde, ist kaum zu befürchten.

Die in dieser Katastrophennacht eingesetzten hundertfünfundsiebzig Feuerwehrleute, die Mannschaft des Bundesbahn-Hilfszuges, die Ärzte und Operationsschwestern vom St.-Georg-Krankenhaus, die Helfer des Deutschen Roten Kreuzes und des Arbeiter-Samariter-Bundes, die Polizeibeamten geben her, was Menschen überhaupt zu geben vermögen. Sie meistern gemeinsam die technisch schwierigste Bergungsaktion in der bis dahin neunzigjährigen Geschichte der Hamburger Berufsfeuerwehr.

Und während dieser grauenvollen Stunden stehen junge Mädchen in Tanzkleidern, junge Männer mit Lincoln-Fliege und Röhrenhosen unermüdlich an den Halteseilen. Tatkräftig gehen sie den Rettungsmannschaften zur Hand, besessen von dem Gedanken, helfen zu wollen. Die meisten von ihnen gehören einer Hamburger Tanzschule an. Sie kamen zufällig vorbei. Aber das Grauen hat sie nicht abhalten können, auch Zinksärge, Feuerwehrmulden und Tragen mit verstümmelten Menschen zu bergen. Sie sind Angehörige einer Altersgruppe, die abschätzig als Halbstarke bezeichnet werden, in Wahrheit aber zu einer Jugend gehören, die sich innig nach glaubwürdigen Vorbildern sehnt. Hier auf diesem Bahndamm gibt es für die jungen Leute überhaupt keine Diskussion. Hier erkennen sie ihre Vorbilder – schlichte Menschen, von denen sie bis heute kaum etwas gewußt hatten.

Erst morgens um vier Uhr zehn wird der stehend eingeklemmte, tapfere Arbeiter als letzter Lebender geborgen. Um vier Uhr achtundzwanzig wird auch der letzte tote Fahrgast herausgeholt. Dann beginnen die Feuerwehrleute mit dem Umreißen der zusammengepreßten Triebwagenfront, um endlich auch an den unter der Wagendecke eingequetschten toten S-Bahnführer heranzukommen. Er war vierzehn Meter weit in den Wagen hineingetrieben worden. Sein Fahrpult wird fast am anderen Waggonende aufgefunden. Die Kurbel steht auf Stopp. Der S-Bahnführer muß also im letzten Augenblick die roten Taschenlampen-Haltesignale noch gesehen ha-

ben, die der Rangierer des Bauzuges geistesgegenwärtig noch abgegeben hat, als er plötzlich wider jedes Erwarten die Scheinwerfer einer S-Bahn heranschießen sah.
Der Mann an der Kurbel hat noch Gegenstrom gegeben. Er löste alle Bremsen aus und verringerte wenigstens auf den letzten fünfzehn bis zwanzig Metern die Geschwindigkeit. Viel zu ändern war nicht mehr. Der Aufprall erfolgte mit etwa sechzig Kilometern in der Stunde.
Insgesamt hat das Unglück achtundzwanzig Todesopfer und rund hundert Verletzte gefordert.
Achtundzwanzig Menschen mußten sterben, Dutzende für immer zu Krüppeln werden, nur weil ein Bundesbahn-Obersekretär ein paar Sekunden lang nicht aufgepaßt hat. Er drückte an der Schalttafel seines Stellwerks ›Btb‹ am Berliner Tor eine kleine weiße Taste und stellte damit das Ausfahrtsignal für den S-Bahnzug 3819 auf grünes Licht. Eine Minute später verkündete ein ohrenbetäubendes Krachen und Donnergrollen dem Manne, was er angerichtet hatte. Seelisch vollkommen zusammengebrochen, fanden ihn die Kriminalbeamten später in seinem Stellwerk.
Ein Bahnbeamter, der sechsunddreißig Jahre lang treu, zuverlässig und immer fehlerfrei seine Pflicht erfüllt hatte und von sämtlichen Kollegen besonders hochgeachtet wurde, hatte plötzlich eine unerklärliche Fehlleistung begangen. Er hatte jenen Bauzug einfach vergessen, den er selbst wenige Minuten zuvor höchstpersönlich zum Umsetzen auf das Hauptgleis der Bergedorfer S-Bahnstrecke entlassen hatte! Beim Rangieren gibt es leider keine elektrische Streckenblockierung. Komplizierte Rangierfahrten lassen sich nur mit der Hand steuern. Darum war vorübergehend die automatische Signalgebung der S-Bahnzüge mitsamt der so sicheren induktiven Zugbeeinflussung ausgeschaltet worden.
Menschliches Versagen führte zu Hamburgs schwerstem Eisenbahnunglück. Die Frage nach dem Warum einer derartigen Tragödie, einer von einem so pflichtbewußten Bundesbahn-Obersekretär verschuldeten Katastrophe, macht auch gläubige Menschen verzagt. Sie rührt an die letzten Grenzen menschlicher Erkenntnisfähigkeit.

Alarm-Anruf vor dem Unfall

In der Vermittlung der Freiwilligen Feuerwehr in Landau an der Isar kommt eines Nachts auf Notrufleitung 112 die verblüffende Meldung: »Feuerwehr sofort losfahren, es gibt gleich ein Eisenbahnunglück zwischen Landau und Wallersdorf!«

Der aufgeregte Anruf kommt vom Landauer Bahnhof, wo soeben ein achtzehnjähriger Betriebswärter aus Versehen einen Güterzug auf die Strecke entließ, auf der bereits ein Gegenzug unterwegs war. Es gibt keinerlei Möglichkeit mehr, das Unglück zu verhindern. So tat die Bahnbetriebsleitung das einzig Mögliche: Sie verständigte sofort die Feuerwehr. Gemäß Alarmplan der Deutschen Bundesbahn und der Freiwilligen Feuerwehren werden in solchen Fällen nicht nur alle verfügbaren Löschkräfte aufgeboten, sondern zugleich das Rote Kreuz, die Ärzteschaft und andere Hilfsorganisationen alarmiert.

Wenige Minuten später startet das Tanklöschfahrzeug der Freiwilligen Feuerwehr Landau in die neblige Dunkelheit. Die Feuerwehr Wallersdorf schickt kurz entschlossen ein Beiwagen-Krad mit Feuerlöschern als Schnellangriffsfahrzeug voraus, das auch tatsächlich als erstes an der Unglücksstelle eintrifft. Heller Feuerschein hat ihm ohne Schwierigkeiten den Weg gewiesen. Sofort wird von dem Voraustrupp der Löschangriff auf den brennenden Packwagen begonnen. Kurze Zeit später ist auch das Landauer Tanklöschfahrzeug heran, um den Waggon endgültig abzulöschen.

An der Unglücksstelle ist ein verwirrender Trümmerhaufen entstanden. Aus dem Lokomotivkessel zischt Dampf. Sonst sind nirgendwo Lebenszeichen feststellbar.

»Los, Leute, sämtliche Fackeln aus dem Fahrzeug hierher, gleich anzünden und in den Boden rammen. Der Kradfahrer soll die Ärzte heranführen!«

Jetzt haben die Feuerwehrleute beim Ableuchten den Zugführer entdeckt, der mit einem Fuß eingeklemmt ist und, noch lebend, mit dem Kopf nach unten hängt. Sofort wird er mit einem untergeschobenen Steckleiterteil in die waagerechte Lage emporgehoben. Nun untersuchen die Feuerwehrleute, wo der Schneidbrenner angesetzt werden kann. Es gibt aber an dieser Stelle überhaupt keine Hoffnung. Nicht einmal Dynamit würde die schweren Stahlteile auseinandersprengen können.

»Alles vorbereiten zur Amputation!« ordnet der Feuerwehrkommandant leise an. Sanitätskasten, Decken, Mulden, Gummituch werden bereitgelegt. Einer der Männer zieht schon eine Morphiumspritze auf. Die eintreffenden Ärzte können sofort beginnen.

Der Unfallchirurg braucht Wasser, sehr viel Wasser. Die Feuerwehrleute schleppen es unermüdlich in ihren Helmen herbei. Sie entnehmen es dem Tanklöschfahrzeug. Sechs Eisenbahner sind bei diesem Zusammenstoß auf der Stelle getötet worden. Die Feuerwehr schneidet die Leichen heraus. Das Leben des schwerverletzten Zugführers kann jedoch gerettet werden. Ohne den schnellen Löschangriff der Wehren aus Wallersdorf und Landau wäre er elend verbrannt.

Stichflammen im Speisewagen

Auf der Fahrt von Basel nach Großenbrode schlägt plötzlich im Speisewagen des Italien-Expreß S 211 am hellichten Mittag eine Stichflamme aus dem Boden. Das Personal zieht sofort die Notbremse und versucht, den wohl durch Kurzschluß entstandenen Brand mit Handfeuerlöschern auszukriegen. Aber das gelingt nicht mehr. Das Feuer breitet sich aus.

Der Zugführer stürzt sofort ans Streckentelefon und alarmiert richtigerweise die Freiwillige Feuerwehr der nächstgelegenen Stadt. Es ist Alfeld an der Leine. Inzwischen wurde der Zug hinter dem brennenden Speisewagen schnell abgekuppelt. Der Zugführer springt auf den davorlaufenden Personenwagen auf und gibt dem Lokführer ein Zeichen. Der fährt jetzt mit Höchstgeschwindigkeit davon.

Wie gut, daß es überall Feuerwehren gibt.

Gott sei Dank, das Alfelder Einfahrtsignal zeigt Grün. Das Stellwerk hat gleich richtig reagiert. Die Diesellok wird auf ein Nebengleis geleitet, auf dem die ›fahrbare Brandstelle‹ bereits mit ›großem Bahnhof‹ erwartet wird: Die Freiwillige Feuerwehr Alfeld ist längst mit zwei Löschgruppenfahrzeugen LF 25 und LF 15 erschienen. Die Schlauchleitungen sind schon ausgelegt, die Hydrantenschieber aufgedreht. Sowie der brennende Waggon zum Halten gekommen ist, nehmen die bereitstehenden Löschtrupps das Großfeuer konzentrisch in die Zange. Die Wehr macht Innen- und Außenangriff zugleich. Der eingedrungene Angriffstrupp hat es allerdings in dem brutheißen, engen Wagen und dem starken Qualm sehr schwer. Aber es gelingt den Feuerwehrleuten schließlich doch, das Großfeuer abzulöschen.

Die Feuerwehr Alfeld ist eine ausgezeichnete, schlagkräftige Kleinstadt-Feuerwehr. Sie hat erst vor einigen Tagen von sich reden gemacht, als sie ein nächtliches Großfeuer im Farben-, Lack- und Heizöllager einer Alfelder Drogerie mit einem B- und sechs C-Rohren derart geschickt und schnell in die Zange nahm, daß die Brandstelle aus der bedrohten Nachbarschaft von engstehenden alten Fachwerkhäusern buchstäblich herausgeschnitten werden konnte. Andernfalls wäre eine gehörige Feuersbrunst entstanden.

Beim Zugunglück zwischen Landau und Wallersdorf wie auch beim Speisewagenbrand auf der Alfelder Strecke erwies es sich wieder einmal deutlich, daß die Feuerwehr die einzige Institution ist, die bei allen unerwarteten Vorkommnissen in der entscheidenden, kurzen Zeitspanne mit den richtigen technischen Mitteln und einer gut ausgebildeten Mannschaft zur Stelle sein kann. Diese Tatsache sollte jedem Planungsstab zu denken geben, der sich mit den Fragen des überregionalen Katastrophenschutzes und des allgemeinen Notstandes zu befassen hat.

Kesselwagen entgleist

Auf der Eisenbahn-Hauptstrecke Hof–Regensburg ist ein Bedarfsgüterzug mit fünfzig Kesselwagen verunglückt, ausgerechnet im Stadtgebiet von Weiden in der Oberpfalz. Ein Waggon erlitt Achsenbruch und sprang dabei aus den Schienen. Der nächste Kesselwagen schob sich mit voller Wucht über ihn. Der schwere Tankkessel wurde so unglücklich auf einen der scharfen Radkränze gedrückt, daß er in anderthalb Meter Länge aufgeschlitzt wurde. Gurgelnd und rauschend strömt das Benzin aus. Die Eisenbahner nehmen ihre Beine in die Hand. Sie wissen, was auf dem Spiel steht, und alarmieren sofort die Feuerwehr. In sehr kurzer Zeit rückt die Freiwillige Feuerwehr Weiden mit zwei Löschfahrzeugen aus.

Der Feuerwehrkommandant braucht keine längere Lageerkundung. Er sieht sofort, daß erhöhte Brand- und Explosionsgefahr besteht. Das Benzin strömt nicht nur gurgelnd und rauschend in den Schotter des Bahndammes, sondern es plätschert zugleich tonnenweise in den Weidenbach. Der beschädigte Kesselwagen steht zum Teil auf der Brücke! Der benzinhaltige Weidenbach verschwindet aber nach fünfzig Metern in einer unterirdischen Führung, die mitten durch bewohntes Gelände geht. Überall werden sich Nester von Benzindämpfen bilden, auch in den Kellern und Kanalisationen, zumal das Benzinwasser anschließend in den Mühlenbach und in die Naab weiterfließt. Du liebe Zeit, wenn jetzt irgendwo jemand nichts ahnend einen Zigarettenstummel wegwirft!

Sofort läßt der Kommandant von seinem Tanklöschfahrzeug ein Schaumrohr und acht Kleinlöschgeräte vornehmen, damit die nähere Umgebung der Leckstelle gegen eine Entzündung des Kraftstoffes gesichert wird. Die Unfallstelle wird abgesperrt, Rauchen streng untersagt. Keiner darf sich mit funkenreißenden Werkzeugen zu schaffen machen. Der Zugverkehr auf der Gegenstrecke wurde schon unterbunden und der Fahrstrom von der Bundesbahn-Elektromeisterei abgestellt.

Nach gründlicher Untersuchung der Leckstelle zeigt sich, daß es einfach unmöglich ist, sie abzudichten. Das in den Kessel hineingestauchte Rad versperrt den Zugang, und die Form des Lecks macht jeden Gebrauch von hölzernen Leckstopfen unmöglich. Die Benzinladung muß unbedingt umgepumpt werden.

Ein Brandmeister braust los, um schleunigst irgendwo ein leeres Tankfahrzeug aufzutreiben und per Straße oder Schiene an die Unfallstelle heranzubringen. Aber es dauert natürlich seine Zeit, bis er wirklich einen Fahrzeughalter mit einem geeigneten Fahrzeug findet.

Der Feuerwehrkommandant hat längst den Bahnkörper mit großen Wassermengen bespülen lassen, um das eingesickerte Benzin herauszuwaschen und zu verdünnen. Dann befiehlt er: »Zwei B-Rohre vor! Haltet sie in den Weidenbach hinein. Gebt kräftig Druck drauf, damit das Benzin in dem unterirdischen Teil des Baches beschleunigt und noch weiter verdünnt wird!«

Diese Maßnahme ist höchst vernünftig. Mehr kann man im Augenblick nicht tun, um dieses verdammte, immer noch auslaufende Benzin möglichst unschädlich zu machen.

Oder gibt es doch noch eine bessere Möglichkeit, die Zeit bis zum Eintreffen des Aufnahmefahrzeugs zu überbrücken – läßt sich der Benzinstrom selbst irgendwie abstellen, obwohl man das Leck gar nicht erreicht?

Dem stellvertretenden Feuerwehrkommandanten kommt ein genialer Einfall: Menschenskind, Wasser ist doch schwerer als Benzin! Wie wäre es denn, wenn wir mit einem Strahlrohr von oben her Wasser in den Kesselwagen bullern? Das sackt doch nach unten, es sammelt sich am Kesselboden und ergibt ein schützendes Wasserpolster oberhalb des Lecks!

Kruzitürken, Ideen muß man haben. Es heißt nur aufpassen, daß im Kessel genug freier Raum zum hydraulischen Hochdrücken der Benzinmenge vorhanden ist und daß dann immer dieselbe Wassermenge oben zugeführt wird, die der unten ausfließenden entspricht.

Und tatsächlich fließt unten kein Tropfen Benzin mehr heraus, sondern nur noch – Wasser! Das kann, wenn es sein muß, stundenlang so weitergehen, ohne jemandem zu schaden.

Auf Schiene und Straße besteht heute überall und zu jeder Tageszeit die Gefahr eines Tank- oder Kesselwagenunfalles. Günstigenfalls kommt die feuergefährliche Flüssigkeit nicht zur Entzündung, aber sie läuft aus, gerät in Kanalisation, natürliche Gewässer und ins Grundwasser. Unbedingt müssen die Feuerwehren solche gefährlichen Folgeschäden verhindern. Im Oberharz und im Sauerland hatten Stützpunktfeuerwehren als erste Sonderfahrzeuge für die Ölschadenbeseitigung in Dienst gestellt, damit die großen Trinkwasser-Talsperren gegen hereinfließende Öle geschützt werden können. So verfügt der Katastrophenschutzdienst der Freiwilligen Feuerwehren für den Landkreis Osterode über einen regelrechten Ölschadenzug, der aus einem VW-Kombi und einem VW-Pritschenwagen besteht. Der Kombi ist mit Notstromaggregat, Arbeitsscheinwerfern, Motorsäge, Atemschutzgeräten, Schneidbrenner, Spaten, Pickeln, Werkzeugen aller Art und mit spezialkonstruierten Gully-Abdeckverschlüssen ausgerüstet. Der Pritschenwagen enthält Sandsäcke und zwei Spezialsorten von chemischen Ölbindern. Binnen kurzem kann auch die kleinste Öllache vom Bahndamm, Straßenrand oder von der Wasserfläche aufgesaugt werden.

Das Bayerische Landesamt für Feuerschutz hat einen Ölschadenanhänger entwickelt, der bestimmten örtlichen Feuerwehren im ganzen Land Erste Hilfe bei Ölschäden ermöglichen soll. Er enthält ebenfalls einen tragbaren, explosionsgeschützten Stromerzeuger, eine selbsttätig ansaugende elektrische Mineralöl-Umfüllpumpe und führt einen zusammenlegbaren Auffangbehälter für ca. 12000 Liter Öl sowie ölbeständige Schläuche mit.

Mittlerweile ist aktive Vorsorge zur Ölschadenbekämpfung und Ölabwehr so selbstverständlich geworden, daß laut Feuerwehr-Jahrbuch 1985/86 bei Freiwilligen Feuerwehren und Berufsfeuerwehren nicht weniger als 314 Ölschaden-Gerätewagen (GW-Öl) und 109 Ölschaden-Rüstwagen (RW-Öl) im Einsatz standen.

Die Berufsfeuerwehr München führte eine neuartige Methode des Gullyabdeckens beim Auslaufen von Benzin und Ölen ein: Jedes Feuerwehrfahrzeug bekommt einen großen Beutel aus ölbeständigem Plastikmaterial mit. Er wird auf das Gullygitter gestellt und mit Wasser gefüllt. Das Wassergewicht preßt den geschmeidigen Beutel so fest auf die Gitterstäbe, daß eine vollständige Abdeckung erzielt wird. Das vorher übliche Abdecken von Gullys mit Hilfe von umgedrehten Mulden und Sandaufschüttungen oder die Verwendung von besonderen Gully-Abdeckverschlüssen ist damit überflüssig geworden.

Alle neuzeitlichen Ölschadenfahrzeuge deutscher Feuerwehren arbeiten längst nach der vorzüglichen Methode der Feuerwehr München.

Viele reden unentwegt vom Umweltschutz, die Feuerwehr praktiziert ihn seit langem, so gut sie kann. Sie trifft beizeiten Vorsorge für alle nur denkbaren Unfälle mit gefährlichen Gütern und austretenden Schadstoffen jeder Art. Dies gilt besonders für den Sektor Strahlenschutz. Schon Transportunfälle mit radioaktiven Stoffen oder Unfälle in Betrieben, die damit hantieren müssen, erzwingen Abwehrmaßnahmen, die wirksam sind, ohne die eingesetzten Feuerwehrmänner zu gefährden. — Bei den Freiwilligen Feuerwehren der Bundesrepublik Deutschland bestanden Anfang 1985 bereits 308 komplett ausgerüstete Strahlenschutzzüge, bei den Berufs- und Werkfeuerwehren weitere 97 Spezialeinheiten dieser Art. Vorstehende Gesamtzahlen beinhalten örtliche und überörtliche Einheiten gemeinsam.

Hervorzuheben sind vor allem die Umweltschutzzüge der Frankfurter Feuerwehr mit ihren mobilen Einsatzleitstellen und Labors, Spezialtankzügen, transportablen Duschen für die Dekontamination, aber auch mit Gasschutzwagen und Gefahrgut-Containern samt Geräten für die Aufnahme oder Bergung umweltschädlicher Stoffe. Oberbranddirektor Dipl.-Ing. Ernst Achilles weiß, warum er den Satz geprägt hat: »Niemand ist alleine schon durch die Geschichte mehr dafür prädestiniert als wir (Feuerwehrleute). Und niemand verfügt über eine ähnliche Infrastruktur, mit der innerhalb weniger Minuten Hunderte von Helfern aufgeboten werden können.«

Feuerwehren im Krieg

Ein Feuerwehrmann hält Rückschau

Das ist Schicksal aller Feuerwehren: ganz plötzlich hineingerissen zu werden in ein unvorhergesehenes dramatisches Geschehen, immer wieder. Der Wirbel der Ereignisse liest sich eindrucksvoll aus den Uhrzeitangaben der Depeschen ab:
Acht Uhr einundfünfzig Alarmmeldung: »Droht Frau aus dem Fenster zu springen!«
Acht Uhr zweiundfünfzig: Löschzug ist ausgerückt.
Acht Uhr vierundfünfzig: Löschzug trifft am Einsatzort ein!
Auf einem Fenstersims des vierten Stockwerkes hockt ein vierundzwanzigjähriges Mädchen. Oberbrandmeister Ostkamp, stellvertretender Zugführer, erkennt mit einem Blick: die mimt nicht, die springt wirklich!
»Ein Mann mit Brechwerkzeug ins Treppenhaus. Tür aufmachen, schnell. Sieh zu, daß du das Mädchen noch zu fassen kriegst!« stößt Ostkamp hervor. »Sofort Drehleiter in Stellung und Sprungtuch vor!«
In rasender Eile wird das große Segeltuch aus dem Löschfahrzeug gezerrt und auseinandergeschlagen.
Verdammt, und ich habe jetzt nur neun Mann! Ostkamp schluckt einen Fluch hinunter. Vor zehn Minuten sind vier seiner Beamten mit dem Kleinlöschfahrzeug zu einem Einsatz ausgerückt. Zum Festhalten eines Sprungtuches braucht man aber unbedingt sechzehn Mann!
Zwei Polizeibeamte vom Funkstreifenwagen springen jetzt mit hinzu. Aber auch das reicht noch nicht aus. Ostkamp blickt sich um und greift sich ohne Zögern die stabilsten jungen Männer aus den müßig herumstehenden Zuschauern heraus. »Mit heran, Leute. Schnell! Sie sind zur Hilfe gesetzlich verpflichtet!«
Schnell sind die Zivilisten in das Rund der Feuerwehrleute eingereiht. Die Zeit reicht gerade noch für eine Blitzunterweisung, wie man ein Sprungtuch festhalten, den Aufschlag der Springerin in den Armen abfedern muß.
»Paßt auf, das Mädchen ist blind!« schreit jetzt jemand. »Ihr Verlobter hat sie verlassen!«

Die Drehleiter hat jetzt den Fenstersims erreicht. Ein Brandmeister huscht mit der Behendigkeit eines Eichhörnchens leiteraufwärts. Aber er kommt zu spät.

Ein vielstimmiger Aufschrei: Die Blinde läßt sich fallen. Ihr Körper wirbelt durch die Luft. Ostkamp läßt ihn nicht aus den Augen. »Weiter nach links!« zischt er seinen Männern zu, denn der Körper weicht von der erwarteten Fallbahn etwas ab. Geschickt korrigiert die Haltemannschaft ihre Stellung. Und mit ungeheurem Ruck, der den Männern am Sprungtuch fast die Arme aus dem Körper zu reißen scheint, landet das Mädchen – nach freiem Fall aus dem vierten Stock! – auf dem stramm gespannten Segeltuch.

Ostkamp hebt die Blinde behutsam herunter und legt sie auf die Trage des Unfallwagens ab. Sie scheint unverletzt zu sein, aber sie weint hemmungslos. Ihre Nerven haben sich jetzt gelöst. »Immer 'raus mit den Tränen!« flüstert der lebenserfahrene Obermeister und streicht der Geretteten mit seiner rauhen Rechten übers Haar. »Nun hast du alles überstanden. Das ist der Kerl ja gar nicht wert gewesen. Das war der Sprung in ein neues Leben, ganz bestimmt!«

Der Rettungswagen startet mit heulenden Starktonhörnern zur Fahrt ins Krankenhaus.

»Zum Abmarsch fertig!« ordnet Ostkamp an. »Und Ihnen, meine jungen Helfer, herzlichen Dank. Ohne Ihre Assistenz hätten wir diesmal das Sprungtuch nicht halten können!«

Die ganze Aktion hat etwa eine Minute gedauert, vom Eintreffen der Feuerwehr bis zum Auffangen des Mädchens!

Gewiß wird auch Oberbrandmeister Ostkamp nach unserer Rückkehr zur Wache eine Zigarette rauchen wollen. Aber ein Händezittern, eine Unsicherheit, einen Kommandoirrtum hat ihm niemand ankreiden können, sosehr sich die Ereignisse auch überstürzten. Ostkamp ist von souveräner Kaltblütigkeit und schnell von Entschluß.

Er wäre ein Zugführer, wie er im Buche steht. Aber er fungiert nur als Zugführer-Stellvertreter. Ostkamp wird bis zu seiner Pensionierung Oberbrandmeister bleiben, denn er hat nie an einem Inspektorenlehrgang teilgenommen. Er wollte nicht. Das hatte bei ihm verschiedene Gründe.

Einer davon war eine Art Sentimentalität: Ostkamp wollte auf gar keinen Fall von seiner Hauptfeuerwache wegversetzt werden, an der er mittlerweile sechsunddreißig Jahre lang Dienst getan hat. Sie ist für ihn zum Lebensinhalt geworden. In diesem Wachbezirk fühlt er sich zu Hause. Er kennt sich hier aus wie kein zweiter Feuerwehrmann Hamburgs. Außerdem hat er hier Dinge erlebt, die man einfach nicht abschütteln kann.

Obermeister Ostkamp ist zum Glück immer heil davongekommen. Das will in seinem Falle wirklich etwas heißen, denn er hat in diesem Wachbezirk auch den gesamten Bombenkrieg von Anfang bis Ende durchgemacht. Im Juni 1944 war er im Luftschutzkeller der damaligen Hauptfeuerwache sechs Stunden lang verschüttet. Seine Kameraden haben ihn in fieberhafter Bergungsarbeit mit Preßluftwerkzeugen herausholen können. Aber für die mit ihm verschütteten Hauptleute der Feuerschutzpolizei Eggerstädt und Griese sowie seinen alten Freund, Hauptwachtmeister Ruttkowski, kam die Hilfe zu spät. Sie waren inzwischen neben ihm ihren tödlichen Verwundungen erlegen.

Als man ihn herausgeholt hatte, traute Ostkamp seinen Augen nicht. Mein Gott, wie sah die Hauptfeuerwache aus! Vier Volltreffer hatten das Hauptgebäude restlos zerschmettert. Ein amerikanischer Bomberpulk hatte sie erzielt, der in einem 800-Bomber-Verband von England aus einen Tagesangriff auf Hamburg flog. Die Bomberbesatzungen waren anhand von Luftbildern und Modellen sorgfältig auf ihren Spezialeinsatz vorbereitet worden. Ihr Auftrag lautete: Zerstörung der Hauptfernmeldestelle der Feuerschutzpolizei Hamburg. Die Alliierten wußten sehr wohl, daß Hamburgs Nervensystem und Lebensfäden nicht wirklich lahmgelegt werden konnten, solange diese Feuerwehrzentrale existierte, von der aus in kürzester Zeit, noch während der Luftangriffe, jedesmal umfangreiche Abwehrkräfte mobilisiert wurden. Dort wurden Lösch-, Bergungs- und Instandsetzungsmaßnahmen angeordnet und koordiniert. Alle Wunden, die man der Hansestadt schlug, wurden sofort behandelt und gemildert. Mit hundertzwanzig Zügen zu Lande und sechsunddreißig Zügen zu Wasser hatten die Hamburger Feuerlöschkräfte eine Kriegsstärke von dreitausendsechshundert Mann. Dieses große Aufgebot wurde so straff und geschickt geleitet, daß die Feuerwehrzentrale unter allen Umständen endlich ausgeschaltet werden sollte.

Die mit unheimlicher Präzision geworfenen fünfzehn schweren Blockbrecher-Bomben hätten um ein Haar ihr Ziel erreicht. Sie zermalmten rings um die Zentrale beide Gebäudetrakte der Hauptfeuerwache. Nur die Hauptfernmeldestelle, das eigentliche Angriffsziel, blieb unversehrt.

Alles hätten sie Ostkamp antun dürfen. Aber daß sie ihm nun seine Hauptfeuerwache kaputtgeschmissen hatten, das traf ihn tief. Ja, er hing an diesem Gebäude. Er hatte miterlebt, wie es in den Schreckenstagen des Juli 1943 für eintausendfünfhundert Hamburger buchstäblich zur Rettungsinsel wurde. Damals hatte man die Hansestadt binnen neun Tagen fünfmal bei Nacht und dreimal am Tage mit insgesamt dreitausend schweren Bombern angegriffen. Eintausendzweihundert schwere Minenbomben, achtzigtausend Sprengbomben, achtzigtausend Phosphorbomben, fünftau-

send Phosphor-Kautschuk-Kanister und Hunderttausende von Stabbrandbomben regneten herunter. Über vierzigtausend Menschen wurden getötet und zweihundertfünfzigtausend Wohnungen vernichtet.
Bis unmittelbar vor der Hauptfeuerwache wurde die Stadt zu einem einzigen Flammenmeer. Hammerbrook, Rothenburgsort, Hamm, Borgfelde sowie Teile von St. Georg und Barmbek verbrannten bis zur Unkenntlichkeit. Aber diese Tage des Grauens offenbarten zugleich ein hohes Maß an menschlicher Größe, und sie führten zu vielen beglückenden Rettungserfolgen. So hatte am Billekai die Feuerschutzpolizei eine Wassergasse geschossen, einen Laubengang aus unzähligen Löschwasserstrahlen. Durch dieses kühle Spalier wurden vom Feuer abgeschnittene Menschen, vornehmlich Frauen und Kinder, vor der sengenden Glut abgeschirmt und aus der Brandzone herausgebracht. Diese Wassergasse hat Tausenden das Leben gerettet, und sie wurde zur neuartigen Rettungstaktik aller Einheiten der Feuerschutzpolizei. Man ahmte das Beispiel vom Billekai später in vielen brennenden Städten Deutschlands mit Erfolg nach.
Im Juli 1943 hatten Ostkamp und seine Kameraden mit aller Furchtbarkeit das Phänomen des Feuersturms erlebt. Die einzelnen Brandherde schlossen sich zusammen. Die überhitzte Luft schoß wie in einem Riesenkamin nach oben und saugte über dem Erdboden neue Luftmassen nach. Dort brauste sie mit Orkangewalt zum Feuerzentrum hin. Sie ließ schwere Holzbalken wie Strohhalme durch die Luft segeln. Vielen Menschen wurden buchstäblich die Kleider vom Leibe gefetzt. Kinder wurden aus der Hand ihrer Eltern fortgerissen und siebzigtausend Hamburger Bäume schraubenzieherartig herausgedreht und zertrümmert. Man konnte nur noch kriechend vorwärts gelangen, aber selbst das war schwierig und riskant. Der damalige Inspekteur der Feuerschutzpolizei, Generalmajor a. D. Hans Rumpf, schreibt darüber in seinem Buch »Der Hochrote Hahn«:
»Ich erlebe es, wie Feuerwehrmänner bei dem Versuch, sich aufzurichten, zu Boden geworfen und davongewirbelt werden, bis sie mit zerbrochenen Gliedern irgendwo im Windschatten liegenbleiben. Wir haben empfindliche Verluste, auch Tote. Immer wieder werden Menschen förmlich in die Luft gerissen. Der Maschinist eines Löschfahrzeuges wird vor meinen Augen ausgehoben und über das hohe Fahrzeug hinweg auf das Pflaster geschleudert; er stirbt mit Schädelbruch noch in derselben Nacht. Wir versuchen, eine Limousine aus dem Schutz der Fahrzeughalle über einen freien Platz zu starten. Sie wird vom Sturm erfaßt und, wie eine Schachtel sich überschlagend, mit ihren Insassen davongetragen.
Die Luft draußen scheint zu glühen, so peitscht der Sturmwind Funkenkaskaden und glühende Aschenwolken durch die Straßen. Der gelbrote

Schein verzerrt alle Konturen und entstellt unsere Gesichter zu Fratzen. Immer neue Stöße von Feuerwogen brausen heran und heulen auf uns zu. Die Sturmböen reißen allerlei Gegenstände durch diese rote Glut mit sich fort, als sei alle Schwerkraft aufgehoben. Brennende Balken, Dachsparren, Fensterkreuze und sämtliche Bauelemente segeln durch den leuchtenden Funkenstrom, und einmal ist mir sogar, als käme ein feuriges Motorrad in der Luft dicht über mir vorüber ... Alles ist riesenhaft, alles gewaltig, einmalig und ohne Vergleich.«

Hundert Jahre nach dem großen Friedensbrand von Hamburg (1842) legte nun der große Kriegsbrand 13,5 Quadratkilometer Stadtfläche in Schutt und Asche. (Bei der Feuersbrunst von 1842 waren es nur 0,5 Quadratkilometer gewesen!)

Aber nun geschah etwas Großartiges: aus allen Himmelsrichtungen donnerten die Kolonnen motorisierter Feuerschutzpolizei-Kompanien und motorisierter Feuerwehrbereitschaften über die nächtlichen Autobahnen und Landstraßen heran. Auch die Städte Berlin, Magdeburg, Hannover, Leipzig, Bremen, Kiel, Lübeck, Wismar und Stralsund schickten Einheiten ihrer örtlichen Feuerwehr zu Hilfe. Der Feuerschein der Hansestadt Hamburg war zweihundert Kilometer weit zu sehen!

Mit dieser massierten Verstärkung ihrer eigenen Löschkräfte gelang es der örtlichen Brandschutzführung, gestützt auf die vielen löschwasserspendenden offenen Gewässer der Stadt, System in den Kampf gegen das Feuer zu bekommen. Es wurden wirksame Sperr-Riegel angelegt und Keile in brennende Bezirke vorgetrieben. An der Peripherie der großen Brandfläche wurden die Erfolge der Löschanstrengungen bald sichtbar. Trotz akuter Bedrohung konnten Häuserblocks, Straßenzeilen, ja ganze Stadtviertel erhalten werden. Zehntausende von Familien behielten ihr Obdach, und viele Industriebetriebe blieben unzerstört.

Der Kampf der Feuerwehren war also auch diesmal keineswegs vergeblich, so sinnlos er dem Außenstehenden vielleicht erscheinen mochte. Auch in der Hamburger City konnten bei allen Luftangriffen des Krieges viertausend große Gebäude gelöscht und erhalten werden.

Die Apokalypse des Bombenkriegs

Die Tage der Apokalypse waren zugleich ein Hohelied der Feuerwehr. Sie waren es überall, wo Bomben fielen: in Rom, Neapel, Mailand wie in Den Haag, Paris, Le Havre. Überall fanden schwere Angriffe von alliierten Bombern statt, bevor diese Länder von den Westmächten besetzt wurden.

In London wurde zu Beginn der Schlacht um England die Berufsfeuerwehr auf zwanzigtausend Mann verstärkt. Diese Truppe bildete den Kern eines weitläufig organisierten Hilfsdienstes. Sie hatte bei allen deutschen Luftangriffen und später beim V-Waffen-Beschuß die Hauptlast zu tragen. In Sheffield, Manchester, Glasgow, Exeter, Birmingham, Portsmouth und Coventry war es ähnlich.

Im Deutschen Reich, damals samt Österreich und Sudetenland, waren die zweiundneunzig Berufsfeuerwehren und die vierundvierzig Freiwilligen Feuerwehren der Luftschutzorte Erster Ordnung durch die motorisierten Luftschutzbereitschaften des Sicherheits- und Hilfsdienstes erheblich verstärkt. Die längst auf 1,5 Millionen Mann angewachsenen Freiwilligen Feuerwehren stellten außerdem sechshundertvierundzwanzig motorisierte Feuerwehrbereitschaften zu je drei Zügen innerhalb einer Fünfzehn-Kilometer-Zone um die Luftschutzorte auf. Darin arbeiteten Löschgruppen und Löschzüge von Dorf und Kleinstadt harmonisch zusammen.

Als der Personalbestand der Feuerwehren infolge der Einberufungen zum Heeresdienst immer weiter zusammenschrumpfte, standen zuletzt sogar zweihundertfünfundsiebzigtausend Frauen und Mädchen im Alter von achtzehn bis vierzig Jahren als ausgebildete Feuerlöschkräfte des Sicherheits- und Hilfsdienstes und der Freiwilligen Feuerwehren im Kriegseinsatz. Sie nahmen diesen schweren, unvermeidlichen Dienst zum unmittelbaren Schutz der eigenen Heimat willig auf sich. Still und tapfer haben die weiblichen Feuerwehrleute – die es übrigens auch in England gab – buchstäblich ihren Mann gestanden. Auch haben unzählige Frauen als Selbstschutz-Löschkräfte beherzt das eigene Haus vor dem Verbrennen bewahrt, während der Mann irgendwo an der Front stand.

Als in der Nacht vom 28. zum 29. März 1942 erstmalig zweihundert bis dreihundert Flugzeuge mit Spreng- und Elektron-Thermit-Brandbomben sowie den neuartigen Benzin-Kautschuk-Flüssigkeitsbrandbomben die Hansestadt Lübeck angegriffen hatten, zeigte sich zum ersten Male die Wirksamkeit des großzügigen Systems der Nachbarschaftshilfe von örtlichen Feuerwehren und von überörtlichen motorisierten Feuerwehreinheiten. Die dreihundert Mann starken Feuerlöschkräfte Lübecks konnten innerhalb von vier Stunden auf über zweitausend Mann mit rund zweihundert Motorspritzen verstärkt werden. Auch die Feuerschutzpolizei Hamburg schickte sofort zehn Feuerlösch-Bereitschaften über die Autobahn nach Lübeck. Nach zweiunddreißig Stunden waren alle Brände gelöscht!

Ende Mai 1942 traf der erste Tausendbomberangriff die Stadt Köln. Im Luftschutzbefehlsstand des Kölner Polizeipräsidiums in der Krebsgasse hagelt es Meldungen über Brandbomben, noch und noch Brandbomben. Es

beginnt rings um den Dom, zugleich in Bayenthal, Klettenberg, Sülz. Es brennt aber auch in Deutz, in Kalk, in Mühlheim, denn diesmal galt der Angriff keiner begrenzten Zielfläche, sondern der gesamten Stadt.
Von den vielen tausend Einzelbränden weiten sich eintausendsiebenhundert zu Großfeuern aus, über alle Stadtteile verstreut. Aber noch ehe der Morgen graut, stehen fünfundzwanzig Kompanien und Bereitschaften der Feuerwehr mit hundertsechsundsiebzig Löschfahrzeugen im Angriff. Dreiundzwanzig Feuerwehrleute finden an den Brandstellen den Tod. Aber nachdem achthundertfünfzig Brände erfolgreich niedergekämpft sind, kann einen Tag später die Gefahr des Zusammenwachsens aller Großfeuer zu einem allgemeinen Stadtbrand als beseitigt angesehen werden.
Schon sechsunddreißig Stunden nach dem Kölner Angriff suchen eintausendsechsunddreißig Bomber auch die Stadt Essen heim. Auch hier kommt es zu einer bemerkenswerten Konzentration von Feuerlöschkräften. Sie haben, bei noch höheren Verlusten als in Köln, eindeutige Erfolge. Aber die beiden Großangriffe waren leider nur ein Auftakt. Lübeck, Köln und Essen erlitten das, was nachher allen Städten unseres Landes zugedacht war.
Auf Deutschland wurden im zweiten Weltkrieg 1,35 Millionen Tonnen Bomben abgeworfen. In diesem Luftbrandkrieg wurden drei Viertel aller Zerstörungen durch Feuer verursacht – eine Tatsache, die sämtlichen Ländern der Welt bei allen weiteren Luftschutzplanungen zu denken geben sollte. Jede Luftschutzanstrengung ist sinnlos, wenn nicht starke, gut ausgerüstete Feuerlöschkräfte mit Brandstellenerfahrung die Kerntruppe der zivilen Verteidigung bilden, vor allem also Freiwillige Feuerwehren.
Die motorisierten FE-Bereitschaften des zweiten Weltkrieges waren Einheiten der Freiwilligen Feuerwehr, die sich vorzüglich bewährten. Sie konnten jederzeit zu überregionalen Hilfeleistungen eingesetzt werden, wie es z. B. in Hamburg, Lübeck, Köln und Essen geschah. Solche Hilfeleistungen wurden nachher praktisch bei allen Großangriffen auf Deutschlands Städte durchgeführt.
Das zitierte Buch von Hans Rumpf endet mit einem Fazit, das den Feuerwehren in ihrer schwersten Zeit ein würdiges Denkmal setzt:
»Bis zuletzt kämpften sie auf der rauchenden Ruine, welche Deutschland hieß. Aus diesen Leistungen werden ihnen immer neue Kräfte zufließen. Sie brauchen sich, obwohl unterlegen, vor niemandem zu schämen ... So schwer und unlösbar ihr Auftrag sich auch erwies, den ihnen der Kriegsdienst in der armen, geschundenen Heimat stellte, er war doch auch schön ... In einer Zeit, wo andere zerstörten und gewalttätig sein mußten, war es ihr schönes Vorrecht, in ihrem Wirkungskreise – in dem sich das Soziale, das Kulturelle und das Humanitäre überschneiden – zu bewahren und zu schirmen.«

Nach einer alten Idee, die auf Carl Metz zurückging, wurden im Zweiten Weltkrieg deutsche Feuerschutzpolizei-Regimenter aufgestellt, die sich aus Berufs- und Freiwilligen-Feuerwehrleuten sowie für Kriegsdauer eingezogenen Reservisten rekrutierten. Ihre Offiziere und Unterführer entstammten vorwiegend den Berufsfeuerwehren. Die Franzosen hatten schon im Ersten Weltkrieg mit dem frontnahen Einsatz von Bataillonen des Pariser Feuerwehrregimentes sehr gute Erfahrungen gemacht. Es zeigte sich, daß Kriegsschäden erheblich gemildert werden konnten, wenn man jederzeit auf einsatzbereite, erfahrene Feuerlöschkräfte zurückgreifen konnte.
Aus diesem Grunde machten Abteilungen der ab 1940 aufgestellten deutschen Feuerschutzpolizei-Regimenter den Frankreich- und den Rußlandfeldzug – zweitausend Kilometer weit bis zum Dnjepr! – mit. Sie rückten hinter der kämpfenden Truppe her und – löschten. Sie kämpften den Flächenbrand nieder, der auf tragische und unnötige Weise nach einem deutschen Luftangriff in Rotterdam entstanden war, und sie brachten in Frankreich elf schwere Stadtbrände unter Kontrolle. Einige dieser Feuersbrünste waren außerhalb jeder Kampfhandlung entstanden, infolge Unachtsamkeit durchziehender Flüchtlinge.
Kompanien der Feuerschutzpolizei waren maßgeblich an der Rettung der vom Feuer eingeschlossenen Kathedrale von Amiens beteiligt, während eine Feuerlöschformation der deutschen Luftwaffe den schönen Erfolg für sich verbuchen durfte, die großartige Kathedrale von Rouen vor dem Feuer gerettet zu haben.
Bei ihrem Rückzug aus Frankreich hatten die Engländer die französischen Schweröltankläger der Kriegshäfen Cherbourg, Brest und Lorient in Brand gesteckt, damit sie nicht in die Hände der deutschen Wehrmacht fallen sollten. Pionierabteilungen des Heeres, ohne die erforderliche Spezialerfahrung, quälten sich unter hohen Verlusten mit vergeblichen Löschversuchen ab. Schließlich forderte der ›Deutsche Marinebefehlshaber Bretagne‹ Kompanien des Feuerschutzpolizei-Regimentes ›Sachsen‹ an. Das Regiment stand damals unter dem Kommando des vormaligen Branddirektors der Stadt Leipzig, derzeit Oberst der Feuerschutzpolizei Hans Rumpf. Er schreibt in seinen Kriegserinnerungen:
»Die uns erwartende Aufgabe war schwierig und gefahrvoll. Es handelte sich um kesselartige, in das Gestein der hohen Steilküste eingelassene Serien zylinderförmiger Großbehälter von zweiunddreißig Meter Durchmesser und fünfzehn Meter Tiefe. Der Brennstoff für die Kesselfeuerung der Schiffe, Masut genannt, ist nur schwer in Brand zu setzen. Er benimmt sich

aber, wenn er brennt, unangenehm und unberechenbar, indem er fortgesetzt zum Überschäumen und zu eruptionsartigen Verpuffungen neigt. Nach Augenzeugenberichten waren gewaltige Ölmassen, nach der Entzündung brennend, hoch in die Luft geschleudert worden und dort unter Donnergetöse explodiert. Viele Menschen, die sich nicht rechtzeitig in Sicherheit bringen konnten, waren dabei umgekommen. Bis aufs Skelett verbrannte Leichen hingen noch in den kahlen Ästen benachbarter Bäume. Nach mehrtägiger gefahrvoller Arbeit gelang es schließlich unter Asbestschutz mittels besonderer Löschmethoden, die Brände in allen drei Anlagen zu ersticken. Ich war recht froh, als die harte Arbeit ohne Verluste an Menschenleben zu Ende gegangen war.«

Es lag nahe, daß die Feuerschutzpolizei immer und immer wieder mit Ölbränden zu tun hatte, denn die gegnerische Luftwaffe ließ kein Mittel unversucht, um die Ölraffinerien und Öltanklager im deutschen Machtbereich zu zerstören.

So hatte eines Tages die britische Royal Air Force ausgedehnte Mineralölanlagen nördlich von Bordeaux in Brand geworfen. Sofort wurde ein Abteilungskommandeur der Feuerschutzpolizei im Sonderflugzeug dorthin entsandt, um die Lage über der Großbrandstelle zu erkunden, dort zu landen und die Brandbekämpfungsmaßnahmen einzuleiten. Seine Kompanien rückten in Alarmfahrt auf dem Landwege heran. Sie legten die siebenhundert Kilometer lange (!) Anmarschstrecke so schnell zurück, daß sie bereits nach dreiundzwanzig Stunden im Angriff standen. Nach fünftägigem Kampf hatten sie fünfundachtzig Prozent der gesamten Lagermenge gerettet.

Später hat es eine Abteilung desselben Regimentes fertiggebracht, mit sämtlichen Fahrzeugen einschließlich Drehleitern binnen neun Tagen (!) auf der Landstraße zweitausendsechshundert Kilometer weit, quer durch Europa, von der französischen Atlantikküste nach Rumänien zurückzulegen. Durch den Einfall Italiens nach Albanien waren die zwölf Erdölraffinerien des rumänischen Erdölzentrums Ploesti sowie die Ölhäfen Konstanza und Giurgiu durch alliierte Sabotageakte und Luftangriffe erheblich bedroht. Tatsächlich gelang es deutschen Feuerwehringenieuren, alle geplanten Zerstörungsakte des Secret Service zu durchkreuzen.

Nun aber wurde jahrelang mit allen Mitteln versucht, die für die deutsche Kriegswirtschaft unentbehrlichen Erdölanlagen von Ploesti durch massierte Luftangriffe auszuschalten. Mit diesen Angriffsserien begann eines der verblüffendsten Kapitel der Feuerwehrgeschichte. Die Feuerschutzpolizei betätigte sich nämlich in Ploesti nicht nur als Löschtruppe, sondern auch – als Brandstifter. Die Deutschen hatten rings um Ploesti ausgedehnte Scheinanlagen aufgebaut, um damit die angreifenden sowjetischen Bomber anzulokken. Die richtigen Raffinerien wurden jedesmal sorgfältig vernebelt. Sofort nach dem Fallen der ersten Bomben auf eine der Scheinraffinerien hat die Feuerschutzpolizei aus Abfallstoffen vorbereitete Ölfeuer entzündet, die getroffene Lagertanks vortäuschen sollten. Fast immer lud der Angreifer daraufhin seine sämtlichen Bomben auf diese Raffinerie-Attrappen ab. Natürlich ging ab und zu auch ein Treffer in eine der richtigen Anlagen. Dann mußte die Feuerschutzpolizei unter allen Umständen bis zur nächsten Nacht die dabei entstandenen Tank- oder Anlagenbrände gelöscht haben. Sobald das geschehen war, wurden in der nächstgelegenen Scheinanlage besonders große, weithin sichtbare Lockfeuer angezündet. Die anfliegenden Bomber nahmen zwangsläufig an, das seien die immer noch brennenden Tanks vom letzten Luftangriff und regneten erneut ihre Bomben auf die Attrappe herunter.

So ging dieses nächtliche Katze-und-Maus-Spiel bis Ende 1942 weiter! Dann aber schoben sich die Luftstützpunkte der Amerikaner immer dichter heran, zuletzt bis nach Italien hinein. Im August 1943 flog die amerikanische Luftwaffe den ersten Tagesangriff auf Ploesti mit zweihundert Bombern. Ihm folgten noch weitere dreiundzwanzig Tages-Großangriffe. Aber die neunhundertfünfzig Mann starke Feuerschutzpolizei-Abteilung Ploesti wurde auch dann noch mit allen Bränden fertig. Ploestis Raffinerien blieben bis zum Abfall Rumäniens (August 1944) ununterbrochen in Produktion. Dann freilich saßen die Feuerwehrleute in der Mausefalle. Nur ein kleiner Teil von ihnen konnte sich durch die Waldkarpathen und Ungarn bis nach Wien durchschlagen. Die meisten von ihnen traten den Leidensweg in die sibirischen Gefangenenläger an.

Hans Brunswig berichtet in seinem 1978 erschienenen Buch »Feuersturm über Hamburg«, daß es allein im Großraum der Hansestadt (Luftgau XI) nach und nach 32 große und 220 kleinere Scheinanlagen (S-Anlagen) sowie 80 Großbrandanlagen (zur Simulation von Trefferbränden) sowie 85 Feuerstellungen für Raketen zwecks Vortäuschung von Leuchtmitteln zur Zielmarkierung gab. Das Gesamtresultat ist beachtlich: Britische Bomberverbände haben 415 Minenbomben, 64 100 Spreng- und 253 000 Brandbomben aller Art anstatt auf die Stadt auf Wiesen und Moore abgeladen. Und wir lesen bei Brunswig: »Schon im Sommer 1940 waren im Niederelbegebiet vor den Toren Hamburgs Scheinanlagen errichtet, die bei Nacht durch allerlei Lichtertricks und offene Feuer ein schlecht verdunkeltes Stadtgebiet oder Industriebetriebe vortäuschen sollten . . . Auch die Engländer hatten übrigens Scheinanlagen aufgebaut und zündeten ›Scheinbrände‹ an — sie haben damit deutsche Flugzeugbesatzungen ebenso getäuscht.«

Mineralölbrände

Wasserwerfer anrücken!

Während meiner Freiwache zwischen dem aktiven Dienst bei der Berufsfeuerwehr Hamburg klingelt bei mir zu Hause kurz nach Mitternacht das Telefon: »Hier Feuerwehrzentrale. Dicker Hund im Bereich der Branddirektion Süd. Großfeuer Erdölraffinerie Moorburger Straße! Ende.«

Unsere Telegrafisten vergessen mich auch im dicksten Trubel nie. Sie informieren mich bei allen höheren Alarmstufen. Ich fahre sofort in Hose und Stiefel und werfe im Davonrennen die Jacke über. Helm und Atemschutzmaske liegen immer im Wagen, der Tag und Nacht außerhalb der Garage startbereit steht. Man ist inzwischen gewitzt geworden.

Soeben waren — neun Minuten nach Mitternacht — bei unserer Feuerwache in Hamburg-Harburg die Signale vom Feuermelder der Großraffinerie eingelaufen. Sofort rückten die Züge Harburg und Wilhelmsburg mit den nächstgelegenen Feuerlöschbooten aus. Oberbrandrat Dr.-Ing. Bartelsen jagte fast gleichzeitig mit seinem Einsatzwagen zur Brandstelle. Ich habe jetzt im Autoradio die Frequenz unseres Senders Florian Hamburg eingestellt. Auf diese Weise bin ich bestens informiert, und ich bekomme noch während der Anfahrt zur Raffinerie mit, daß jetzt, genau sechs Minuten nach dem Ausrücken, Zug Harburg an der Brandstelle eingetroffen ist. Er gibt gerade über Funk seine sogenannte Rückmeldung und fordert Vierten Alarm. Sogleich setzen sich auch die Züge Veddel und Steinwerder in Marsch. In der Raffinerie brennt eine Rohöldestillationsanlage.

Zu verfehlen ist dieses nächtliche Feuer auf gar keinen Fall. Es bietet einen Anblick von grausiger Schönheit. Ein zweiundvierzig Meter hoher Destillationsturm ist von den Röhrenkühlern bis in eine Höhe von etwa dreißig Metern von hellen Flammen eingehüllt. Die den Turm umgebenden Stahlkonstruktionen sowie die Arbeitsbühnen an der Südseite stehen bereits in Rotglut. Auch die Wärmeaustauscher brennen lichterloh in einem leuchtenden Orange.

Rings um dieses bengalische Feuer herrscht emsige Geschäftigkeit. Blutrot angeleuchtete Feuerwehrleute legen weitere B-Schlauchleitungen aus. Andere richten die Wendestrahlrohre großer Wasserwerfer in die Höhe. Es ist nicht leicht, einen Überblick über die Vielzahl von gleichzeitig eingeleiteten Maßnahmen zu gewinnen. Aber Dr. Bartelsen hatte die Lage schnell erfaßt, als er vor zwei Minuten eintraf.

»Melder, Funkspruch an Zentrale: von Florian Hamburg Süd – noch ein Schaumtankfahrzeug und zwei Wasserwerfer anrücken!«

Dr. Bartelsen weiß, daß jetzt unbedingt die brennende Anlage allseitig abgekühlt werden muß, um ein Ausglühen der Stahlkonstruktionen und ein Übergreifen des Feuers auf andere Teile der Raffinerie zu verhindern. Er kennt sich aus in diesem Werk, die im Augenblick meistgefährdeten Punkte sind ihm geläufig: Der brennende Destillationsturm steht in unmittelbarer Nachbarschaft von zwei weiteren Türmen oder Fraktionierkolonnen. Auch diese sitzen voller Destillate einschließlich Benzin. Hinter der Brandstelle befinden sich außerdem die Oxydationsanlage für Asphalt-Bitumen und das Lager für die gefüllten Bitumentrommeln.

Bei seinem Eintreffen hatte Dr. Bartelsen sofort mit dem Werkfeuerwehrleiter und Sicherheitsingenieur Fühlung aufgenommen.

Die Werkfeuerwehr war, wie immer, zuerst am Feuer. Es war gleich klar, daß ein blitzschneller Pulverangriff mit dem TROLF 750 diesmal keinen Erfolg versprach. Über dem Pumpenhaus war eine Produktenleitung gebrochen, und das auslaufende Destillat hatte sich entzündet. Mit starker Hitzeentwicklung, weit über den Zündpunkt hinaus, hatte sich ein großer wabernder Feuersee gebildet. Darum mußten schnellstens nacheinander drei Maßnahmen erfolgen:

Erstens mußte die Anlage abgefahren werden. Es durfte kein weiterer Rohölzufluß mehr erfolgen.

Zweitens war sofort ein großes Luftschaumrohr vom Kaliber L 8 zum Angriff auf den Feuersee vorzunehmen, dessen Gesamtfläche so schnell wie möglich abzuschäumen war.

Drittens aber galt es, sofort zwei werkeigene Wasserwerfer in Stellung zu bringen, damit wenigstens die nächststehende, unmittelbar bedrohte Nachbar-Fraktionierkolonne bis zum Eintreffen der alarmierten Berufsfeuerwehr von der Strahlungshitze bewahrt blieb. Die Destillationsanlage selbst mußte zunächst ausbrennen. Mit Pulver oder Schaum war in diesem Stadium überhaupt nichts zu machen. Die eingebaute Dampffeuerlöschleitung des Turmes erwies sich als verglüht und unbrauchbar.

Jetzt sind von Dr. Bartelsens Berufsfeuerwehrleuten sechs B-Rohre und weitere vier Wasserwerfer in Stellung gebracht worden. Ihre Positionen und Wurfrichtungen wurden vom Einsatzleiter genau bestimmt. Sie hängen von der Windrichtung und bestimmten taktischen Erwägungen ab.

Die Wasserwerfer sind auf der Plattform von Einachs-Anhängern drehbar montiert. Die Mundstücke dieser Wasserkanonen können bis zum Winkel von fünfundachtzig Grad nach oben gerichtet werden. Jeder Werfer wird von drei B-Schläuchen gespeist. Das Wendestrahlrohr wird mittels Handrädern in die gewünschte Richtung gekurbelt und nach dem Aufdrehen des Absperrventils verlassen. Die Werfer schleudern unbemannt ihre glitzernden, vom Widerschein des Feuers magisch illuminierten Vollstrahlen mehr als fünfzig Meter weit in die Nacht. Bei diesem Großfeuer verballern sie gemeinsam dreihunderttausend Liter Wasser. Tatsächlich erreichen sie den gewünschten Doppelzweck.

Zur Sicherstellung der Löschwasserversorgung und zur Entlastung des strapazierten Hydrantennetzes ordnet Dr. Bartelsen jetzt vorsorglich an, daß eines der beiden an der Hafenseite der Raffinerie vertäuten Feuerlöschboote zur ›Entnahme aus offenem Gewässer‹ übergeht. Er läßt sechs B-Schlauchleitungen von dem Boot zur Brandstelle verlegen. Und nun drückt das Boot als schwimmende Saug- und Pumpstation pro Minute sechstausend Liter Wasser kühlendes Naß in die Leitungen. Anders kommen die Löschboote diesmal nicht zum Zuge. Die Brandstelle liegt so weit vom Wasser entfernt, daß die Wendestrahlrohre auf den Boots-Oberdecks nicht hinreichen. Im übrigen hat Dr. Bartelsen einen großen fahrbaren L 24-Luftschaumwerfer in Stellung bringen lassen, um gegen alle Eventualitäten gewappnet zu sein. Aber alles verläuft planmäßig. Schon nach dreiundzwanzig Minuten ist der Großbrand unter Kontrolle.

Um null Uhr fünfundvierzig schickt Dr. Bartelsen einen Funkspruch an die Zentrale: »Von den Zügen – Flammenbildung wesentlich nachgelassen.« Und nach insgesamt einer Stunde und drei Minuten ist auch die letzte brennende Leitung abgelöscht. Jede weitere Gefahr ist beseitigt.

Schließlich kann die Berufsfeuerwehr unbesorgt abrücken. Die Brandwache stellt die Werkfeuerwehr, und bei der liegt alles in guten Händen. Vier Löschzüge mit je drei Fahrzeugen, vier Schaumtankfahrzeuge, ein Trockenlöschfahrzeug, ein Schlauchwagen, ein Rüstwagen, zwei städtische Wasserwerfer und zwei Feuerlöschboote fahren zu ihren Wachen und Stationen zurück.

Per Fahrrad zum Feuer

Es ist ein schwüler Augusttag. Über dem Ingolstädter Donautal zieht sich ein schweres Gewitter zusammen. Von dem Naturschauspiel dieses drohenden Gewitters sehen Schichtführer und Tafelleute vor dem bunt illuminierten

Fließschema im zentralen Leitstand der großen Esso-Raffinerie nichts. Hier herrschen die gespannte Ruhe und Aufmerksamkeit eines automatisierten Betriebes, in dem jeder einzelne Arbeitsplatz fast 600000 DM gekostet hat, in dem der Arbeitsablauf, der „Prozeß", weder Abwechslungen kennt noch Unterbrechungen duldet.

Plötzlich gellen drei Alarmtöne von je zwölf Sekunden Dauer durch den Raum. Auf der Instrumententafel, rechts vom Fließschema, flackert aufgeregt die rote Lampe der optischen Brandortanzeige auf. Sie gibt präzise bekannt, in welcher Feuermeldeschleife der Alarm ausgelöst wurde. Und während zugleich draußen — auf Meßwarte, Werkstattgebäude, Umformerstation und Kraftwerk — die Feuersirenen heulen, ist der Schichtführer ans Lautsprechermikrofon gesprungen. Er ruft ohne Hektik in der Stimme über den „Rundspruch" durchs ganze Werk: „Achtung, Achtung, Feuer! Tankfeldstraße 3/4 — Ich wiederhole: Feuer — Tankfeldstraße 3/4 ..."

Noch bevor er zu Ende gesprochen hat, wurden — schon durch den Impuls des Feuermelders ausgelöst — die vollmechanischen Kipptore der Raffinerie-Feuerwache geöffnet und zugleich die Feuerlöschpumpen automatisch eingeschaltet. Sie fahren jetzt den Druck in den elf Kilometer langen Feuerlöschleitungen, an die 125 Fallmantelhydranten angeschlossen sind, auf 12 bar. hoch. Bei diesem Druck können 4000 Liter Wasser pro Minute aus einem Hydranten entnommen werden. Der Wassernachschub kommt aus zwei 15000 Kubikmeter fassenden Löschwassertanks, die ständig durch sechs im Uferbereich der Donau liegende Flachbrunnenpumpen mit Donauwasser nachgefüllt werden. Der Füllstand in den Tanks wird durch Regeleinrichtungen sichergestellt. Das gesamte Löschwassernetz ist vom Betriebswassernetz unabhängig. Und selbst bei Ausfall sowohl der Elektromotoren der Löschwasserpumpen als auch der Dieselpumpe bleibt die Wasserversorgung durch eine direkte Verbindung mit der Brunnenleitung von den Flachbrunnenpumpen an der Donau her gewährleistet. Außerdem sind in der Raffinerie 100 Kubikmeter Schaumextrakt zur Herstellung von Feuerlösch-Luftschaum ständig verfügbar, davon 70 bzw. 20 Kubikmeter in zwei ortsfesten Schaumbehältern. Der Rest befindet sich an Bord der Löschfahrzeuge.

Draußen im Werksgelände lodert es rotgelb, es sieht gefährlich aus. Offensichtlich hat der Blitz einen Öltank getroffen.

Kaum ist die Brandstellendurchsage durch die Rundspruchanlage beendet, schwingen sich in Labor, Powerformer, Destillation, Tankfeld, Kraftwerk, Versand, Gleisanlage, Stadtlager und im Technischen Betrieb insgesamt 13 Mann — Laborwerker, Pumper, Peiler, Heizer, Lokführer, Turbinenfahrer, Schichthandwerker, Füllaufseher, Rangierer, Füller und Wieger kommen jeweils in Frage — als vollausgebildete Werkfeuerwehrleute auf die stets neben dem Arbeitsplatz bereitstehenden roten Alarmfahrräder und rasen in Höchsttempo zur Tankfeldstraße 3/4. Dabei werden sie mehrfach von Löschfahrzeugen überholt, die mit Blaulicht und heulenden Starktonhörnern zum Brandort preschen. Genau 29 Sekunden nach Auslösen des Feuermelders sind nämlich von der Raffinerie-Feuerwache die Staffelführer und Fahrermaschinisten der Werkfeuerwehr mit dem Trockenpulverlöschfahrzeug vom Typ TroLF 2000 und einem Zumisch-Tanklöschfahrzeug ZLF 24 mit einem Leichtschaumerzeuger-Anhänger ausgerückt. Fast gleichzeitig fuhr auch der in der Produktionsanlage tätige Brandmeister mit dem zweiten ZLF 24-Zumisch-Tanklöschfahrzeug los, das in dieser integrierten und darum relativ eng gebauten Raffinerie aus Sicherheitsgründen stets im sogenannten Prozeßfeld bereitsteht. Als der Feuermelder betätigt wurde, wurde automatisch auch die Nachbarraffinerie mitalarmiert. In der Mineralölindustrie ist Gegenseitigkeitshilfe selbstverständlich. Noch bevor bei einem größeren Schadenfeuer nach Auslösung der Alarmstufen 1, 2 oder 3 über die Landpolizei zusätzliche Feuerwehren aus den übrigen Industriebetrieben, die Freiwilligen Feuerwehren der Gemeinden oder die Feuerwehren von München und Nürnberg (Alarmstufe 3) gerufen werden, kann von der Nachbarraffinerie auf Grund eines Nachbarschaftshilfe-Vertrages ein zusätzliches ZLF 24 mit drei Mann angefordert werden.

Doch diesmal sind alle diese Maßnahmen nicht erforderlich. Noch nicht einmal die blitzschnell ausgerückte Raffineriefeuerwehr bekommt etwas zu tun, denn der entstandene Brand wurde bereits durch die stationäre Tank-Beschäumungsanlage gelöscht. Der „Öltankbrand durch Blitzschlag“ liefert keine Schlagzeilen.

Der gesamte „Einsatz der Wehr besteht darin, daß der Brandmeister und einer der drei Staffelführer unter Mitnahme eines P-12-Handfeuerlöschers zwecks Brandnachschau und Schadensfeststellung auf den Tank steigen, sobald die vorherige Brandzone mit einem Wasserwerfer einigermaßen abgekühlt worden ist. Es hatte lediglich der Ringraum der Tankabdichtung dieses Schwimmdachtanks gebrannt, weil der Blitz darin stehende Ölgase entzündet hatte. Ein solches Feuer hätte notfalls auch mit dem Handfeuerlöscher allein bekämpft werden können.

Seit es Schwimmdachtanks gibt, verbleibt kein Hohlraum mehr zwischen Flüssigkeitsspiegel und Tankdach. Damit lagern auch keine explosiblen Dämpfe mehr über dem Flüssigkeitsspiegel, in dem es zur Bildung einer Feuerzone kommen kann. Bei den früher üblichen Tanks konnte nur intensives Beschäumen der Öloberfläche im brennenden Tank die weitere, fortlaufende Verdampfung des Öles und damit den Nachschub weiterer Dämpfe in die Gaszone unterbinden. Erst als die feuergefährliche Flüssigkeit im Tank endgültig gegen die Feuerzone und gegen Rückzündung abgeschirmt war, fiel das Feuer in sich zusammen.

Dieses Feuer war ein „kleiner Fisch", ohne Explosionsgefahr oder Komplikationen. Das ZLF 24 der Nachbarraffinerie, das vorsorglich angefordert worden war, wird weder mit seinem Pulverwerfer noch mit einem der beiden dreißig Meter langen Schnellangriffsschläuche in Tätigkeit zu treten. Im Bedarfsfall wird der übliche Treibgasdruck von 200 bar auf 12 reduziert; mit diesem Druck werden die 2000 Kilogramm Löschpulver binnen 50 Sekunden aus den Behältern gewirbelt und erzeugen einen alles erstickenden Pulvernebel. Selbst ein paar Pulverstöße aus den Löschpistolen erzielen schon einen bemerkenswerten Löscherfolg.

Es war weder nötig, den Schlauchwagen oder das mit allen technischen Raffinessen ausgerüstete Gas-Katastrophenfahrzeug herauszuholen — es enthält neben Werkzeugen aller Art Atemschutzausrüstungen, Hitzeschutzanzüge, Explosimeter, Flüssiggas-Dichtungsmaterialien, Greifzüge und Abfüllübergangsstücke — noch die vier kombinierten Wasser-Schaum-Werfer oder Monitore und die fünf weiteren Pulverwerfer, die sämtlich auf Fahrzeuganhängern untergebracht sind, ebensowenig wie die beiden Leichtschaumgeneratoren.

Für den Brandschutz der Raffinerie steht also ein vorzüglicher Fahrzeugpark zur Verfügung, ergänzt durch 16 stationäre Wasserwerfer an besonderen Stellen der Produktions-, Versand- und Flüssiggasanlagen, acht stationäre Schaumaggregate in den Produktionsanlagen und zwei weitere im unteren Teil der Kesselwagen-Verladeanlage. Auch die vorhandenen Schaumautomaten, die bis zu einer Entfernung von 20 Metern zur Beschäumung der Kesselwagen-Füllöffnungen eingesetzt werden können, und die stationäre Wasserberieselungsanlage für die Kühlung der Kesselwagen müssen in diesem Zusammenhang erwähnt werden. Sie gehören gleichfalls zu dem perfekt durchdachten und präzis organisierten Brandschutzder Raffinerie.

Sie ist in 14 Feuermeldebezirke unterteilt. Alle vier Arbeitsschichten zusammengezählt, stehen sechs Brandmeister und 21 Staffelführer sowie 75 voll ausgebildete nebenamtliche Werkfeuerwehrleute im Dienst. Sie nehmen regelmäßig an Übungen teil, die turnusmäßig durch Vorträge und praktische Übungen ergänzt werden. Von den sechs Brandmeistern der Raffinerie legten an der Landesfeuerwehrschule Regensburg zwei die Mittel- und vier die Oberstufenprüfung ab. Über die eigentliche Werkfeuerwehr hinaus sind rund 180 Raffineriearbeiter als Feuerwehrleute grundausgebildet worden. Neunzig Mitarbeiter waren außerdem Teilnehmer eines Erste-Hilfe-Lehrgangs vom Bayerischen Roten Kreuz.

Wie in jeder Ölraffinerie gibt es einen Sicherheitsingenieur, der in diesem Fall gleichzeitig Leiter der Werkfeuerwehr ist. Der Betriebsleiter der betroffenen Anlage wirkt als Einsatzleiter und wird vom Leiter der Werkfeuerwehr in feuerschutztechnischer Hinsicht unterstützt. Damit auch an Wochenenden und Feiertagen, wenn der Verladebetrieb ruht, für den Notfall eine zusätzliche Zahl von Feuerwehrleuten garantiert ist, werden über die Funkstation der Feuerwache im nahegelegenen Nachbarort die Alarmrufanlagen der Funkwecker in 25 Mitarbeiterwohnungen ausgelöst. Diesen Funkalarm dürfen nur der Raffinerieleiter, der Produktionsleiter, der Betriebsleiter vom Dienst und der Leiter der Werkfeuerwehr auslösen. Die Empfänger dieses Notrufs sind dann schnellstens am Brandort.

Flüssiggase ergeben Probleme, die einzukalkulieren sind. In jeder Raffinerie fallen große Mengen von Kohlenwasserstoffgasen wie zum Beispiel Propan und Butan an. Wegen ihres niedrigen Siedepunktes trennt man diese leichtesten Bestandteile des Benzins ab. Sie lassen sich unter Druck verflüssigen und transportieren. Diese Gase aber sind leicht entzündbar. Ihr für Gas relativ hohes spezifisches Gewicht führt dazu, daß austretende Gasschwaden dicht über dem Erdboden dahinkriechen und auf Hunderte von Metern ihren Zusammenhang behalten. Die Feuerwehr kennt diese Gefahr, und sie hat dagegen gute Waffen in der Hand. Das fachgerechte Niederkämpfen eines etwaigen Gasbrandes setzt jedoch voraus, daß man auf dem Feuerwehrübungsgelände gelegentlich Brände experimentell anlegt und sogar Gaswolkenexplosionen erzeugt. Der Feuerwehrmann einer Raffinerie erkennt dabei am schnellsten, ob sofort gelöscht werden soll oder nicht — denn nach Gasausbrüchen kann ein Flamme-Löschen sogar zu einer Katastrophe führen. Die Praxis schaff die nötige Sicherheit. Darum findet in jeder Woche in Ingolstadt wieder Feueralarm statt — natürlich nur zur Übung. Man wird zum Beispiel mit einer Fackel einen Brand in einer Ölgrube des Versuchsgeländes entfachen. Das Feuer wird mit einem Leichtschaumerzeuger niedergekämpft werden, der mit seinem Hi-Ex-Leichtschaumextrakt bei einer Verschäumung von 1 : 1000 kaum Wasser benötigt und fünf Stunden lang eine riesige Schaummenge produzieren könnte, wenn er den gesamten Extraktvorrat von 2000 Litern aufbrauchen würde. Das Schaumrohr hat einen Durchmesser von halber Mannshöhe. Es mutet an wie ein prall aufgepumpter Fesselballon, und es wird mit Zugleinen von seinem „Dompteur“ dirigiert. Der Verschäumungsgrad des Schaums ist genau regulierbar. Man wird im richtigen Augenblick immer das richtige Mittel zu verwenden wissen, auch bei einem Rohrbruch oder beim Löschangriff in vergasten Zonen. Deshalb sind die raffinerieeigenen Löschzüge auch auf dem Alarmplan für den überörtlichen Katastrophenschutz höchst willkommene Ergänzungskräfte.

Öltankbrände haben seit dem Zweiten Weltkrieg, seit den damals gemachten, vielfältigen Erfahrungen der Feuerschutzpolizei, ihren einstigen Schrecken verloren. Nur noch selten ereignet sich dabei eine Katastrophe. Die aufgeschreckte Öffentlichkeit bekommt dann ein falsches Bild von der Situation. Sie neigt dazu, die Gefahren solcher Brände zu überschätzen. In Wirklichkeit liegen bei heute noch eintretenden Tankbrandkatastrophen ungewöhnliche Umstände vor. So war es 1951 in Avonmouth bei Bristol/England, als ein Tankfeldbrand rund sechs Millionen Mark Sachschaden verursachte. Dreihundert Feuerwehrleute und mehrere hundert Helfer haben in zweitägiger Löscharbeit zweihundertsiebzigtausend Liter Schaummittel verbrauchen müssen.
1955 explodierte bei Bitburg/Eifel ein unterirdischer Treibstofftank mit fünftausend Kubikmeter Fassungsvermögen. Dabei kamen neunundzwanzig Menschen um, viele andere wurden schwer verletzt. Diese Personen hatten bei der Explosion gerade auf dem Tankdach gestanden, weil sie – das Arbeiten einer Feuerlöschanlage beobachten wollten!
Jeder gut ausgebildete Feuerwehrmann weiß heute, daß der Brand eines einzelnen Öltanks gar keine besonders aufregende Sache ist. Schlimm würde es nur, wenn das Feuer etwa auf eine ganze Tankgruppe übergreifen könnte. Neuzeitliche Tankfelder werden darum sehr weitläufig angelegt. Der Sicherheitsabstand zwischen den Tanks wird jeweils genau vorgeschrieben. Alle Tanks stehen heutzutage grundsätzlich unter dem Schutz eigener Beschäumungsanlagen.
Steht mal der Rote Hahn über einem Öltank, dann heißen die beiden ersten Maßnahmen: Abkühlen der Nachbartanks.
Gleichzeitig intensives Beschäumen der Ölоberfläche im brennenden Tank. Im Tank brennt nämlich gar nicht das Ölprodukt selbst, sondern nur die sogenannte Feuerzone, in der das über dem Flüssigkeitsspiegel lagernde Dampfgemisch mit einer genügend großen Luftmenge angereichert ist. Die Hitzestrahlung der brennenden Feuerzone bewirkt eine fortlaufende Verdampfung der Ölоberfläche. Erst das allmähliche Abdecken der Oberfläche unterbindet den Nachschub weiterer Dämpfe in die sogenannte Gaszone. Die Amerikaner versuchen neuerdings sogar, das Ölprodukt mit Preßluft zu durchwirbeln und die Abkühlung der Oberfläche zu bewirken. Die Oberfläche des Ölproduktes ist also zu guter Letzt ausgiebig mit Schaum bedeckt. Dadurch wird die feuergefährliche Flüssigkeit endgültig gegen die Feuerzone und gegen Rückzündungen abgeschirmt. Das Feuer fällt schließlich ganz in sich zusammen.
Gerät ein voller Öltank in Brand, dann ist das Ablöschen ziemlich einfach.

Bei geringer Füllhöhe aber kann es passieren, daß das Löschmittel überhaupt nicht auf den Flüssigkeitsspiegel hinuntergelangt. Auftrieb und Hitze sind dann so groß, daß eingeführte Löschmittel rundweg verdampfen. Der eingespritzte Löschschaum verdörrt. Er wird flockenweise wieder herausgewirbelt. Allerdings baut man seit geraumer Zeit für viele Ölprodukte Schwimmdachtanks. Es bleibt kein Hohlraum zwischen Flüssigkeit und »Dach«, auch wenn der Tank nahezu leer ist.
Zu Unrecht vermutet der Laie, daß Tankbrände überhaupt nur mit Schaum gelöscht werden können. Brände im Ringraum der Tankabdichtung von Schwimmdachtanks lassen sich, wie schon dargelegt wurde, ohne weiteres mit Pulver-Handfeuerlöschern bekämpfen! Für größere Lufträume in den Tanks muß hingegen unbedingt ein Trockenpulverlöschfahrzeug eingesetzt werden. Besteht freilich der Verdacht einer unmittelbaren Explosionsgefahr – erkenntlich am markanten Zischen und Pfeifen entweichender Gase –, so darf sich zunächst kein Feuerwehrmann auf dem Tank oder in seiner Nähe aufhalten. In solchen Fällen kann eine Brandbekämpfung zunächst nur aus einer sicheren Deckung heraus vorgenommen werden, indem die Tankaußenhaut möglichst intensiv mit Löschwasser abgekühlt wird. Gegebenenfalls sind auch jetzt die Nachbartanks und übrige gefährdete Anlagenteile zu kühlen.
Der Brand eines Benzin-, Dieselöl oder Schmieröltanks ist für den Feuerwehrmann eine klare Sache. Das Feuer ist zwar heftig, aber es sind kaum böse Überraschungen zu erwarten. Gefürchteter sind Brände von Ölrückständen und schwersiedenden Ölen. Sie benehmen sich so unberechenbar wie das von Hans Rumpf geschilderte Masut. Wenn allerdings das Feuer noch nicht allzu lange gewütet hat, dann können Schweröltanks auf erstaunlich einfache Weise abgelöscht werden: Man kühlt sie ausschließlich mit großen Wassermengen von außen ab. Dadurch wird die Temperatur im Tankinnern allmählich wieder unter die Entzündungstemperatur gebracht. Das Feuer geht ein, ohne direkt mit einem Löschmittel in Berührung gekommen zu sein. Diese verblüffende Tatsache gehört zu den Kriegserfahrungen der ehemaligen Feuerschutzpolizei.

Chemische Löschmittel

Heutzutage fallen in den Raffinerien große Mengen von Kohlenwasserstoffgasen auf der Basis von Propan (C_3H_8) und Butan (C_4H_{10}) an. Diese leichtesten Bestandteile des Benzins entstehen bei den Crackprozessen. Wegen ihres niedrigen Siedepunktes spaltet man diese Gase ab. Sie lassen sich unter Druck verflüssigen und transportieren. Mit ihrem hohen Heizwert

sind sie als Heizgase begehrt. Auch die Kunststoffindustrie und andere Zweige der Petrochemie benötigen Propan und Butan in steigendem Maße.
Leider haben diese Gase den Nachteil, daß sie explosiv sind. Ihr hohes spezifisches Gewicht führt dazu, daß austretende Gasschwaden dicht über dem Erdboden hängenbleiben und, wie ebenfalls schon angedeutet, auf mehrere hundert Meter ihren Zusammenhang behalten. Sie können sich noch auf weite Entfernungen an einer Flamme oder einem Auspuff-Funken entzünden.
Die Feuerwehren kennen diese Gefahr. Sie haben es längst gelernt, brennende Gase mit CO_2-Gas oder Trockenpulver abzusticken, während sie zum Beispiel brennendes Elektron, Magnesium, Natrium, Kali oder brennenden Aluminiumstaub mit trockenem Sand, Schweröl (!) oder Graugußspänen löschen. Wenn Kohlenstaub, Ruß, Wollballen und andere wasserabweisende Stoffe brennen, setzt man dem Löschwasser chemische Netzmittel zu. Dem brennenden Ölschalter einer Hochspannungsanlage oder einem brennenden Transformator aber treten die Feuerwehrleute mit Kohlensäureschnee oder mit Trockenpulversorten gegenüber, die für die Brandklasse E zugelassen sind. Früher haben sie in solchen Fällen auch mit Tetrachlorkohlenstoff oder Bromid gelöscht. Aber diese beiden Chemikalien sind für die Feuerwehrleute in geschlossenen Räumen lebensgefährlich. Sie zersetzen sich beim Auftreffen auf heiße Maschinenteile und bilden das Giftgas Phosgen. Sie sind als Löschmittel ohnehin überholt und verboten.
Wie gesagt: Die gute alte Zeit ist lange vorbei, als eine Feuerwehr nur mit Wasser herumzuspritzen brauchte. Heute erfordert allein die Kenntnis der chemischen Löschmittel und ihrer jeweiligen Anwendungsbereiche ein gehöriges Wissen. Namentlich der Luftschaum, im Krieg in England und Deutschland auf seine Einsatzmöglichkeiten hin untersucht, ist aus der modernen Bekämpfung von Raffinerie- und Flugzeugbränden nicht mehr wegzudenken.
Bereits vor knapp anderthalb Jahrzehnten (1965) kam eine in Großbritannien transportable Gasturbine zur Erprobung, die Brände mit einem Schutzgas ersticken oder wenigstens rasch so weit eindämmen sollte, daß die Löschtrupps müheloser an die Brandstelle herangelangen können. Bei einer Vorführung wurde ein gut entwickeltes Großfeuer in einem eintausendsiebenhundert Kubikmeter großen Kellerraum durch dieses Schutzgas binnen fünf Minuten auf einen Schwelbrand reduziert. Tatsächlich haben Schutzgase und Löschgase inzwischen immer größere Bedeutung erlangt, z.B. als Inertgase zur Verhinderung von Tankschiff-Explosionen.
Das seltsamste aller Feuerlöschmittel ist — Nitroglyzerin. Schon beim großen Brand von London (1666) hatte man die Entdeckung gemacht, das Schießpulver unter Umständen Feuer löschen konnte. Als man, um die

Feuerwalze zu stoppen, ein Haus sprengte, erlosch plötzlich reihum jegliches Feuer.
Diese dreihundert Jahre alte Erkenntnis machen sich heute noch die ›Feuersalamander‹ zunutze. Das sind Angehörige einer amerikanischen Spezialfirma, die sich mit dem recht gefährlichen, aber gutbezahlten Geschäft befaßt, wildgewordene Erdölbohrsonden wieder unter Kontrolle zu bringen. Ihr Chef, Red Adair, hat internationale Berühmtheit erlangt. Wenn irgendwo ein Bohrloch in Brand gerät, holt man Red und seine Leute per Flugzeug herbei. Unter dem kühlenden Schutz großer Wassermengen fahren die ›Feuersalamander‹ per Raupenschlepper unmittelbar an die Brandstelle heran und räumen mit Greifern alle glühend gewordenen Metallteile weg, damit später keine Rückzündungen erfolgen können. Die Männer tragen dabei Aluminiumasbest-Hitzeschutzanzüge.
Nach dem Freiräumen der Brandstelle bauen sich die ›Feuersalamander‹ eine Nitroglyzerinbombe. Sie wird unter ein Gestell aus langen Eisenträgern gehängt. Dieses Gestell wird vorsichtig, unter ständigem Wasserwerferbeschuß, über das brennende Bohrloch manövriert. Dort stellt der behelfsmäßig gepanzerte und abgedichtete Raupenschlepper die Bombe ab und zieht sich zurück. Die Detonation hat eine durchschlagende Löschwirkung.

Mit Rohöl über die Weltmeere

Trotz Tankersterbens infolge Überkapazität bestehen noch immer große, notwendige Tankerflotten zur Rohölversorgung der technisch zivilisierten Länder. Die Welttankerflotte hatte 1986 ein Volumen von 128,4 Millionen Bruttoregistertonnen, was einer Tragfähigkeit von 247,5 Millionen tons dead-weight, d.h. Tragfähigkeitstonnen entsprach.
Kurioserweise ist ein leeres Tankschiff ungleich feuergefährlicher als ein beladenes. Gefüllte Tanks können praktisch nicht brennen, es sei denn, daß bei einer Kollision ein Tankinhalt ausläuft und mit hoher Stichflamme und starker Rauchentwicklung in Brand gerät. Das brennende Öl breitet sich rasch auf dem Wasser aus, denn bei Schiffen auf See sind ja schützende Tankumwallungen nicht möglich. Ein solcher Brand sieht aber gefährlicher aus, als er in Wirklichkeit ist. Eine gut ausgebildete Bordfeuerwehr – wie sie auf jedem deutschen Überseetanker in Stärke von mindestens einer kompletten Löschgruppe (1 : 8) vorhanden sein muß – wird bei einiger Kaltblütigkeit damit fertig. Sie muß nur die Tankwände ausgiebig abkühlen und die in Brand geratenen Teile von Schiff und Wasserfläche ausreichend abschäumen . Das war früher leider nicht jeder Tankerbesatzung klar. Aber

die gründliche Schulung von Tankerseeleuten durch Berufsfeuerwehren oder durch die Außenstelle für Schiffssicherung, die von der Abteilung Seeverkehr des Bundesministeriums für Verkehr als Teil der Wasser- und Schifffahrtsdirektion Nord in Neustadt/Holstein eingerichtet wurde, tragen deutlich erkennbare Früchte.

Die Ladung von Rohöltankschiffen gehört zur sogenannten Gefahrenklasse A 1, weil sie die tückischen Benzingase enthält. Jeder Öltank eines solchen Schiffes mußte früher mit einer Hochdruck-Dampffeuerlöschanlage versehen sein. Bei einem Kollisionsfall, beim Aufplatzen eines Tanks, war sie aber nutzlos. Zweckmäßiger sind daher die neuzeitlichen L 16-„Monitore". Diese stationären Schaum- und Wasserwerfer von eintausendsechshundert Liter Durchsatz pro Minute werden so über das Schiff verteilt, daß sie jeden Winkel des Tankdecks und einen entscheidenden Teil der Wasserfläche mit ihrem Schaum oder ihrem Abkühlwasser erreichen können. Alle Maschinen-, Pump- und Vorratsräume der Tanker sollen durch CO_2-Löschanlagen geschützt sein, die allerdings besser durch große Pulverlöschanlagen ersetzt werden sollten – es sei denn, daß der Raum wirklich luftdicht abgeschlossen werden kann.

Im Hafen ankommende Tanker werden grundsätzlich von einem Beamten der Berufsfeuerwehr oder einem Dienstgrad der Freiwilligen Feuerwehr empfangen, die sich zunächst vom ordnungsgemäßen Zustand der elektrischen Bordanlagen und aller Heizungsanlagen überzeugen. Die Ölschläuche zum Auspumpen der Ladung dürfen erst angeschlossen werden, wenn der Tanker mit einer kupfernen Klemmzange geerdet worden ist. Andernfalls könnte beim Anschließen der Schläuche ein zündender Funke überspringen, denn der Tanker ist unterwegs, im Seegang, durch die Bewegung seiner flüssigen Fracht mit statischer Elektrizität aufgeladen worden.

Für den Fall eines ausbrechenden Tankerbrandes muß jeder Petroleumhafen durch Absperrpontons, Absperrschlengel oder durch neuartige Preßluftsperren abschließbar sein. Unsere frühere Feuerwache im Petroleumhafen Hamburg wendete dieses neue Prinzip bereits an. Die Luftaufwirbelung aus einer quer über die Sohle der Hafeneinfahrt verlegten Leitung verhindert das Ausfließen von Öl oder Benzin, die etwa ins Hafenwasser geraten sind. Mit den schwimmenden Schlengeln kann außerdem ein leckgesprungener Tanker abgeschlengelt, das heißt regelrecht eingemauert werden. Die Schlengel werden durch die Feuerlöschboote an Ort und Stelle geschleppt.

Diese Maßnahme ergriff man zum Beispiel 1955, als im Hamburger Petroleumhafen der Benzintanker ›Marianne‹ in Brand geriet. Dieses Großfeuer war durch sträflichen Leichtsinn verschuldet worden. Es befand sich keine Wache an Deck, die etwa den eingetretenen Bruch der Benzinförderleitung

Ein Rohöltank brennt. Schaumlöschangriff der Feuerwehr (Kriegsaufnahme)

Taucherbereitschaften, aus Froschmännern der Feuerwehren bestehend, sind heute weit verbreitet — ungleich schneller einsetzbar und auch beim Eindringen in Wracks oder Fahrzeuge flexibler als schwerfällige Helmtaucher. Unten: In den Städten mit vielen Wasserläufen leider immer wiederkehrende Feuerwehreinsätze: Bergung von ins Wasser gestürzten Kraftfahrzeugen, nachdem zunächst die Insassen-Rettung im Vordergrund aller Maßnahmen stand.

bemerkt hätte. Große Benzinmengen verteilten sich über den Tanker, auf dem entgegen den Vorschriften ein Koksofen und ein Elektroherd brannten. Es gab plötzlich eine haushohe Stichflamme, auf die zwei schwere Explosionen folgten. Das Unglück forderte sieben Todesopfer und zehn Schwerverletzte. Unter den Toten befand sich der beherzt vorgehende Oberfeuerwehrmann Carstens.

In der Neuen Welt

Old William

Die Art des Abschieds beweist mir, wie herzlich wir uns in der Zwischenzeit angefreundet haben: ›Old William‹ läßt es sich nicht nehmen, mich persönlich mit seinem roten Kommando-Cadillac zum Flughafen zu bringen. Mein Aufenthalt in der amerikanischen ›Feuerwehrstadt‹ Boston/Mass. ist nun zu Ende. Das Boston Fire Department (B. F. D.) hatte mich, den Besucher aus Deutschland, mit großartiger Kameradschaft aufgenommen.
Mein unermüdlicher Betreuer war William Terrenzi, ein hochgewachsener, prächtiger ›Smoke Eater‹, ein Feuerfresser oder Feuerwehr-Haudegen. Er ist ›Assistent Fire Chief‹, einer der drei Branddirektoren von Boston.
In dieser Stadt habe ich einen sehr guten Einblick in die Besonderheiten des amerikanischen Brandschutzwesens bekommen. Grundsätzlich sind nicht wie bei uns ganze Löschzüge auf wenigen Feuerwachen zusammengefaßt, sondern einzelne Fahrzeuge auf eine große Anzahl von Spezialwachen verteilt. Jede Wachbesatzung nennt sich Company. Es gibt besondere Engine, Ladder, Snorkel Companies und Rescue Squads, das heißt Löschfahrzeug-, Drehleiter-, Hubsteiger- und Rettungswachen.
In Boston rücken bei jedem Feueralarm vier Löschfahrzeug- und zwei Leiter-Kompanien aus, also insgesamt sechs Fahrzeuge.
Als Wachvorsteher oder Kommandant einer Company fungiert ein Hauptbrandmeister (Captain), dem durchschnittlich drei Oberbrand- oder Brandmeister (Lieutenants) und fünfundzwanzig Mann unterstehen. Diese Wachbesatzung arbeitet nach einem komplizierten Mehrschichtensystem und ist daher in mehrere Wachtouren (Platoons) aufgeteilt. Normalerweise befinden sich jeweils ein Offizier und fünf Mann im Dienst. Falls jedoch in der Wache gleichzeitig Löschfahrzeug und Drehleiter gemeinsam stationiert sind, machen gleichzeitig zwei bis drei Offiziere und zehn Mann in einer Wachtour Dienst. Mehrere Feuerwachen unterstehen gemeinsam einer Brandinspektion, an deren Spitze der ›Bataillon Chief‹ steht. Mehrere Brandinspektionen sind wiederum zu einem District zusammengefaßt, der vom ›Deputy Chief‹ geleitet wird.

Wenn eine amerikanische Feuerwehrkompanie ausrückt, vernimmt man den ohrenbetäubenden Lärm ihrer heulenden Fahrzeugsirene meilenweit. Es ist völlig ausgeschlossen, daß sie ein Verkehrsteilnehmer überhört. Die meisten Feuerwehrfahrzeuge der USA haben keinen geschlossenen Manschaftsraum. Fahrer und Beifahrer sitzen im Freien, angetan freilich mit den schweren, wasserdichten ›Turnout Coats‹ (Ausrückemänteln) aller amerikanischen Feuerwehrleute.

Die ›Engines‹ oder ›Pumpers‹ (Löschfahrzeuge) führen einen beträchtlichen Vorrat von fertig zusammengeschraubten Schläuchen mit. Diese Riesendärme werden höchst sorgfältig in mehreren Lagen auf den Schlauchpritschen der Fahrzeuge bereitgelegt.

Seltsamerweise ist die bei uns selbstverständliche bajonettverschlußartige Stortzkupplung für Feuerwehrschläuche nicht üblich. Es gibt nur Schraubkupplungen aus schwerem Buntmetall. Auch die anderen wasserführenden Armaturen werden noch nicht aus Leichtmetall hergestellt. Die Rotguß-Strahlrohre haben solches Gewicht, daß man an der Brandstelle einiges zu tun hat, um sie zu halten.

Das Alarmierungssystem der amerikanischen Berufsfeuerwehren mutet zumeist vorsintflutlich an. Der Fernschreiber ist im Feuerwehrdienst noch unbekannt, und sämtliche Melderschleifen einer Millionenstadt laufen direkt in der Zentrale zusammen!

Als mich Old William in die Feuerwehrzentrale von Boston führte, konnte ich nur mit Mühe ein Lachen unterdrücken. Ich fühlte mich unweigerlich in die Walhalla bei Regensburg versetzt, als ich die große, marmorgetäfelte Halle betrat. Äußerlich ähnelt die Feuerwehrzentrale Boston einem häßlichen Hauptbahnhof der Gründerjahre. Sie steht, meilenweit sichtbar und völlig frei, in einem städtischen Park.

Innen ist die Marmorhalle ringsum von den Signalanlagen von mehreren tausend Feuermeldern umgeben. Läuft einer der Melder ab, so löst er in der Zentrale einen Rasselwecker aus und registriert die Meldernummer auf einem Papierstreifen. Diese Nummer wird daraufhin sofort an die zuständigen Quartierwachen depeschiert. Das geht höchst umständlich vor sich: Man telegrafiert die einzelnen Ziffern der Meldernummer und löst damit auf den Feuerwachen ein nervenzermürbendes Gebimmel aus. Bei Ablauf des Melders Nr. 2749 schlägt dort die Alarmglocke erst zwei-, dann sieben-, dann vier- und schließlich neunmal an! In der Remise der Feuerwache steht ein besonderer Alarmposten, der vor allem die ehrenvolle Aufgabe hat, die Zahl der Glockenschläge korrekt mitzuzählen. Er bestätigt dann den Alarm durch Klingelzeichen und rückt selbst mit aus. Ein Telegrafenzimmer gibt es auf amerikanischen Feuerwachen nicht.

Auf keinen Fall dürfen uns solche unerwarteten Rückständigkeiten in einem so fortschrittswütigen Land dazu verleiten, die Schlagkraft der amerikanischen ›Fire Departments‹ zu unterschätzen. Die einhundertfünfunddreißigtausend ›Fire Fighters‹ der zweitausend US-Berufsfeuerwehren haben einen hervorragenden Angriffsgeist und einen Ausbildungsstand, der mancher europäischen Feuerwehr überlegen ist. Man begnügt sich keineswegs damit, daß jeder Feuerwehrmann eine exakte Grundausbildung bekommt und seine Fertigkeiten durch Brandstellenübungen seiner Feuerwache auf dem laufenden hält. Man zieht in regelmäßigem Turnus ganze Wachtouren aus dem aktiven Dienst heraus, um sie erneut auf der städtischen Feuerwehrschule zu drillen. Beim Boston Fire Department wird jede ›Platoon‹ pro Jahr drei volle Wochen auf die ›Training Academy‹ geschickt und dort praktisch dem Drill einer erweiterten Grundausbildung unterzogen. Die Drehleitern werden bei jeder nur denkbaren Gelegenheit an der Brandstelle ausgefahren, ganz gleich, ob man sie benötigt oder nicht. Im Jahresdurchschnitt bringt es das B. F. D. auf zehntausendmaliges Anleitern im Einsatz. Im übrigen gibt es auch in Amerika die Erziehung zum Einheitsfeuerwehrmann. Jede Löschfahrzeugbesatzung muß auch mit der Drehleiter, jede Drehleiterbesatzung ebenso mit den Schläuchen und Pumpen der Löschfahrzeuge umgehen können.
Was dem europäischen Besucher drüben imponiert, das sind die ausgesprochen modernen Unterrichtsmittel. Die Löschangriffslehre wird grundsätzlich an Haus-, Schiffs- und Flugzeugmodellen gelehrt. Für die Brandstellenübungen stehen eigene Brandhäuser und Ölbrandgruben zur Verfügung. Die Übungsanlagen sind meistens zu ganzen Ausbildungszentren zusammengefaßt, die sogar durch Flutlichtanlagen erleuchtet werden können. Löschübungen können an richtigem Feuer denkbar realistisch gestaltet werden.
Das Boston Fire Department hat vor Jahren den hohen Ausbildungsstand amerikanischer Feuerwehren durch die blitzschnelle und großartige Leiterrettung von mehr als achtzig Personen aus dem brennenden Sherry Biltmore Hotel unter Beweis gestellt.
Das alte Gebäude war aus einem Appartementhaus zu einem Hotel umgebaut worden. Es genügte den Forderungen eines Vorbeugenden Brandschutzes in keiner Weise. In dem achtstöckigen Riesenkasten gab es weder Steigeleitungen noch Sprinkleranlagen, dafür aber brennbare Mahagonytäfelungen und Sperrholzplatten in Hülle und Fülle. Nachts brach im sechsten Stockwerk ein Feuer aus, das sich mit unheimlicher Geschwindigkeit ausbreitete. Es schnitt den Bewohnern der darüberliegenden Stockwerke den Fluchtweg ab. Das Feuer wurde, weil das Hauspersonal versagte, viel zu spät gemeldet.

Die ersten eintreffenden Kompanien haben großartig reagiert. Die Engine Nr. 37 nahm sofort eine Schlauchleitung zum Innenangriff vor und beschränkte den Brand auf den sechsten Stock. Die anderen Fahrzeugbesatzungen setzten alles an Leitern ein, was überhaupt greifbar war. Über Funk wurden laufend weitere Fahrzeuge nachgezogen. Es gab zuletzt Fünften Alarm. Insgesamt fünfzig Feuerwehrfahrzeuge marschierten rund um das brennende Hotel auf. Tatsächlich kam keiner der zweihundertfünfzig Hotelgäste ums Leben. Selbst Steck- und Schiebeleitern mußten zur Rettung der vom Feuer Abgeschnittenen herhalten, weil ein großer markisenartiger Vorbau den Einsatz von Drehleitern teilweise behinderte.
Die Reaktionszeiten der Bostoner Feuerwehr: drei Uhr achtundfünfzig erste Feuermeldung von der Funkstreife. Vier Uhr zwei Einsatz der ersten Drehleiter, Funkruf um Verstärkung. Gleichzeitig Eintreffen des Distrikt-Chefs an der Brandstelle. Vier Uhr vier Zweiter Alarm, vier Uhr fünf Dritter Alarm und vier Uhr elf Vierter Alarm.
Möglicherweise war dieser erfolgreiche Lösch- und Rettungsangriff beim Brand des Sherry Biltmore Hotels von Boston die größte Leiter-Rettungsaktion der Feuerwehrgeschichte.

Im Zeichen von ›Sparky‹

Wer in den Vereinigten Staaten nichts anderes als das Land der Profitjagd und des Materialismus sieht, dürfte an Ort und Stelle sein Urteil bald revidieren. Der Idealismus von einer Million Freiwilliger Feuerwehrmänner der USA steht dem Geist der Wehren Europas in keiner Weise nach. Die ›Volunteer Fire Brigades‹ der Amerikaner können sich auch technisch und ausbildungsmäßig sehen lassen.
Schlagkräftige Feuerwehren sind für Nordamerika eine Lebensfrage. Allein in den Vereinigten Staaten werden jährlich zwei Millionen Brände (!) registriert. Das Gros der amerikanischen Landhäuser, Dorf- und Kleinstadtgebäude besteht aus Holz. Auch in den Großstadthäusern hapert es weitgehend mit der baupolizeilichen Überwachung und dem Vorbeugenden Brandschutz. Ausnahmen bilden allerdings die Hochhäuser, für die es sehr strenge, mustergültige Sicherheitsvorschriften gibt. Sonst aber rächen sich die Folgen einer allzu weitherzigen Liberalisierung. Wo praktisch jeder drauflosbauen durfte, sind feuergefährliche Baustoffe und Schwindeldecken keine Seltenheit.
Noch 1961 konnte es geschehen, daß in Hollywood eine Feuersbrunst dreihundertfünfzig Häuser zerstörte, darunter fünfundfünfzig Villen der

Filmstar-Kolonie Bel Air. Auch von Burt Lancasters Besitz blieben nur zwei steinerne Schornsteine übrig. Das Feuer hatte sich zwischen Beverley Hills und dem San-Fernando-Tal derart rasch ausgebreitet, daß zweitausend Bewohner eilends evakuiert werden mußten. Es entstand ein Feuersturm, der auch die mit dürrem Buschwerk bestandene Hügelkette erfaßte. Zweitausend Feuerwehrleute und fünfhundert Soldaten konnten den Brand erst nach zwanzig Stunden unter Kontrolle bringen. Wohl erstmalig in der Geschichte der Stadtbrände wurden die Löschangriffe durch vierundzwanzig Tankerflugzeuge unterstützt, die immer wieder Löschwasser mit feuerhemmenden Chemikalien abregneten.

Die hölzernen Häuser und die mangelnde Vorsorge durch Brandmauern haben eine Feuerfurcht erzeugt, die jedem Amerikaner in den Knochen steckt. Es gibt in den Staaten kein mehrstöckiges Haus ohne außen angebrachte, eiserne Feuertreppen. Sie sollen als Fluchtweg dienen. Außerdem haben nahezu alle Fire Departments besondere ›Rescue Squads‹ oder ›Rescue Companies‹. Das Personal solcher Rettungs-Stoßtrupps konzentriert sich an der Brandstelle ausschließlich auf die sofortige Bergung der vom Feuer überraschten und vielleicht abgeschnittenen Hausbewohner.

Die Feuerwehren genießen in Amerika ungleich größere Popularität als bei uns. Ein schöner Brauch hat mich beeindruckt: in den USA wird alljährlich am zweiten Sonntag des Juni ein ›Firemen's Memorial Sunday‹ gefeiert. Dieser Erinnerungstag für alle im Dienst tödlich verunglückten Feuerwehrleute ist nachahmenswert. In den Kirchen werden Gedächtnis-Gottesdienste abgehalten. Die Denkmäler und Gräber der Feuerwehrleute werden von der Bevölkerung liebevoll geschmückt.

Auch die vom Präsidenten der USA eröffnete ›Fire Prevention Week‹ (Brandschutzwoche) wird jedes Jahr unter großer Anteilnahme der Bevölkerung durchgeführt. Diese volksfestartige Woche findet immer um den 9. Oktober herum statt. Sie wurde zur Erinnerung an die größte Feuersbrunst der Geschichte eingeführt, die vom 7. bis 9. Oktober 1871 vier Quadratmeilen des Stadtgebietes von Chikago heimgesucht hat. Dabei wurden siebzehntausendvierhundertdreißig Häuser vernichtet, über hunderttausend Menschen obdachlos gemacht und zweihundertfünfzig Personen getötet.

Eigentlicher Held der alljährlichen Brandschutzwoche ist jedesmal ›Sparky‹, das Wappentier der ›National Fire Protection Association‹ (NFPA). Diesen als Feuerwehrmann ausstaffierten Dalmatinerhund ›Sparky‹ kennt in Amerika jedes Kind.

Die ›National Fire Protection Association‹ ist in Boston ansässig. Hauptsächlich ihr galt mein Besuch dieser Stadt. Die NFPA ist die größte Brandschutzorganisation der Welt. Sie arbeitet auf der Basis freiwilliger Mitglied-

schaft als zentrale technische Auswertungsstelle. Im kleineren Umfange hat sie in der ›Vereinigung zur Förderung des Deutschen Brandschutzes e. V.‹ (VFDB) mit Sitz Bonn und in der Wiener ›Zentralstelle für Brandverhütung‹ ein deutsches und ein österreichisches Gegenstück. Außerdem gibt es an der Technischen Hochschule Karlsruhe eine Forschungsstelle für Brandschutztechnik, der man allerdings eine bessere Förderung und Finanzierung gönnen möchte.
Die Arbeit der amerikanischen Brandschutzliga NFPA ist wirklich richtungweisend. Durch systematische Erprobung und Beratung sowie weitläufigen Erfahrungsaustausch werden Fahrzeuge, Geräte, Löschmittel und Ausbildungsmethoden der Feuerwehr neuesten Erfordernissen angepaßt. Mit Geduld und Zielstrebigkeit arbeitet die NFPA an einer allmählichen Standardisierung auch des amerikanischen Feuerwehrwesens. Durch ihre Aufklärungsarbeit schiebt sie sinnlosen Eigenbröteleien und Auswüchsen des Liberalismus einen Riegel vor. Sie klärt vor allem die Öffentlichkeit über Feuergefahren und Brandschutzprobleme auf. Alle Feuerwehren Nordamerikas gehören korporativ der NFPA an, überdies auch viele andere Berufsfeuerwehren und Feuerwehrverbände der Welt. Die NFPA hat eine internationale Sektion, die einen globalen Erfahrungsaustausch möglich macht. Auch die Berufsfeuerwehr Hamburg ist dort korporatives Mitglied. Sie weiß sehr wohl, warum.

New Yorker Superlative

Natürlich habe ich auf meinen Amerikareisen der zweitgrößten Feuerwehr der Welt einen Besuch abgestattet. Das Fire Department New York (F. D. N. Y.) hat dreizehntausendzweihundert Berufsfeuerwehrleute. Im eigentlichen Weichbild der Stadt leben acht Millionen Menschen. Pro Jahr werden in New York fünfundsechzigtausend Brände gezählt, darunter durchschnittlich jede Stunde ein Großfeuer.
Die Riesenstadt ist in dreizehn Feuerwehrdistrikte und siebenundvierzig Brandinspektionen aufgeteilt. Die fünf Schleifen der sechsundzwanzigtausend (!) Feuermelder New Yorks laufen in fünf Feuerwehrzentralen zusammen, die untereinander in Querverbindung stehen. Im Stadtgebiet New York gibt es zweihundertfünfundsiebzig Feuerwachen, die von jeweils einem oder auch von mehreren Fahrzeugen besetzt sind. Auch hier rücken bei Feueralarm von vornherein vier Löschfahrzeug- und zwei Leiterkompanien aus, gefolgt vom ›Bataillon Chief‹. Zweiter Alarm bedeutet Verdoppelung dieses Aufgebotes.

Bei ›Menschenleben in Gefahr!‹ oder ab Drittem Alarm rücken auch der New Yorker ›Fire Chief‹ (Oberbranddirektor), der diensthabende Feuerwehr-Medizinalrat des betreffenden Distriktes und der diensthabende Feuerwehrgeistliche aus. Die sechs Feuerwehr-Kaplane der Stadt gehören den christlichen Hauptkonfessionen oder dem talmudischen Glauben an. Ihre Aufgabe besteht darin, Sterbenden Trost zuzusprechen und eventuell die Sakramente zu erteilen.

Die New Yorker Berufsfeuerwehr hat in letzter Zeit einige ›Dumdingers‹ erlebt, die wirklich aufhorchen lassen. So war auf dem East River der noch im Bau befindliche Riesenflugzeugträger ›Constellation‹ (sechzigtausend Tonnen) in Brand geraten, weil ein Gabelstapler unter Deck den Verschluß eines Treibstofftanks beschädigt hatte. Die ausströmende Flüssigkeit entzündete sich an einer heißen Schweißnaht. Das Feuer fand an den vielen Holzverschalungen und Baugerüsten reichliche Nahrung und wurde sofort durch die Aufzugsschächte und Gänge weitergetragen.

Viertausendzweihundert Werftarbeiter und Marinesoldaten befanden sich an Bord. Viele wurden mit Kränen vom Oberdeck des brennenden Flugzeugträgers heruntergehoben, Hunderte sprangen in den East River. Aber viele hundert andere wurden von den Flammen eingeschlossen. Die New Yorker Feuerwehr rückte mit einem bis dahin noch nie dagewesenen Massenaufgebot von Fahrzeugen und ›Fire Fighters‹ an. Ihrem umsichtigen Zangenangriff, ihren verwegenen Stoßtrupp-Rettungen und Schneidbrennerbergungen war es zu verdanken, daß die Zahl der Todesopfer auf fünfzig begrenzt werden konnte.

Jahre zuvor prallte ein Flugzeug ins New Yorker ›Empire State Building‹, lange Zeit das höchste Gebäude der Welt, dessen oberstes, 101. Stockwerk sich in dreihunderteinundachtzig Meter Höhe befindet. Das Flugzeug hatte das achtundsiebzigste Stockwerk gerammt und dort ein Großfeuer ausgelöst. Auch bei diesem Unglück gab es nur vierzehn Todesopfer, weil die New Yorker Feuerwehr mit starken Kräften anrückte. Der Löschangriff gelang dank der ausgefeilten Sicherheitseinrichtungen in den amerikanischen Wolkenkratzern. Hochdruck-Steigeleitungen und eingebaute Verstärkerpumpen ermöglichen ohne weiteres eine Wasserförderung in jede beliebige Höhe. Mehrere voneinander unabhängige, feuerfest abgeschottete Treppenhäuser ermöglichten im Empire State Building das Übersteigen der Brandstelle sowie die Rettung aller Personen aus den Stockwerken über dem Feuer.

Erschüttert hat mich die Zahl der Todesopfer unter New Yorker Feuerwehrleuten. In der kurzen Spanne zwischen 1963 und 1976 sind einhunderteinundachtzig Fire Fighters in Ausübung ihres Dienstes tödlich ver-

unglückt, obwohl ja aus Sicherheitsgründen die Innenangriffe bei Bauwerken mit fragwürdiger Stabilität schon frühzeitig abgebrochen werden. Dennoch fordern die berüchtigten Schwindeldecken immer wieder ihre Opfer, besonders in Stadtteilen wie den ›Hell's Hundred Acres‹ von Manhattan. Selbst die Außenangriffe mit ganzen Batterien von Wassertürmen, mit einem Aufmarsch von drei, vier, fünf Dutzend Löschfahrzeugen, sind gefährlicher, als man denkt. Jederzeit besteht die Gefahr, daß das Feuer durchgeht und auf die Nachbargebäude überspringt. Wenn das wirklich verhindert werden soll, müssen sich die Löschkräfte bis in den Gefahrenbereich herunterstürzender Mauern vorwagen.
Um endlich mit diesen Personalverlusten aufzuräumen, hat die New Yorker Feuerwehr den ersten ›Super Pumper‹ in Dienst gestellt. Diese Mammut-Kraftspritze stellt jedes herkömmliche Löschfahrzeug in den Schatten. Sie ist auf einem Auflegerfahrzeug von vierzehn Meter Länge und vier Meter Höhe installiert, das dreißig Tonnen wiegt. Als Spritzenantrieb dient ein Zweitausendvierhundert-PS-Diesel, wie er sonst für Schnellboote und Hunderttonnen-Dieselloks verwendet wird. Die damit gekoppelte Hochdruckpumpe fördert pro Minute neunzehntausendachthundert Liter Wasser. Das entspricht der halben Ladungskapazität der größten Tanklastzüge von Amerika. Der Wasserdruck beträgt rund fünfzig Atmosphären. Er reicht aus, um einen Menschen in Atome zu zerfetzen.
Der ›Super Pumper‹ rückt zusammen mit einem besonderen ›Super Tender‹ in den Einsatz. Dieses Aufleger-Tenderfahrzeug sieht aus wie eine kolossale Rotationsmaschine. Eng hintereinander stehen darauf vier riesige Haspeln, auf denen zweitausendsiebenhundert Meter Hochdruckschlauch von 11,25 cm Durchmesser aufgetrommelt sind. Diese elektrischen Schlauchwinden funktionieren ähnlich wie die Drillvorrichtung einer Angelrute. Mühelos lassen sich mit ihrer Hilfe die vier großen Kunststoff-Panzerschläuche gleichzeitig, jeweils in einem Stück, verlegen. Die vier Schläuche speisen gemeinsam ein gewaltiges Wendestrahlrohr, das auf dem Dach des Tender-Sattelschleppers installiert ist. Das Rohr gleicht in den Abmessungen der 12,7-cm-Kanone eines großen Zerstörers. Sein Wasserstrahl kann das siebzigste Stockwerk eines Wolkenkratzers erreichen. Die Horizontalwurfweite beträgt vierhundert Meter. Dieser Hochdruckwerfer soll vor allem als Mauerbrecher und Wassersäge eingesetzt werden.
Die New Yorker Feuerwehr nennt ihr neues Riesenfahrzeug scherzhaft »Löschboot auf Rädern«. Tatsächlich hat ein Schiffsbauingenieur – Mr. Gibbs, der Konstrukteur der ›United States‹ – dieses laut heulende Ungetüm entwickelt.
Es dürfte kaum seinesgleichen finden.

Im Kampf gegen Naturgewalten

»Ausnahmezustand«

Heute morgen rief ein Meteorologe die Hauptfernmeldestelle an: »Hier Seewetteramt Hamburg. Wir geben eine Sturmwarnung für das gesamte Küstengebiet. Sturmtief neunhundertachtundsiebzig Millibar südliche Nordsee, rasch ostsüdostwärts ziehend. Es muß mit Windstärken über zehn gerechnet werden. Orkanböen nicht ausgeschlossen!«

Diese Meldung wurde sofort per Fernschreiber an alle Feuerwachen weitergeleitet.

Unsere Tag und Nacht in gleicher Helligkeit erleuchtete Feuerwehrzentrale ist zwar abgeschlossen gegen das Wirken der Naturgewalten, doch ist es bald, als fege die erste schwere Sturmböe unmittelbar durch diesen Raum! Kurz nacheinander leuchtet das gesamte Diadem blinkender grüner Anruflämpchen auf den Vermittlungstischen auf. Es hagelt Anrufe in solchem Maße, daß zeitweilig sämtliche Notruf-, Amts- und Behördenleitungen blockiert sind. Eilig huschen die Bleistifte der Telegrafisten über Meldeblätter, und der Fernschreiber steht keine Sekunde mehr still. Seine Depeschen verdichten die Ereignisse zu knappen Abkürzungen. Für den Kundigen aber gewinnen sie Gestalt: »Wasser im Keller, Ost-West-Straße ... Droht zu fallen Dach, Georg-Wilhelm-Straße ... Drohen zu fallen Dachpfannen, Kleiner Schäferkamp ... Wasser im Keller, Töpfertwiete ... Droht zu fallen Gaskandelaber, Papenstraße ... Dach abgeweht, Berner Heerweg ... Droht zu fallen Leuchtreklame, Schmuckstraße ...« Das markante »drzf«: droht zu fallen, kehrt immer wieder. Die Drehleitern haben heute ihren großen Tag.

Inzwischen hat ein Feuerwehringenieur in der Zentrale seinen Posten bezogen. Von diesem Feldherrnhügel aus fungiert er als Einsatzleiter. Besorgt blickt er auf die Leuchttableaus, die den augenblicklichen Verbleib aller Feuerwehrfahrzeuge registrieren. Allzu viele Mosaik-Felder leuchten jetzt weiß-rot — das bedeutet: Ausgerückt! Binnen kurzem dürften auch die letzten Feuerwachen von ihren Zügen entblößt sein. Auch die Freiwilligen Wehren stehen schon im Einsatz. Die Hilfe-Anforderungen reißen nicht ab.

Nein, jetzt wird es Zeit, mit den Kräften hauszuhalten. Bis auf einen geschlossen operierenden Zug pro Gebiet, als Eingreifreserve für schwere Fälle, müssen sofort alle Löschzüge auseinandergepflückt werden. Wenn jedes Fahrzeug einzeln ausrückt, werden die Hilfsmöglichkeiten verdreifacht.
Darum rattert jetzt auf allen Feuerwachen Groß-Hamburgs der Fernschreiber in eigenartig abgehacktem Rhythmus. Schon am Geräusch erkennen die Telegrafisten sofort, daß da ein Wort gesperrt übermittelt wird. Das aber kann nur heißen:
Ausnahmezustand!
Mit dem Programm AUSNA (Ausnahmezustand) erfolgt fortan die Zuordnung der vom Rechner gespeicherten Einsätze entsprechend der Einteilung der Wachreviere nach drei Programmvarianten.
Vom Funkpult der Zentrale geht jetzt auch auf der Ultrakurzwellen-Dienstfrequenz ein Sammelruf ab: »Florian Hamburg an alle Fahrzeuge, Florian Hamburg an alle Fahrzeuge: Ab sofort Ausnahmezustand!«
Jetzt werden die Feuerwachen vollends zum Taubenschlag. Ausgerückte Einzelfahrzeuge kehren schließlich zurück, holen sich nur die nächste Einsatzdepesche und brausen sofort wieder davon. Auch sämtliche verfügbaren Sonderfahrzeuge stürzen sich ins Getümmel, sogar die Trockenlöschfahrzeuge, Schlauchwagen, Schaumtankfahrzeuge, der Werkstattzug. Alle Fahrzeuge haben ja komplette Ausrüstung von Werkzeugen und Geräten an Bord.
Der Einsatzleiter in der Zentrale überfliegt noch einmal die letzten Depeschenblätter. Das hat ja ganz schön eingeschlagen überall! Die Jungs da draußen wissen kaum noch, wo sie zuerst anpacken sollen: Liegt Baum auf Straße ... Baracke umgeweht ... Drohen zu fallen Scheiben vom Aussichtsturm ... Droht zu fallen Bauplanke ... Droht zu fallen Dachrinne ... Hafenkran umgeweht, Rüstkranwagen anrücken ... Droht zu fallen Fernsehantenne... Droht zu fallen große Ladenscheibe... Bauzaun umgeweht... Baum auf Pkw gestürzt, ein Toter, ein Schwerverletzter ... Bauzelt umgestürzt . . . Telefonleitung umgerissen . . .
So geht es zu, wenn ein Sturmtief über eine Millionenstadt hinwegbraust, während die meisten unserer Mitbürger so ein Unwetter überhaupt nicht gewahr werden. In den Kaufhäusern, Büros, Fabriken und Behörden geht der Betrieb unverändert weiter, von der Gewohnheit diktiert. Konzentriert hantieren in den Operationssälen die Chirurgen mit ihren Skalpellen, stehen die Rundfunkansager vor ihren Mikrophonen, sitzen die Fernsehtechniker vor ihren Mischpulten. Freundlich erteilen die ›Fräuleins vom Amt‹ ihre Fernsprechauskünfte. Völlig unberührt von den Ereignissen donnern die U-Bahnen durch ihre Schächte, und alle fünf Minuten fegt aus jeder Fahrtrichtung eine elektrische S-Bahn in die Bahnhöfe. Pünktlich wie im-

mer verlassen die Fernzüge ihre Bahnsteige. Und die Stellwerks-Beamten vor ihren elektrischen Gleisbelegungsbildern haben keine Zeit, die draußen herrschenden Windstärken auch nur zur Kenntnis zu nehmen. Auch die Menschen in den wohltemperierten Wohnblocks und Hochhäusern werfen allenfalls mal einen erstaunten Blick nach draußen, weil sich die Bäume plötzlich schütteln und biegen.

Der Großstädter hat sich mit dem Panzer seiner technischen Zivilisation gegen die Naturgewalten abgeschirmt. Wie gefährlich verwundbar gerade diese überzüchtete Technik jederzeit sein kann, wird nicht bedacht.

Bei der Feuerwehr geht neben den Sturmeinsätzen auch der eigentliche Alltag weiter: Am Ausrüstungskai des Fischereihafens ist im Maschinenraum eines Motorschiffes Treiböl in Brand geraten. Mit drei Schaumrohren und einem C-Rohr geht der Zug Altona — die zusammengehaltene Eingreifreserve der Branddirektion West — diesem Großfeuer allein zu Leibe. Am Paeplowweg brennt eine Wohnlaube. Das Tanklöschfahrzeug vom Zug Alsterkrugchaussee, über Funk dorthin abgerufen, löscht den Mittelbrand mit zwei C-Rohren.

Zug Billbrook muß über Funk und durch Kurierfahrzeug zusammengetrommelt werden, weil die Röstmaschine einer großen Kaffeefirma Feuer fing. Kaffeebohnen brennen sehr intensiv. Sie zerspringen mit sprühender Flamme und können Explosionen verursachen.

Der Harburger Zug plagt sich mit einem entgleisten Bahnwaggon im Straßenbereich herum. Und immer wieder sind die Rettungswagen unterwegs: Verkehrsunfall, Betriebsunfall, Sportunfall, Herzinfarkt, Blinddarmdurchbruch, Tablettenvergiftung, Schlaganfall.

Um neunzehn Uhr dreiundzwanzig rattern unsere Fernschreiber: »Ausnahmezustand aufgehoben.«

Der Sturm bot keinerlei Sensationen. Er schlägt nur statistisch zu Buch: Seit heute mittag zweihundertachtundsechzig technische Hilfeleistungen!

Höchste Alarmstufe in Kiel

Im Februar 1962 brach ein Orkan los, der von den Meteorologen als der schlimmste seit 13 Jahren bezeichnet wurde. Blenden wir zurück: Alle Lotsendampfer müssen von den Flußmündungen zurückgezogen werden. In den Häfen kentern Barkassen. Die Festmachetrossen großer Seedampfer brechen – allein im Hamburger Hafen machen sich zwei Überseefrachter selbständig. Sie quetschen zwei Fähranlagen samt Pontons zu Schrott. Der gesamte Hafenfährverkehr muß eingestellt werden. Auf See werden von

mehreren Schiffen Besatzungsmitglieder über Bord gerissen. Ganze Siedlungen, Wohnblocks und Kirchenschiffe werden abgedeckt, Menschen auf der Straße von abrutschenden Dachteilen bedroht. Behelfsheime werden von herunterstürzenden Hochhausdächern total zerstört. Krachend zerplatzen überall riesige Schaufensterscheiben. Wände, Mauern, Schornsteine stürzen ein. Kinder werden von Trümmern verschüttet.
An diesem Tag bringt es allein die Feuerwehr Hamburg auf eintausendzweihundert (!) Einsätze für technische Hilfeleistung. Aber es ist nur ein Vorgeschmack dessen, was noch kommen soll.
Drei Tage später muß die Feuerwehr Hamburg um elf Uhr dreiunddreißig abermals den Ausnahmezustand verkünden. Niemand hält für möglich, daß er diesmal neun volle Tage anhalten soll!
Sieben Minuten nach seiner Verkündung wächst die Sturmgeschwindigkeit über Orkanstärke an, auf achtunddreißig Meter pro Sekunde. Das gleiche Unwetter hatte zuvor in England hundert Häuser total zerstört und siebzigtausend andere beschädigt. Noch stehen in England und Wales alle einhundertfünfunddreißig Grafschaftsfeuerwehren im Einsatz – die dort allein üblichen Berufsfeuerwehren in den Großstädten und den Stützpunkten der Landkreise. Bei Großeinsätzen werden diese Fire Brigades durch männliche und weibliche (!) Freiwillige aus den Kreisen der ausgebildeten Luftschutzhelfer ergänzt. Am härtesten sind diesmal die Stadt Sheffield und die Grafschaft Yorkshire betroffen. Aber auch auf den achtundfünfzig Feuerwachen der Fire Brigade London herrscht derselbe Ausnahmezustand wie bei uns. Und sogar die Lehrgangsteilnehmer des berühmten National Fire Colleges in Dorking/Surrey rücken als Eingreifreserve in den Sturmeinsatz.
Auch in Brüssel, Antwerpen, Zeebrügge und Ostende sind längst unzählige Male die Feuermelder eingeschlagen worden. Auf ihren zweisprachigen Transparenten leuchten immer wieder die Worte auf: »De Brandweer komt – Les pompiers arrivent!«
Ja, die Feuerwehren sind jetzt überall unterwegs, unter Aufbietung aller Kräfte – die Provinzfeuerwehren von Nordfrankreich ebenso wie die Freiwilligen Pompierkorps von Belgien und die Freiwilligen Brandweers der Niederlande. Auf der holländischen Insel Schiermonnikoog sind bereits heute nacht die Deiche mehrfach gebrochen. Auch die Polizeifeuerwehr Den Haag und die Berufswehren von Amsterdam, Hilversum, Utrecht haben einen außerordentlich harten Tag. Denn der Sturm will und will nicht abflauen.
In der Elbmündung reißt sich eins der Feuerschiffe los. Mit knapper Not kann es gerade noch aufgefangen und nach Cuxhaven eingeschleppt

werden. Auf dem Knechtsand strandet ein Küstenmotorschiff und auf der Robbenplatte ein pakistanischer Überseefrachter. Insgesamt befinden sich auf der Nordsee fünfzehn Schiffe in Seenot.

In Kiel bläst eine Orkanböe den Neubau des siebzehntausend Tonnen großen Walfangmutterschiffes ›Wladiwostok‹ buchstäblich um. Der noch im Bau befindliche Ozeanriese wird langsam aber stetig gegen den Ausrüstungskai der Kieler Howaldtswerke gedrückt.

Im Schiffsrumpf befinden sich achthundert Werftarbeiter der Frühschicht. Plötzlich wird es stockdunkel, weil die Lichtkabel abgerissen sind. Die stählernen Decks neigen sich unter den Füßen der Arbeiter um rund fünfundvierzig Grad! Sauerstoff- und Acetylenflaschen, Schneidbrenner, Niethämmer, Schraubenschlüssel, Schleifmaschinen, Vorschlaghämmer, Werkzeugkästen und sogar schwere, noch unbefestigte Maschinenteile schlittern mit höllischem Gepolter in die Finsternis davon. Sie sausen auf sich festklammernde Arbeiter hernieder oder knallen wie Schüsse gegen die tiefer liegenden Stahlwände der anderen Seite. Sauerstoff-, Acetylen- und Preßluftleitungen reißen ab. Irgendwo im Schiff gibt es einen detonationsähnlichen Knall. Durch beherztes, schnelles Handeln einiger Werftleute werden die Zuführungsleitungen abgesperrt und damit weiteres Unheil verhindert. Wasser bricht in die unteren Räume der gekrängt liegenden Walkocherei ein. Eine Panik bricht aus. Unzählige Schmerzensschreie, ein hundertfaches Wimmern, Stöhnen, Klopfzeichen-Hämmern dringen aus dem stockdunklen Schiffsleib der ›Wladiwostok‹ nach draußen.

Die Branddirektion der Kieler Feuerwehr gibt sofort Sechsten Alarm, die höchstmögliche Alarmstufe. Alle Züge mit Rüstwagen und Bergungsgeräten rücken sofort zu den Kieler Howaldtswerken aus, um der dortigen Werkfeuerwehr beizustehen. Auch alle verfügbaren Rettungswagen, Krankenwagen und Löschboote werden zur ›Wladiwostok‹ dirigiert. An Bord dieses Schiffes sieht es böse aus. Aber die Werkfeuerwehr der Howaldtswerke leistet hervorragende Arbeit. Ihr gebührt der Hauptanteil an dem schnellen Erfolg. Rund hundert von den eingeschlossenen Werftarbeitern sind verletzt. Mit Quetschungen, Prellungen, Knochenbrüchen liegen sie in den Ecken. Sie werden sofort geborgen, und von der Erste-Hilfe-Station der Werft wird ihnen erste Versorgung zuteil. Pausenlos sind die Ambulanzwagen von Werk- und Berufsfeuerwehr zwischen Werft und Krankenhäusern unterwegs.

Ein Kentern des Schiffes wurde nur dadurch verhindert, daß es sich in den Festmachetrossen aufhängte. Sie sind nun gefährlich überlastet. Die Einsatzleitung der Kieler Feuerwehr läßt jetzt, im Zusammenwirken mit der Werftleitung, zusätzliche Trossen zur Sicherung des Schiffes ausbringen.

Noch immer turnen Suchtrupps beider Feuerwehren mit Beleuchtungsgeräten und Brechwerkzeugen auf den schiefstehenden Decks und Niedergängen des Walfangmutterschiffes herum. Jeder Winkel wird abgeleuchtet. Dabei werden plötzlich aus einem Laderaum schwache Klopfzeichen gehört. Ein Brandmeister antwortet, indem er gegen die Stahlwand hämmert.
Verzweifelt suchen die Männer einen Zugang zu diesem stählernen Gefängnis. Aber die Feuerwehrleute der Werft, von vielen Schneidbrenner- und Schweißer-Sicherheitswachen her mit den Örtlichkeiten dieses Schiffes vertraut, wissen, daß von innen her an den Eingeschlossenen nicht heranzukommen ist. Nur von der Wasserseite her besteht eine Chance.
Ein Melder kraxelt an Oberdeck und verständigt den Einsatzleiter. Sofort wird ein Bergungstrupp der städtischen Berufsfeuerwehr mit Brennschneidgeräten abgestellt und auf einer kleinen Barkasse eingeschifft. Das Motorboot quält sich in den engen Spalt zwischen Ausrüstungskai und Schiffswand hinein.
Unter großen Schwierigkeiten fressen sich die Brennerflammen durch zwei starke Stahlwände hindurch. Minuten werden zu Stunden. Währenddessen schlingert die Barkasse im Schwall der Sturmseen erheblich. Die Feuerwehrleute wissen manchmal kaum, wie sie ihre Geräte überhaupt halten und richtig führen sollen.
Aber um sechzehn Uhr ist es endlich geschafft. Der Eingeschlossene kann von der Feuerwehr geborgen und ins Krankenhaus geschafft werden. Ein zweiter Arbeiter ist leider nicht mehr gefunden worden. Erst am nächsten Morgen, beim Lenzen des eingedrungenen Wassers, wird er tot geborgen.
Aber diese Einsätze sind nur ein winziger Ausschnitt aus dem Geschehen dieses Tages. Am 16. Februar 1962 beginnt die schlimmste Sturmflut, die seit Jahrhunderten die deutsche Nordseeküste heimgesucht hat.

Trutz, Blanker Hans!

Abends findet in der vollbesetzten Hamburger Musikhalle ein festliches Konzert statt. Zweitausend Menschen hören Joseph Haydns Oratorium ›Die Schöpfung‹. Der Tenor singt die Worte des Erzengels Raphael: »Da tobten brausend heftige Stürme / Wie Spreu vor dem Winde, so flogen die Wolken / Rollend in schäumenden Wellen / Bewegte sich ungestüm das Meer.«
Manchmal werden die Pianostellen des Oratoriums vom Orkan übertönt, dessen Böen dumpf auf die Dachziegel der Musikhalle prallen.
»Finsternis war auf der Fläche der Tiefe ...«, singt der Tenor.

Das Schicksal hat längst die Karten gemischt. Dreihundertundfünfzehn Hamburger werden diese Schreckensnacht nicht überleben.
Auf der Rückseite des Orkantiefs haben die stürmischen West- bis Nordwestwinde fast zehn Stunden lang mit gleichbleibender Streichrichtung geweht und einen ungewöhnlichen Wasserstau in der Deutschen Bucht erzeugt.
Schon seit Tagen melden alle Halligen ›landunter‹. Nur die höher gelegenen Warften mit ihren Wohnhäusern und Ställen ragen seitdem aus der Flut. Jetzt aber bricht die Nordsee sogar ins Innere der Hallighäuser ein. Sie brandet gurgelnd in die Flure, Wohnstuben, Stallkojen. Die Hausbewohner retten sich auf die ächzenden, vom Sturm gerüttelten Böden und Dächer, die jetzt einsame Fluchtburgen in einem endlosen Ozean geifernder Schaumkronen geworden sind.
Noch immer klingen den Halligleuten die schrillen Todesschreie ihrer ertrinkenden Kühe, Schafe und Schweine in den Ohren, obwohl längst das Tosen und Schwallen der Brandung, das Orgeln und Jaulen des Sturmes im Dachfirst als einzige Laute übriggeblieben sind.
Nur auf der eingedeichten Großhallig Pellworm gelingt es den Anstrengungen der Freiwilligen Feuerwehren und anderer Deichwehrposten, den im Vorjahr zum Glück um einen Meter höher gezogenen Schutzdeich zu halten und damit den dreitausendfünfhundert Einwohnern von Pellworm das Schicksal der anderen Halligleute zu ersparen.
In dieser Nacht steht das größte Feuerwehraufgebot an den Deichen, das es je in Europa gegeben hat – Zehntausende, Hunderttausende von Feuerwehrleuten, vom Englischen Kanal bis hinauf zum Kap Skagen.
Wie die französischen, belgischen, holländischen, deutschen Feuerwehren, so stehen im benachbarten dänischen Nordschleswig die aus der Deutschenzeit überlieferten Freiwilligen Feuerwehren im Kampf, ebenso die Männer von ›Falck's Redningskorps‹ in Esbjerg und anderen Falck-Stützpunkten der Westküste, überall im Verein mit den Männern der dänischen Pflichtfeuerwehren.
Auf deutschem Gebiet sind die beiden ›Goldenen Ringe‹ in ganzer Länge besetzt, die doppelten Schutzdeiche der Nordseeküste. Die siebenhundertfünfzig Kilometer lange niedersächsische Deichkette reicht vom Dollart bis ins Gebiet von Brake-Vegesack, die schleswig-holsteinische Kette, in fünfhundertvierzig Kilometer Länge, von Hamburg bis an die dänische Grenze. Ebenso bewacht ist das gesamte Land zwischen Weser und Elbe.
Längst heulten überall an der Küste die Feuersirenen: auf den Ost- und Nordfriesischen Inseln, im Oldenburgischen, im Jeverland, in Butjadingen, in der Wesermarsch, in Kehdingen, im Lande Hadeln, ja entlang der gesamten Unterelbe und auf den Kögen von Schleswig-Holstein.

Flutkatastrophe 1962. Die Feuerwehren Hamburgs sind neun Tage lang ununterbrochen im Einsatz.

Böschungsbruch des Elbe-Seitenkanals bei Erbstorf am 18. Juli 1976. Feuerwehren und Bundeswehr reagieren sofort und versuchen durch Querlegen eines Gütermotorschiffes und Ins-Wasser-Rollen von Fahrzeugen das völlige Auslaufen des Kanalabschnittes zu verhindern. Die bereits entstandene Flutwelle zeigt katastrophale Folgen. Sofort beginnen die Feuerwehren, gemeinsam mit Freiwilligen anderer Hilfeleistungs-Organisationen, mit der Rettung und Evakuierung der vom Wasser überraschten Hausbewohner.

Längst sind überall die Sieltore der Marschen-Wasserabzuggräben geschlossen und die doppelten Stegelschotten in die Slöpen oder Fahrzeugdurchlässe der Deiche eingesetzt. Nach uraltem Rezept haben die Freiwilligen Feuerwehren – als Deichschutz-Schlüsselkräfte – Mist und Erde herangefahren und mit diesem Gemisch den Zwischenraum zwischen den Stegelschotten wasserdicht ausgefüllt.
Trutz, Blanker Hans! Heute nacht geht es ums nackte Leben, um die eigene Stadt, das eigene Dorf – um alles, was Generationen in harter Arbeit dem Meere abgerungen haben. Zusätzlich sind fünfundzwanzigtausend Soldaten der Bundeswehr aufgeboten, darunter die Hälfte aller deutschen Pionierbataillone, außerdem englische und holländische Pioniere.
Schon Stunden vor Mitternacht wird an vielen Punkten der Nordseeküste die Lage bedrohlich. Die ersten Brecher peitschen über die Deichkrone. Mit blitzendem Blaulicht patrouillieren Feuerwehrfahrzeuge am landseitigen Deichfuß entlang und leuchten alle besonders gefährdeten Stellen ab: Kabeldurchführungen, Wühlmausgänge, Bisamrattenlöcher. In langer Kette, gerade eben in Rufweite voneinander, schuften Feuerwehrleute, Soldaten und andere Helfer an den Böschungen. Mit Sandsäcken, Gras-Soden, Faschinenwerk, Pfählen flicken sie Einbrüche, Sickerstellen.
Gespenstisch tost die Brandung. Der Sturm heult um die Feuerwehrhelme der Männer. Düstere Wolkenfetzen jagen tief über den Himmel und überschütten die im Dunkeln umherhuschenden Männer mit Hagelschauern und Schneeböen. Gischt fetzt in die Gesichter. Längst sind alle Deichposten klatschnaß und von oben bis unten mit Schlick und Klei, mit Marsch-Tonerde, dem Baumaterial der Deichkerne, beschmiert.
Hier und dort blitzen zum soundsovielten Male eine Handlampe, ein Fahrzeugscheinwerfer an gleicher Stelle auf und beleuchten einen besonders verdächtigen Punkt. Die Männer prüfen, ob das austretende Quellwasser noch immer klar aus dem Innengang des Deiches heraussträhnt. Sobald diese rieselnden Miniaturbäche und die emporstrudelnden kleinen Fontänen am Hange dunkle Färbung annehmen, ist Grundbruch-Gefahr im Verzuge. Die Eintrübung des Wassers beweist, daß bereits Kleibodenteilchen aus dem Deich herausgespült werden.
Es ist eine Sisyphusarbeit, einen bedrohten Deich zu halten. Immer wieder muß Langstrohdung auf die Leckstellen geforkt und mit schlaff gefüllten, anschmiegsamen Sandsäcken beschwert werden. Tausende von anderen Sandsäcken werden herbeigemannt und zielsicher auf die überbrandeten Deich-Außenhänge geworfen.
Das ist der Rhythmus einer Sturmflut-Nacht: Sandsäcke schleppen, Sandsäcke werfen, Deichableuchten, Abdichten, Abriegeln.

Bald aber reicht die Höhe der Deichkronen nicht mehr aus. Die Fluthöhe spottet diesmal jeder Erfahrung. Die Wasserwalze beginnt über die Hauptdeiche hinwegzutosen wie über ein Wehr. Die Deichgeschworenen und die erfahrenen Männer der Freiwilligen Feuerwehren wissen, daß Kleideiche nicht ungestraft überspült werden dürfen. Sie ahnen, daß die Lage hoffnungslos wird, aber sie bleiben auf ihrem Posten. Sie versuchen es noch mit der Aufkastung, mit dem Bau kleiverschmierter Barrikaden. Immer neue Pfähle werden eingeschlagen, Faschinenwerk dazwischengestopft. Nur schnelles Zubauen aller überspülten Stellen rettet vor dem gefährlichen Kronenbruch. Wehe, wenn der Deich von hinten her ausgenagt, erodiert, ›aufgekadet‹ wird!

Wie heiseres Bellen hören sich in dieser Nacht vom Englischen Kanal bis hinauf zum Skagerrak die knappen Kommandos der Deichobleute und der Gemeindebrandmeister an, die jetzt auch den Böschungsfuß mit Sandsäcken belegen lassen, denn der Böschungswinkel muß unbedingt beschwert und abgedichtet werden.

Bald geht der Riesenvorrat von vielen zehntausend Sandsäcken zur Neige. Feuerwehrfahrzeuge und Militär-Lkws schwärmen ins Hinterland aus. In den Mühlenbetrieben, Zuckerfabriken, Kohlenhandlungen beschlagnahmen sie jeden Sack, der aufzutreiben ist.

Sintflut 1962

Nie gesehene Wassermassen werden in die offenen Trichtermündungen von Ems, Maade, Jade, Weser, Elbe, Stör, Krückau, Eider hineingedrückt.

Ein Deichbruch bei Papenburg setzt schon lange vor Mitternacht mehrere tausend Hektar Land unter Wasser. Das Dorf Völlen an der Ems wird zum Teil überflutet. Viele hundert Menschen werden eilig mit Löschfahrzeugen und Bundeswehr-Lkws evakuiert, andere mit knapper Not gerettet.

An sämtlichen Emsdeichen zwischen Leer und dem Dollart entstehen schwere Schäden. Die Ostfriesischen Inseln werden gegen jede Regel und Erwartung vom Süden her überflutet. Dort sind die Deiche nur niedrig. Im Handumdrehen ist das Binnenland der Inseln unter Wasser, sind die Dörfer bedroht. Besonders übel werden Borkum und Baltrum heimgesucht.

Viele Deiche im Jeverland sind bald zugerichtet, als habe sie ein Bombenreihenwurf getroffen. Sie bersten an mehreren Stellen total. Auch zwischen Bremen und Bremerhaven bricht das Wasser bis zu vierzig Kilometer weit ins Hinterland der Weserdeiche ein.

Nördlich von Bremerhaven sind schließlich die Wurster Deiche an fünfundzwanzig Stellen so weit zernagt, daß eine weitere Sturmbö sie brechen lassen würde. Aber in fieberhafter Abwehrarbeit gelingt der Wettlauf mit der Zeit. Als an einer schweren Einbruchstelle beim besten Willen keine Sandsäcke mehr aufzutreiben sind, befiehlt der Einsatzleiter, der Gemeindebrandmeister von Imsum, eilig sämtliche Kränze von den Gräbern der Umgegend herbeizuholen und mit in die Bresche zu stopfen!

Der verzweifelte Kampf wird gewonnen. Das Land Wursten geht um Haaresbreite an einer Katastrophe vorbei.

Auch in der Großstadt Bremerhaven drohen schon frühzeitig die überlasteten Deiche zu brechen. Kurz nach einundzwanzig Uhr ließ der Oberbürgermeister Katastrophenalarm geben. Die längst auf Deichwache stehende Berufsfeuerwehr und die Freiwillige Feuerwehr Weddewarden sind durch dreitausend Helfer von Bundeswehr, US-Army, Technischem Hilfswerk, DRK, Luftschutz, Polizei und Behördenpersonal verstärkt.

Beim Weser-Strandbad ist der Deich bereits in einer Breite von dreißig Metern bis auf schmale Grate zerstört. An achtzehn weiteren Stellen treten infolge Überspülung gefährliche Aushöhlungen auf. Die wasserseitige Schutzmauer der am Weserdeich gelegenen Tiergrotten stürzt ein. Schwallend bricht sich die Nordsee Bahn in die Zoogehege. Sämtliche Waschbären, Stachelschweine, Kraniche und anderen Vogel-Exoten ertrinken. Nur die Seehunde – als einzige Nutznießer dieses Unglücks – ergreifen die günstige Gelegenheit zur Flucht.

Zu guter Letzt steht das Wasser sieben Meter zwanzig über Normalfluthöhe vor der bedrohten Stadt. Aber mit achtzigtausend Sandsäcken und einigen hundert Kubikmetern Buschwerk können alle Einbrüche abgedichtet oder geschlossen werden. Und das neue Sperrtor an der Geestemündung hat seine Bewährungsprobe bestanden. Die Flut kann in dieser Nacht nicht wieder in die Geesteniederung eindringen und die Stadt rücklings bedrohen.

Aufatmen können nun auch die Einwohner der Hansestadt Bremen, vor allem aber die Männer der dortigen Feuerwehr. Sie haben in dieser Nacht mit ihren drei unsinkbaren, mit Flutlichtscheinwerfern ausgerüsteten Leichtmetall-Rettungsbooten sowie mit den Beibooten der Feuerlöschboote hohen Anteil an der Rettung von sechshundert Menschen aus den sechzig Quadratkilometer großen Überschwemmungsgebieten der Stadt gehabt. Es begann damit, daß kurz vor dreiundzwanzig Uhr in einem Gebäude am Alten Löschplatz von Bremen-Farge elf Personen eingeschlossen waren. Die Beamten der Feuerwache acht holten sie mit einem Rettungsboot heraus. (Diese Boote werden in Bremen auf besonderen Einachsanhängern in die Nähe der Einsatzstelle transportiert.) Bald stand die Feuerwehr überall in

Farge, Lesum, Wardamm, Huchting und in der Pauliner Marsch im Rettungseinsatz, während die Freiwilligen Feuerwehren an vielen Punkten noch immer fieberhaft, aber erfolgreich um die Deiche kämpften.
Die Zahl der Todesopfer (sechzehn Personen) bleibt erfreulich niedrig, obwohl die Pegel ein Rekord-Hochwasser von neun Meter fünfzig registrierten. Nur wenige Zentimeter mehr, dann hätte vom Bremer Blockland her eine Flutwelle fast das gesamte restliche Stadtgebiet unter Wasser gesetzt. Zum Glück hatte man gerade auch hier kurz vorher die Deiche um ein Meter fünfzig erhöht.
Schleswig-Holstein erlebte eine unvergeßliche Schreckensnacht. Einhundertfünfzig Kilometer Deich wurden völlig zerstört, obwohl die orts- und sachkundigen Deichwachen sofort auf ihrem Posten waren. Ihre Kerntruppe bildete die überall sofort einsatzbereite Feuerwehr, die keine langen Anmarschwege hatte. Rechtzeitig hatten die Kreisbrandmeister Alarm gegeben, sofern er überhaupt noch nötig war. Die meisten Wehren hatten schon von sich aus die drohende Gefahr bemerkt.
In dieser Katastrophennacht haben eintausendzweihundertneunundzwanzig Freiwillige Wehren – die Hälfte aller Wehren – von Schleswig-Holstein mit rund zwanzigtausend Feuerwehrmännern den schweren, ungleichen Kampf aufgenommen. Kein einziger Kilometer des ›Goldenen Ringes‹ blieb unversehrt. Zwölf besiedelte Kooge der Westküste wurden überschwemmt. Auf der weit gen Westen vorspringenden Halbinsel Eiderstedt mußten in aller Eile fünftausend Menschen evakuiert werden. Aus den Ortschaften Büsum und Friedrichskoog sowie vom Christians- und Wesselburener Koog schlossen sich die Einwohner der hastigen nächtlichen Völkerwanderung an. Auf diese Weise blieben auch hier die Menschenverluste gering, obwohl die Deiche trotz aller Tapferkeit und Plackerei nicht zu halten waren. Aber Schleswig-Holsteins Westküste hat Glück im Unglück. Im allerletzten Moment dreht der Wind gnädigerweise von West auf Südwest. Sonst wäre es den Städten schlimm ergangen.
Aber gerade der Südwest bedeutet für andere Anrainer der Deutschen Bucht erhöhte Gefahr. Vor allem für Hamburg.
In Cuxhaven waren schon seit dem Vortag alle Bollwerke und Hafenstraßen überflutet. Bereits um zweiundzwanzig Uhr fiel der Cuxhavener Pegel wegen Überschreitung des Höchstwasserstandes aus. Seitdem ist der wichtigste Fernmeldepegel für die Hansestadt Hamburg außer Funktion.
Kurz nach zweiundzwanzig Uhr bricht in Cuxhaven der erste Deich. Einige Straßenzüge laufen voll Wasser. Überall heulen die Alarmsirenen, um die Bevölkerung zu warnen.
Die Freiwillige Feuerwehr dieser Stadt braucht freilich nicht mehr alarmiert

zu werden. Die stand ohnehin den ganzen Tag über im Sturmeinsatz, und sie hat längst ihre Deichwehrposten bezogen.
Jetzt dreht der Wind genau auf Nordwest. Das ist für die Elbmündung die gefährlichste aller Windrichtungen. Die Deichwachen geben Alarmstufe eins. Feuerwehr und Polizei fordern mit Lautsprechern und Megaphonen die Bevölkerung auf, die höheren Stockwerke der Häuser aufzusuchen. Es muß mit dem Schlimmsten gerechnet werden.
Kompakt und niedrig liegt diese Stadt unmittelbar hinter den Deichen. Das berühmte Bollwerk der Alten Liebe und sogar das noch höhere Steubenhöft – Cuxhavens Übersee-Bahnhof – sind längst überflutet. Sie verschwanden unter glitzernden Kaskaden von Gischt, schließlich unter einer richtigen Brandung.
Gegen Mitternacht trifft die volle Wucht des Orkans genau auf die Stadt. Unter dem Einsatz ihres Lebens retten Cuxhavener Freiwillige Feuerwehrleute bei Windstärke zwölf (!) mit einem an Fangleinen schlecht und recht gesicherten Schlauchboot (!) eine Gruppe von Menschen aus dem Seepavillon bei der Alten Liebe. Dieses Restaurant ist von der über die Deiche getretenen Flut eingeschlossen.
Gleich nach Mitternacht passiert es: die Orkanseen reißen eine dreißig Meter breite Lücke in den Außendeich der Stadt. Das Schicksal Cuxhavens hängt nur noch an einem seidenen Faden. Feuerwehrleute und vierhundert Soldaten der Bundeswehr bringen es mit übermenschlichen Anstrengungen fertig, diese immer weiter aufreißende Lücke mit eingerammtem Pfahlwerk und sechzigtausend eingeworfenen Sandsäcken zu schließen. Dieser kaltblütige Einsatz rettet die Stadt.
Bei Altenbruch, Otterndorf, Neuhaus im Oste-Gebiet, in Stade aber stürzen gewaltige Wassermassen durch entstandene Deichbrüche landeinwärts. Im Lande Hadeln kann gerade noch rechtzeitig Katastrophenalarm ausgelöst werden.
Eintausendfünfhundert Männer der Freiwilligen Feuerwehren standen als erste Helfer auf den Deichen, nachdem schon um einundzwanzig Uhr dreißig des Vorabends Anweisung zu höchster Alarmbereitschaft gegeben worden war. Schon um dreiundzwanzig Uhr waren überall Telefon und Licht ausgefallen, es bestand kaum noch Verbindung zwischen den einzelnen Wehren. Auch Kradmelder kamen einfach nicht mehr durch. Die beiden Stellvertretenden Kreisbrandmeister des Landkreises Stade, als Abschnittsleiter im Nord- und im Südteil des Kreises, sowie die Stadtbrandmeister von Stade und Buxtehude operieren getrennt voneinander. Aber sie ziehen rasch Hilfe heran, indem sie alle erreichbaren Wehren aus den höhergelegenen Geest-Gemeinden alarmieren lassen. So stehen schließlich achtundsech-

zig von den fünfundachtzig Freiwilligen Feuerwehren des Landkreises an den Deichen von Elbe, Oste, Schwinge, Lühe und Este.
Auch die Jahre zuvor aufgestellte Stader Feuerwehrbereitschaft für den überörtlichen Katastropheneinsatz erlebt ihre Bewährungsprobe. Sie besteht aus drei Zügen mit hundertfünfzig Feuerwehrleuten, und jeder Zug besteht aus einem TLF 16, einem LF 16 sowie zwei LF 8-Löschfahrzeugen. So unzulänglich die Freiwilligen Feuerwehren auch bislang in den meisten Bundesländern für technische Hilfeleistungen ausgerüstet sind – sie haben weder wasserdichte Schutzkleidung noch UKW-Funk, Lichtaggregate, Motorsägen, Schneidbrenner, Schwimmwesten, Schlauchboote –, ihre Leistung in dieser furchtbaren Nacht ist erstaunlich.
Die Bewohner von Hamburg aber liegen arglos in ihren Betten.

Die große Wasserwalze

Elf Minuten nach Mitternacht läuft bei der Hamburger Feuerwehrzentrale die erste Deichbruchmeldung aus Neuenfelde ein. Noch sind alle Telefonleitungen und Fernschreibkabel intakt. Darum werden jetzt die beiden nächstgelegenen Freiwilligen Feuerwehren durch Sirenenalarm auf die entstandene Gefahr aufmerksam gemacht und das an einer Sturmschadenstelle anderweitig eingesetzte Tanklöschfahrzeug des Harburger Löschzuges sogleich mit Rüstanhänger und Schlauchboot nach Neuenfelde dirigiert. Niemand ahnt, welche Odyssee seiner Besatzung bevorsteht.
Gegen halb eins, noch drei Stunden vor dem eigentlichen Gezeiten-Hochwasser, telefoniert der Leiter des Ortsamtes Finkenwerder mit der Feuerwehr. Er meldet eine beunruhigende Entwicklung des Wasserstandes und regt allgemeine Alarmierung der Bevölkerung durch die Sirenen der Freiwilligen Feuerwehr an. Aus den Vierlanden und dem Alten Land, den großen Obstgärten des Marschenlandes vor den Toren der Großstadt, treffen fast gleichzeitig ähnliche Meldungen ein.
Die Hauptfernmeldestelle der Feuerwehr ruft jetzt sämtliche Sirenenauslösestellen der an Deichen stationierten Freiwilligen Feuerwehren an: »Kameraden, gebt Sirenenalarm bis die Drähte glühen! Wir müssen die Bevölkerung warnen!«
Aber dazu kommt es nicht mehr überall, weil kurze Zeit später der elektrische Strom seinen Dienst versagt. Auch kaum eine Kirche kann noch Sturm läuten, weil nahezu alle Läutewerke auf elektrischen Betrieb umgestellt sind.
Die Freiwilligen Feuerwehren der wasserseitigen Gebiete von Hamburg

stehen schon seit Stunden im Kampf um die Deiche. Sie sind genauso klatschnaß und kleiverschmiert wie ihre Kameraden in List auf Sylt, Friedrichstadt, Tönning, Brunsbüttel, Neuwerk oder Eckwarderhörne, Neuharlingersiel, Emden.

In Alarmfahrt pendeln bereits seit Mitternacht alle verfügbaren Fahrzeuge zwischen den bedrohten Deichen und den nächstgelegenen Sandsacklagern der Baubehörde und der Stackmeistereien hin und her. Viele von ihnen nehmen auf der Leer-Hinfahrt vorsorglich schon Frauen, Kinder und Alte mit, um sie aus der Gefahrenzone zu bringen. Hier und dort hatte auch die rechtzeitige Alarmierung der Einwohner den gewünschten Erfolg. So hatte man auch in Altenwerder noch Sirenenalarm geben können. Aber dabei ließ es der Wehrführer zum Glück nicht bewenden. Er schickte zwei Mann mit alten Feuerhörnern durch die Straßen, deren markerschütternder Ton auch Schwerhörigen kaum entgangen sein dürfte. Raus aus den Häusern, Leute! Es ist allerhöchste Zeit, rettet euch zunächst auf den Hauptdeich!

Anderswo sind Löschfahrzeuge und Funkstreifenwagen noch schnell mit gellenden Starktonhörnern durch die Straßen geschickt worden. Sie machten so lange Krach, bis die verschlafenen Einwohner begriffen, daß sie diesmal höchstpersönlich gemeint waren.

Dort aber, wo nur Sirenen und vereinzelte Kirchenglocken warnen, bezieht das Gros der Bevölkerung diese unnötige nächtliche Ruhestörung überhaupt nicht auf sich. Die meisten halten das Ganze für Feuerlärm und kriechen als Unbeteiligte in die Federn zurück. Dort werden sie wenig später von der hereinbrechenden Flut überrascht. Diejenigen, die mal vor die Tür gegangen sind, haben tatsächlich einen hellen Feuerschein am Himmel gesehen. Aber der hatte ganz andere Gründe, von denen sie natürlich nichts wußten.

Schon gegen ein Uhr wird fast überall die Deichkrone vollständig überschwemmt. Auf der ganzen Strecke zwischen Moorburg und Neuenfelde tost das Wasser zwei, drei Dezimeter über den Hauptdeich.

Zuerst versuchen auch hier die Deichwachen die übliche Aufkastung. Aber es bleibt ein vergebliches Bemühen. Das Verhängnis ist nicht aufzuhalten.

Die Deichposten müssen mit ansehen, wie am Deich-Innenhang die von Regenwürmern, Maulwürfen, Wühlmäusen und Frostgare allzu weich und locker gewordene Kleierde unter der verfilzten, leider nicht mehr von weidenden Schafen kurzgehaltenen Grasdecke von dem überschießenden Wasser Stück für Stück herausgerissen wird.

Immer weiter zerreißt der Grashang. Er sieht bald pockennarbig aus. Die Kleierde wird immer schneller erodiert. Und längst hat die schwere Brandung auch die Wagenspuren oder die Pflasterung auf der Deichkrone, ja

sogar die stellenweise eingebauten Stein-Schutzpackungen zerfleddert. Immer neue Fetzen davon kollern über den Hang.
Jetzt schießt das längst trübe gewordene Wasser auch durch die Kabeldurchstiche und die größeren Wühlgänge im Deich mit solcher Kraft hindurch, daß sich die Austrittsöffnungen immer größer fressen. Sie bilden bald ausgedehnte Schwemmkegel.
Die klatschnassen Feuerwehrleute von Cranz, Hasselwerder, Vierzigstükken, Francop, Hohenwisch – nicht anders als die in Moorburg, Bullenhausen, Over, in den Vierlanden, in Lohbrügge, Bergedorf – sind machtlos und müssen das Unabwendbare geschehen lassen.
Argwöhnisch achten die Wehrführer vor allem auf entstehende Deichrisse. Sie bedeuten Lebensgefahr. Sowie sich solche Risse etwa erweitern, muß auf der Feuerwehrpfeife sofort das Rückzugsignal gepfiffen werden.
Um ein Uhr fünfzehn hat die Flut erstmalig auch den Hauptdeich bei Neuenfelde durchstoßen. Und bald zerbersten die Deiche allerorten. In Francop rutscht mit einem Schlage ein ganzer Deichabschnitt auf die Straße.
Überall dort, wo der Stau am größten ist oder die Deiche am morbidesten sind, folgen mehrere Totalbrüche.
Mit satanischer Gewalt braust und strudelt das Wasser durch die entstehenden Lücken, fetzt dahinter erbarmungslos die Häuser hinweg, entwurzelt Bäume, reißt Möbelstücke, Automobile, Faschinenreste, Eisschränke, Kleimassen und sogar Menschenleiber in wirbelndem Chaos davon.
Die Deichposten spüren, wie der Boden unheimlich zu schwanken beginnt und deutlich sichtbar auseinanderreißt. Rette sich, wer kann!
Sekunden später versinken die Ränder der Bruchstellen in den tödlichen Wasserwirbeln. Aber die Männer kennen Weg und Steg genau. Mit dem Instinkt von Marschenbewohnern finden sie alle irgendwelche Schliche, wieder festen Boden unter die Füße zu bekommen.
Mancher Feuerwehrmann wird bei den Deichbrüchen für lange Zeit von seinen Kameraden abgeschnitten. Aber zu guter Letzt finden die Männer doch alle aus ihrer nassen Mausefalle heraus, um unverzagt zu retten, zu bergen, zu helfen – in diesem sturmgepeitschten Riesensee, der Dorf und Umgebung, so weit das Auge blickt, verschlungen hat.

Ein Tanklöschfahrzeug schwimmt davon

Das kurz nach Mitternacht zur ersten Bruchstelle am Sommerdeich von Neuenfelde dirigierte Tanklöschfahrzeug vom Zug Harburg der Hamburger Berufsfeuerwehr wurde unterwegs gleich von der Flutwelle erfaßt.

Zunächst erkannten die Männer die Sachlage nur am rapiden Ansteigen des überall schon stehenden Wassers und am Vorbeitreiben von Planken, Balken, Zäunen. Kurze Zeit darauf soff der Dieselmotor ab. Die Flut drang ins Fahrzeug ein und überspülte Batterie sowie Funkgerät. Die Fahrzeugtüren ließen sich nicht mehr öffnen.
Angeseilt kletterte ein Feuerwehrmann flugs durchs Fenster und holte, gerade noch rechtzeitig, übers TLF-Dach hinweg das festgezurrte Schlauchboot vom überspülten Rüstanhänger herunter. Mit Leinensicherung, unter Mitverwendung eines Steckleiterteiles, konnten die Männer schließlich ein in der Nähe stehendes Haus erreichen. Dort wurden sie von den ins zweite Stockwerk geflüchteten Bewohnern aufgenommen.
Von dieser Notbleibe aus beteiligen sie sich später tatkräftig an den schwierigen Rettungsaktionen. Ihr Tanklöschfahrzeug aber ist längst bis zu den Kennleuchten unter Wasser verschwunden. Später wird es von einem Hubschrauber entdeckt. Die Einsatzleitung der Feuerwehr schwebt sechzig Stunden lang in banger Sorge um das Schicksal seiner Besatzung.
Das TLF des Zuges acht fährt auf dem Rückwege vom Harburger Krankenhaus zu seiner Einsatzstelle über die bereits überflutete, gespenstisch leere Wilhelmsburger Reichsstraße. Dort gerät es plötzlich in die heftige Brandung einer quer über die Straße schießenden Flutwelle. Das schwere TLF kommt buchstäblich ins Schwimmen. Es wird von der Fahrbahn abgetrieben und sackt schließlich mit fünfundvierzig Grad Schlagseite neben der Straße weg. Die beiden Insassen hocken verdutzt im eiskalten Wasser. Sie ›booten aus‹ und retten sich durch die Wassermassen zum nachfolgenden Löschfahrzeug.
Die beiden Fahrzeuge haben bereits dramatische Einsätze hinter sich. Zug acht war nach mehreren anderweitigen Rettungseinsätzen vor einiger Zeit in die Wilhelmsburger Wohnkolonie »Untere Scholle« beordert worden. Dort bot sich den Männern ein düsteres, kaum glaubliches Bild. Von vierzig bis fünfzig bis zum Dach überschwemmten Wohnlauben blinkten zahllose Taschenlampen, ertönten unzählige, klägliche Hilferufe. Die Fahrzeuge wurden auf einer Anhöhe abgestellt, und nun wagten sich ein Brandmeister und ein Feuerwehrmann mit dem einzigen Schlauchboot des Zuges in die Massennot dieser sturmgepeitschten Wasserwüste hinaus. Sie paddelten aufs Geratewohl in die überschwemmte Wohnkolonie hinein. Links Hilfeschreie, rechts Hilfeschreie. Was zuerst tun, wo zuerst helfen in dieser Finsternis?
Der Sturm ließ ihnen keine Zeit für lange Überlegungen. Er schob das Boot mit Macht vorwärts. Und dabei stieß es wunderbarerweise in der Finsternis haargenau auf einen kleinen Apfelbaum, an dessen Geäst sich

ein Ehepaar mit zwei kleinen Kindern krallte. Diese Menschen hingen in dem eiskalten Wasser, und die Retter hätten gewiß keine fünf Minuten später eintreffen dürfen.

Die Rettung der vier gelang. Sofort wurde die völlig unterkühlte Familie zum Löschfahrzeug zurückgepaddelt und in dessen warmluftgeheiztem Mannschaftsraum sofort in ein Harburger Krankenhaus transportiert. Trotz Überschwemmung aller Straßen erreichte der Fahrer sein Ziel.

Auch jetzt, während sich wenigstens das Löschfahrzeug wieder zum Zug acht durchschlägt, laufen die Einsätze des Schlauchbootes unentwegt weiter. Bis zum Morgen kann das eine Boot sechzig Personen bergen. Für den Zugführer blieb es dabei stundenlang verschollen. Aber der jetzt – zwecks Erhöhung der Nutzlast – allein damit herumpaddelnde Feuerwehrmann war von Hilferufen derart überfordert, daß er die Geretteten aus ihren überschwemmten Häusern kurzerhand zu einem Hochhaus übersetzte, das als massive, trockene Insel aus der Flut herausragte.

Sogar die zunächst am Berliner Tor zurückgebliebene Drehleiter von Zug acht brauste bald mit einem Reserveschlauchboot in den Einsatz und rettete bei Windstärke elf unter fast aussichtslosen Umständen noch sechzehn Personen.

Und Löschzug zehn, stationiert in der überschwemmten Feuerwache Veddel, meldet in seinem Sonderbericht: »In dem überfluteten Gebiet der Wilhelmsburger Reichsstraße hingen zwei Frauen und ein Kind an der Dachrinne ihres Hauses im Wasser. Ein Boot war nicht vorhanden. Es bestand auch sonst keine Möglichkeit, die jammernd um Hilfe schreienden Menschen zu bergen. Feuerwehrmann X. meldete sich freiwillig, um schwimmend an die Bedrängten zu gelangen und eine Leinenverbindung herzustellen. Durch die reißende Strömung wurde er aber abgetrieben, und die Leine verfing sich in den Ästen eines Baumes. Er konnte sich nun selbst nicht mehr befreien und wurde erst nach etwa anderthalb Stunden zusammen mit den beiden Frauen und dem Kind von einem Schlauchboot der Bundeswehr geborgen.

Löschzug siebzehn, stationiert auf der Feuerwache Billbrook, erlebt das Hereinbrechen der Flutkatastrophe auf besondere Weise.

Als alle Kanäle dieses Hamburger Stadtteiles über die Ufer treten und die Bewohner der dortigen Behelfsheimsiedlungen aufs äußerste gefährdet sind, kann das noch über Fernschreiber alarmierte Löschfahrzeug mit Rüstanhänger und Schlauchboot knapp den Porgesweg am Tidekanal passieren. Dann wird es selbst von dem ungeheuer rasch steigenden Wasser eingeschlossen. Im Einsatzbericht heißt es nüchtern: »Von hier aus mußte dann die Bergung der Menschen von den Dächern mit dem Schlauchboot einge-

leitet werden. Diese Hilfe verlief unter äußerst schweren Bedingungen und dramatischen Umständen. Quer zum sehr starken Nordweststurm versuchten immer jeweils zwei Mann an die kaum zu erkennenden, eben noch aus dem Wasser herausragenden Dächer heranzukommen. Hilferufe wurden in dem heulenden Sturm nur auf ganz kurze Entfernungen wahrgenommen. Immer wieder blieb das Boot an nicht mehr sichtbaren Pfählen und Baumkronen hängen. Von den Dächern, auf denen bis zu sechzehn Personen standen, wurden jeweils nur vier Personen aufgenommen. Die Zurückbleibenden drohten in zwei Fällen das Boot zu stürmen! Trotz Ablösung waren die Besatzungen bald völlig erschöpft.
Unter außerordentlichen Schwierigkeiten wurde ein sechsundsiebzigjähriger Rentner aus seiner Wohnung befreit. Er kauerte auf einem Schrank und rief leise wimmernd um Hilfe. Da er sich wohl vor Erstarrung nicht mehr rühren, sondern nur noch seine Hände vorstrecken konnte, wurde er an beiden Armen angeseilt und – es blieb in drängender Eile nichts anderes übrig – vom Schrank herunter durch das Wasser und das Fenster herausgezerrt. Als seine beiden Retter ihn über eine vorgefundene Leiter auf dem Dach des Nachbarhauses in Sicherheit bringen wollten, brach die wohl morsche Leiter, und alle drei stürzten wieder in die Flut. Das Rettungswerk gelang aber schließlich doch.«
Unter solchen ungewöhnlichen und strapaziösen Umständen retten die Hamburger Feuerwehren im ersten Alleingang eintausendsechshundertzwanzig Menschen und zusammen mit Bundeswehr, Polizei und freiwilligen Helfern weiteren eintausendachthundertfünfzig Menschen das Leben. Außerdem evakuieren sie siebenhundertzwanzig Personen aus den Überflutungsgebieten. Was diese kleine Truppe – in der weiten Wasserwüste praktisch abgeschnitten, anfangs ganz auf sich gestellt – leisten mußte, hat der Oberbranddirektor von Hamburg mit nüchternen Sätzen umrissen:
»Diese Zahlen umschließen eine solche Fülle von menschlichen Tragödien und entsetzlichen Einzelschicksalen, von stundenlanger Todesangst und verzweifelter Selbstbehauptung, aber auch von Mut, Tapferkeit und persönlicher Aufopferung, daß jeder Versuch einer umfassenden Schilderung sich alsbald in banalen Wiederholungen erschöpft und die Wirklichkeit doch nicht erfassen kann.
Vergegenwärtigen wir uns, daß noch bis in die Nachmittagsstunden des 17. Februar – fünfzehn Stunden nach Beginn der Katastrophe – über Hamburg ein schwerer Nordweststurm brauste, mit Orkanböen bis zu neununddreißig Metern in der Sekunde. Die Lufttemperatur betrug um plus 4 Grad Celsius, die Wassertemperaturen plus 2,5 Grad Celsius! Die Wellenhöhen in den Überflutungsgebieten wurden mit einem Meter und

mehr angegeben, auf der Elbe ist ein noch höherer Wellengang beobachtet worden. Dazu kam die reißende Strömung der Flutwellen, unterbrochen von wilden Strudeln und Wirbeln. Die dunkle Nacht wurde ab und zu vom Widerschein der Gasfackeln über Raffinerien und Gaswerken oder den Blitzen der Stromüberschläge an Hochspannungsleitungen gespenstisch und schier unheilvoll erhellt. Weite Teile Hamburgs – sonst im Glanze tausender Lichter – lagen nach dem Zusammenbruch der Stromversorgung im Dunkeln.«

Feuerwehr als ›Luftlandetruppe‹

Die Hubschrauber der Bundeswehr können wegen des immer noch mit Orkanböen durchsetzten Sturmes erst in den Mittagsstunden des 17. Februar zu ersten, höchst gefährlichen Aufklärungsflügen eingesetzt werden. Eigentlich sind sie nur für Windgeschwindigkeiten bis allerhöchstens fünfundsechzig Kilometer in der Stunde zugelassen. Die Piloten aber wagen es, bei Böen bis zu neunzig Kilometer in der Stunde zu fliegen! Sie vollbringen unglaubliche fliegerische, ja flugakrobatische Leistungen.
Erste Personenbergungen aus der Luft können erst in den späten Nachmittagsstunden riskiert werden. Aber das ist außerordentlich schwierig. Die jetzt seit vierzehn Stunden auf den Dächern von Wohnlauben und Häusern ausharrenden, völlig unterkühlten Menschen sind außerstande, mit eigener Kraft auch nur eine Rettungsleine anzulegen, geschweige denn eine freitragend herabgelassene Strickleiter emporzuklimmen. Darum steigen jetzt Rettungstrupps der Feuerwehr auf Hubschrauber um. Die ersten Luftlandemannschaften, sozusagen die ersten deutschen ›Helitacks‹, stellt die Feuerwache Harburg, von der folgende Schilderung vorliegt:
»Beim Überfliegen der Süderelbbrücke in Richtung Überschwemmungsgebiet Kirchdorf (gegen sechzehn Uhr zwanzig) konnten wir durch Fenster und offene Tür beobachten, daß sich viele Personen zunächst auf Dächer und Bäume gerettet hatten. Die vom Wasser eingeschlossenen Menschen versuchten, durch Schwenken von Tüchern und Bekleidungsstücken unsere Aufmerksamkeit auf sich zu lenken. Unser Pilot flog ein Haus an, auf dessen Flachdach sich fünfzehn Personen und ein Kleinstkind befanden. Wegen der starken böigen Winde mußten wir dreimal anfliegen, da die Maschine immer wieder abgedrängt wurde. Beim letzten Anflug wurden wir vom Piloten angewiesen, aus drei Meter Höhe auf das Dach abzuspringen. Der Pilot versuchte dann, den Hubschrauber bis auf zwei Meter Höhe herabzudrücken. Das Kind und die Frauen wurden von uns zuerst gebor-

gen und von zwei Soldaten in den Hubschrauber hineingezogen. Danach folgte noch ein an Beinlähmung erkrankter Mann. Bis auf drei Männer konnten alle Personen bei diesem ersten Anflug von dem Dache gerettet werden. Der Hubschrauber mußte dann wegen Erreichung der Zuladungsgrenze zurückfliegen ...
Nach einer Wartezeit von zwanzig Minuten kam der Hubschrauber ›Cäsar‹ wieder zu unserer Einsatzstelle, um die drei Männer und uns aufzunehmen. Bei unserem Einstieg in die Maschine wurde diese von einer Sturmbö gepackt und mit dem Heck gegen den Schornstein des Hauses gedrückt. Der Heckrotor wurde hierbei stark beschädigt. Es war nun nicht mehr möglich, noch weitere Menschen, die in der Nähe auf Dächern und in Bäumen saßen, zu bergen. Beim Ausflug aus dem Überschwemmungsgebiet gelang dem Piloten mit Mühe eine Notlandung auf einem Sportplatz an der Süderelbbrücke.«

Aber unentwegt fliegen die anderen Maschinen weiter. Es ist unfaßbar, daß keine von ihnen abstürzt. Rund hundert deutsche Hubschrauber von Heer, Luftwaffe und Marine, unterstützt durch amerikanische, britische und belgische Maschinen, bringen Einsätze zustande, die Aufsehen erregen. In mehreren Fällen wagen es die Piloten sogar, mit dem Fahrwerk ihrer Maschinen die Dachhaut zu durchstoßen, um den Rettungstrupps der Feuerwehr einen Weg ins Innere der überfluteten Häuser zu bahnen.

Im Handumdrehen sind zahlreiche Parks und Parkplätze der Hansestadt zu improvisierten Feldflugplätzen geworden. Immer neue Feuerwehrmannschaften steigen auf das neue, völlig ungewohnte Verkehrsmittel um.

Am 18. Februar schaltet die Einsatzleitung Florian Hamburg auf eine kombinierte Rettungstaktik um. Sie stellt Schlauchboote samt Ausrüstung und Besatzung, die mit Heereshubschraubern in das Überschwemmungsgebiet eingeflogen werden. Die Bevölkerung hat dort die wenigen wasserfrei gebliebenen Behelfslandeplätze mit Bettlaken markiert. An diesen überhöhten Punkten lassen sich die Feuerwehrleute absetzen und holen mit ihren Booten immer noch gefährdete Personen aus der Wasserwüste heraus. Inzwischen werden aber diese Hilfeleistungen durch eine Eisschicht auf dem Wasser erheblich erschwert. Auch sind überall große Treibholzinseln zusammengefroren und zu Hindernissen geworden. Dennoch retten die eingeflogenen Feuerwehrkommandos in Francop, Neuenfelde, Wilhelmsburg noch rund vierhundert Menschen und bringen sie auf erhaltenen Deichteilen in Sicherheit. Dort werden sie von Hubschraubern aufgenommen.

Andere Sonderkommandos sind inzwischen zu deprimierenden Einsätzen ausgerückt. Mit ihren Schlauch- und Sturmbooten durchsuchen sie systematisch die überschwemmten Gebäude nach Ertrunkenen. Sie werden dabei

aktiv von jungen DLRG-Froschmännern und sogar Sporttaucherinnen unterstützt, die sofort freiwillig angerückt waren, teilweise sogar aus Köln! Sie handelten genauso wie viertausend andere junge Menschen, die sich unverzüglich freiwillig für den Einsatz zur Verfügung gestellt hatten.
Bald ergibt sich die traurige Bilanz dieser Katastrophe: Allein auf Hamburger Staatsgebiet sind die Deiche sechsundachtzigmal gebrochen und an dreihundertfünfundachtzig Stellen erheblich beschädigt. Sechzigtausend Kubikmeter Nordseewasser sind in die Überflutungsgebiete eingeströmt. Fünfzehntausend Hektar Land und die Häuser von hundertzwanzig Menschen stehen bis zu vier Meter Höhe unter Wasser. Dreihundertfünfzehn Hamburger sind ertrunken, fünftausend andere endgültig obdachlos geworden. Siebentausendsiebenhundert Wohnungen und sechstausendzweihundert Behelfsheime sind zerstört oder schwer beschädigt. Zwanzigtausend Kraftfahrzeuge sind im Wasser versunken. Eintausendvierhundertsiebenundsiebzig Rinder, zweitausendzweihundertneunundvierzig Schweine, hundertfünfundzwanzig Pferde, fünfundachtzig Schafe und rund neununddreißigtausend Stück Federvieh haben die Flutkatastrophe nicht überlebt. Der Gesamtschaden auf Hamburger Stadtgebiet wird von Fachleuten auf eine Milliarde Mark geschätzt!

Freiwillige Feuerwehren: Motor und Mittelpunkt

Im Sturmflut-Erfahrungsbericht des Hamburger Oberbranddirektors steht ein bemerkenswerter Satz: »Gerade die Freiwilligen-Einheiten der Feuerwehr waren in ihren Ortsteilen Motor und Mittelpunkt der Hilfeleistung.«
Wie wahr diese Worte sind, das mag uns der schlichte Einsatzbericht der Freiwilligen Feuerwehr von Kirchdorf auf der Wilhelmsburger Elbinsel vor Augen führen. Diese achtzehn Mann starke Wehr vollbrachte unter ihrem jungen, energischen Wehrführer Leistungen, die hier nur stellvertretend für alle anderen stehen können, die von Freiwilligen Feuerwehren in jenen Tagen vollbracht worden sind:
»17. Februar 1962 um 01.30 auf Befehl von Bereichsführer L. ausgerückt. Am Deich Finkenriek versucht, mit Sandsäcken Deich zu halten. Nachdem Deich dennoch gebrochen war, mit dem Löschfahrzeug LF 8 durchgeschlagen nach Kirchdorf. Bevölkerung, so gut es ging, gewarnt, teilweise von Haus zu Haus gegangen. 03.30 Uhr Standort Kirchdorf-Kirche. Von dort folgende Einsätze:
Mehrere Personen, die vom Wasser in ihren Wohnungen überrascht wurden, geborgen und in der Kirche, im Gasthaus Bode, im Wilhelmsburger Museum

und im Pastorat untergebracht. Schulenburg, Stübenhofweg sämtliches Vieh aus den überfluteten Ställen geborgen. Stallgebäude Altenfelder Weg zwei eingeschlossene Pferde aus dem Wasser geborgen. Brackstraße Hilferufe. Wir versuchen, aus Baumstämmen Flöße zu bauen. Bei dem Sturm keine Möglichkeit, damit an die Häuser heranzukommen.
Eine zweite Gruppe der FF Kirchdorf hatte sich mit dem Bereichsführer zur Behelfsheimsiedlung am Bahnhof durchgeschlagen und dort mehrere Personen gerettet. Gegen 11.00 Uhr, mit zunächst einem Schlauchboot der Bundeswehr, Bergen der Leute aus den vom Wasser eingeschlossenen Wohnungen. Weitere drei Personen mit hochbeinigen Bundeswehr-Lkw's gerettet. Schwierig war die Bergung von mehreren Personen aus einem Altersheim. Mehrere Schwerkranke darunter, die nur auf Tragen herausgeholt werden konnten. Dabei stand uns das Wasser fast bis zur Brust. Alle Bewohner des Altersheimes und mehrere Familien in der Kirchdorfstraße geborgen. Lotsendienst für Bundeswehrfahrzeuge. Als die Versorgung der Geretteten schwierig wurde, Scheibe zur Eingangstür zu einem Lebensmittelgeschäft zerschlagen und Tür geöffnet. Wir entnahmen mehrere Lebensmittel, die wir an die Bevölkerung verteilten. Vor der geöffneten Ladentür stand ständig ein Mann der Freiwilligen Feuerwehr Posten, bis später die Polizei den Laden übernahm.
Bis einschließlich Sonntag (18. 2.) haben wir in Zusammenarbeit mit der Bundeswehr ca. 400 bis 500 Personen aus den vom Wasser eingeschlossenen Häusern geborgen. Als Sonntag die erste Verpflegung durch Hubschrauber eingeflogen wurde, übernahm FF Kirchdorf die Verteilung der Lebensmittel. Dafür Konfirmandensaal von Pastor Barck zur Verfügung. Warmverpflegung im Gasthaus Bode verteilt. Sonntagnachmittag mit Booten der Bundeswehr und einer englischen Einheit Verpflegung zu den Personen gefahren, die in ihren Häusern verblieben waren.
Montag (19. 2.) Verteilung der eingeflogenen Lebensmittel. Außerdem registrierten wir zahlenmäßig die zurückgebliebenen Personen. Montagabend kam erstmalig Polizei nach Kirchdorf. Die Beamten baten, mit ihnen zusammen, wegen Gefahr der Plünderung, einen Streifendienst einzurichten. Wir haben dann nachts in Schlauchbooten Streife gefahren.
Dienstag (20. 2.) teilte ich Wehr in zwei Gruppen. Eine im Lokal »Zur Großen Schmiede«, Kirchdorfer Straße, stationiert. Auch dort Versorgungsstelle errichtet. Gasthof Bode Keller ausgepumpt. Erstmalig Verteilung von Kohlen und Holz an die Bevölkerung. Dienstagnacht Streife mit Lkw's der Bundeswehr und Polizei.
Mittwoch (21. 2.) Versorgungsstelle dem DRK übergeben und folgende Einsätze begonnen: Lkw, der Straße blockierte, und vier Pkw weggeräumt. Totes Vieh geborgen.

Donnerstag (22. 2.) totes Vieh geborgen. Am Einlagedeich eine Schleuse geöffnet. Zwei Gasthäuser und Pastorat Keller leergepumpt. Schule Georgswerder Heizungskeller leergepumpt und Heizung in Betrieb gesetzt.
Freitag (23. 2.) bis Freitag, den 2. 3. neunundfünfzig weitere Keller leergepumpt. 23. 3. flutgeschädigtes Gerätehaus gereinigt, Fahrzeugpflege. Während der gesamten Einsatzarbeit stellten sich Hans Z. und Wilhelm D., Werkfeuerwehrmänner der Deutschen Werft A.G. unserer Freiwilligen Feuerwehr zur Verfügung.«

Hans B., Oberbrandmeister, Wehrführer.

In den vier Küstenländern geht es überall ähnlich zu wie in Kirchdorf. Wochenlang können sich die Männer der Freiwilligen Feuerwehren nicht mehr um ihre Berufe kümmern. Sie sind unter ihren Wehr- und Bereichsführern unermüdlich bei der Flut-Nachlese. Mancher Landwirt unter ihnen hatte schon in der Katastrophennacht in Kauf genommen, daß er sein eigenes Vieh nicht in Sicherheit bringen konnte, nur weil er bis zuletzt zum Wohle des ganzen Dorfes auf Deichposten stand.
Bei der wochenlangen Nachlese erweist sich wieder, daß die Feuerwehren unserer Zeit Universalwehren geworden sind: Freiwillige Feuerwehrleute bergen Vieh, schließen Deich- und Straßenlücken, füllen Schwemmkegel, Kolke, Straßenlöcher auf, durchstechen Dammwege und schaffen damit Wasserabflußmöglichkeiten. Feuerwehrleute transportieren Lehm und Klei, sie fahren Planierraupen und Traktoren, tragen einsturzgefährdete Schornsteine ab und kneifen Lichtleitungen ab. Sie verlegen Feldtelefonleitungen und Schlauchleitungen für die Trinkwasser-Notversorgung. In Form von eingesetzten Verteilungsstücken mit Strahlrohren setzen sie zahlreiche Zapfstellen für die Bevölkerung ein.
Längst sind überall die Feuerwehr-Gerätehäuser zu Ausgabestellen für Kartoffeln, Brennstoffe, Dosenproviant und zur Verteilungsstelle für Impfstoffe geworden. Zuckerkranke werden, oft noch per Schlauchboot, mit Insulin versorgt. Notaggregate werden abgeladen und in Betrieb gesetzt. Vor allem aber geht Tag und Nacht die Arbeit des Kellerlenzens weiter, die mal jemand treffend als »Aschenputtelarbeit der Feuerwehr« bezeichnet hat.
Dazwischen muß immer wieder das eingelagerte Heu mit den Meßsonden der Feuerwehr kontrolliert werden. Feucht gewordenes Heu neigt zur Selbstentzündung. Es muß beim Erreichen kritischer Temperaturen ausgeräumt, auf dem Hof ausgebreitet und mit Wasser unterkühlt werden. Auch Silos und Mieten müssen ausgeräumt werden.
Wahrlich, eine bessere und erfahrenere Kerntruppe für jegliche Art von Katastrophenschutz läßt sich nicht denken. Feuerwehrleute ordnen, reparieren,

II. Internationale Feuerwehrwettkämpfe in Mulhouse.

Links oben: Das werden erlebnisreiche Tage mit Wettkampf, Sport, Spiel, Gesang und Frohsinn beim Landeszeltlager der Feuerwehrjugend. Rechts oben: Flinke Hände packen kräftig zu. Unten: Bald ist der »Lagerzauber« voll im Gange. Und wie sich das für eine Jugendbewegung gehört, hat jede Jugendgruppe natürlich ihren eigenen Wimpel dabei.

planen, beschaffen, koordinieren mit selbstverständlicher Gelassenheit. Sie wissen allerdings, wem sie sich anvertrauen und in einsichtsvollem Gehorsam unterordnen, denn sie wählen sich ihre Wehrführer und Brandmeister in freier Abstimmung selbst. Bei der Feuerwehr herrscht Persönlichkeitsdemokratie. Blinkende Reden bleiben ohne Widerhall. Nur Leistungen und Taten werden gezählt.

Eine weise Staatsführung läßt dieses seit über hundert Jahren bewährte und gesunde Prinzip der freiwilligen Pflichterfüllung für das Gemeinwohl unangetastet, frei von unnötiger Bürokratisierung, von Machtstreben und Gängeleien unerfahrener Außenstehender. Es dürfte immer zum Nutzen des Staatsganzen sein, wenn mehr als eine Dreiviertelmillion deutscher Feuerwehrleute sich die Vorgesetzten selbst aussuchen kann.

Löschen — Bergen — Retten — Helfen!

Das ist das Motto des Deutschen Feuerwehrverbandes, der die Freiwilligen Feuerwehren sowie die Berufs- und Werkfeuerwehren als große »Floriansfamilie« zu seinen Mitgliedern zählt.

Einer für alle – alle für einen

Die Florians-Wettkämpfe

Einige Monate nach der norddeutschen Sturmflutkatastrophe gibt es in der badischen Grenzstadt Lörrach eine Verkehrsstockung. Mit dröhnenden Motoren rückt ein roter Heerwurm von Feuerwehrfahrzeugen in die Stadt ein. Die Vielfalt der Nummernschilder und Tür-Aufschriften ist nicht gerade alltäglich. Es handelt sich um vollbesetzte Löschgruppenfahrzeuge der Freiwilligen Feuerwehren von Ahrensburg/Holstein, Asendorf/Grafschaft Hoya, Böblingen, Bottrop, Dattenfeld/Sieg, Denkendorf/Franken, Herrenberg/Schwarzwald, Hamburg-Wellingsbüttel, Lörrach, Ottweiler/Saar, Treysa/Hessen und Syke/Niedersachsen. Unterwegs haben sich ihnen fünf finnische Löschgruppen hinzugesellt, die mit ihren Fahrzeugen in viertägigem Marsch über Schweden und Dänemark nach Deutschland gekommen sind.
Kameradschaftlich haben die Fahrzeuge der Freiwilligen Feuerwehr Lörrach den internationalen Konvoi am Stadtrand in Empfang genommen und zum Marktplatz geleitet. Hier entbietet Kreisbrandmeister Leible den auswärtigen Wehrmännern ein herzliches Willkommen.
Zur Zeit brummt noch eine zweite lange Kolonne von Löschfahrzeugen in geschlossener Formation heran, aber sie wählt den Weg über die Schweiz. Es sind die Löschgruppen aus Österreich. Sie haben dasselbe Reiseziel wie auch die Deutschen und die Finnen: Mülhausen im Elsaß.
Abends erreichen die Besatzungen beider Konvois müde, aber glücklich jene hell erleuchtete Zeltstadt, die französische Soldaten auf dem Illberg oberhalb von Mülhausen errichtet haben. Hundertzwanzig Mülhauser Feuerwehrleute betreuen die Ankömmlinge mit rührendem Eifer. Oberstleutnant Ludmann, der hiesige Feuerwehrkommandant und gleichzeitige Präsident des oberelsässischen Feuerwehrverbandes, weiß sehr wohl, was ihm seine Gäste wert sind. Sie alle gehören zur Elite der Feuerwehr, denn ihre Gruppen sind bei den Ausscheidungswettkämpfen als Sieger hervorgegangen. Sie haben als Unterkreis-, Kreis- und schließlich Landessieger beim Leistungs- und Schnelligkeitswettbewerb der Freiwilligen Feuerwehren die Einladung nach Mülhausen ehrlich erkämpft.

Nach einigen Tagen Training ist feierliche Eröffnung der ›II. Internationalen Feuerwehrwettkämpfe in Mulhouse‹. Siebzig Wettkampfgruppen aus elf Nationen marschieren in ihren Ausgehuniformen auf. Die Flaggen ihrer Länder bilden einen bunten Halbkreis. Jetzt beginnen alle Glocken der Stadt zu läuten. Die Wettkampffahne senkt sich, und ein französischer Pompier aus St. Louis spricht stellvertretend für seine Kameraden aus elf Nationen den Eid: »Wir geloben, bei den Internationalen Feuerwehrwettkämpfen ehrenhafte Kämpfer zu sein und die Regeln der Wettkämpfe zu achten. Wir nehmen teil am ritterlichen Geiste zur Ehre unserer Länder und zum Ruhme unserer Feuerwehren.«
Der österreichische Polizeipräsident Holaubek, Präsident der Internationalen Kommission der Feuerwehren im Internationalen Technischen Komitee für Vorbeugenden Brandschutz- und Feuerlöschwesen (CITF), erklärt die II. Internationalen Feuerwehrwettkämpfe für eröffnet.
Als Wettkampfleiter fungieren der niederösterreichische Landesfeuerwehrkommandant Heger und der Tiroler Feuerwehrrat Karst. Alle Wettkämpfe erfolgen nach einem internationalen Reglement, das sich auf österreichischen Erfahrungen aufbaut. Solche Kämpfe sind 1961 im Rahmen des 23. Deutschen Feuerwehrtages in Bad Godesberg erstmalig durchgeführt worden.
Hier in Mülhausen hat jede Wettkampfgruppe zwei verschiedene Leistungsprüfungen abzulegen. Zunächst wird nach Stoppuhr und einheitlichen Regeln ein klassischer Löschangriff durchgeführt, der das fachliche Können der Gruppe bescheinigt. Diesmal mußten sich sämtliche Wettkampfteilnehmer auf französische Armaturen einstellen, denn es werden bei diesen Internationalen Wettkämpfen jedesmal die Fahrzeuge und Geräte des jeweiligen Gastlandes benutzt.
Zweiter Teil des Wettbewerbs ist ein Stafettenlauf, bei dem nach altem Brauch Feuerwehrstrahlrohre als Stab übergeben werden. Die Rennstrecke führt über eine Hindernisbahn. Es muß unter anderem ein langes Zementrohr durchkrochen, eine Eskaladierwand überklettert und ein Schwebebalken balancierend überquert werden.
Bei diesem Abschnitt der Veranstaltung wird erstmalig in der Feuerwehrgeschichte eine internationale Wettkampfgruppe aufgestellt. Sie besteht aus je einem Feuerwehrkameraden aus Belgien, Deutschland, Finnland, Frankreich, Italien/Südtirol, Jugoslawien, Luxemburg, Österreich und der Schweiz. Kameraden aus Dänemark und Holland, durch das Los bestimmt, stellen die Reserve. »Auf die Plätze – fertig – los!«
Aber die Wettkämpfe haben auch noch einen musischen Teil. Am Abend muß das Wettkampf-Kontingent jeder Teilnehmernation auf einem Unterhaltungsabend im Rahmen eines großen Festprogramms Darbietungen

aus dem Volkstum seiner Heimat bringen. Die Dänen erscheinen als Wikinger, die Südtiroler musizieren in ihrer Landestracht. Jugoslawen, Finnen und Luxemburger singen Volkslieder. Die Holländer inszenieren mit allerlei Verkleidungskünsten ihren drolligen Song ›Jan Hinnerk wohnt up de Lammer-, Lammerstroot‹. Das Musikkorps der Wiener Feuerwehr macht Schrammelmusik, und die Belgier führen ihre Fastnacht als Bühnen-Sketch vor. Der Feuerwehrmusikzug von Haagen (Baden) und die Fanfarenbläser der Feuerwehr des Kreises Mulhouse wetteifern mit Märschen und Weisen.

Acht Tage lang steht Mülhausen im Zeichen der Feuerwehr. Die Sportlehrer des Feuerwehrregimentes Paris und die Artistengruppe der Berufsfeuerwehr Rom bieten ein Schauturnen von olympischer Schönheit. Feuerwehrflugzeuge führen erstmalig in Europa Brandbekämpfungen aus der Luft vor. Delegierte der Feuerwehren von Brasilien, Bulgarien, Polen, Rumänien, Schweden, Spanien, der UdSSR, Ungarn konferieren mit den Delegationen der Wettkampf-Teilnehmerländer und führen im Rahmen der internationalen Feuerwehrorganisation ihre Arbeitssitzungen durch.

Zugleich aber sind die Tage der Wettkämpfe das Erlebnis der Begegnungen von Mensch zu Mensch, von Kämpfern gegen die Not, die sich über alle Grenzen hinweg verstehen. Hier treffen sich Feuerwehrleute der Waterkant, die viele Nächte kämpfend an den Deichen gestanden haben, mit Feuerwehrleuten aus dem Hochgebirge, die sich so manches Mal auf Skiern durch den Schneesturm vorwärts quälten, um im mühseligen Aufstieg oder in halsbrecherischer Schußfahrt ein brennendes Berghotel, einen Einödhof oder eine Hütte zu erreichen. Ihre Tornisterkraftspritzen, Tornisterschlauchhaspeln und sonstigen Geräte schleppen sie auf dem Buckel mit, oder sie ziehen größere Geräte auf Hörnerschlitten hinter sich her.

Feuerwehrleute aus den Dolomiten und vom Vierwaldstätter See begegnen ihren Kameraden vom Bottnischen Meerbusen, aus dem Ruhrgebiet, aus der Batschka, von der Rhône, der Elbe, der Donau. In dieser Zeltstadt auf dem Illberge bei Mülhausen wohnen eine Woche lang alte und junge Zunftbrüder des Florian beieinander. Manche stammen aus Familien, die schon drei, vier Generationen von Feuerwehrleuten gestellt haben. Und noch immer funktioniert dieses großartige Prinzip der Freiwilligkeit – es bringt die größte aller Organisationen zustande!

Am Sonntagnachmittag werden die Feuerwehrwettkämpfe von Mulhouse mit der feierlichen Siegerehrung gekrönt. Es werden siebendundzwanzig Gold- sowie zahlreiche Silber- und Bronzemedaillen verliehen. Außerdem bekommt jeder Teilnehmer die Wettkampfspange zur Erinnerung an diese ›Internationalen Feuerwehrwettkämpfe‹, die sich künftig alle vier Jahre jeweils in einem anderen europäischen Land wiederholen werden.

Nach der Verleihung der Siegermedaillen bekommen der österreichische Präsident der CITF, Polizeipräsident Holaubek, sowie der Präsident des Deutschen Feuerwehrverbandes, Herr Architekt Bürger, die Insignien eines Offiziers der französischen Ehrenlegion überreicht. Außerdem erhalten fünfzehn besonders verdiente deutsche Feuerwehrführer in fairer, internationaler Anerkennung das Ehrenkreuz des Französischen Feuerwehrverbandes. Nach der Siegerehrung und Ordensverleihung umsäumen zehnmal mehr Menschen die Straßen als selbst beim schönsten Faschingsumzug! Sie wollen die große Abschlußparade sehen.
Siebentausend Feuerwehrleute mit hundert Fahrzeugen und fünfzehn Musikzügen formieren sich zum Vorbeimarsch auf dem Europaplatz. Lieutenant-Colonel Ludmann führt, in seinem Jeep stehend, die Kolonne an. Ihm folgen die Fahnenträger der elf Nationen und danach die siebzig Wettkampfgruppen in Zehnerkolonnen, hinter ihnen die Kampfrichter und die ausländischen Delegationen der Arbeitstagung, schließlich die Feuerwehrabordnungen aller französischen Departments und die sechs Bataillone Pompiers vom Department Oberrhein. Hubschrauber und Flugzeuge der französischen Feuerwehr begleiten die Parade in der Luft.
Ein Reporter schreibt in unverhohlenem Respekt: »Nicht in Paris, nicht in Bonn und nicht in Brüssel schlägt das Herz von Europa, sondern hier . . . Den Beweis dafür lieferte der Vorbeimarsch der siebentausend Feuerwehrleute!«
Kein Wunder, daß sich Menschen mit solcher Gesinnung und solchen für das Gemeinwohl über alle Grenzen hinweg als Gleichgesinnte wie Freunde verstehen. Und es ist beglückend, daß die Idee der »Florians-Olympiaden« stärker ist als jede Politik der Abgrenzung, jeder Chauvinismus und jede Ideologie. Zweimal waren auch kommunistisch regierte Länder Gastgeber und Veranstalter der Internationalen Feuerwehrwettkämpfe. Nach Bad Godesberg (1961) und Mülhausen (1963) wurden diese 1966 in Karlovac/Jugoslawien, (1961) in Krems/Österreich, 1973 in Brünn/Tschechoslowakei, 1977 in Trient, 1981 in London und 1985 in der oberösterreichischen Kleinstadt Vöcklabruck. Bei den VIII. Internationalen Feuerwehrwettkämpfen in der letztgenannten Stadt nahmen 144 Wettkampfgruppen aus 19 Nationen teil. Dort fanden auch die V. Internationalen Jugendfeuerwehr-Leistungswettbewerbe statt.
Deutsche Freiwillige Feuerwehren schnitten bei allen Kämpfen bemerkenswert gut ab. Einige von ihnen haben sich inzwischen als »notorische Sieger« erwiesen. So hat die FF Asendorf aus dem ehemaligen Landkreis Grafschaft Hoya/Niedersachsen, seit dem 1. August 1977 Landkreis Grafschaft Diepholz, in Trient zum fünften Mal an den Internationalen Wettkämpfen teilgenommen und bislang sage und schreibe viermal die Gold- und einmal die Silbermedaille errungen!

Die FF Hamburg-Wellingsbüttel hat viermal teilgenommen und dreimal die Gold- und einmal die Silbermedaille nach Hause gebracht. Die FF Bramel aus dem ehemaligen Landkreis Wesermünde, jetzt Landkreis Cuxhaven, hat zweimal teilgenommen und prompt zweimal die Goldmedaille erkämpft. Die »Florians-Olympiaden« sind nur äußerer Ausdruck einer Gemeinschaftsidee und Zeugnis für den lebendig gebliebenen Geist der Feuerwehr. Aber diese Wettkämpfe sind nur die eine Seite der Medaille.

Viel schwerer wiegt, daß es nach dem Feuerwehr-Jahrbuch 1985/86 in der Bundesrepublik Deutschland einschließlich Westberlin immerhin mehr als 896000 Aktive Mitglieder der Freiwilligen Feuerwehren gibt. Sie leisten ihren Dienst in 14440 Feuerwehren mit 24439 Feuerwehrhäusern. Dabei handelt es sich in den Mittleren Städten um 243 ständig besetzte Wachen! Inzwischen gibt es über 12000 weibliche Aktive — vor allem in Wohngebieten, die tagsüber durch Pendlerfahrt zur Arbeitsstätte in einer nahegelegenen Stadt weitgehend von Männern entblößt sind.

Das große 896000 Männer und Frauen umfassende Heer der freiwilligen Hilfsbereitschaft wird ergänzt durch 3770 hauptberufliche Aktive in den Freiwilligen Feuerwehren, 21237 in den Berufs- und knapp 6139 in den Werkfeuerwehren (die insgesamt knapp 40000 »Aktive« zählen).

Bemerkenswert für die Vitalität der Feuerwehr ist auch die »musische Komponente«: In den Musikkorps, Spielmannszügen und Bläsergruppen der Freiwilligen Feuerwehren sind rund 30000 Aktive als Musiker tätig. Viele dieser Kapellen sind Klangkörper ersten Ranges, die auch international mit Erfolg auftreten.

Am eindrucksvollsten sind Einsatzwirklichkeit und technische Ausrüstung, die den Spöttern über den im Brandfalle »natürlich mal wieder nicht aufzufindenden Spritzenhausschlüssel« die Sprache verschlagen dürften: In der bei Drucklegung der Neuauflage dieses Buches verfügbaren Gesamtstatistik 1984 steht zu lesen, daß allein unsere Freiwilligen Feuerwehren innerhalb des genannten Jahres 698499 Einsätze gefahren haben. Zieht man davon 430835 Notfalleinsätze/Krankentransporte ab, dann stehen 77652 Ausrücker zu Bränden und Explosionen, 137871 Technische Hilfeleistungen, 79 Katastropheneinsätze und rund 30000 sonstige Einsätze zu Buch.

Die Berufs- und Werkfeuerwehren rückten im gleichen Zeitraum zu 62106 Bränden und Explosionen sowie zu 180595 Technischen Hilfeleistungen aus. Insgesamt fuhren die in der Vorstellung mancher Mitbürger »fast den ganzen Tag nur skatspielenden« Feuerwehren innerhalb eines Jahres mehr als 2,2 Millionen Male Blaulicht-Einsätze!

Imponierend ist das Aufgebot von 30788 Löschfahrzeugen, 3200 Rüst- und Gerätewagen, 1559 Hubrettungswagen und 24225 sonstigen Fahrzeugen, von 31422 Geräten (Tragkraftspritzen, Generatoren, Kompressoren). Diese Armada für den

Dienst am nächsten machte im genannten Jahr 6768 Lebensrettungen möglich. 3450 ortsfeste Sender, 39182 Fahrzeug-Sprechfunkgeräte, 36295 Hand- und 3450 ortsfeste Sender, 39182 Fahrzeug- und 36195 Hand-Sprechfunkgeräte und 127793 Meldeempfänger dienten der blitzschnellen Alarmierung und Kommunikation, 67000 Atemschutzgeräte der Vorsorge zum Einsatz in verqualmten oder unter Gas stehenden Räumen sowie dem Rettungstauchdienst für Tauchereinsätze beim Wasserrettungsdienst.
Diese Ziffern beziehen sich auf alle drei Gattungen Feuerwehr gemeinsam, die ohnehin harmonisch zusammenarbeiten.
Berufsfeuerwehren gibt es, von zwei mittelstädtischen Ausnahmen abgesehen, nur in Großstädten über 100000 Einwohner. In allen anderen Städten ist der Brandschutz allein den Aktiven der Freiwilligen Feuerwehren überlassen, ebenso der Brandschutz in allen anderen Gemeinden!
Heute ist bei den Freiwilligen-Wehren ein Löschgruppenfahrzeug und 20-30 aktive Wehrmänner die Mindestausstattung. Diese Stärke reicht für normale Alltagseinsätze und für die besonders eilbedürftigen Erstmaßnahmen aus. Für alle weitergehenden Einsätze sind die einzelnen Wehren durch ein System der nachbarlichen Hilfe miteinander verbunden. Alarmpläne und Alarmierungsstufen sind fest umrissen. Die Nachbarfeuerwehren vermehren nicht nur die Anzahl der Feuerwehrmänner, Fahrzeuge und Geräte, sie führen insbesondere auch etwa benötigte Spezialgeräte zur technischen Hilfeleistung für die Menschenrettung, zur Ölabwehr oder zum Strahlenschutz heran.
Dabei erwiesen sich die Kommunal- und die Kreisreform, vom Feuerwehrstandpunkt aus gesehen, als Vorteil. Mit den größeren Kapazitäten von Großgemeinden und Doppellandkreisen wuchsen auch die Möglichkeiten, größere Feuerwehren zu Feuerwehrstützpunkten mit teilweise sehr aufwendigen Sonderfahrzeugen auszubauen. Diese vermehrte Schlagkraft kommt automatisch auch dem Katastrophenschutz zugute.
Eine zweite Folge der Kreisreform: Mittlerweile verfügen die Landkreise über eigene Feuerwehrtechnische Zentralen, in denen die Überwachung und Pflege der Geräte und Schläuche vor sich geht. Eine gut ausgestattete Funkzentrale gehört dazu, so daß die Notrufnummer 112 bundesweit vereinheitlicht werden konnte.
Aber aller Technik-Aufwand wäre nutzlos, wenn es die einsichtsvolle und engagierte Aktivität der größten und positivsten Bürgerbewegung nicht gäbe: Der Feuerwehrgedanke steht und fällt mit den Menschen, der ihn trägt und weitergibt.
Über 100000 junge Menschen sind als Nachwuchskräfte in der Jugendfeuerwehr aktiv. Das berechtigt zu der Hoffnung, daß das große Erbe von Karl Metz weitergegeben werden kann.
Kaum irgendwo muß vom Pflichtfeuerwehrgesetz Gebrauch gemacht werden,

weil es gottlob noch immer genug Freiwillige gibt. Die meisten Staatsbürger wissen gar nicht, daß ein Gemeinderat oder Stadtrat jederzeit berechtigt ist, alle männlichen Einwohner ab sechzehn Jahren zwangsweise zum Feuerwehrdienst einzuberufen, falls die erforderliche Kopfzahl auf andere Weise nicht aufgebracht werden kann!

Porträt eines Kreisbrandmeisters

Unter den seinerzeit bei den II. Internationalen Feuerwehrwettkämpfen in Mülhausen/Elsaß ausgezeichneten fünfzehn deutschen Feuerwehrführern befand sich auch der Lüneburger Stadt- und Kreisbrandmeister Heinrich Thiede. Dieser imponierende, vierschrötige Zweiundsiebzigjährige leitete damals eine Freiwillige Feuerwehr von 87 Mann. Sie schützte mit einem Löschgruppenfahrzeug LF 15, einem Löschgruppenfahrzeug LF 8 mit Vorbaupumpe sowie mit zwei Drehleitern von 22 m und 30 m Steighöhe die schöne, tausendjährige Salzstadt an der Ilmenau. Damit war diese Wehr schon damals in ihrer Ausrüstung, Struktur und Schlagkraft typisch für die Freiwilligen Feuerwehren deutscher und österreichischer Kleinstädte. Auch die seinerzeit vorhandenen 96 Dorffeuerwehren des Landkreises Lüneburg waren straff organisiert und zum Teil mit LF 8- oder TSF 8-Fahrzeugen ausgerüstet. Ihre Ausrückezeiten lagen durchweg bei drei Minuten, obwohl es auf den Dörfern keine ständig besetzte Feuerwachen geben kann. Aber der Ausbildungsstand war und ist immer hervorragend. Die technische Ausrüstung hat sich inzwischen erweitert und modernisiert.
Kurz vor KBM Thiedes Tod wurde dessen FF Lüneburg mit zwei schlimmen Serien von Großbrandstiftungen fertig. Verbrecherische Feuerteufel hatten nicht einmal vor dem Alten Kaufhaus, mit seinem unersetzlichen Ostpreußischen Jagdmuseum, und vor anderen wertvollen Bauten haltgemacht. Sie gefährdeten rücksichtslos die gesamte Stadt. Zum Glück waren die Wehrmänner schneller als die zahlreichen Großfeuer. Sie retteten in nächtelangen Einsätzen unschätzbare Werte.
Die Stadtverwaltung von Lüneburg weiß ihre Freiwilligenwehr sehr wohl zu schätzen. Sie belastet das Stadtsäckel jährlich nur mit hunderttausend Mark. Bei Umgestaltung in eine Berufsfeuerwehr würde der Jahresetat zwangsläufig auf anderthalb Millionen Mark hinaufschnellen!
Kreisbrandmeister Thiede liebte keinen Prunk. Seine zahlreichen in- und ausländischen Orden und Ehrenzeichen bewahrte er in einer Schachtel auf. Dort waren sie seiner Ansicht nach am besten aufgehoben. Denn etwas war für Thiede schöner und dauerhafter als jede äußere Anerkennung: das Bewußtsein der eigenen Leistung – ein ganzes Leben freiwillig in den Dienst einer

Unter Tränengasbewurf verhilft die Berliner Feuerwehr einem Ehepaar mit dem Sprungtuch zur Flucht in die Freiheit.

Eine ergreifende Feier, die in Japans Hauptstadt die Anteilnahme weiter Bevölkerungskreise findet: Nach altem Shinto-Zeremoniell gedenken die Feuerwehrmänner von Tokio ihrer bei einem Taifun-Großeinsatz tödlich verunglückten Kameraden. Deren Uniformen und Bilder werden dabei zur Schau gestellt, die Urnen von Priestern gesegnet.

so erhaltenswerten Stadt, ihrer Menschen und ihrer Kulturbauten gestellt zu haben. Dieser Dienst war ein nebenberufliches Ehrenamt. Es brachte die Bürde mit sich, daß man fünfzig Jahre lang ständig auf dem Sprung stehen mußte. Jede zweite, dritte Nacht riß ihn das Telefon aus dem Schlaf. Mit ruhiger Stimme erteilte der Kreisbrandmeister seine Anweisungen. Fast immer fuhr er gleich selbst in Hose und Stiefel, um nach dem rechten zu sehen oder gar die Einsatzleitung persönlich zu übernehmen. Seine Feuerwehrleute konnten sich immer auf ihn verlassen, wie auch er sich jederzeit auf sie verließ. Das waren wirklich keine hohlen Worte: Einer für alle – und alle für einen.
Kreisbrandmeister Thiede wird nur deshalb – als Beispiel für alle anderen Männer seiner Position – hervorgehoben, weil er inzwischen nicht mehr unter den Lebenden weilt. Er ist kurz vor Erstauflage dieses Buches nach schwerer Krankheit verstorben. Aber seine Feuerwehr lebt unter tatkräftiger neuer Führung weiter. Ihr Geist wird immer bleiben, wie er war – würdig eines Heinrich Thiede.

Jugendfeuerwehr — eine Flamme im Wappen

Es ist heute nicht anders als früher — und es wird immer so sein: Jede Jugend steckt gleichermaßen voller Tatendrang, Erlebnishunger, Sehnsucht nach Bewährung und Anerkennung. Sie sucht sich ihre Wertmaßstäbe und Vorbilder mit einer gewissen Instinktsicherheit selbst. Dabei ist das Phänomen feststellbar, daß junge Menschen mit Hauptschul- und Mittelschulabschluß gegen Demagogie und intellektuelle Verführung besser gefeit sind als Oberschüler und Studenten. Das darf nicht als pauschale Abwertung der jungen Intelligenz mißverstanden werden. Aber die Einsicht von der Notwendigkeit eines tragenden Gemeinschaftsgedankens und von der Unverzichtbarkeit auf eine Feuerwehridee ist bei der handarbeitenden Bevölkerung stärker verbreitet als bei jungen Intellektuellen. Nicht ohne Grund hat Ernst Jünger den Facharbeiter und Handwerker unseres Landes als »feuerfeste Erscheinung« bezeichnet.
Da nichts auf der Welt pauschalisiert werden darf, sind Ausnahmen vom Gesagten umso erfreulicher. Der Autor dieses Buches steht einem Studienrat und Vollakademiker nahe, der zugleich als Hauptbrandmeister vier Gemeindefeuerwehren einer hessischen Großgemeinde mit ebenso viel Engagement wie Umsicht leitet. Er ist zum Glück nicht das einzige Beispiel für einen »Intellektuellen« in der aktiven Arbeit der Freiwilligen Feuerwehr.

Wer heute innerhalb einer Feuerwehr eine eigene Jugendabteilung aufzieht, der kann einer begeisterten Gefolgschaft sicher sein. Voraussetzung ist ganz einfach, daß der Jugendfeuerwehrwart der betreffenden Wehr als Vorbild akzeptiert wird, daß er mit junggebliebenem Herzen, einem Quantum Lehrtalent und Fingerspitzengefühl, vor allem aber ohne Herablassung vor seiner jungen Mannschaft steht. Strahlt er das aus, was von einem guten Erzieher verlangt wird, wird er gerade durch die Möglichkeiten des Feuerwehr-Ausbildungsdienstes den überschüssigen Tatendurst in die richtigen Bahnen zu lenken verstehen und vielleicht schon beim nächsten Kreisfeuerwehrtag mit einer Schar anrücken, die für alle anderen Löschgruppen zur ernstzunehmenden Wettkampf-Konkurrenz wird. Der Jugendfeuerwehrwart ist selbstverständlich aktiver Feuerwehrmann. Er hat an der für ihn zuständigen Landesfeuerwehrschule den Gruppenführerlehrgang bestanden und dann als Brandmeister einen oder mehrere Jugendgruppenleiterlehrgänge besucht.

Die deutschen Jugendfeuerwehren sind — ähnlich wie die Freiwilligen Feuerwehren in den Tagen von Karl Metz — ohne irgendeine Anordnung »von oben« entstanden. Sie waren plötzlich »da«. Die ältesten deutschen Jugendfeuerwehren, schon vor beinahe hundert Jahren auf der Nordsee-Insel Föhr gegründet, haben viele begeisterte Nachfolger gefunden. Die offizielle Gründung der »Deutschen Jugendfeuerwehr im DFV«, im Deutschen Feuerwehrverband, erfolgte im Oktober 1964 in Berlin.

Die Deutsche Jugendfeuerwehr (DJF) ist also keine selbständige Organisation, sondern Teil des Deutschen Feuerwehrverbandes, dem übrigens alle Freiwilligen Feuerwehren ebenso angehören wie alle Berufs- und Werkfeuerwehren. Die DJF ist also die Jugendgemeinschaft innerhalb des Verbandes. Somit ist keine einzige örtliche Jugendfeuerwehr (JF) eine selbständige Organisation, sondern die Jugendgruppe ihrer jeweiligen Feuerwehr — der freiwillige Zusammenschluß von Jugendlichen, die ihr Jugendleben selbständig, aber innerhalb der Feuerwehr gestalten. Im Durchschnitt liegt ihr Eintrittsalter bei 12 Jahren. In der Regel werden sie mit 17 Jahren in die Freiwillige Feuerwehr übernommen und bis dahin einer JF-Gruppe — oder sogar in mehreren JF-Gruppen — zusammengefaßt. Die neue Lehrgangskonzeption sieht vor, daß jeder Angehörige der Deutschen Jugendfeuerwehr zunächst einen fünftägigen Grundlehrgang (der auch auf drei Wochenenden verteilt werden kann) durchläuft, dem später als Ergänzung ein Wochenend-Aufbaulehrgang folgt. Zu guter Letzt werden sechs Wochenend-Neigungslehrgänge geboten, die als Speziallehrgänge der allgemeinen Jugendarbeit zu verstehen sind. Sport und Spiel, Wandern und Geländekunde, musische Freizeitgestaltung stehen ebenso auf dem Programm wie beispielsweise bei einer Pfadfindergruppe. Auf Kreis-, Landes- und sogar Bundesebene werden Jugendfeuerwehr-Zeltlager, oft genug mit ausländischen Gastgruppen, veranstaltet. Auf dem nächstgelegenen Sportplatz wird den Jungen (und bisweilen sogar den Mädchen) die Leistungsspange der Deutschen Jugendfeuerwehr abgenommen. Und danach läuft das Wettbewerbsprogramm an: Feuerwehrtechnische Schnelligkeitsübungen, nächtliche Orientierungsmärsche, Fußballturniere . . . Im übrigen läuft alles, was zu einem zünftigen Lagerleben dazugehört, mit viel Schwung nebenher — Sängerwettstreit am Lagerfeuer, Grillparty, eigenes Kabarettprogramm.

So wie es Internationale Feuerwehrwettkämpfe gibt, so gibt es den Bundeswettkampf der Deutschen Jugendfeuerwehr, der im Juli 1974 während des 3. Bundestreffens der DJF in Lenste bei Grömitz/Schleswig-Holstein erstmals veranstaltet wurde. Er ist inzwischen zur Institution geworden. Die beim Landesentscheid bestplazierten Jugendgruppen dürfen beim Bundeswettkampf der Deutschen Jugendfeuerwehr um den Sieg kämpfen.

Die DJF gibt eine Zeitschrift mit dem Titel »lauffeuer« heraus. Dieser Name ist ebenso treffend wie das Symbol der Deutschen Jugendfeuerwehr. Es besteht aus dem stilisierten Feuerwehrhelm (als Wahrzeichen des Deutschen Feuerwehrverbandes) und ist um den Schriftring »Deutsche Jugendfeuerwehr« und eine lodernde Flamme erweitert.

Tatsächlich hat sich die Jugendfeuerwehridee spontan wie ein Lauffeuer weiterentwickelt. Die DJF-Jugendgruppen halten im besten Sinne des Wortes die Flamme einer Idee am Lodern. Ihre Mitgliederzahlen beweisen das jedem Skeptiker, der »dieser Jugend von heute« soviel Frische, soviel Idealismus und soviel Quicklebendigkeit vielleicht gar nicht zugetraut hätte:

Im Jahre 1984 hatte die Mitgliederzahl der Jugendfeuerwehren bereits die »Traumgrenze« von hunderttausend überschritten. Von den 100 394 »Aktiven« waren 9,5 % Mädchen. Insgesamt 3 828 Jugendfeuerwehren mit gewähltem JF-Ausschuß und Jugendgruppenleiter waren jenes Potential, aus dem allein im genannten Jahr 12 367 Mitglieder in die aktive Wehr übernommen werden konnten, darunter 681 Mädchen.

Emblem der Deutschen Jugendfeuerwehr

Insel Berlin

Feuerwehr in der geteilten Stadt

Der Düsen-Clipper der Pan American Airways nimmt bald nach dem Abheben vom Flughafen Berlin-Tegel Kurs auf das Funkfeuer Wilsnack und ordnet sich zum Rückflug nach Hamburg in den Luftkorridor »RG« ein.
Spielzeughaft klein liegen die Häuserzeilen von Deutschlands Hauptstadt unter uns. Und sogar die sechsundvierzig Kilometer lange Mauer, die heute Berlin brutal zerschneidet, wirkt aus der Vogelschau nur noch wie ein Federstrich der an Verirrungen so reichen Weltgeschichte. Aus solcher Flughöhe ergibt sich die Vorstellung, Berlin sei gar nicht wirklich geteilt. Und wie sollte es auch; denn hüben und drüben wohnen schließlich dieselben Berliner. Immer mehr ähnelt außerdem Berlin aus dieser Luftperspektive jenem großen, von bunten Signallampen illuminierten Stadtplan, den ich noch vor einer Dreiviertelstunde betrachtet habe. Er hängt im Dienstzimmer des Berliner Landesbranddirektors. Auch in der Einsatzzentrale bei der Hauptfeuerwache installierte man dieselbe Leuchtkarte. Auf diesem großen Stadtplan sind natürlich alle 25 Wachen der Berufsfeuerwehr, die neun Freiwilligen Feuerwehren mit eigenen Ausrückebezirk (Lübars, Frohnau, Heiligensee, Tegelort, Staaken, Gatow, Kladow, Lichtenrade, Rudow) sowie die sieben zur Verstärkung der Berufsfeuerwehr bei langdauernden Großeinsätzen und aus Gründen der Katastrophenvorsorge an Berliner Feuerwachen Wache gehenden Freiwilligen Feuerwehren, nämlich Wittenau, Hermsdorf, Spandau-Nord, Lichterfelde, Wilmersdorf, Mariendorf, Suarez, deutlich hervorgehoben. Man erkennt auf Anhieb, welche von den 502 Fahrzeugen und fünf Löschbooten der Berliner Feuerwehr sich zur Zeit im Einsatz befinden.
Wir Hamburger betraten nicht ohne Beklemmung die frühere, über 100 Jahre alte Hauptfeuerwache, in deren Gebäudekomplex sich bis 1967 zugleich die Brandschutzleitung für Berlin befand. Dort in der Lindenstraße, unmittelbar am Zentrum der Stadt, hatte man den Feuerwehrleuten die Mauer so dicht vor die Fenster gebaut, daß die ausrückenden Löschfahrzeuge gerade noch ungehindert aus der Hoftoreinfahrt hinausschlüpfen konnten. Aus der Feuer-

wehrzentrale blickte man direkt auf die Maschinenpistolen der patrouillierenden Grenzpolizisten des sowjetischen Sektors.

Als einmal ein Fanatiker in der Lindenstraße die Mauer zu sprengen versuchte, hatte das vor allem zur Folge, daß im Feuerwehrgebäude kaum eine Fensterscheibe heil blieb. Die Telegrafisten in der Zentrale haben schleunigst mit Holz und Pappe die Fensterhöhlen behelfsmäßig vernagelt, weil draußen fünfzehn Grad Kälte herrschten und der Betrieb in der Zentrale keine Sekunde lang unterbrochen werden durfte. Berlins Feuerwehr brachte es schon Mitte der sechziger Jahre auf jährlich über 60 000 Einsätze.

Wenn wir beim Betreten des Berliner Feuerwehrgebäudes in der Lindenstraße zunächst auch beklommen waren: sehr bald machte dieses Gefühl einer Beglückung Platz. Das lag an der herzerfrischend gelassenen Unverdrossenheit der Berliner Kameraden. Sie spiegelt sozusagen die Haltung der ganzen Bevölkerung dieser agilen, lebenstüchtigen Stadt wider. Uns wird sogleich klar, warum Berlin – als meistbombardierte Stadt der Welt, die im letzten Krieg über vierhundert Luftangriffe, darunter dreiundzwanzig Tausend-Bomber-›Raids‹ aushalten mußte – niemals kleinzukriegen war. Denn trotz aller Widrigkeiten ist Berlin Deutschlands größte und produktionsreichste Industriestadt geblieben, an Größe und Erzeugungskraft den drei Großstädten München, Köln und Stuttgart gleich. Jede zweite Glühbirne und Zigarette ›made in Germany‹, jedes dritte Damenkleid stammen von der Spree. In Berlin finden sich Großbetriebe wie Siemens, AEG, Borsig, Osram, Telefunken und exportieren in alle Welt.

Allein die Berliner Westsektoren haben eine Stadtgrenze von hunderteinundsechzig Kilometer Länge. Deutschlands größte Berufsfeuerwehr — sie hat 2877 Aktive einschließlich 101 technische Angestellte und 133 Lohnempfänger im Dienst — und die 585 Freiwilligen Feuerwehrmänner sowie 358 Werkfeuerwehrmänner Berlins, schützen ein weitläufiges Areal, das nicht nur 1,95 Millionen Einwohner zählt, sondern auch siebentausendsiebenhundert Hektar Wald, neuntausenddreihundertvier Hektar Ackerfläche und über dreitausend Hektar Gewässer umfaßt. Welcher Berlin-Blitz-Besucher wird wohl auf den Gedanken kommen, daß es allein in West-Berlin schon zweiundsiebzig Wald- und Moorbrände innerhalb eines Jahres gegeben hat?

Als 1963 in den Jagen 34, 47 und 48 des Stadtforstes an der Radelandtstraße hundertachtzigtausend Quadratmeter Gras, Unterholz und Kiefernwaldungen brannten, mußte Achter Alarm gegeben werden. Man griff die Feuerwalze mit sechsundzwanzig C-Rohren an. Dabei wurde der besseren Übersicht wegen ein Feuerwehrmann mit Funkgerät auf die Spitze einer voll ausgefahrenen Drehleiter entsandt. Diese originelle Luftaufklärung hat der Einsatzleitung die Arbeit erheblich erleichtert.

Die für den Fall neuer Blockadeversuche West-Berlins vorsorglich angelegten Zweijahresvorräte an Lebensmitteln und Brennstoffen ergeben ein spezifisches Berliner Brandschutzproblem. So ist es im April 1960 auf einem Lagergelände an der S-Bahn-Strecke zwischen den Stationen Papestraße und Priesterweg zu einem Haldenbrand gekommen, der alles in Deutschland Dagewesene übertraf. Dort lagerten sechsundfünfzigtausend Tonnen Braunkohlenbriketts in Stapeln zu je tausend Tonnen im Freien.
An einem trockenen, sommerlich heißen Tag gerieten an der Bahndamm- und Luvseite plötzlich fünfzehntausend Quadratmeter Grasnarbe in Brand. Knochentrockenes, langstieliges Unkraut wirkte wie ein Fidibus. Es herrschte sehr frischer Ostwind, und so hatte das Feuer recht bald die Schilfmatten ergriffen, die als Wetterschutz über die Vorratsstapel gelegt worden waren. Die verwitterten Brikett-Außenschichten boten eine ideale Angriffsfläche. Das Feuer fraß sich bald bis in die Stapelmitte durch, und die brennende Haldenfläche wurde auf der Windseite zu einer glühenden Wand von zweihundert Meter Breite und drei Meter Höhe. Die Strahlungshitze war so ungeheuer, daß die Gleisschwellen und die hölzernen Stromschienenverkleidungen des S-Bahn-Körpers aufbrannten.
Bald entstand auch für eine Laubenkolonie erhöhte Gefahr. Die Feuerwehr gab Zehnten Alarm. Tanklöschfahrzeuge im Pendeleinsatz und zwei Schlauchleitungen von siebenhundert Meter und vierhundert Meter Länge ergänzten die völlig unzureichende Wasserversorgung des Lagerplatzes und machten einen energischen Großangriff mit zweiunddreißig C-Rohren möglich. Aber Haldenbrände haben es immer in sich. Man mag an der Oberfläche und sogar mit Rohrsonden löschen, soviel man will. Irgendwo im Innern der Brennstoffberge frißt sich die Glut doch weiter. Mühselig müssen mit Förderbaggern und Planierraupen Schneisen in die Stapel gegraben werden, damit die brennenden, teilweise zusammengefallenen Kohlenhaufen abgetragen und wirklich allseitig vom Löschwasser erfaßt werden können. Erst am Abend des siebten Tages konnte ›Feuer aus‹ gemeldet werden. Aber ein bis zwei Löschgruppen mußten als verstärkte Brandwache und Nachlöscheinheit auf dem Kampfplatz zurückbleiben. Sie hatten noch monatelang zu tun und konnten erst, sage und schreibe, nach zweihundertzweiunddreißig Tagen zurückgezogen werden!
Unter den »dicken Hunden«, den Großeinsätzen der letzten Jahre, verdient auf jeden Fall der Brand einer 1000 Quadratmeter großen Mehrzweckhalle am Europa-Center (in der Nachbarschaft von Gedächtniskirche und Bahnhof Zoo) Erwähnung. Die Halle war als Verbindungstrakt zwischen dem 22-geschössigen Europa-Center und einem fünfgeschossigen zweiten Gebäude errichtet worden. Sie hatte ein Dach aus ungeschützten Stahlrohren mit Stahlblechen, das auf feuerbeständig ummantelten Stützen ruhte.

»Sinnigerweise« waren jedoch die Stahlbleche mit Polystyrolschaumstoff und drei Schichten Dachpappe belegt. Zwischen der im Bau befindlichen Halle und dem fünfgeschossigen Gebäude bestand noch eine offene Verbindung.

Beim Eintreffen der beiden ersten Züge der Berliner Berufsfeuerwehr brannte ein Teil der obersten Dachpappenlage unter ungeheuerer Qualmentwicklung, die natürlich nach und nach Tausende von Neugierigen herbeilockte, denn das Feuer war am hellichten frühen Mittag ausgebrochen. Die anrückende Feuerwehr hatte sofort 20 gefährdete Druckgasflaschen in Sicherheit zu bringen und gab außerdem, in klarer Erkenntnis der Lage, fünften Alarm. Die beiden Züge konnten, weil die Bergung der 20 »Zeitzünder« unbedingt Vorrang hatte, unmöglich verhindern, daß sich das Feuer rasch über das gesamte Hallendach ausbreitete. Kunststoff und bitumengetränkte Dachpappe in so großen Mengen waren geradezu ein »gefundenes Fressen« für die Flammen. Sie wurden so heftig, daß sie sogar das Europa-Center selbst bedrohten, desssen Scheiben infolge der Strahlungshitze zersprangen. Aber mit 16 vorgenommenen C-Rohren blieb die Feuerwehr mit ihrer klar durchdachten Taktik Sieger. Daß es bei dem Großfeuer einen Sachschaden in Höhe von fünf Millionen Mark gegeben hat, ist allein dem Fehlen baulicher Vorkehrungen und der Verwendung ungeeigneter Baumaterialien anzulasten.

Im November 1973 löste ein Leuchtgas-Freitod in der Soldiner Straße von Berlin-Wedding eine schwere Gasexplosion aus. Das zweite, dritte und vierte Geschoß eines Wohn-Quergebäudes begrub eine zunächst unbekannte Zahl von Personen unter den Trümmern, die sämtlich mit ihrer überschweren Last auf der Decke des ersten Obergeschosses ruhten und diese einzudrücken drohten.

Vier Personen konnten von der sofort anrückenden Feuerwehr in Sicherheit gebracht werden. Und schon vom Hof her hörten die eintreffenden Feuerwehrmänner die Hilfeschreie eines Kindes, das irgendwo in dem Riesenknäuel von Trümmern eingeklemmt liegen mußte. Das sind immer wieder Situationen, wo auch die größte Not und Eilbedürftigkeit eine Einsatzleitung nie zu überhasteten, falschen Maßnahmen verführen darf. Kaltblütig wurde zunächst das fachgerechte Abstützen der bedrohten Decke vom ersten Obergeschoß angeordnet. Dann wurde System in die Suchaktion gebracht, so daß nach 45 Minuten das Kind wenigstens lokalisiert war und von einer Schiebeleiter aus durch einen Arzt erstversorgt werden konnte.

Die Rettungsmannschaften arbeiteten fieberhaft und doch überlegt weiter. Nach zwei Stunden wurden zwei Tote geborgen, nach weiteren zwei Stunden noch ein dritter Toter. Endlich war der Moment gekommen, wo der eingeklemmte Junge befreit werden konnte. Das Schönste aber für die Feuerwehrmänner: Sie entdeckten in dessen nächster Nähe auch die bewußtlos unter den Trümmern liegende Mutter des Jungen. Auch sie konnte gerettet werden. »Ein dicker Hund« hatte es wegen seines besonderen Gefährlichkeitsgrades besonders in sich: Am 13.2.1976 brach mittags in der U-Bahn-Baustelle unter der Wilmersdorfer Straße durch Aufbrennen bituminöser Wandabdeckungen bei Abdichtungsarbeiten ein Großfeuer aus, bei dem achter Alarm gegeben werden mußte. Binnen kurzem brannten nämlich neben dem Isoliermaterial Teile der hölzernen Versteifung der 12 m tiefen Baugrube Propangasflaschen und elektrische Leitungen. Neben der Gefahr des Nachgebens der Grubenabwände bestand auch noch Explosionsgefahr, weil sich unter der Grubenabdeckung eine ungeschützte Gasleitung befand!

Man braucht nicht viel darüber zu sagen, was das für die Angriffstrupps hieß, dieses »Pulverfaß« auf der Sohle mit insgesamt zwei B- und sieben C-Rohren von zwei Seiten anzugehen! Wie ernst die Lage war, ergibt sich daraus, daß die benachbarten Wohngeschäftshäuser zwischen Kant- und Pestalozzistraße eilends geräumt werden mußten. Auch hat man die Fahrbahnabdeckung der Baugrube an einigen Stellen für den Qualmabzug entfernt. Der gewagte Einsatz verlief glatt. Nach anderthalb Stunden war der Brand unter Kontrolle.

West-Berlin mag zur Insel in einer anderen politischen Hemisphäre geworden sein. Berlins Feuerwehren sind dennoch nicht isoliert, sie sind voll in den Deutschen Feuerwehrverband integriert. Der Berliner Landesbranddirektor ist sogar einer der DFV-Vizepräsidenten.

Wie wenig sich die Berliner Feuerwehrmänner »abgenabelt« vorkommen, beweist allein schon ihre tätige Mithilfe bei der niedersächsischen Waldbrandkatastrophe von 1975. Auf Anhieb hatten sich 990 Berliner Feuerwehrleute für diesen harten Einsatz freiwillig gemeldet. Ausgewählt wurden 121 Mann, die unter Führung eines Branddirektors mit acht Tanklöschfahrzeugen samt Tragkraftspritzenanhänger, drei Schlauchwagen, einem Kommando-, vier Einsatzleiterwagen und acht Versorgungsfahrzeugen über die Autobahn nach Helmstedt und über das Autobahnkreuz Hannover-Ost zum vorgesehenen Einsatzraum verlegten. Im Raum Odendorf bei Celle wurde den Ankömmlingen ein etwa 12 qkm großer »Führungsabschnitt Berlin« zugewiesen — einer von insgesamt fünf, die man Berufsfeuerwehren übertragen hatte. Die Freiwilligen Feuerwehren von Diepholz und Fallingbostel wurden dort für die Dauer des Einsatzes dem Berliner Einsatzleiter unterstellt. Und das Berliner Kontingent hatte einen besonders heimtückischen Abschnitt unter Kontrolle zu bringen. Nur der Luftaufklärung eines Hubschraubers war es zu verdanken, daß die Berliner Feuerwehrmänner nach Drehen des Windes nicht plötzlich vom Feuer eingeschlossen wurden.

Die Berliner Feuerwehr aller Sparten hat im Jahr 1984 insgesamt 134 200 Einsätze gefahren. Sie rückte zu 6 355 Bränden, 22 561 Technischen Hilfeleistungen sowie knapp 80 000 Notfalleinsätzen, darunter nicht weniger als 13 916 Einsätzen der Notarztwagen, aus.
Es zeichnete sich schon vor Jahren ab, daß die ständige Zunahme der Ausrücker nicht mehr mit einer Improvisation zu meistern war.
Die alte Hauptfeuerwache und Brandschutzleitung in der Lindenstraße hatte nur in einem ungeteilten Berlin eine zentrale Lage. Die drei Westsektoren aber und damit das Land Berlin konnten sich auf die Dauer keine Feuerwehreinsatzleitung in ausgesprochener Randlage ihres Gebietes mehr leisten, außerdem war das Gebäude in der Lindenstraße total veraltet und nicht weiter ausbaufähig.
Es war konsequente Zukunftsplanung, daß man beizeiten ein modernes Feuerwehrzentrum im Mittelpunkt des Landes Berlin konzipierte. Die Hauptfeuerwache, mitsamt der Brandschutzleitung/Branddirektion, den Abteilungen AV (Allgemeine Verwaltung) und I bis III (Einsatzdienst, Vorbeugender Brandschutz, Fahrzeuge und Geräte) zogen nach Berlin-Siemensstadt um. Dort konnten sie 1967 am Nikolaus-Groß-Weg einen modernen, weiträumigen Gebäudekomplex beziehen, zu dem auch das Ausbildungszentrum und die neue Einsatzzentrale gehören. Auch sie stellt auf Datenverarbeitung um. Berlins Feuerwehr war nachrichtentechnisch seit je vorbildlich schnell. Sie hatte sogar noch vor Hamburg die Zentral-Alarmierung der Wachen und die Ausrückedepeschen abgeschafft, weil sie mit der Direktalarmierung der einzelnen Feuerwachen gleich von der Zentrale aus und mit der Ausrückemeldung über Funk, von den Fahrzeugen unterwegs zur Einsatzstelle, noch ein paar Sekunden herausschinden konnte. Jedes ins Mikrophon oder Funkgerät, auch jedes auf der Notruf-Telefonleitung 112 gesprochene Wort wird seit langem von einem der Transistor-Tonbandgeräte samt genauem Uhrzeitimpuls unverwechselbar und unleugbar dokumentiert. Das Führen von Depeschenbüchern ist ebenso unnötig geworden wie die lückenlose Depeschenliste der fertig beschriebenen Fernschreiberblätter.
Die Berliner Feuerwehrleute haben in der Nachkriegszeit in der gespaltenen Stadt so manchen Roman erlebt. Da wurden Feuerwehringenieure mitten aus dem Löscheinsatz heraus nach Sibirien verschleppt. Da wurde eines Tages – es war unmittelbar vor der Spaltung in West- und Ost-Berlin (30. 11. 1948) – der westlich orientierte Branddirektor Lipstreu völlig grundlos im Ostsektor festgenommen und erst auf dem Austauschwege wieder losgeeist, nachdem die westlichen Alliierten auch den östlich orientierten Oberbranddirektor Feierabend als Geisel verhaftet hatten. Am Tage der Spaltung ver-

suchte eine der Besatzungsmächte, der anderen kurzerhand sämtliche Löschzüge abzuhaken. Sie fingierte eine extrem hohe Alarmstufe, um die Züge aus anderen Sektoren in ihren eigenen Stadtteil zu locken. Der Coup ging nur deshalb schief, weil ein Wachvorsteher Lunte gerochen und die westlichen Besatzungsmächte verständigt hatte.

Bewegende Tage hatte die Berliner Feuerwehr nach dem 13. August 1961. Unter Tränengasabwurf, einmal sogar im Kugelregen von Maschinenpistolen, fing sie mit Sprungtüchern über achtzig Bewohner von Grenzhäusern auf, die schnell noch in die Freiheit flüchteten, ehe es zu spät war. Teilweise sprangen sie dabei im hohen Bogen über die inzwischen errichtete Mauer hinweg. Das Abholen dieser Leute per Drehleiter wäre als ›Verletzung der Staatsgrenze der DDR‹ ausgelegt worden und hätte den Beschuß der Leiter zur Folge gehabt. Aber wenn plötzlich jemand vom Himmel fiel und diesseits der Mauer landete – dafür war dann natürlich die Berufsfeuerwehr zuständig.

Eine Schwierigkeit bei diesen Sprungtucheinsätzen hatte man erst gar nicht bedacht. Sobald nämlich nachts, von einem Stein oder Blumentopf beschwert, Kassiber mit Fluchtabsichten in den Westen geworfen wurden, kriegten unheimlich schnell ein paar rasende Reporter davon Wind. Zur angegebenen Nachtzeit war schließlich das betreffende Fluchthaus von einer so umfangreichen Reportermeute mit gezückten Kameras umlagert, daß der Staatssicherheitsdienst unweigerlich aufmerksam werden mußte. Er nahm die Fluchtwilligen kurzerhand fest. Leider gibt es nun mal einen bestimmten Typus von Sensationsjournalisten, der sich – um mit dem spanischen Philosophen Ortega y Gasset zu sprechen – allzugern auf Kosten der anderen arrogant in Szene setzt.

Bald aber wurde die Berliner Feuerwehr auch mit dieser Zeiterscheinung fertig. Sie erfand ein Novum der Feuerwehrtaktik: den Reporter-Scheinangriff. Sie leuchtete nachts demonstrativ, sogar mit einigem Spektakel, ein völlig falsches Haus an und nahm sogar ein Sprungtuch vor. Das half prompt. Die Reporter und Kameraleute wurden von der eigentlichen Einsatzstelle weggelockt. Dort aber blieb alles still und dunkel.

Mit dem Zumauern der unteren Stockwerke durch die Grenzpolizei wurden zwangsläufig die Sprunghöhen immer größer. Zuletzt sprangen die verzweifelten Leute von den Dächern. Aber selbst dort wurden schließlich Stacheldrahtverhaue gebaut.

Auch in den unterirdischen Kanalisationsanlagen hat sich damals so manches unbekannte Flüchtlingsdrama abgespielt.

Wenn bis 1972 jemand aus dem Ostsektor in die anderen Sektoren derselben Stadt — oder umgekehrt — telefonieren wollte, mußte er allen Ernstes ein Fernsprechgerät über eine west- und eine mitteldeutsche Großstadt oder gar ein Auslandsferngespräch anmelden. Mit einer einzigen Ausnahme — abgesehen vom Interpol-Fernschreiber zur gegenseitigen Unterstützung bei der Fahndung nach Kapitalverbrechern — waren sämtliche rein deutschen Nachrichtenwege zwischen Ost- und West-Berlin unterbrochen.
Die letzte, allerletzte Telefonleitung, die jahrelang zwischen beiden Teilen der Stadt bestand und funktionierte, gehörte bezeichnenderweise — der Feuerwehr. Sie verband die beiden Feuerwehrzentralen einer Stadt, die als einzige in der Geschichte zwei gänzlich verschiedene Berufsfeuerwehren besitzt. Es wollte einfach niemand wagen, auch dieses Kabel durchzuschneiden. Denn was wäre, wenn plötzlich ein Verkehrsflugzeug brennend auf die Sektorengrenze hinunterstürzte, beide Teile der Stadt gleichermaßen bedrohend? Und was würde wohl daraus entstehen, wenn im Tegeler Forst oder unten bei Dreilinden plötzlich ein Waldbrand »durchginge«, um sogleich auch auf den anderen Sektor überzuspringen?
Darum wurde bis 1966 jeden Morgen um neun Uhr ein unauffälliger weißer Knopf in der alten Feuerwehrzentrale Lindenstraße gedrückt. Er war mit einem winzigen Schild »Fw Ost« bezeichnet.
Dort begann die damals letzte Intersektoren-Telefonleitung Berlins. Sie führte hinüber zur Ostberliner Hauptfeuerwache oder — wie man drüben naßforsch sagt, zum »Kommando der Volkspolizei, Abteilung Feuerwehr«. Bei den täglichen Leitungsproben hieß es dann höflich und korrekt: »Guten Morgen! Frage Verständigung? — Danke, Ihr Anruf ist angekommen. Verständigung gut! Groteskerweise ist seit 1966 diese für beide Seiten unentbehrliche Leitung von »drüben« doch unterbrochen worden. Mag Übereifer bei einer »Politik der Abgrenzung« daran schuld gewesen sein oder nicht — bei der Feuerwache Berlin in den Westsektoren der Stadt tröstet man sich damit, daß es mittlerweile im Notfalle auch andere Kommunikationsmittel gäbe. Tatsächlich ist seit 1972 der zivile Fernsprechverkehr zwischen dem östlichen und dem westlichen Teil Berlins wieder in Gang gekommen. Außerdem kennt man natürlich die eine oder andere Frequenz im UKW-Funk der »Ostfeuerwehr«. Politische Unvernunft hatte zwischenzeitlich zu schrecklichen Vorfällen geführt. Auch nach Anerkennung der DDR durch westliche Staaten (1972) mußte die Feuerwehr Berlin Situationen verzeichnen, die eindeutig auf starres Abgrenzungsdenken der anderen Seite zurückzuführen waren. So fielen insgesamt viermal (Oktober 1972, Mai 1973, Juni 1974, Mai 1975) im Bezirk

Kreuzberg Kinder beim Spielen in die Spree. Sie mußten elend ertrinken, weil der sofort herbeigeeilten (West-) Berliner Feuerwehr, die gleich ihre Einsatztaucher mitgebracht hatte, von den Grenzorganen der DDR jede Hilfeleistung verweigert wurde. Die schuldlosen Kinder mußten mit ihrem sinnlosen Tod dafür büßen, daß in Kreuzberg die Grenze zum Ostteil der Stadt in 2 km Länge am Westufer verläuft, die Wasserfläche östlich bewacht wird. Die Erregung der Bevölkerung in beiden Teilen Berlins war ungeheuer. Auch »drüben« ließ sich die unmenschliche Behinderung von Lebensrettungseinsätzen nicht verheimlichen, zumal westliche Rundfunksendungen und Fernsehsendungen nicht von der »Mauer« aufgehalten werden können.
West-Berliner Verhandlungen mit der östlichen Seite wurden schon nach dem zweiten traurigen Vorfall genannter Art begonnen. Sie konnten aber erst nach dem vierten Ertrinkungsfall — nach zweijährigem zähen Ringen — im Oktober 1975 mit einer Absprache beendet werden, die ihrerseits ein bezeichnendes Licht auf die Verhältnisse der zweigeteilten Millionenstadt wirft: Die auf dem viel kürzeren und schnelleren Weg vom Westsektor aus anrückende Berliner Feuerwehr darf seitdem auf diesem Teil der Spree und an zwei ähnlichen Berliner Grenzgewässern eine personell, materiell und zeitlich (!) begrenzte Hilfe leisten, hat jedoch die östlichen Grenzorgane über ihr Eingreifen sofort zu unterrichten. Damit das reibungslos geschehen kann, mußte sich der Berliner Senat verpflichten, für rund 1,5 Millionen Mark 20 Rettungssäulen entlang der insgesamt 4,5 km langen politisch problematischen Uferstücke aufzustellen. Die Leitungen dieser Wasserunfallmelder führen in beide Richtungen — also auch in die Feuerwehrzentrale der Abteilung Feuerwehr beim Kommando der Volkspolizei. Also gibt es nun doch wieder Feuerwehrdrähte nach »Ost«. Ansonsten war die Kommunikation, ungeachtet des angekündigten »Wandels durch Annäherung«, praktisch Null. Selbst als am 4.10.1972 unter dem Alexanderplatz (direkt an der Sektorengrenze) ein abgestellter U-Bahnzug in Brand geriet und während des Großfeuers schließlich die Tunneldecke einstürzte, blieb die Feuerwehr im westlichen Teil der Stadt auf Presseberichte (!) angewiesen. (Erst neuerdings kommt es zu ersten Fachkontakten.)
Ost-Feuerwehrmänner in der »Hauptstadt der DDR« werden in solchen Fällen nicht um ihre Meinung gefragt. Aber wer weiß, welche Situation eines Tages über einen Teil der Stadt hereinbrechen könnte. Vielleicht heißt es dann schon in Minutenschnelle: »Von Florian vierzehn: Achter Alarm, Lage bedrohlich — Feuerwehr Ost verständigen!«
Und ich glaube, wenn es irgendwo ganz mulmig wird — dann können auch hartgesottene Ideologen und Nur-Funktionäre nichts ändern —, dann gibt es auch jenseits der Sektorengrenze, wie für alle Feuerwehrmänner dieser Welt, nur ein Gesetz: Retten und helfen.

Quellenverzeichnis

Dr. W. Wachter, Das Feuer i. d. Natur, im Kultus, Mythos und im Völkerleben, Leipzig 1904
Wolf Schneider, Und überall ist Babylon, Düsseldorf 1960
Dr. Werner Keller, Und die Bibel hat doch recht, Düsseldorf 1955
Gustav Effenberger: Die Welt in Flammen, Hannover 1913
W. Graaff, Mene Tekel!, Berlin 1888
Hans G. Kernmayr, Der goldene Helm, München 1956
Oswald Faber, Die Freiwilligen Feuerwehren, Leipzig 1868
Ottomar Fiedler, Geschichte der deutschen Feuerlösch- und Rettungsanstalten, Berlin 1873
Dr. Josef Rudolffi, Über Theaterbrände, Leipzig 1901
Walter Tamm, Feuer und Feuerwehr, Berlin 1929
Hans Teubner, Die ersten 50 Jahre Berliner Feuerwehr, Berlin 1901
Strumpf/Seidel/Weber, 125 Jahre Berliner Feuerwehr, 1976
Hans Rumpf, Der Hochrote Hahn, Darmstadt 1952
Hans Rumpf, So war der Bombenkrieg, Oldenburg und Hamburg 1961
Dr.-Ing. Richard Schubert, Feuer im Schiff, Hamburg 1960
Frank Rushbrook, Fire Aboard, London 1961
Dr. E. v. Schwartz, Handbuch der Feuer- und Explosionsgefahr, 1961
Ludwig Scheichl, Brandlehre und chemischer Brandschutz, 1955
NFPA-International/USA, Fire Protection Handbook, 12th Edition 1962
Prof. Dr. Weck, Waldbrand, seine Vorbeugung und Bekämpfung, Stuttgart 1952
Conrad Dietrich Magirus, Das Feuerlöschwesen in allen seinen Theilen, Ulm 1877
W. Hamilton, Handbuch für den Feuerwehrmann, 3.Auflage, 1956
Heimberg-Fuchs Ausbildungsanleitung für den Feuerwehrdienst, 6. Aufl., Darmstadt 1956
Werner Oswald/Manfred Gihl, Kraftfahrzeuge der Feuerwehr und des Sanitätsdienstes, 1977
Dipl.-Ing. Hans Brunswig, Feuerwehrfahrzeuge, 1957
Dipl.-Ing. Hans Brunswig, Sturmflut über Hamburg — Einsätze und Erfahrungen, 1962
Dipl.-Ing. Hans Brunswig, Feuersturm über Hamburg, 1978
Dr. Albert Kolb, Sturmflut 17. Februar 1962, Hamburg 1962
Alte Instructionen, Bekanntmachungen etc. etc., das Löschkorps betreffend, Hamburg 1752
Neue General-Feuer-Cass-Ordnung, Hamburg 1751
Feuer-Veranstaltungen und Ordnungen, Sammlungen, Hamburg 1750, 1760 u. 1768
Verhaltungsbefehle E. Hochedlen Raths . . . Hamburg 1780
Feuer und Wasser, Anzeiger f. Feuerschutz u. Wasserversorgung, Jg. 1916-21, 1923-25 u. 1927-30
Feuerwehrtechnische Zeitschrift, Jahrgänge 1913-22
Feuerschutz, RDF-Fachzeitschrift, Jahrgänge 1921-37, 1939, 1941/42
Feuerpolizei, Zeitschrift für Feuerschutz und Rettungswesen, Jahrg. 1922-41
Die Feuerlöschpolizei, Jahrgänge 1937-39
VFDB-Zeitschrift für Forschung und Technik im Brandschutz, Jahrgänge 1952-62
Brandschutz, Zeitschrift für den aktiven und vorbeugenden Brandschutz, Jahrgänge 1956-64
Die Feuerwehr, Nordd. Zeitschrift für Brandschutz, Jahrgänge 1950-1964
Brandwacht, Mitteilungsblatt des Bayr. Landesamtes für Feuerschutz, Jahrgänge 1949-64
Firemen, Monthly Magazin of NFPA. Jahrgänge 1961-64
Quarterly of the NFPA-International, Jahrgänge 1961-64
500 Jahre Feuerspritze und die Entwicklung der Feuerwehr, Brandschutz — Gasschutz, 1939
Aus der Geschichte der Feuersignale, Sächs. Feuerwehr-Ztg., 1937
75 Jahre motorisierte Feuerwehr, Daimler-Benz, Stuttgart 1963
Die Feuerwehr der Stadt Wien in der Zweiten Republik, Wien 1961
Erfahrungsberichte des Landesfeuerwehrverbandes Niedersachsen, 1975
Feuerwehr-Jahrbücher 1973, 1974/75 und 1977, Deutscher Feuerwehrverband
Einsatzberichte von 23 Freiwilligen Feuerwehren, Befragungen ihrer Mitglieder
Einsatzberichte der Berufsfeuerwehr Hamburg

SACH- UND NAMENSREGISTER

Feuerwehrfahrzeuge — Beispiele der Bauart Magirus Deutz

Tanklöschfahrzeug TLF 8/18

Tanklöschfahrzeug TLF 16

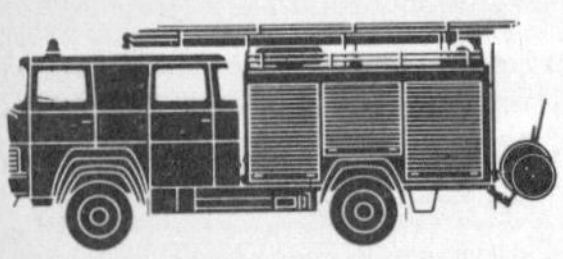

Löschgruppenfahrzeug LF 16

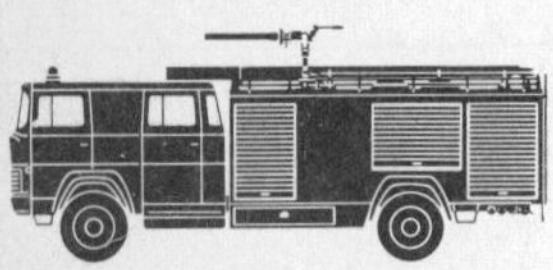

Tanklöschfahrzeug TLF 24/41

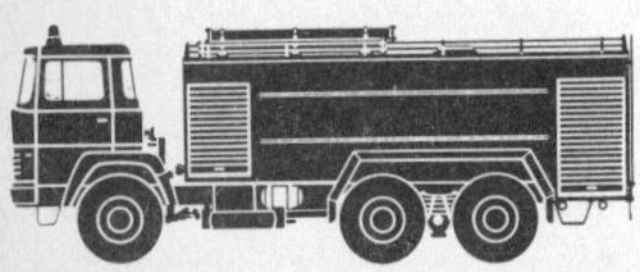

Tanklöschfahrzeug TLF 32/100

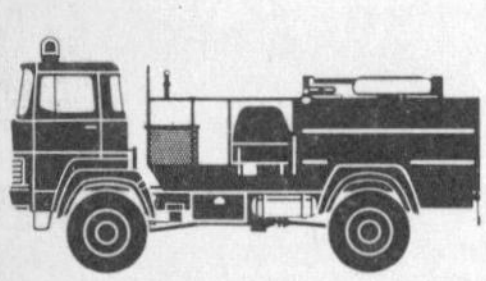

Waldbrandfahrzeug WTLF 8/20

Löschgruppenfahrzeug LF 8 (Allrad)

Tanklöschfahrzeug Tro TFL 16 »TROWA«

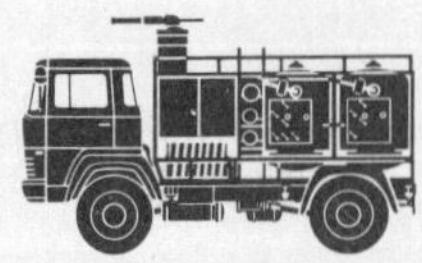

Flugplatzlöschfahrzeug (Pulver) Tro 750-SW 750

Flugplatzlöschfahrzeug (Schaum) SLF 24/40

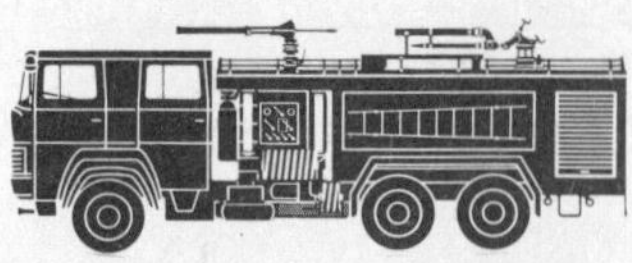

Flugplatzlöschfahrzeug (Schaum + Pulver) Tro SLF 40/65

Flugplatzlöschfahrzeug (Schaum) SLF 24/100-1

Flugplatzlöschfahrzeug (Schaum) FLF 60/130

Flugplatzlöschfahrzeug (Schaum + Pulver) FLF 80/200

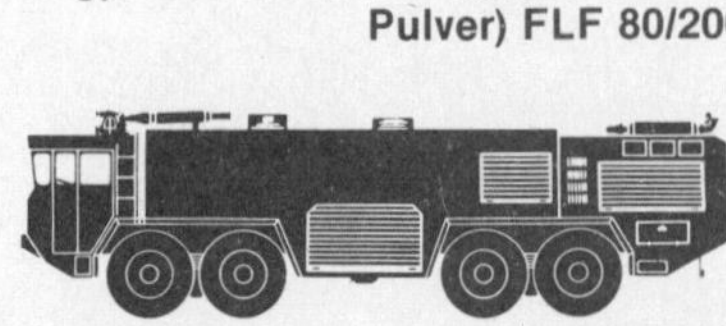